21世纪教改系列教材

电力电子技术

(第二版)

郭世明　主编

西南交通大学出版社
·成都·

内 容 简 介

本书主要论述电力电子技术的基础理论、应用技术以及电力变换电路的结构、参数计算和分析方法。内容包括：电力电子器件、相控整流电路、有源逆变电路与PWM整流电路、直直变换器、交流调压电路和相控交—交变频电路、无源逆变电路、电力电子器件的门（栅）极控制电路、电力变换电路参数的计算和设计。全书的内容结构科学合理，适合教学，重点介绍了电力电子器件和电力电子电路的基本工作原理、电路结构、电气性能和参数计算，并适当体现了电力电子技术的最新发展和应用。

本书可作为电气工程及其自动化专业、自动化专业以及其他相关电类专业本科生的教材，对于成人教育、高职高专、职工培训，如开设电力电子技术课程，也可选用作为教材，本书也可供电类工程技术人员及研究生阅读参考。

图书在版编目（CIP）数据

电力电子技术 / 郭世明主编. —2 版. —成都：西南交通大学出版社，2008.6（2022.1 重印）
（21 世纪教改系列教材）
ISBN 978-7-81104-858-2

Ⅰ. 电… Ⅱ. 郭… Ⅲ. 电力电子学－高等学校－教材 Ⅳ. TM1

中国版本图书馆 CIP 数据核字（2008）第 075420 号

---

21 世纪教改系列教材

电 力 电 子 技 术
（第二版）

郭世明 主编

*

责任编辑	张华敏
特邀编辑	高青松　李科亮
封面设计	跨克创意

西南交通大学出版社出版发行
四川省成都市二环路北一段 111 号西南交通大学创新大厦 21 楼
邮政编码：610031　发行部电话：028-87600564
http://www.xnjdcbs.com
成都蓉军广告印务有限责任公司印刷

*

成品尺寸：185 mm×260 mm　印张：17.375
字数：432 千字
2002 年 8 月第 1 版
2008 年 6 月第 2 版　2022 年 1 月第 15 次印刷
ISBN 978-7-81104-858-2
定价：39.80 元

图书如有印装质量问题　本社负责退换
版权所有　盗版必究　举报电话：028-87600562

第二版前言

随着电力电子技术的应用范围不断扩大,电力电子技术已从一门专业技术逐渐变为一门基础性技术,它和信息电子技术一起,成为国民经济的重要支撑性技术。电力电子技术的迅猛发展,给电力工业、制造工业、交通运输、信息产业乃至家电产业带来了深刻的变化,并且越来越对人们的日常生活产生巨大的影响。电力电子技术作为21世纪解决能源危机的必备技术之一而备受重视。因此,对于高等院校电气工程及其自动化、自动化和相关专业的大学生来说,必须要求了解和掌握电力电子器件及变换器的工作原理,并且要求具有设计新型变换器的能力。为此,我们本着教材必须适应电力电子技术发展的原则,对教材的内容进行了更新和改进。

本书是在新世纪教改系列教材《电力电子技术》(郭世明主编,西南交通大学出版社,2002年)的基础上,进行了大幅度修订后完成的第二版。由于电力电子技术发展十分迅速,第一版教材已显陈旧,第二版教材删除了第一版中陈旧的内容,增加了自关断器件、直流直流变换电路和PWM整流电路等新内容。本次修订在保持原书循序渐进、适于教学等优点的同时,对教材的体系结构和内容进行了大幅度的更新。其中,将原书第8章"开关电源"的内容合并到第5章,其他章节的内容全部重新进行了组织和编写。

本书着重介绍了电力电子器件的特性及参数、各种电力变换电路的基本工作原理、电路结构、电气性能、波形分析方法和参数计算等。通过本课程的学习,使学生理解并掌握电力电子学领域的相关基础知识,培养其分析问题、解决问题的能力,了解电力电子学科领域的发展方向。

本书由西南交通大学郭世明教授主编。具体编写工作分工如下:第1章、第5章、第8章、第9章由郭世明编写;第2章由沈霞编写;第3章由王光宇编写;第4章、第6章由吴松荣编写;第7章由郭小舟编写。全书由郭世明统稿。

在本书编写的过程中,编者参考和引用了部分国内外同行的资料和文献,在此不一一详述,谨向这些资料和文献的作者表示衷心的感谢!

由于编者水平所限,本书中错误及不妥之处在所难免,敬请广大同行和读者给予宝贵意见,使我们将来编写的教材更加完善。

编 者

2008年5月

第一版前言

电力电子技术的应用已深入到工农业建设、交通运输、空间技术、国防现代化、医疗、环保和人们日常生活的各个领域。一些技术先进的国家，经过电力电子技术处理的电能已能节约总电能的一半或更多。随着经济技术的发展，电力电子技术的应用将更加广泛，因此，掌握电力电子技术，对于自动化专业、电气工程及其自动化专业的大学生来说是非常重要的。

我们根据电力电子技术的发展，并结合教改成果编写了这本教材。编写这本教材的宗旨是，首先满足教学需要，其次是反映电力电子技术的一些新内容。根据这个宗旨，在内容的编排上，重点论述电力电子技术的基本内容（如相控整流、直流斩波、无源逆变等）、基本概念和分析方法。为了取得好的教学效果，除了每章附有习题外，还在每章增加了例题。

全书共分8章。第1章介绍电力电子器件的特性和参数；第2章介绍相控变流器，包括整流电路和有源逆变电路；第3章、第4章分别介绍直流斩波电路和交流调压电路；第5章介绍无源逆变电路；第6章、第7章分别介绍电力电子器件的门（栅）极控制电路和整流电路中主电路的参数选择；第8章介绍开关电源的原理。

本书由西南交通大学郭世明教授和四川大学黄念慈教授担任主编。绪论、第3章、第6章由郭世明编写；第1章、第4章由张代润编写；第2章由赵利华编写；第5章由郭小舟编写；第7章、第8章由黄念慈编写。全书由郭世明统稿。

由于作者水平所限，书中肯定有不妥甚至错误之处，敬请广大读者批评指正。

编　者

2002.8

目 录

第1章 绪 论 ··· 1
1.1 电力电子技术概述 ·· 1
1.2 电力电子技术的发展轨迹 ·· 1
1.3 电力电子技术的应用 ·· 2
1.4 电力电子技术应用的新领域 ··· 3
1.5 电力电子技术的发展趋势 ·· 5
1.6 学习电力电子技术课程的基本要求 ·· 6

第2章 电力电子器件的原理与特性 ·· 7
2.1 概 述 ··· 7
2.2 功率二极管 ·· 9
2.3 晶闸管（SCR） ·· 12
2.4 门极可关断晶闸管（GTO） ·· 24
2.5 电力场效应晶体管（电力MOSFET） ··· 29
2.6 绝缘栅双极型晶体管（IGBT） ·· 35
2.7 集成门极换向晶闸管（IGCT） ·· 40
2.8 其他电力电子器件简介 ··· 43
习题 ··· 44

第3章 相控整流电路 ·· 45
3.1 概 述 ·· 45
3.2 单相半波可控整流电路 ··· 46
3.3 单相桥式全控整流电路 ··· 53
3.4 单相桥式半控整流电路 ··· 60
3.5 三相半波可控整流电路 ··· 65
3.6 三相桥式全控整流电路 ··· 72
3.7 三相桥式半控整流电路 ··· 79
3.8 整流变压器漏抗对整流电路的影响 ·· 82
3.9 整流电路的谐波和功率因数 ··· 86
习题 ··· 91

第4章 有源逆变电路与PWM整流电路 ·· 93
4.1 有源逆变电路 ··· 93
4.2 有源逆变的应用 ·· 102
4.3 晶闸管直流电动机系统 ·· 106

4.4 PWM 整流器 ···110
习题 ···120

第 5 章 直直变换器 ···121

5.1 概　述 ···121
5.2 非隔离型直直变换器 ··122
5.3 隔离型直直变换器 ···137
5.4 直流斩波器 ··153
习题 ···163

第 6 章 交流调压电路和相控交—交变频电路 ··165

6.1 单相交流调压电路 ···165
6.2 三相交流调压电路 ···169
6.3 相控交—交变频电路概述 ··172
6.4 单相相控交—交变频电路 ··175
6.5 三相相控交—交变频电路 ··177
习题 ···178

第 7 章 无源逆变电路 ···179

7.1 概　述 ···179
7.2 单相电压型逆变电路 ··182
7.3 三相电压型逆变电路 ··187
7.4 电流型逆变电路 ···191
7.5 逆变电路的多重化和三电平逆变电路 ··196
7.6 脉冲宽度调制（PWM 控制） ··201
7.7 电压型脉宽调制逆变电路的控制 ··208
7.8 其他脉宽调制方法 ···217
习题 ···222

第 8 章 电力电子器件的门（栅）极控制电路 ··224

8.1 晶闸管的门极触发电路 ··224
8.2 可关断晶闸管（GTO）的门控电路 ··234
8.3 GTR 的基极驱动电路 ···237
8.4 电力 MOSFET 的栅极驱动电路 ···240
8.5 IGBT 的栅控电路 ···243
习题 ···250

第 9 章 电力变换电路参数的计算与设计 ··251

9.1 相控整流器主电路参数的计算与设计 ··251
9.2 直直变换器主电路参数的计算与设计 ··263
9.3 无源逆变器主电路参数的计算与设计 ··268

参考文献 ··271

第1章 绪 论

1.1 电力电子技术概述

电力电子技术是一种应用半导体器件进行电能变换的技术,是一种通过半导体器件把"粗电"加工成"精电"的技术。

电力电子技术是弱电和强电之间的接口,是弱电控制强电的技术,它与电气技术、电子技术、控制技术、控制理论等学科有着密切的联系。

不同负载对电源有着不同的要求,而从电网获得的交流电和从蓄电池获得的直流电往往不能满足实际要求,这就需要电能的变换。电能变换的类型可分为:交流变直流、直流变交流、直流变直流和交流变交流。交流变直流称为整流。直流变交流称为逆变。直流变直流是指将一种直流电压变为另一种直流电压,可用直流斩波电路实现。交流变交流可以是电压的变换,称为交流电压控制,也可以是频率或相数的变换。

电力电子技术是 20 世纪后半叶诞生和发展的一门崭新的技术。在当今 21 世纪,电力电子技术仍将以迅猛的速度发展。电力电子技术将和计算机技术共同成为未来科学技术的两大支柱。

1.2 电力电子技术的发展轨迹

自 20 世纪 50 年代末开始,在应用需求的推动下,电力电子技术沿着"整流器→逆变器→变频器"的轨迹成功地发展起来。

1. 整流器时代

大功率的工业用电是靠工频交流发电机提供的,但是,大约 20%的电能是以直流形式消耗的,其中最典型的是电解(铜、铝、镍等有色金属和氯、碱等化工原料都离不开大功率直流电解)、电力牵引(电力机车、电传动的内燃机车、地铁机车、城市无轨电车等)和直流传动(轧钢、造纸、铝材轧制等)三大领域。因此,能高效率地把工频交流电转换为直流电的大功率整流器应运而生,20 世纪 60 年代~70 年代,大功率硅整流管和硅晶闸管的开发得到广泛应用。

2. 逆变器时代

20 世纪 70 年代出现了世界范围内的"能源危机"。交流电机变频调速具有显著节能效果,其中关键的技术在于"交—直—交"变换中的"直—交"变换,即把直流电逆变为 0~100 Hz 左右的交流电。于是,20 世纪 70 年代~80 年代,能胜任这种情况的大功率逆变用晶闸管、电力晶体管(GTR)和可关断晶闸管(GTO)得到大力发展和应用。类似的应用还有高压直流输电(HVDC),静止式无功功率动态补偿等。于是,电力电子技术既可完成整流,又可实现逆变。但是，它们的工作领域还是局限于较低的频率。

3. 变频器时代

20世纪80年代，大规模、超大规模集成电路（VLSI）得到突飞猛进的发展，这为电力电子器件的生产提供了很好的借鉴，将大规模、超大规模集成电路生产中的成熟的微细加工技术和高电压大电流的设计制造方法有机地结合起来，促使20世纪80年代后期和20世纪90年代初期生产出一批功率场控器件，其中，尤以绝缘栅双极型晶体管（IGBT）和电力场效应晶体管（Power MOSFET）为代表的电力MOSFET系列器件得到急速发展。这一代器件的发展不仅为交流电机的调速提供了较高的频率，使其性能更加完善可靠，而且开拓了使电力电子技术向高频化进军的发展方向。用电设备的高频化和高频设备的固态化，引来了高效、节能、节材的效果，并为实现电气设备的小型轻量化、机电一体化和智能化提供了重要的技术基础。

当前，作为电气设备节能、节材、自动化、智能化、机电一体化的基础，电力电子技术正在实现：硬件结构的模块化、控制系统的数字化、产品性能的绿色化。新一代电力电子产品的技术含量将大大提高，使以此为基础的电气设备更加可靠、成熟、经济、实用。

1.3　电力电子技术的应用

电力电子技术的应用范围十分广泛。它不仅用于一般工业，也广泛用于交通运输、电力系统、通信系统、计算机系统、新能源系统等，在照明、空调等家用电器及其他领域中也有广泛的应用。

① 直流传动。由于直流电动机具有良好的调速性能，因此，电力电子技术在工业电气传动系统及牵引调速系统中得到了广泛应用。

② 交流传动。近年来，由于电力电子变频技术的迅速发展，使得交流调速性能可与直流电动机相媲美，交流调速技术被大量应用并占据主导地位。大至数千千瓦的各种轧钢机，小到几百瓦的数控机床的伺服电动机，均采用交流调速技术。

③ 电解、电镀等电化学工业用直流电源。

④ 冶金工业中广泛应用的中频感应加热电源、淬火电源及直流电弧炉电源。

⑤ 高压直流输电。直流输电在长距离、大容量输电时有很大的优势，其送电端的整流阀和受电端的逆变阀都采用晶闸管变流装置。

⑥ 电力系统中的无功补偿和谐波抑制。过去的无功补偿装置主要有晶闸管控制电抗器和晶闸管投切电容器等。近年来出现的静止无功发生器和有源电力滤波器等，具有更为优越的无功功率和谐波补偿的性能。

⑦ 电子装置用电源。各种电子装置一般都需要不同电压等级的直流电源供电，现在这种电源已采用高频开关电源。

⑧ 家用电器。照明领域的"节能灯"和变频空调器等是家用电器中应用电力电子技术的典型例子。

1.4 电力电子技术应用的新领域

电力电子技术的发展，反过来又促进了一系列新应用领域的不断开拓。

1. 风力发电机的变速恒频励磁

风力发电机的有效功率与风速的二次方成正比。风车捕捉最大风能的转速随风速而变化。为了获得最大有效功率，可使机组变速运行，通过调整转子励磁电流的频率，使其与转子转速叠加后保持定子频率，即输出频率恒定。此项应用的技术核心是变频电源。

2. 太阳能发电控制系统

开发利用无穷尽的洁净新能源——太阳能，是调整未来能源结构的一项重要战略措施。大功率太阳能发电，无论是独立系统还是并网系统，通常需要将太阳能电池阵列发出的直流电转换为交流电，所以，具有最大功率跟踪功能的逆变器成为这类系统的核心。例如，日本实施的阳光计划以 3 kW～4 kW 的户用并网发电系统为主，我国实施的送电到乡工程则以 10 kW～15 kW 的独立系统居多，而大型系统有美国加州的西门子太阳能发电厂（7.2 MW）等。

3. 柔性交流输电技术（FACTS）

柔性的交流输电技术是 20 世纪 80 年代后期出现的新技术，近年来发展迅速。柔性交流输电技术是电力电子技术与现代控制技术的结合，以实现对电力系统电压、参数（如线路阻抗）、相位角、功率潮流的连续调节控制，从而大幅度提高输电线路的输送能力和电力系统的稳定水平，降低输电损耗。传统的调节电力潮流的措施，如机械控制的移相器、带负荷调变压器抽头、开关投切电容和电感、固定串联补偿装置等，只能实现部分稳态潮流的调节功能，而且，由于机械开关的动作时间长、响应慢，无法适应在暂态过程中快速柔性地连续调节电力潮流、阻尼系统振荡的要求。因此，电网发展的需求促进了柔性交流输电这项新技术的发展和应用。到目前为止，FACTS 控制器已有数十种，按其安装位置可分为发电型、输电型和供电型三大类，但共同的功能都是通过快速、精确、有效地控制电力系统中一个或几个变量（如电压、功率、阻抗、短路电流、励磁电流等），从而增强交流输电或电网的运行性能。已应用的 FACTS 控制器有静止无功补偿器（SVC）、静止调相器（STATCON）、静止快速励磁器（PSS）、串联补偿器（SSSC）等。近年来，柔性交流输电技术已经在美国、日本、瑞典、巴西等国家的重要的超高压输电工程中得到应用。我国也对 FACTS 进行了深入的研究和开发，每年都有数篇论文发表，但是具有自主知识产权的 FACTS 设备目前只有清华大学和河南省电力公司联合研发的 ±20 Mvar 新型静止无功发生器（ASVG）。

4. 定质电力技术

定质电力（Custom Power）技术是应用现代电力电子技术和现代控制技术，为实现电能质量控制、为用户提供特定要求的电力供应的技术。

现代工业的发展对提高供电的可靠性、改善电能质量提出了越来越高的要求。在现代企业中，由于变频调速驱动器、机器人、自动生产线、精密的加工工具、可编程控制器、计算机信息系统的日益广泛使用，对电能质量的控制提出了日益严格的要求。这些设备对电源的波动和各种干扰十分敏感，任何供电质量的恶化可能会造成产品质量的下降，产生重大损失。

重要用户为保证优质的不间断供电，往往自己采取措施，如安装不间断电源（UPS），但这并不是经济合理的解决办法，根本的出路在于供电部门能够根据用户的需要，提供可靠和优质的电能供应。因此，便产生了以电力电子技术和现代控制技术为基础的定质电力技术（Custom Power Technology）。

为提高配电网无功调节的质量，已开发出用于配电网的静止无功发生器（D-STATCOM），它由储能电路、变换电路和变压器组成，它的功能是快速调节电压、发生和吸收电网的无功功率，同时可以抑制电压闪变，这是"定质电力"的关键设备之一。此外，静止无功发生器和固态开关配合，可在电网发生故障的暂态过程中保持电压恒定。"定质电力"的另一关键设备是动态电压恢复器（Dynamic Voltage Restorer），它由直流储能电路、变换器和次级串联在供电线路中的变压器构成，其中变换器根据检测到的线路电压的波形情况产生补偿电压，使合成的电压保持动态恒定，即无论是短时的电压降低还是过电压，通过 DVR 可以使负载上的电压保持动态恒定。

5. 同步开断技术

同步开断（Synchronized Switching）是指在电压或电流的指定相位完成电路的断开或闭合。在理论上，应用同步开断技术可以完全避免电力系统的操作过电压，这样，由操作过电压决定的电力设备绝缘水平可大幅度降低，由于操作引起设备（包括断路器本身）的损坏也可大大减少。

目前，高压开关属于机械开关，开断的时间长、分散性大，难以实现准确的定相开断。而同步开断设备是应用一套复杂的电子控制装置，实时测量各种影响开断时间分散性的参量变化，对开断时刻的提前量进行修正。然而，即便是采取了这种代价昂贵的措施，由于机械开关特性决定，还不能做到准确的定相开断，设计人员还不敢贸然降低电气设备的绝缘水平，以免同步开断失败造成设备损毁。因此，同步开断的优势目前还没有发挥出来。

实现同步开断的根本出路在于用电子开关取代机械开关。美国西屋公司已制造出 13 kV/600 A、由 GTO 元件组成的固态开关，安装在新泽西州的变电站中使用。GTO 开断时间可缩短到 1/3 ms，这是一般机械开关无法比拟的。现在，由固态开关构成的电容器组的配电系统"软开关"已问世。

6. 全固态化交流电源

全固态化交流电源是一种工业上需要的变频电源。在 20 世纪 80 年代末，我国约有 20 万台 60 kW～200 kW 的高频设备，而现在，晶闸管中频感应加热装置已完全取代了中频发电机，在我国已形成了 200 Hz～8 000 Hz、功率为 100 kW～3 000 kW 的系列产品。在高频电源方面，采用电力 MOSEFT 制造出的 1 000 kW/15～600 kHz（比利时）的感应加热装置，采用 SIT（静电感应晶闸管）制造出的 1 000 kW/200 kHz 和 400 kW/400 kHz（日本）的感应加热装置，效率都在 90% 以上。我国已研制出 75 kW/200 kHz 的 SIT 感应加热装置。采用全固态高频感应加热装置可大大节能。

7. 电力有源滤波器

传统的交流/直流（AC/DC）变换器在投入运行时，将向电网注入大量的谐波电流，引起谐波损耗和干扰，同时还可能出现装置网侧功率因数恶化的现象，即所谓"电力公害"。例如，不可控整流电路加电容滤波时，网侧三次谐波含量可达 70%～80%，网侧功率因数仅有 0.5～

0.6。为解决电力电子装置和其他谐波源的谐波污染问题，可以采用两种方式：一种是装设谐波补偿装置对谐波进行补偿，可以解决各种谐波源的谐波问题；二是对电力电子装置本身进行改造，使其不产生谐波，主要用于作为主要谐波源的电力电子装置。目前，谐波抑制的一个重要趋势是采用电力有源滤波器。电力有源滤波器是一种电力电子装置，其基本原理是从补偿对象中检测出谐波电流，由补偿装置产生一个与该谐波电流大小相等而极性相反的补偿电流，从而使电网电流只含基波分量。电力有源滤波器能对频率和幅值都变化的谐波进行补偿，且补偿特性不受电网阻抗的影响，目前已逐渐开始在国内使用。

8. 中压大容量变频器

中压是指等级为 2.3 kV～10 kV，中、大功率是指 300 kW 以上。有关中压容量的交流调速系统的研究与开发实践已有 20 多年了，目前逐步走上了实际应用阶段，尤其是高压全控型器件产生以来，中压变频器的应用趋势迅速加快了，其中应用较多的是采用 IGBT、IGCT 三电平中压变频器及级联式多电平中压变频器。当今，多电平中压变频器已成为交流调速研究的新领域。

1.5 电力电子技术的发展趋势

1. 高频化

理论分析和实践经验表明，电气产品的体积重量随其供电频率的平方根成反比地减小。所以，当我们把频率从工频 50 Hz 提高到 20 kHz，提高 400 倍的话，用电设备的体积大体上将降至工频设计的 5%～10%，这正是开关电源新技术得以实现功率变频而带来明显效益的基本原因。逆变或整流焊机也好，通讯电源用的开关式整流器也好，都是基于这一原理。那么，依同样原理对传统的电镀、电解、电加工、充电、浮充电、电力合闸等使用的各种直流电源类整机加以类似的改造，使之得以更新换代为"开关变换类"电源，其主要材料可以节约 90% 或更高，还可节电 30% 或更多。随着电力电子器件的工作上限频率逐步提高，将促使许多原来采用电子管的传统高频设备固态化，从而带来显著的节能、节水、节材的经济效益，更能体现电力电子技术的价值。

2. 模块化

模块化有两方面的含义，其一是指电力电子器件的模块化，其二是指电源单元的模块化。我们常见的电力电子器件模块，含有一单元、二单元…六单元直至七单元，包括开关器件和与之反并联的续流二极管，实质上都属于"标准"电力电子模块。近年来，有些制造商把开关器件的功率保护电路也安装到电力电子模块中去，构成了"智能化"的电力电子模块(IPM)，这样一来缩小了电气装置整机的体积，方便了整机设计和制造。为了进一步提高系统的可靠性，有些制造商开发了"用户专用"电力电子模块（ASPM），他们把一台电气装置整机的几乎所有硬件都以芯片的形式安装到一个模块中，使元器件之间不再有传统的引线连接，这样的模块经过严格合理的热、电、机械方面的设计，达到了优化完美的境地，这类似于微电子中的用户专用集成电路（ASIC），只要把控制软件写入该模块中的微处理器芯片，再把整个模块固定在相应的型材散热器上，就构成了一台新型的开关电源装置。由此可知，模块化的目的不仅在于使用方便，缩小整机体积，更重要的是取消了传统连线，把寄生参数降到最小，从而把电力电子器件承受的电应力降至最低,提高了系统的可靠性。另外,对于大功率开关电源,处于器件容量的限制和增加冗余、提高可靠性方面的考虑,一般采用多个独立的模块单元并联工作,采用均流技术,所有模块共同分担负载电流,一旦其中某个模块失效,其他模块再平均分担负载电流,这样,不但提高了功率容量,在有限的器件容量的情况下满足了大电流输出的要求,而且通过增加相对整个系统来说功率很小的冗余电源模块,极大地提高了系统可靠性,即使万一出现单模块故障,也不会影响系统的正常工作,而且为修复提供了充分的时间。

3. 数字化

在传统的电力电子技术中,控制部分是按模拟信号来设计和工作的。在 20 世纪六七十年代,电力电子技术完全是建立在模拟电路基础上的。如今,数字信号、数字电路显得越来越重要,数字信号处理技术日臻完善和成熟,显示出越来越多的优点,例如,便于计算机处理的控制,避免了模拟信号的传递畸变失真,减小了杂散信号的干扰(提高抗干扰能力),便于软件调试和遥感、遥测、遥控,也便于自诊断、容错等技术的值入。

4. 绿色化

"绿色化"来源于"没有污染"的意思,未受污染的食品被称为绿色食品,未被污染的环境被称为绿色环境。绿色照明、绿色电器则有两层意义:首先是显著节电,这意味着发电容量的节约,而发电是造成环境污染的重要原因,节电就可以减少对环境的污染;其次,电器还应满足不对(或少对)电网产生污染,国际电工委员会(IEC)对此制定了一系列标准,如 IEC555、IEC917、IEC1000 等。事实上,许多电力电子节电设备,往往会变成对电网的污染源,向电网注入严重的高次谐波电流,使总功率因数(包括基波位移无功功率,特别是谐波的畸变无功功率)下降,使电网电压耦合出许多毛刺尖峰,甚至出现缺角和畸变。20 世纪末,各种有源滤波器和有源补偿方案的诞生,有了多种修正功率因素的方法,这为 21 世纪批量生产各种绿色开关电源产品奠定了基础。

1.6 学习电力电子技术课程的基本要求

① 了解电力电子技术的应用领域和发展动态,以及电力电子技术与其他相关课程的关系。
② 了解与熟悉以 SCR 为代表的半控型器件和以 GTO 及 IGBT 为代表的全控型器件的工作原理、电气特性和主要参数。
③ 熟悉并掌握单相、三相整流电路的工作原理、电路结构、电气性能,并能进行初步设计。
④ 熟悉并掌握直直变换器、交流调压电路和相控交—交变频电路的工作原理、电路结构、电气性能,并能进行初步设计。
⑤ 熟悉并掌握有源逆变电路和无源逆变电路的工作原理、电路结构、电气性能,并能进行初步设计。
⑥ 了解主要电力电子器件(如 SCR、GTO、IGBT)的门(栅)极控制要求和门(栅)极驱动模块的基本性能。
⑦ 对整流电路、逆变电路、直直变换器电路等具有一定的科学实验能力。
⑧ 学习这门课程的时候,重在对物理概念的理解,在掌握其概念和本质的前提下,学会分析、计算、实验和初步设计。

第 2 章 电力电子器件的原理与特性

2.1 概 述

2.1.1 电力电子器件的发展概况

自从 20 世纪 50 年代硅晶闸管问世以后,电力电子器件的研究者经过不懈的努力,取得了令世人瞩目的成就。60 年代后期,可关断晶闸管 GTO 实现了门极可关断功能,并使斩波工作频率扩展到 1 kHz 以上。70 年代中期,电力晶体管和电力 MOSFET 问世,使电力电子器件实现了场控功能,开台应用于高频场合。80 年代,绝缘栅双极型晶体管(IGBT)问世,它综合了电力 MOSFET 和双极型电力晶体管两者的功能。IGBT 的迅速发展,又激励了人们对综合了电力 MOSFET 和晶闸管两者功能的新型电力电子器件——MOSFET 门控晶闸管的研究。

总的来说,电力电子器件的发展概况大致如下。

1. 超大功率晶闸管

晶闸管(SCR)自问世以来至今,其功率容量提高了近 3 000 倍。现在许多国家已经能生产稳定的 8 kV/4 kA 晶闸管,例如,日本生产的 8 kV/4 kA 和 6 kV/6 kA 光触发晶闸管(LTT),美国和欧洲生产的电触发晶闸管。近十几年来,由于自关断器件的飞速发展,晶闸管的应用领域有所缩小,但是,由于它的高电压、大电流特性,它在高压直流输电(HVDC)、静止无功补偿(SVC)、大功率直流电源及超大功率和高压变频调速应用方面仍占有十分重要的地位。预计在以后若干年内,晶闸管仍将在高电压、大电流的场合得到应用。

2. 高压大电流 GTO

现在,许多生产厂商能够生产额定开关功率 36 MV·A (6 kV/6 kA) 用的高压大电流 GTO。GTO 具有较高的导通电流密度、较高的阻断电压、阻断状态下较高的 du/dt 值等优点,目前它在电力牵引领域、工业和电力逆变器中得到广泛应用。

3. 新型 GTO 器件——集成门极换向晶闸管 IGCT

IGCT 晶闸管是一种新型的电力电子器件,与常规 GTO 晶闸管相比,它有许多优良的特性,例如,不用缓冲电路就能实现可靠关断,存储时间短,开通能力强,关断门极电荷少,以及应用系统(包括所有器件和外围部件,如阳极电抗器和缓冲电容器等)总的功率损耗低等。

4. 高功率沟槽栅结构 IGBT(Trench IGBT)模块

当今高功率 IGBT 模块中的 IGBT 元胞大多采用沟槽栅结构的 IGBT。与平面栅结构相比,沟槽栅结构通常采用 1 μm 加工精度,从而大大提高了元胞密度;由于沟槽栅结构中门极沟的存在,消除了平面栅结构器件中相邻元胞之间形成的结型场效应晶体管效应,同时引入了一定的电子注入效应，使得导通电阻下降，为增加长基区厚度、提高器件耐压创造了条件。所以，近几年来出现的高耐压大电流 IGBT 器件均采用沟槽栅结构。

5. 新型大功率 IGBT 模块——电子注入增强栅晶体管 IEGT

近年来，日本东芝公司开发了 IEGT（Injection Enhanced Gate Transistor，简称 IEGT），与 IGBT 一样，它也分平面栅和沟槽栅两种结构，前者的产品已问世，后者尚在研制中。IEGT 兼有 IGBT 和 GTO 的一些优点：较低的饱和压降，较宽的安全工作区（吸收回路容量仅为 GTO 的 1/10 左右），较低的栅极驱动功率（比 GTO 低 2 个数量级）和较高的工作频率。

6. MOS 门控晶闸管

MOS 门极控制晶闸管（简称 MOS 门控晶闸管）充分利用了晶闸管良好的通态特性、优良的开通和关断特性，它具有优良的自关断动态特性、非常低的通态电压降并且耐高压，成为未来在电力装置和电力系统中很有发展前途的高压大功率器件。

2.1.2 电力电子器件的分类

1. 按照电力电子器件的开关控制能力来分

按照电力电子器件的开关控制能力，电力电子器件可分为三类：不可控器件、半控型器件、全控型器件。

（1）不可控器件

这是一类不能用控制信号来控制其通、断的电力电子器件，因此也就不需要驱动电路。这类器件的典型代表是功率二极管。功率二极管的通断完全由它在主电路中承受的电压决定，它具有单向导电性。

（2）半控型器件

这是一类可以通过控制端来控制器件的开通，但不能控制其关断的电力电子器件。这类器件的典型代表是晶闸管及其派生器件。这类器件的特点是：其控制端在器件导通后即失去控制能力，即无法通过控制端来关断器件，这类器件的关断完全取决于外部条件，即器件在主电路中承受的电压和电流。

（3）全控型器件

这是一类既可以控制其开通，又可以控制其关断的电力电子器件。与半控型器件相比，这类器件可以通过控制端实现器件的关断，因此又称为自关断器件。属于这类器件的有：电力场效应晶体管（电力 MOSFET）、绝缘栅双极型晶体管（IGBT）、门极可关断晶闸管（GTO）、集成门极换向晶闸管（IGCT）、电子注入增强栅晶体管（IEGT）等。

2. 按照电力电子器件的驱动信号性质来分

按照驱动电路加在电力电子器件控制端和公共端之间信号的性质不同，又可以将电力电子器件（半控型和全控型）分为电流控制型和电压控制型。如果通过向控制端注入或从控制端抽出电流来实现电力电子器件的开通、关断，这类电力电子器件称为电流控制型器件。如果电力电子器件的开通、关断控制是通过加在控制端与公共端之间的电压来实现的，则称之为电压控制型器件。与电流控制型器件相比，电压控制型器件需要的控制极驱动功率要小得多。属于电流控制型的电力电子器件有普通晶闸管、GTO 等，属于电压控制型的电力电子器件有电力 MOSFET、IGBT、IGCT、IEGT 等。

3. 按照电力电子器件的内部载流子类型来分

根据电力电子器件内部载流子的类型，可将电力电子器件分为单极型、双极型和复合型三类。由一种载流子参与导电的电力电子器件，称为单极型器件，例如电力 MOSFET、静电感应晶体管（SIT）；由电子和空穴两种载流子参与导电的电力电子器件，称为双极型器件，例如普通晶闸管、GTO 等；由单极型器件和双极型器件组合而成的复合电力电子器件，称为复合型器件，例如 IGBT。

单极型器件只有多数载流子导电，没有少数载流子的存储效应，因而开通、关断时间短，典型值为 20 ns。这类器件的另一优点是输入阻抗很高，通常大于 40 MΩ，故属于电压控制型器件。此外，单极型器件的电流具有负的温度系数，即温度上升则电流下降，因而不易产生局部热点，二次击穿的可能性极小。单极型器件的不足之处是通态压降高，电压和电流额定值比双极型器件小。单极型器件适用于功率较小、工作频率高的电力电子设备。

双极型器件的特点是，通态压降较低，阻断电压较高，电压和电流额定值较高，因此适用于大中容量的变流设备。

复合型器件既有晶闸管、GTO 等双极型器件的电流密度高、导通压降低等优点，又具有电力场效应管等单极型器件的输入阻抗高、响应速度快的特点，复合型器件是一类综合性能较好、具有发展前途的电力电子器件。

2.2 功率二极管

功率二极管是 P 型半导体和 N 型半导体相结合（称为 PN 结）的两层结构器件，其中在 P 型半导体上设置正极端，在 N 型半导体上设置负极端，用外壳加以密封，如图 2.1 (a) 所示。

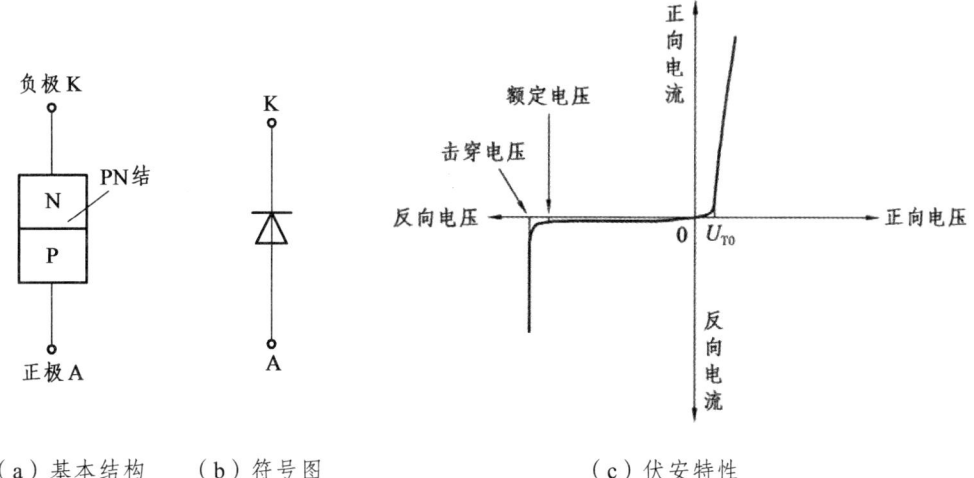

（a）基本结构　　（b）符号图　　　　（c）伏安特性

图 2.1　功率二极管的基本结构、符号图和伏安特性

2.2.1 功率二极管的基本特性

1. 静态特性

功率二极管的静态特性主要是指其伏安特性,如图 2.1(c)所示。

当功率二极管承受的正向电压达到一定值,例如 0.6 V~0.7 V 时,正向电流开始明显增加,这时功率二极管处于导通状态,这个临界电压被称为门槛电压 U_{T0}。当功率二极管承受反向电压时,只有由少数载流子引起的微小而数值稳定的反向漏电流,然而,当反向电压超过某一数值时,反向电流会急剧增加,这种现象被称为击穿现象,这时的反向电压值称为击穿电压。

正常使用功率二极管时,加在其正、负极间的电压(交流电压的峰值)不能超过击穿电压。

2. 动态特性

由半导体知识可知,功率二极管存在结电容,若该结电容用 C_j 表示,则 $C_j = C_B + C_D$,其中,势垒电容 C_B 的大小与 PN 结截面面积成正比(功率二极管的截面面积比普通二极管大,所以具有更大的势垒电容);扩散电容 C_D 的大小与通过 PN 结的正向电流有关。

因为结电容的存在,功率二极管在零偏置(外加电压为零)、正向偏置和反向偏置三种状态之间转换的时候,必然会经历一个过渡过程。在过渡过程中,PN 结的一些区域需要一定时间来调整其带电状态,因而其伏安特性是随时间变化的,这就是功率二极管的动态特性。通常功率二极管的动态特性专指反映通态和断态之间转换过程的开关特性。

当功率二极管外加正向电压时,正向电流对结电容充电;若功率二极管外加电压反向,正向电流并不能立即截止下降到零,因为结电容上的电荷需要一定的时间来恢复,此时功率二极管仍处于导通状态直至全部电荷被复合,功率二极管才能完全恢复阻断状态。

假设在 t_0 时刻,功率二极管的外加电压突然由正向变为负向,如图 2.2(a)所示,正向电流在反向电压作用下的下降速率取决于电路中电感和反向电压的大小。在 t_1 时刻正向电流降低到零,在 t_2 时刻反向电流达到最大值 I_{RM},之后功率二极管开始恢复对反向电压的阻断能力,反向电流迅速下降,在外电路电感的作用下会在功率二极管两端产生比外加反向电压 U 大得多的反向电压 u_R,u_R 逐渐达到最大值 U_{RM},随着电流变化率下降,u_R 逐渐减小,在电流变化率接近零或反向电流 i_R 降至 $25\% I_{RM}$ 的时刻 t_3,功率二极管两端承受的反向电压才降至外加电压的大小,功率二极管完全恢复对反向电压的阻断能力。

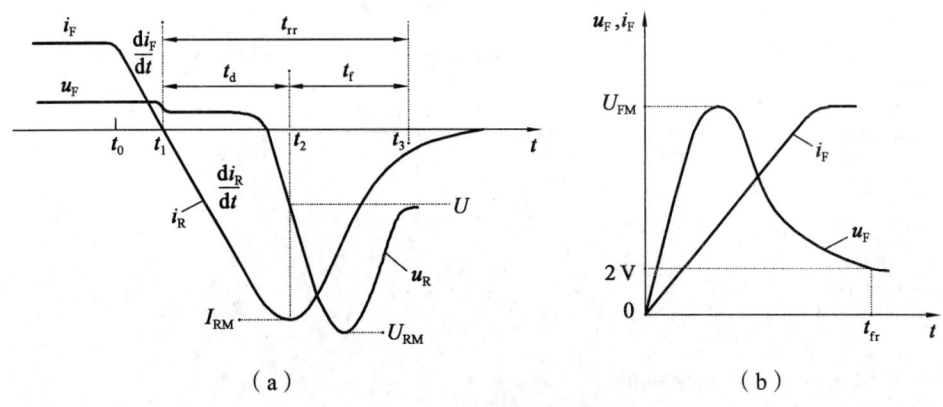

图 2.2 二极管的动态特性

图 2.2 (a) 中，时间 $t_d = t_2 - t_1$ 被称为延迟时间，$t_f = t_3 - t_2$ 为反向电流下降时间，而 $t_{rr} = t_d + t_f$ 为功率二极管的反向恢复时间，$s_{rr} = t_f / t_d$ 被称为恢复系数，s_{rr} 越大，则功率二极管的恢复特性越软，即反向电流的下降时间就越长，因而在同样的外电路条件下造成的反向电压峰值 U_{RM} 就越小。

图 2.2 (b) 所示为功率二极管由零偏置转换为正向偏置时的动态过程，在这一动态过程中，功率二极管的正向压降也出现了一个峰值电压 U_{FM}，经过一段时间才趋于稳态压降（例如 2 V），这一动态过程时间被称为正向恢复时间 t_{fr}。出现 U_{FM} 的原因是：功率二极管达到稳态导通所需要的载流子需要一定时间来储存，而在稳态导通前管压降较大，正向电流上升会因功率二极管自身的分布电感而产生较大压降。电流上升率越大，U_{FM} 值越高。

2.2.2 功率二极管的主要参数

1. 正向平均电流 $I_{F(av)}$（额定电流）

功率二极管长期运行，在规定的管壳温度（即壳温）T_c 和散热条件下，结温稳定且不超过允许的最高工作结温时，所允许流过的最大工频正弦半波电流的平均值，称为正向平均电流。将此电流值取规定系列的电流等级值，即为元件的额定电流。

可见，正向平均电流是按照发热条件来定义的。使用时，应按照电流的有效值相等的原则来选取功率二极管的额定电流，并留有一定的裕量。正弦半波电流的正向平均电流 $I_{F(av)}$ 对应的有效值为 $1.57 I_{F(av)}$。

2. 正向压降 U_F

正向压降 U_F 是指功率二极管在规定温度下，流过某一规定的稳态正向电流时对应的正向压降。有时也指功率二极管在规定温度下流过某一瞬态正向大电流时功率二极管的最大瞬时正向压降。

3. 反向重复峰值电压 U_{RRM}

反向重复峰值电压 U_{RRM} 是指功率二极管所能重复施加的反向最高峰值电压，通常是其雪崩击穿电压 U_B 的 80%。使用时，一般按电路中的二极管可能承受的最高峰值电压的两倍选取功率二极管的反向重复峰值电压 U_{RRM}。

4. 最高工作结温 T_{jM}

结温 T_j 是 PN 结的平均温度。最高工作结温 T_{jM} 是指在 PN 结不损坏的前提下功率二极管所能承受的最高平均温度。T_{jM} 通常在 125°C～175°C 范围内。

5. 反向恢复时间 t_{rr}

反向恢复时间 t_{rr} 是指功率二极管由导通到关断时，从正向电流过零到反向电流，并且反向电流下降到其峰值的 25% 时的时间间隔。它与反向电流上升率、结温及正向导通时的最大正向电流有关。

6. 正向浪涌电流 I_{FSM}

正向浪涌电流 I_{FSM} 是指功率二极管所能承受的最大的连续一个或几个工频周期的过电

流，又称为正向不重复电流，简称浪涌电流。一般用额定正向平均电流的倍数和相应的浪涌时间（工频周期数）来规定正向浪涌电流。

2.2.3 功率二极管的主要类型

1. 整流二极管

整流二极管多用于开通、关断频率不高（1 kHz 以下）的整流电路中，其反向恢复时间较长，一般在 5 μs 以上。但其额定电流和额定反向电压却可以达到很高，分别可达数千安和数千伏。

2. 快速恢复功率二极管

这种功率二极管的恢复过程很短，特别是反向恢复过程较短（在 5 μs 以下）。快速恢复功率二极管按其性能可分为快速恢复功率二极管和超快速恢复功率二极管两个等级，前者的反向恢复时间为数百纳秒或更长；后者的反向恢复时间则在 100 ns 以下，甚至达到 20 ns～30 ns。

3. 肖特基二极管

以金属和半导体接触形成的势垒为基础的二极管，称为肖特基势垒二极管，或简称肖特基二极管。与以 PN 结为基础的功率二极管相比，肖特基二极管的优点在于：反向恢复时间很短（10 ns～40 ns）；正向恢复过程中不会有明显的电压超调；在反向耐压较低的情况下，其正向压降也很小，明显低于快速恢复功率二极管，因此，其开通、关断损耗和正向导通损耗较快速恢复功率二极管要小。

肖特基二极管的弱点是：① 反向耐压提高时，其正向压降也会高得无法接受，故多用于 200 V 以下的场合；② 反向漏电流较大且对温度敏感。

2.3 晶闸管（SCR）

晶闸管是硅半导体材料做成的硅晶体闸流管的简称，又叫做可控硅整流元件（Silicon Controlled Rectifier，简称 SCR），俗称可控硅。

2.3.1 晶闸管的结构与工作原理

1. 晶闸管的结构

晶闸管的外形及符号如图 2.3 所示。晶闸管具有三个电极：阳极 A、阴极 K 和门极 G。如按外形来分，晶闸管主要有两种形式：螺栓式和平板式。

螺栓式晶闸管的螺栓是晶闸管的阳极（它与散热器紧密连接），粗辫子线是晶闸管的阴极，细辫子线是晶闸管的门极。螺栓式晶闸管的特点是安装和更换较方便，但散热效果较差。

平板式晶闸管的两个平面分别是阳极和阴极，引出线（细辫子线）为门极，使用时，两个互相绝缘的散热器把晶闸管紧紧地夹在中间。平板式晶闸管的特点是散热效果好，但安装和更换较麻烦。

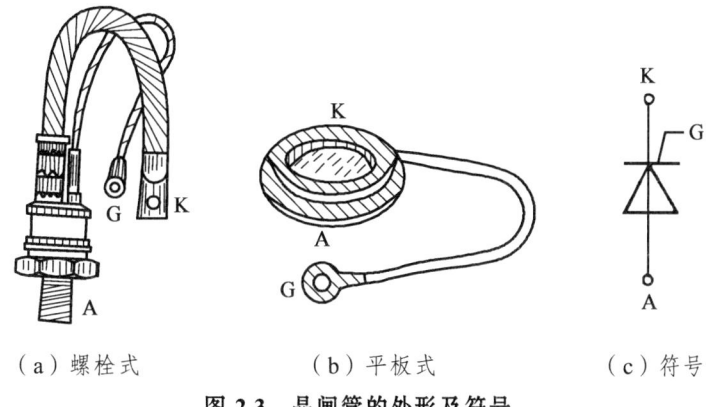

(a)螺栓式　　　　　（b）平板式　　　　　（c）符号

图 2.3　晶闸管的外形及符号

晶闸管的内部结构如图 2.4 所示。它是一个四层（PNPN）三端（A、K、G）器件。

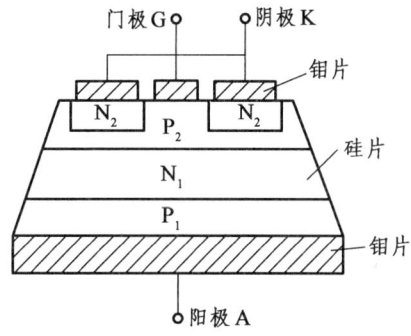

图 2.4　晶闸管的结构

2. 晶闸管的开通、关断条件

晶闸管在工作过程中，它的阳极 A 和阴极 K 可与电源或负载连接，组成晶闸管的主电路；晶闸管的门极 G 和阴极 K 与控制晶闸管的装置连接，组成晶闸管的控制电路。当晶闸管的阳极 A 接电源 E 正端、阴极 K 接电源 E 负端时，称晶闸管接入正向阳极电压，否则为接入反向阳极电压；当晶闸管门极 G 接门极电源 E_G 正端、阴极 K 接 E_G 负端时，称晶闸管门极接入正向门极电压，否则为接入反向门极电压。

下面通过实验来说明晶闸管的开通、关断条件。图 2.5 为晶闸管开通、关断实验电路。

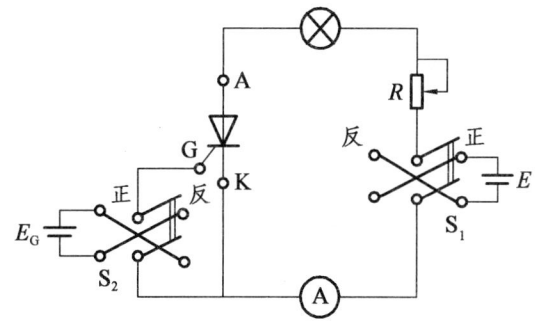

图 2.5　晶闸管开通、关断实验电路

晶闸管加上正向阳极电压，门极电路断开或接反向门极电压时，灯泡不亮，说明晶闸管处于关断状态。

晶闸管加上反向阳极电压，则不论门极电源开关闭合与否，灯泡均不亮，说明晶闸管仍处于关断状态。

晶闸管加上正向阳极电压，门极接正向门极电压，这时灯泡亮，说明晶闸管导通。

当晶闸管导通以后，如果将门极电路开关 S_2 打开或者接反向门极电压，灯泡仍亮，说明晶闸管继续保持导通。此时减小晶闸管的正向阳极电压，观察晶闸管主电路中的电流表Ⓐ，电流表读数减小，说明流过晶闸管的电流减小；当电流减小到某值时，灯泡熄灭，说明晶闸管关断。

由上述过程得到如下结论：

① 当晶闸管承受正向阳极电压时，仅在门极承受正向电压的情况下晶闸管才导通，即从关断状态转变为导通状态必须同时具备正向阳极电压和正向门极电压两个条件。

② 当晶闸管承受反向阳极电压时，不论门极承受何种电压，晶闸管都处于关断状态。

③ 在晶闸管导通的情况下，只要仍有一定的正向阳极电压，不论门极电压如何，晶闸管仍保持导通，即晶闸管导通后，门极失去控制作用。

④ 在晶闸管导通的情况下，当主回路电流减小到接近于零时，晶闸管关断。

晶闸管一旦导通以后，门极失去控制作用。所以，为了使晶闸管导通，加到门极和阴极之间的电压只要是一个正向的脉冲就可以了，这个电压称为触发脉冲电压。在晶闸管导通的情况下，随着主回路电源电压的降低，主回路电流降低到某一数值以下时晶闸管关断，这个能保持晶闸管导通的最小电流称为维持电流，用 I_H 表示，一般为十几毫安至几十毫安。

3. 晶闸管的工作原理

下面通过晶闸管内部的双晶体管模型来分析晶闸管的工作原理。

晶闸管是 4 层 3 端器件，有 J_1、J_2 和 J_3 三个 PN 结，如图 2.6（a）所示。应用分解理论，把中间的 N_1 和 P_2 分为两部分，于是一个晶闸管可以等效成由一个 PNP 和一个 NPN 组合而成的复合管，如图 2.6（b）和（c）所示。因此，可运用三极管的工作原理来说明晶闸管的工作原理。

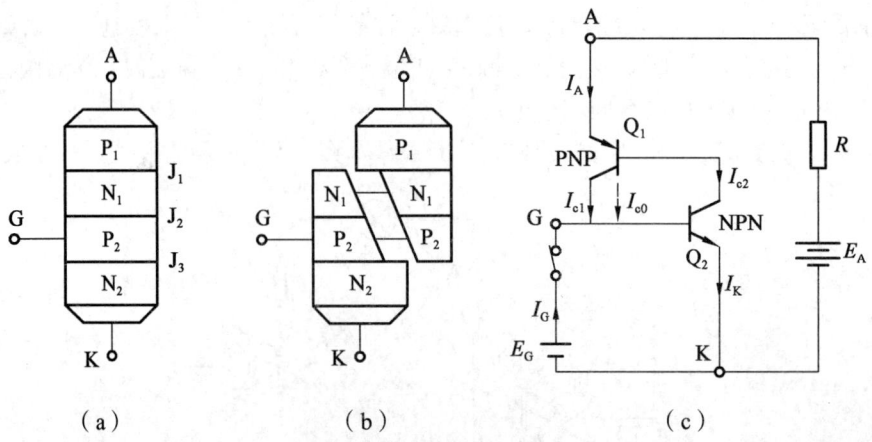

图 2.6 晶闸管的工作原理

当晶闸管承受正向阳极电压时，J_1 和 J_3 处于正偏置，J_2 处于反偏置。要使晶闸管导通，必须使承受反向电压的 J_2 失去阻挡作用。图 2.6（c）表明，每个三极管的集电极同另一个三极管的基极相接,因此,两个复合的三极管电路构成了一个正反馈电路,当有足够的门极电流I_g流入时,就会形成强烈的正反馈作用,造成两个三极管饱和导通,即晶闸管导通。

设 Q_1 管和 Q_2 管的集电极电流分别为 I_{c1} 和 I_{c2};发射极电流分别为 I_A 和 I_K,电流放大系数分别为 $\alpha_1 = I_{c1}/I_A$ 和 $\alpha_2 = I_{c2}/I_K$。晶闸管的工作过程可简单表示如下:

流入 I_G 时(I_G 增大,表示为 $I_G\uparrow$),有 $I_G\uparrow \rightarrow I_{b2}\uparrow \rightarrow \alpha_2\uparrow \rightarrow I_{c2}\uparrow \rightarrow I_{b1}\uparrow \rightarrow \alpha_1 \rightarrow I_{c1}\uparrow \rightarrow I_{b2}\uparrow$ 的正反馈过程发生。

设 J_2 结反向漏电流为 I_{c0},晶闸管的阳极电流等于两管的集电极电流和漏电流的总和,即

$$I_A = I_{c1} + I_{c2} + I_{c0} \tag{2.1}$$

亦即

$$I_A = \alpha_1 I_A + \alpha_2 I_K + I_{c0} \tag{2.2}$$

若门极电流为 I_G,则晶闸管的阴极电流为

$$I_K = I_A + I_G \tag{2.3}$$

由式(2.2)和式(2.3)可得晶闸管的阳极电流为

$$I_A = \frac{\alpha_2 I_G + I_{c0}}{1-(\alpha_1 + \alpha_2)} \tag{2.4}$$

对于式(2.4)作如下说明:

① 式(2.4)中的 α_1 和 α_2 分别为 Q_1 管和 Q_2 管的电流放大系数,其值随晶闸管发射极电流的改变而急剧变化,其关系曲线如图 2.7 所示。

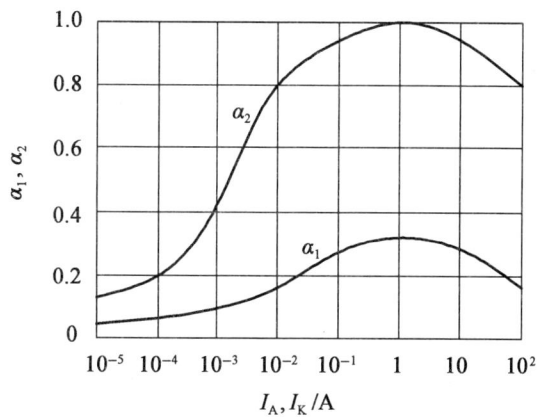

图 2.7 α_1、α_2 与对应发射极电流 I_A、I_K 的关系

② 当晶闸管承受正向阳极电压,而门极未加电压时,式(2.4)中 $I_G = 0$,$(\alpha_1 + \alpha_2)$ 很小,故晶闸管的阳极电流为 $I_A \approx I_{c0}$,此时,晶闸管处于正向阻断状态。

③ 当晶闸管承受正向阳极电压时,从门极 G 流入足够大的 I_G,经 Q_2 管的发射结,提高其电流放大系数 α_2,产生足够大的集电极电流 I_{c2},I_{c2} 流过 Q_1 管发射结,提高其电流放大系数 α_1,产生更大的集电极电流 I_{c1},I_{c1} 流过 Q_2 管发射结,从而形成强烈的正反馈过程。随着发射结电流的增加,当 $(\alpha_1 + \alpha_2) \approx 1$ 时,式(2.4)的分母 $1-(\alpha_1 + \alpha_2) \approx 0$,因而大大地提高了晶闸管的阳极电流 I_A,这时,流过晶闸管的电流完全由主电路的电源电压和回路电阻所决定,即 $I_A = E_A/R$(式中 R 为回路电阻),晶闸管处于正向导通状态。

④ 晶闸管导通后，由于 $1-(\alpha_1+\alpha_2)\approx 0$，即使此时门极电流 $I_G=0$，晶闸管仍能保持原来的阳极电流 I_A 而继续导通，所以，晶闸管导通后门极就失去了控制作用。

⑤ 想关断已导通的晶闸管，可减小电源电压 E_A 或增大回路电阻 R，使阳极电流 I_A 减小到维持电流 I_H 以下，此时，α_1 和 α_2 迅速下降，当 $1-(\alpha_1+\alpha_2)\approx 1$ 时，晶闸管恢复阻断状态。

4. 晶闸管三个极的鉴别方法

螺栓式晶闸管可以从外形进行区分，即螺栓为阳极 A、粗辫子线为阴极 K、细辫子线为门极 G。

平板式晶闸管的引出线为门极，而阳极和阴极从外形上却不易区分。由于 J_3 结具有不太理想的二极管特性，其正、反向电阻为几十欧至几百欧，而 J_1、J_2 结具有标准的二极管特性。因此，可以利用万用表区分平板式晶闸管的阳极和阴极，并可大致判断晶闸管的好坏，方法是：当测量两个极间的正、反向电阻均在几十欧至几百欧时，则两个极中的一个是门极 G（已知），另一个极就是阴极 K，这样，另一个未知的极就必定是阳极 A。注意：测量时不能用万用表的高阻档，以免表内高压击穿门极的 PN 结；测量时如发现任何两个极间短路，例如门极对阴极短路，则说明晶闸管已损坏。

2.3.2 晶闸管的特性

1. 晶闸管的伏安特性

晶闸管的阳极和阴极之间的电压 u_{AK} 与阳极电流 i_A 的关系，称为晶闸管的伏安特性。

最简单的晶闸管主电路如图 2.8（a）所示。理想的晶闸管伏安特性如图 2.8（b）所示。

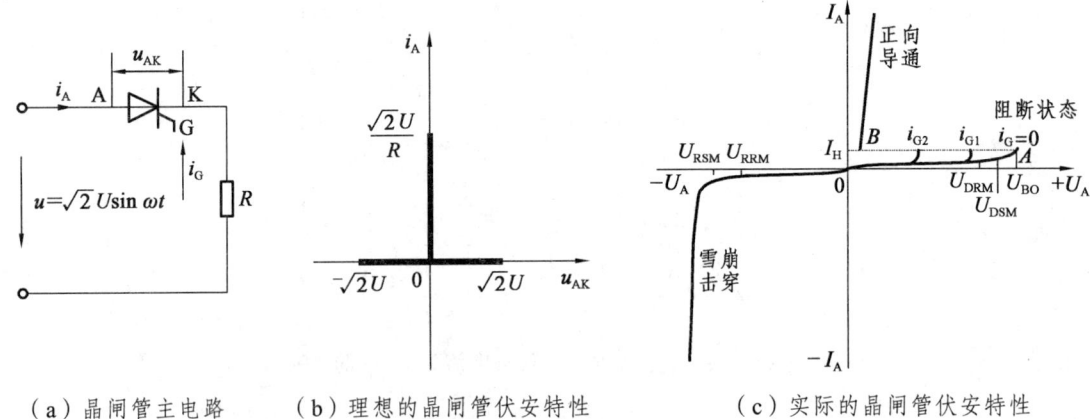

(a) 晶闸管主电路　　(b) 理想的晶闸管伏安特性　　(c) 实际的晶闸管伏安特性

图 2.8　晶闸管的伏安特性

理想晶闸管的特点是：

① 在门极电流 $i_G=0$ 情况下，晶闸管处于阻断状态，阳极和阴极之间的电阻为无穷大，$i_A=0$，电源电压 u 全部施加在晶闸管两端，u_{AK} 的峰值为 $\pm\sqrt{2}U$。

② 晶闸管承受正向阳极电压且门极加入正向触发电流 i_G 时，晶闸管导通，电源电压 u 全部作用在负载电阻 R 上，管压降 $u_{AK}=0$，阳极电流由电源电压 u 和负载电阻 R 决定，其峰值为 $\sqrt{2}U/R$。因此，只要晶闸管处于导通状态，管压降就等于零；只有 $i_A=0$ 时晶闸管才恢

复阻断状态。

实际的晶闸管伏安特性曲线如图 2.8（c）所示。门极不加电压（$i_G=0$），让晶闸管承受正向阳极电压 u_{AK}，则晶闸管处于正向阻断状态。当 u_{AK} 从零逐渐上升时，阳极电流 i_A 也从零逐渐上升，但其数值很小，上升也缓慢，即使 u_{AK} 值已很大，i_A 也只有几毫安至几十毫安，称为正向漏电流。当 u_{AK} 值增加到大于 U_{DSM} 以后，i_A 急剧上升，当 u_{AK} 值升到 U_{BO} 时，i_A 突然剧增，晶闸管由关断突然变为导通，即在图 2.8（c）所示曲线上从 A 点突变到 B 点。U_{BO} 称为晶闸管的正向转折电压。晶闸管导通后的伏安特性与二极管的正向特性相似，即通过较大阳极电流时，其本身压降却很小。

正常情况下，不允许将正向阳极电压增加到转折电压 U_{BO} 来使晶闸管由关断转为导通，而必须靠门极通入触发电流 i_G 使晶闸管导通。加入门极电流 i_G 后，晶闸管的正向转折电压会大大降低，其曲线如图 2.8（c）所示。

晶闸管加上反向阳极电压时，由于其中 J_1、J_3 两个 PN 结承受反向电压，所以其反向特性与一般二极管的反向特性相似。正常情况下，晶闸管承受反向电压时，处于反向阻断状态，产生反向漏电流；反向电压增加时，反向漏电流略有增加，但总的来说反向漏电流的数值是很小的。当反向电压增加到较高的某一数值后，反向电流突然剧增，此时称晶闸管反向击穿，这会造成晶闸管的损坏，是不允许的。晶闸管的反向特性如图 2.8（c）的第三象限曲线所示。

2. 晶闸管的门极伏安特性

晶闸管在正向阳极电压的作用下，一旦门极加入适当的信号，就可使晶闸管由"断态"变为"通态"。

晶闸管的门极和阴极之间有一个 PN 结 J_3，它的伏安特性称为晶闸管的门极伏安特性。由于实际晶闸管产品的门极伏安特性的分散性很大，一般不用曲线表示，常以伏安特性区域来代表同类产品的门极伏安特性，称为门极伏安特性区域。例如，500 A 晶闸管的门极伏安特性区域如图 2.9 所示。

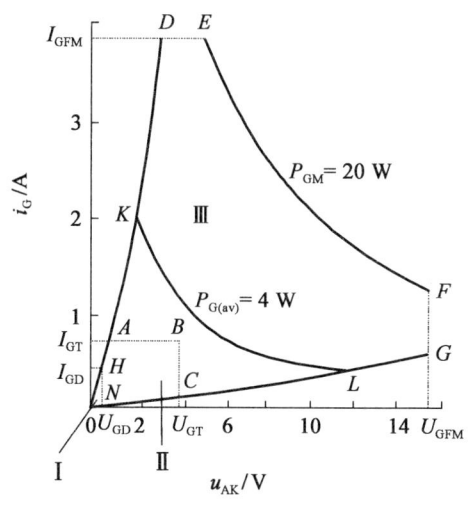
（a）门极伏安特性区域

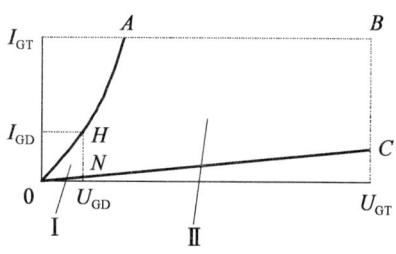
（b）局部门极伏安特性区域

图 2.9　晶闸管的门极伏安特性区域

图 2.9（a）中，曲线 0D 为极限低阻伏安特性，曲线 0G 为极限高阻伏安特性。由于施加于门极的电压、电流和功率都是有一定限度的，所以，可根据门极正向峰值电流 I_{GFM}、正向峰值电压 U_{GFM} 和允许的门极瞬时最大功率 P_{GM} 来划定其上限，分别得 DE 线、FG 线和 EF 线。

图 2.9（a）中的 5 条曲线包围成下列三个"区域"：

区域 I——图中 0H～0 范围内的区域，称为不触发区，由门极不触发电流 I_{GD} 和不触发电压 U_{GD} 限定。任何合格的晶闸管在额定结温时，其门极所受的电流和电压在此区域内时，都不会被触发。

区域 II——图中 ABCNHA 范围内的区域，称为不可靠触发区，由门极触发电流 I_{GT} 和触发电压 U_{GT} 限定，这只是一般合格晶闸管所允许的触发范围。在室温情况下，若加于晶闸管门极的触发电压和触发电流处于这个区域内，则对于触发电压和触发电流较高的晶闸管来说，触发将是不可靠的。

区域 III——图中 ADEFGCBA 范围内的区域，称为可靠触发区。在正常使用时，加于晶闸管门极的触发电压和触发电流都应该处于这个区域内，在该区域内的任何 i_G 和 u_G 值都能使合格晶闸管触发导通。另外，晶闸管门极的平均功率损耗不应超过规定的门极平均功率 $P_{G(av)}$，见图 2.9（a）中的曲线 KL。

在晶闸管的出厂合格证上，标明了能够保证触发该器件的最小触发电流和最小触发电压。为了使触发器通用于同型号的晶闸管，在进行电路设计时，应使晶闸管门极的工作点处于可靠触发区内。如果晶闸管的触发电压太低，则容易受干扰造成误触发。另外，晶闸管的温度升高时，触发晶闸管所需的电流和电压可以相应地降低，反之则需增大。这些因素在设计触发器电路时必须要考虑。

2.3.3 晶闸管的主要参数

1. 晶闸管的电压参数

（1）断态不重复峰值电压 U_{DSM}

门极开路，晶闸管处于额定结温时，在其阳极电压 u_{AK} 上升到正向转折电压 U_{BO} 之前，即晶闸管正向漏电流开始急剧增大，伏安特性曲线急剧弯曲处对应的阳极电压，称为断态不重复峰值电压 U_{DSM}，参见图 2.8（c）。

（2）反向不重复峰值电压 U_{RSM}

门极开路，晶闸管承受反向电压时，对应反向漏电流开始急剧增大的电压值，称为反向不重复峰值电压 U_{RSM}，参见图 2.8（c）。

（3）断态重复峰值电压 U_{DRM}

取断态不重复峰值电压 U_{DSM} 值的 80%，定义为断态重复峰值电压 U_{DRM}。

（4）反向重复峰值电压 U_{RRM}

取反向不重复峰值电压 U_{RSM} 值的 80%，定义为反向重复峰值电压 U_{RRM}。

（5）额定电压

通常取断态重复峰值电压 U_{DRM} 和反向重复峰值电压 U_{RRM} 中较小的那个数值，并按标准电压等级取整数，作为该晶闸管的额定电压。

晶闸管在工作时，一旦外加电压峰值瞬时超过晶闸管的不重复峰值电压，就可能造成晶闸管永久性损坏；另外，如果环境温度升高且散热不良，也可能使晶闸管的正、反向转折电压值下降，因此，晶闸管的额定电压应选为其正常工作峰值电压的2～3倍，使其有安全裕量。

（6）通态平均电压$U_{T(av)}$

晶闸管通以额定通态平均电流，待结温稳定时，阳极与阴极之间电压降的平均值，称为通态平均电压$U_{T(av)}$，简称管压降。

晶闸管的通态平均电压$U_{T(av)}$的数值是各不相同的，选用时应尽量选择U_T值较小的晶闸管，以便减少晶闸管自身的损耗和发热。

2. 晶闸管的电流参数

（1）通态平均电流$I_{T(av)}$

在环境温度为+40 ℃和规定的冷却条件下，晶闸管在电阻性负载且单相工频正弦半波导通角不小于170°的电路中，当结温稳定并且不超过额定结温时，所允许通过的最大平均电流，称为通态平均电流$I_{T(av)}$。将此电流按照晶闸管标准电流系列取相应的电流等级，作为该晶闸管的额定电流。

晶闸管允许通过的电流大小取决于晶闸管管芯的温度，称为结温。晶闸管在正常工作条件下所允许的最高PN结温度，称为额定结温T_{jM}。晶闸管的发热程度与散热方式决定了晶闸管的结温大小。造成晶闸管发热的原因是损耗，其中主要是导通时的管子损耗；另外，还有阻断和反向时漏电流引起的损耗、晶闸管开关时的损耗（这个损耗只在晶闸管的工作频率较高时才考虑）；门极损耗相对较少，可以忽略。

影响晶闸管散热的因素很多，如晶闸管与散热器接触的紧密程度、散热器的大小和冷却方式、环境温度和冷却介质的温度等。影响晶闸管散热的因素不同，晶闸管允许通过的通态平均电流也不同。晶闸管的额定电流是根据一定条件下晶闸管的通态平均电流来标定的，这是因为整流输出端所接负载常用平均电流来衡量其性能。从晶闸管管芯发热的角度来看，若把管芯看成恒值电阻，那么，其热效应只和电流的有效值有关。因此，不论流经晶闸管的电流的波形如何、晶闸管的导通角多大，只要该电流的有效值等于晶闸管额定电流对应的有效值，这种波形的电流就允许流过该晶闸管。

任一含有直流分量的电流波形，都有一个电流平均值I_{av}（一个周期内电流波形面积的平均值），也都有一个电流的有效值I，该电流的有效值与平均值之比，称为该电流的波形系数k_f，即

$$k_f = \frac{I}{I_{av}} \tag{2.5}$$

晶闸管的额定电流是由其通态平均电流来标定的，其电流波形是图2.10所示的正弦半波，它的波形系数可按如下方法求得：

设晶闸管的通态峰值电流为I_{TM}，则晶闸管的通态平均电流为

$$I_{T(av)} = \frac{1}{2\pi}\int_0^\pi I_{TM}\sin\omega t\,d(\omega t) = \frac{I_{TM}}{\pi} \tag{2.6}$$

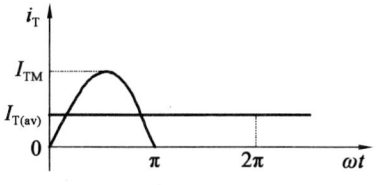

图2.10 晶闸管的通态平均电流$I_{T(av)}$

根据有效值的定义,其有效值为

$$I = \sqrt{\frac{1}{2\pi}\int_0^\pi (I_{TM}\sin\omega t)^2 \mathrm{d}(\omega t)} = \frac{I_{TM}}{2} \tag{2.7}$$

故图 2.10 所示电流的波形系数是

$$k_\mathrm{f} = \frac{I}{I_{T(av)}} = \frac{\pi}{2} \tag{2.8}$$

亦即 $I = 1.57 I_{T(av)}$。这就是说,额定电流为 100 A 的晶闸管,其允许通过电流的有效值为 157 A。具有相同平均值而波形不同的电流,因波形系数不同而具有不同的有效值,流经同一个晶闸管时晶闸管的发热也不相同,因而不能按通过电流的平均值来选择晶闸管。而晶闸管的额定电流是用正弦半波电流的平均值来定义的,所以,对于非正弦半波电流的电路,选择晶闸管额定电流时需要折算,根据有效值相等则发热相同的原理,可以将非正弦半波电流的平均值 I_d 折算成等效的正弦半波电流的平均值 $I_{T(av)}$,即

$$1.57 I_{T(av)} = k_\mathrm{f} I_\mathrm{d} \tag{2.9}$$

亦即 $I_{T(av)} = \dfrac{k_\mathrm{f} I_\mathrm{d}}{1.57}$。

由式(2.9)可以看出,额定电流为 100 A 的晶闸管,只有在通以正弦半波电流的情况下(其波形系数为 1.57),其允许通过电流的平均值才是 100 A,在其他情况下,允许通过的电流平均值都不是 100 A。当波形系数 $k_\mathrm{f} > 1.57$ 时,由于折算的等效平均电流 $I_{T(av)}$ 将大于实际的平均电流 I_d,故该晶闸管允许通过的实际平均电流 I_d 应小于 100 A;反之允许通过的实际平均电流可大于 100 A。

由于晶闸管的过载能力比一般的电力电子器件小,因而选用晶闸管时,应考虑其通态平均电流为实际最大平均电流(折算成正弦半波)的 1.5~2 倍,使其有一定的裕量,即

$$I_{T(av)} = (1.5 \sim 2) \times \frac{k_\mathrm{f} I_\mathrm{d}}{1.57} \tag{2.10}$$

(2)维持电流 I_H

晶闸管被触发导通后,在室温和门极开路的条件下,流径晶闸管的阳极电流从通态电流下降到恰能保持其导通的最小阳极电流,这个最小阳极电流称为维持电流 I_H。

维持电流的大小与晶闸管的结温有关,结温越高,维持电流越小。维持电流较大的晶闸管容易关断。同一型号的晶闸管,其维持电流并不一定相同。

(3)擎住电流 I_L

晶闸管加上触发电压后,从阻断状态刚转为导通状态时就去掉触发电压,在这种情况下晶闸管要保持导通所需要的最小阳极电流,称为擎住电流 I_L。对同一个晶闸管来说,通常其擎住电流要大于维持电流。

(4)断态重复平均电流 $I_{DR(av)}$ 和反向重复平均电流 $I_{RR(av)}$

晶闸管在额定结温下且门极开路时,对应于断态重复峰值电压和反向重复峰值电压下的平均漏电流,分别称为断态重复平均电流 $I_{DR(av)}$ 和反向重复平均电流 $I_{RR(av)}$。

（5）通态浪涌电流 I_{TSM}

在规定条件下，晶闸管在工频正弦波半周期内所允许的最大过载峰值电流，称为通态浪涌电流 I_{TSM}，也叫通态不重复电流，简称浪涌电流。

例 2.1 流经晶闸管的电流波形如例 2.1 图所示。试计算该电流波形的平均值、有效值及波形系数。若取安全裕量为 2，问额定电流为 100 A 的晶闸管，其允许通过的电流平均值和最大值是多少？

解 通态电流平均值为：

$$I_{T(av)} = \frac{1}{2\pi}\int_{\pi/3}^{\pi} I_{TM} \sin\omega t\, d(\omega t) = 0.24 I_{TM}$$

电流有效值 I 为：

$$I = \sqrt{\frac{1}{2\pi}\int_{\pi/3}^{\pi} (I_{TM}\sin\omega t)^2 d(\omega t)} = 0.46 I_{TM}$$

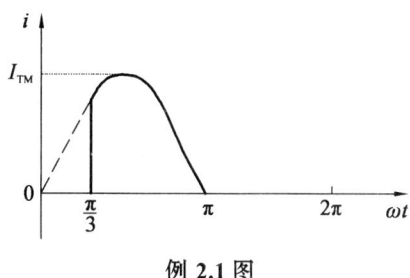

例 2.1 图

波形系数 k_f 为：

$$k_f = \frac{I}{I_{T(av)}} = \frac{0.46 I_{TM}}{0.24 I_{TM}} = 1.92$$

100 A 的晶闸管允许通过的电流平均值为：

$$I_d = \frac{1.57 \times 100}{2 \times 1.92} = 41 \quad (A)$$

通态电流最大值为：

$$I_{TM} = \frac{I_d}{0.24} = 171 \quad (A)$$

3. 晶闸管的门极参数

（1）门极触发电流 I_{GT}

在室温下，晶闸管施加正向阳极电压时，使其完全开通所必需的最小门极电流，称为门极触发电流 I_{GT}。

（2）门极触发电压 U_{GT}

晶闸管通以门极触发电流时，其门极电压称为门极触发电压 U_{GT}。

I_{GT} 和 U_{GT} 必须符合标准所规定的数值。在使用晶闸管时，应使加于门极的电流和电压适当大于晶闸管出厂合格证上所列的数值，但不应超过其峰值 I_{GFM} 和 U_{GFM}。门极平均功率 $P_{T(av)}$ 和门极峰值功率 P_{GM} 也不应超过规定数值。

另外，触发电压和触发电流受温度影响很大，而晶闸管铭牌上是常温下测得的数据。当晶闸管工作时，温度升高，I_{GT} 和 U_{GT} 会显著下降；冬天使用晶闸管时，其 I_{GT} 和 U_{GT} 的值会增大，使用时应当注意。

（3）门极不触发电压 U_{GD} 和门极不触发电流 I_{GD}

不使晶闸管从断态转入通态的最大门极电压、电流，称为门极不触发电压、电流，用 U_{GD}、

I_{GD} 表示，可用来设计晶闸管抗干扰、防止误触发的措施。

例 2.2 在例 2.2 图所示的电路中，若使用单一脉冲触发，试问为保证晶闸管 T 充分导通，触发脉冲宽度至少要多少微秒？图中 $E=50$ V，$L=0.5$ H，$R=0.5$ Ω，$I_L=15$ mA（I_L 为晶闸管的擎住电流）。

解 晶闸管 T 导通后，电路的电压方程为：

$$L\frac{di}{dt}+Ri=E$$

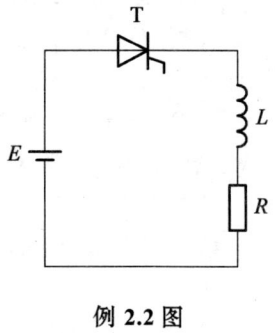

例 2.2 图

解上式可得：$i=\frac{E}{R}(1-e^{-Rt/L})$

晶闸管要维持导通状态，i 需要达到擎住电流以上；在此之前门极触发信号必须继续保持，因此将数值代入上式可得：

$$\left[\frac{50}{0.5}(1-e^{-t})\right]>15\times10^{-3}$$

由 $e^{-t}\approx 1-t$

故 $t>150\times10^{-6}=150$ （μs）

所以触发脉冲宽度要大于 150 μs。

4. 晶闸管的动态参数

（1）断态电压临界上升率 du/dt

在额定结温和门极开路的条件下，使晶闸管保持断态所能承受的最大电压上升率，称为断态电压临界上升率，一般用每微秒若干伏表示，即 du/dt。

此值是晶闸管保持关断所允许的最大电压上升率，超过此值，即使所施阳极电压低于转折电压 U_{BO}，也会引起晶闸管不加触发而导通，称为"误导通"。因为晶闸管中间的 PN 结 J_2 [参见图 2.6（a）]在阻断状态下相当于并联一个结电容，如果在晶闸管上突然加上正向阳极电压，就会有充电电流，该电流流经 J_3 结时，起到了类似于触发电流的作用。du/dt 越大，充电电流越大，这就会使晶闸管在门极未加触发信号时产生误导通。因此，在各类变流器，特别是在逆变器中，实际加于晶闸管上的断态电压临界上升率 du/dt 值应低于器件允许的断态电压临界上升率值。在晶闸管门极与阴极间并联零点几微法的电容，可以防止过高 du/dt 引起的误触发。

（2）通态电流临界上升率 di/dt

在规定条件下，由门极触发晶闸管使其导通时，晶闸管能够承受而不导致损坏的通态电流的最大上升率，称为通态电流临界上升率，用 di/dt 表示。

晶闸管门极引入触发电流后，刚开始晶闸管的导通区域较小，随着时间的推移，导通区域逐渐扩大，直至全部 PN 结导通。如果通过晶闸管的电流上升太快，刚一导通时的大电流集中在门极小区域内通过，会造成晶闸管局部过热而损坏。因此，晶闸管触发导通时，实际出现的电流上升率 di/dt 应低于器件允许的通态电流临界上升率。强触发可以提高器件承受 di/dt 的能力。

(3)开通时间 t_{gt}

将门极触发脉冲加到未开通的晶闸管上,到晶闸管的阳极电流达到最大值的90%所需的时间,称为开通时间 t_{gt}。t_{gt} 是晶闸管导通延迟时间 t_d 和电流上升时间 t_r 之和,t_{gt} 与晶闸管的工作电压、阳极电流、门极电流和结温有关。

开通时间因触发电流幅值的增大和开通前阳极电压的增加而明显缩短。为了缩短开通时间,使晶闸管触发导通时刻更加准确,可以采用实际触发电流幅值比规定触发电流幅值大3~5倍的窄脉冲对晶闸管进行触发,这种触发方式称为强触发。

(4)关断时间 t_q

从阳极电流 I_A 降到零时起,到晶闸管再次承受规定的正向阻断电压为止的时间间隔,称为关断时间 t_q。t_q 约为几百微秒。关断时间与晶闸管的结温、阳极电流、di/dt、du/dt、反向电压、阳极电压有关。

若把晶闸管看成两个相连的三极管,关断时阳极电流虽已降为零,然而两个三极管基区中的载流子不可能立即复合,这需要时间,载流子复合后晶闸管才能安全地承受正向阻断电压。若关断时在晶闸管上加入反向电压,可以使关断时间缩短。

2.3.4 晶闸管的主要类型

1. 快速晶闸管

快速晶闸管在普通晶闸管的基础上进行了改进,一般分为常规的快速晶闸管和工作频率较高的高频晶闸管,分别应用于400 Hz和10 kHz以上的斩波电路或逆变电路中。由于对普通晶闸管的管芯结构和制造工艺进行了改进,快速晶闸管的开通、关断时间以及 du/dt 和 di/dt 等参数较普通晶闸管有了明显改善。从关断时间来看,普通晶闸管一般为数百微秒,快速晶闸管为数十微秒,而高频晶闸管则为10 μs左右。与普通晶闸管相比,高频晶闸管的不足之处在于其额定电压和额定电流都不易做高。由于工作频率较高,选择快速晶闸管的通态平均电流时不能忽略其开通、关断损耗的发热效应。

2. 双向晶闸管

双向晶闸管可以认为是一对反并联连接的普通晶闸管的集成。它有两个主电极 T_1 和 T_2,一个门极G。门极使双向晶闸管在主电极的正反两个方向均可触发导通,所以,双向晶闸管在第一象限和第三象限有对称的伏安特性。双向晶闸管与一对反并联晶闸管相比是经济的,而且控制电路比较简单,所以在交流调压电路、固态继电器和交流电动机调速等领域应用较多。由于双向晶闸管通常被用在交流电路中,因此不用平均值而用有效值来表示其额定电流值。

3. 逆导晶闸管

逆导晶闸管是将晶闸管反并联一个二极管制作在同一管芯上的功率集成器件,这种器件不具有承受反向电压的能力,一旦承受反向电压即开通。与普通晶闸管相比,逆导晶闸管具有正向电压降小、关断时间短、耐高温特性好、额定结温高等优点,可用于不需要阻断反向电压的电路中。逆导晶闸管的额定电流有两个,一个是晶闸管电流,一个是与之反并联的二极管电流。

4. 光控晶闸管

光控晶闸管又称为光触发晶闸管，是利用一定波长的光照信号触发导通的晶闸管。小功率光控晶闸管只有阳极和阴极两个端子，大功率光控晶闸管还带有光缆，光缆上装有作为触发光源的发光二极管或半导体激光器。由于采用光触发保证了主电路与控制电路之间的绝缘，而且可以避免电磁干扰的影响，因此光控晶闸管目前在高电压大功率的场合，如高压直流输电和高压核聚变装置中占据重要的地位。

2.4 门极可关断晶闸管（GTO）

门极可关断晶闸管又称为可关断晶闸管，简称 GTO（Gate Ture-Off Thyristor），它与普通晶闸管相比，属于"全控型"器件或"自关断"器件，它既可控制自身的开通，又可控制自身的关断。因此，采用 GTO 的装置与采用普通型晶闸管（或快速晶闸管）的装置相比，具有如下优点：

① 主电路元件少，结构简单。
② 装置小巧轻便。
③ 因换流属于脉冲换流，所以无噪声。
④ 不需要安装强迫换流装置，减少了损耗，所以 GTO 装置的使用效率高。
⑤ 易实现脉宽调制，因此可改善输出波形。

2.4.1 GTO 的工作原理

普通晶闸管是 PNPN 四层结构，引出三个电极，即阳极、阴极和门极，是一种单元器件。而 GTO 外部同样引出三个电极，但内部则包含数百个共阳极的小 GTO（以下称之为 GTO 元），每个 GTO 元也是 PNPN 四层结构，如图 2.11 所示。在 GTO 内部，所有 GTO 元的阴极、门极分别并联在一起，所以，GTO 是一种多元的功率集成元件，这是为了便于实现门极控制关断而采用的一种特殊设计。GTO 的开通、关断过程与每一个 GTO 元有关。

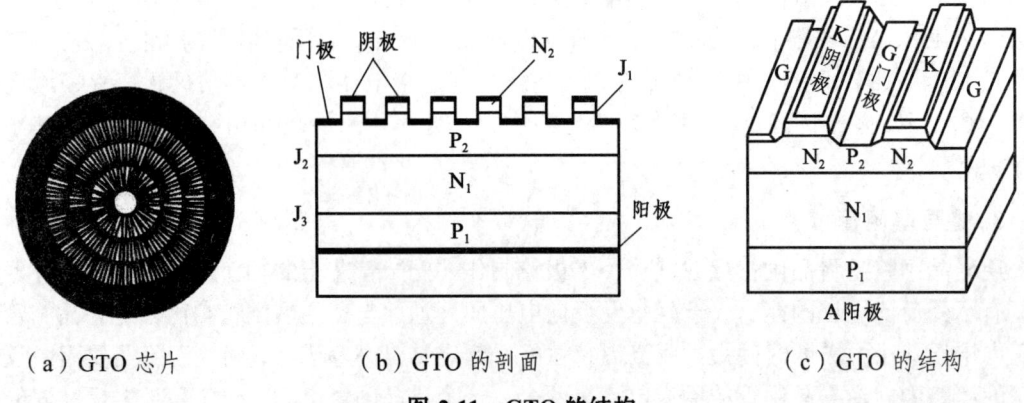

（a）GTO 芯片　　　（b）GTO 的剖面　　　（c）GTO 的结构

图 2.11　GTO 的结构

图 2.11（a）所示为 GTO 芯片的实际图形，由图可知，GTO 是多元结构，它的阴极是由数百个细长的小条组成，每个小阴极均被门极所包围。图 2.11（b）所示为 GTO 结构的纵断面图，图中示出了 GTO 的阴极、门极和阳极的位置。图 2.11（c）为 GTO 芯片的立体图形。

每个 GTO 元的结构与普通晶闸管相同，可以用图 2.12 所示的两个三极管的等效电路来说明其工作原理，由该电路可导出：

$$I_A = \frac{I_{c0} + \alpha_2 I_G}{1 - (\alpha_1 + \alpha_2)} \tag{2.22}$$

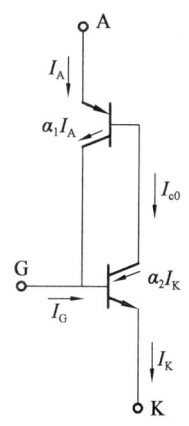

图 2.12 一个 GTO 元的等效电路

式中，I_A 为阳极电流；α_1、α_2 分别为两个等效三极管的共基极电流放大系数；I_{c0} 为流过 J_2 结的反向漏电流；I_G 为门极正向触发电流。

在晶闸管承受正向阳极电压的条件下，在门极加上正向触发电流 I_G，两个等效三极管由于互补作用而处于饱和导通状态。对于普通型晶闸管，两互补的等效三极管处于深度饱和状态。

图 2.13（a）所示是 GTO 的工作电路，图中 A、K、G 分别为 GTO 的阳极、阴极和门极。GTO 的图形符号如图中所示，即在普通晶闸管图形的门极上加一短线。

在图 2.13 中，E_A 是加在 GTO 阳极 A 与阴极 K 间的正向电压；R 是负载电阻；E_{G1}、R_{G1} 是施加到门极与阴极间的正向触发电压与限流电阻；E_{G2}、R_{G2} 是施加到门极与阴极间的反向关断电压与限流电阻；I_A 是 GTO 的阳极电流；I_G 是 GTO 的门极触发电流（图中未画出）。

当图中开关 S 置于"1"时，I_G 是正向触发电流，GTO 导通；当 S 置于"2"时，给门极加上了反向电压，I_G 反向，控制 GTO 关断。

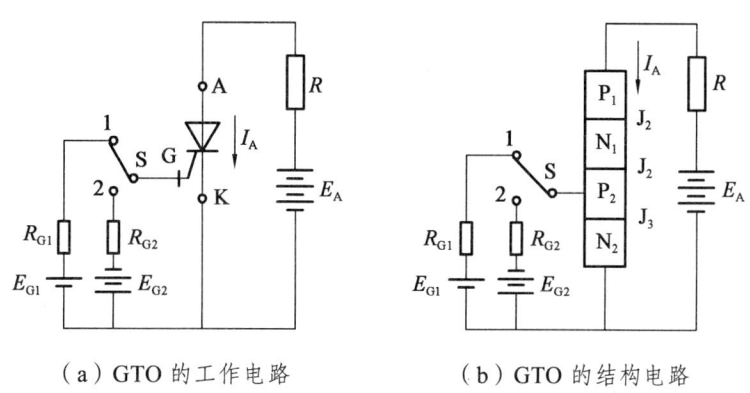

（a）GTO 的工作电路　　　　（b）GTO 的结构电路

图 2.13 GTO 的工作原理示意图

图 2.13（b）所示为 GTO 的结构电路。它与普通晶闸管一样，都是四层三端器件，其导通原理也与普通晶闸管相同。GTO 导通时，所有 GTO 元中的两个等效三极管均饱和。

GTO 与普通晶闸管的主要不同点在于 GTO 可用门极控制其关断。而普通晶闸管一旦被触发导通后，门极信号失去作用，若在门极与阳极间施加一定数值的反向电压，由于其内部结构不同于 GTO,不仅不能控制其关断,反而还会造成元件的损坏,这就是普通晶闸管与 GTO 的最大区别。

由于 GTO 导通时其两个等效三极管均饱和,因此,要使 GTO 关断,首先必须使已饱和的等效三极管退出饱和,恢复基极控制能力,为了提高 GTO 的关断灵敏度,其中等效三极管的饱和程度应较浅。为了增大 GTO 门极的关断能力,一般会在 J_3 结上施加较高的反向电压,因此,在设计 GTO 时应提高 J_3 结上的反向击穿电压。另外,为了使 GTO 的 P_2 基区能通过较大的门极电流,在设计制造时应尽量使 R_{GK}(门极、阴极间电阻)减小。

图 2.13 中,若在 G、K 间施加反向电压 E_{G2} 时,则从门极 G 向外抽出电流,即反向门极电流 $-I_G$,J_3 结如能维持反偏状态,使 J_2 结迅速恢复阻断能力,则 GTO 被关断。根据 GTO 的参数可知,欲使 GTO 关断,必须使 $|-I_G|=(25\%\sim30\%)I_A$。图 2.14 所示为 GTO 门极关断原理示意图。

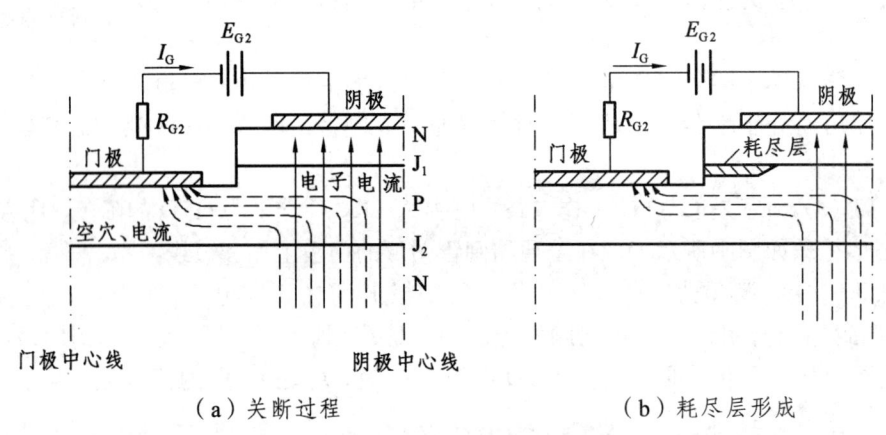

(a) 关断过程　　　　　　　　(b) 耗尽层形成

图 2.14　GTO 的关断原理示意图

2.4.2　GTO 的开通、关断过程和正向门极特性

1. GTO 的开通、关断过程

图 2.15 所示电路是对 GTO 元件进行门极控制开通与关断的试验电路,试验得出 GTO 开通关断过程中阳极电压 u_{AK}、阳极电流 i_A 及门极电流 i_G、门极电压 u_G 的波形图,如图 2.16 所示,图中的动态波形可分为以下四个阶段:

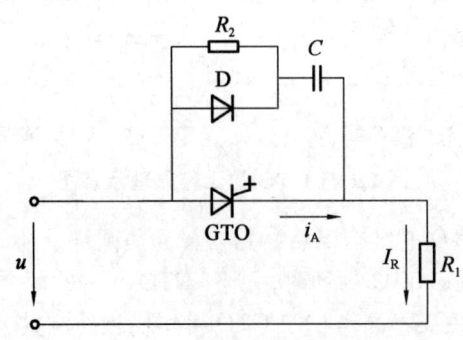

图 2.15　控制 GTO 开通及关断的实验电路

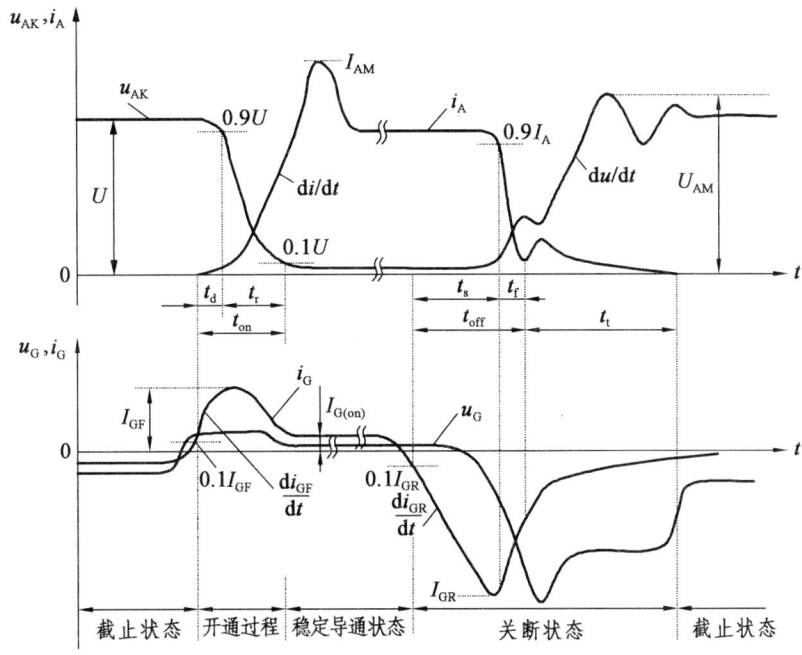

图 2.16　GTO 开通与关断的动态过程波形

① 截止状态。GTO 不导通，阳极电流 $i_A = 0$。

② 开通过程。当门极流入触发电流 I_G 时，GTO 由截止状态向导通状态转变，阳极电流 i_A 逐渐上升到稳态值，阳极电压 u_{AK} 逐渐下降到 0。GTO 的门极触发开通时间 $t_{on} = t_d + t_r$，其中 t_d 为延迟时间，t_r 为电流上升时间。

③ 导通状态。阳极电压 $u_{AK} = 0$。

④ 关断过程。当门极流入负的触发电流 I_G 时，GTO 由导通状态向截止状态转变，阳极电流 i_A 逐渐下降到 0，阳极电压 u_{AK} 逐渐上升到稳态值。GTO 的关断过程分为三个阶段：存储时间 t_s、下降时间 t_f 和拖尾时间 t_t，由于在下降时间结束后，GTO 已能阻断正向电压，故关断时间为 $t_{off} = t_s + t_f$。在拖尾时间内仍有较大的尾部电流存在，因此有必要继续保持反向门极电流以缩短拖尾时间，并保证 GTO 可靠关断。增加关断时的门极电流上升率 di_{GR}/dt 可以显著减少存储时间 t_s，一般应大于或等于 30 A/μs。

2. GTO 的正向门极特性

GTO 的正向门极伏安特性如图 2.17 所示，GTO 的门极与阴极间的阻抗同 GTO 的设计参数有密切关系。因制造精密，所以 GTO 的正向门极伏安特性的分散度不大。图 2.17 中的阴影部分表示从额定最低结温到额定最高结温范围内门极触发点所分布的区域。门极正向触发时的门极正向电流最大值，即门极正向峰值电流 I_{GF} 为 10 A；由门极正向电流产生的电能损耗的瞬时最大值，即门极正向损耗峰值 P_{GFM} 为 20 W。实际的门极触发电流及触发电压值即受图中所示范围的限定。

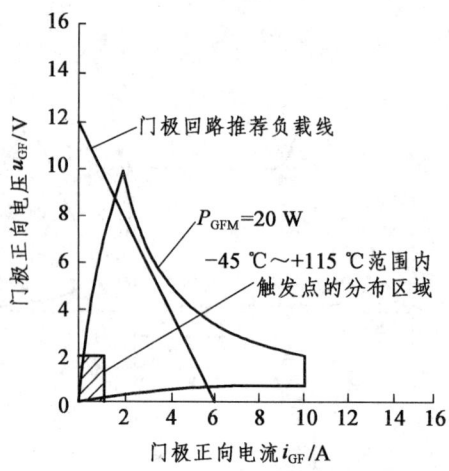

图 2.17 GTO 的正向门极伏安特性

2.4.3 GTO 的主要参数

1. 反向重复峰值电压 U_{RRM}

其定义与普通晶闸管相同。对于普通晶闸管，一般来说其断态重复峰值电压 U_{DRM} 与反向重复峰值电压 U_{RRM} 在数值上相等，即普通晶闸管的正、反向耐压能力相同。但目前生产的 GTO 元件大多不具备反向阻断能力，即承受反向电压的能力较低，这是因为 GTO 属于全控制型元件，大多用于逆变器、斩波器等电路中，在 GTO 关断时没有必要在阳极和阴极间外加强制的反向电压（因采用门极控制关断），因此在这些电路中，对 GTO 的反向耐压能力要求不高。若将 GTO 元件应用于整流电路中，则要求正、反向耐压水平相同。

2. 门极关断峰值电流 I_{TGQM}

在规定条件下，由门极控制可关断的阳极电流最大值，即为门极关断峰值电流 I_{TGQM}。该电流与门极关断电路、主回路及缓冲电路等有关。图 2.18 所示为门极关断电源电压与 I_{TGQM} 的关系。由该图可知，I_{TGQM} 随门极关断电源电压的升高而增大（有些 GTO 的参数中会给出可关断阳极电流 I_{TGQ}）。

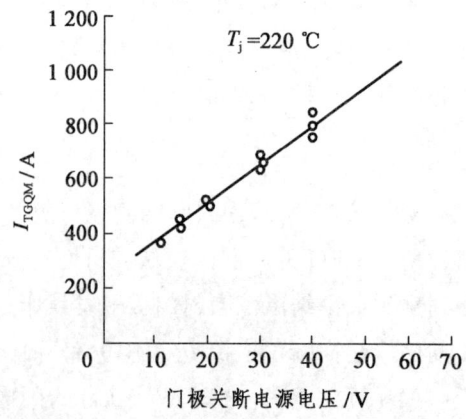

图 2.18 门极关断电源电压与 I_{TGQM} 的关系

3. 维持电流 I_H

在 GTO 导通后，若阳极电流小于 I_H，则 GTO 由通态转入断态，所以 I_H 可看成是维持 GTO 导通的最小电流。由于 GTO 元件属于多元集成构造，因此其维持电流比普通晶闸管大得多。例如，通态平均电流 $I_T=3\,000$ A 的普通晶闸管，维持电流 $I_H=300$ mA；而可关断峰值电流 $I_{TGQM}=2\,700$ A 的 GTO，其维持电流 $I_H=40$ A。

另外，维持电流还与环境温度有密切关系，例如，在 $-40\,°C$ 时，GTO 的维持电流是 $25\,°C$ 时的 $2\sim3$ 倍。

4. 擎住电流 I_L

I_L 值依工作条件的不同而不同，I_L 与 I_H 成正比，其值比 I_H 值大。

5. 门极反向关断电流 I_{GR}

GTO 由开通状态切换至关断状态所需要的瞬时最大反向门极电流值，即为门极反向关断电流 I_{GR}，I_{GR} 约为可关断峰值电流 I_{TGQM} 的 $1/3\sim1/4$。

6. 浪涌电流 I_{TSM}

浪涌电流是电路发生故障时，如短路、过负荷等而流过 GTO 元件的电流。GTO 中若通过这种电流，就可能使 GTO 元件超过最高结温。在 GTO 的使用寿命期限内，这种故障很少发生或仅发生有限次数的条件下，GTO 能承受的通态电流最大值，称为 GTO 的额定浪涌电流，用 I_{TSM} 表示。

额定浪涌电流一般是因过负荷或短路等原因引起的非重复性电流，因通电时间短，一般不致于引起 GTO 永久性损坏。额定浪涌电流通常用工频正弦半波的峰值标定。

7. 通态电流临界上升率 di/dt

在规定的条件下，由门极驱动导通时，GTO 元件能承受的通态电流的最大上升率，称为 GTO 的通态电流临界上升率，用 di/dt 表示。由于 GTO 元件的内部结构与普通晶闸管不同，因而其承受 di/dt 的能力高于普通晶闸管。

2.5 电力场效应晶体管（电力 MOSFET）

电力场效应晶体管（又称电力 MOSFET）导通时，只有一种极性的载流子（电子或空穴）参与导电，因此它又称为单极性晶体管。双极性晶体管是电流控制型器件。而电力场效应晶体管是用栅极（G）电压来控制其漏极（D）和源极（S）之间的沟道电流（即场效应晶体管的漏极电流），因此它是电压控制型器件。导电沟道中载流子如果是电子，称为 N 沟道；载流子如果是空穴，称为 P 沟道。

电力 MOSFET 是用栅极电压来控制漏极电流的，因此它的特点是：① 驱动电路简单、需要的驱动功率小；② 开关速度快、工作频率高。但是，电力 MOSFET 的电流容量小、耐压低，一般只适合于功率不超过 10 kW 的电力电子装置。

2.5.1 电力 MOSFET 的基本结构和工作原理

电力 MOSFET 的基本结构和工作原理如图 2.19 所示。

在图 2.19（a）中，栅极不加电压时，即使漏极、源极之间施加电压，由于 NPN 结构中的两个 PN 结方向相反，形成一个反阻断，所以电流不能导通。

在图 2.19（c）中，在栅极上加上了一个低电压，这时 P 型衬底中的电子被栅极正电压拉近到 P 型衬底的表面附近，但没有构成电流通道。

在图 2.19（d）中，在栅极上施加足够高的正电压，这时在 P 型衬底表面附近已经拉过来了很多电子。由于该区域内自由电子比 P 型半导体空穴多，故半导体极性由 P 型转化为 N 型，其结果是，源极、衬底和漏极构成了一个 N 型半导体通道，可以低阻地流过电流，这个通道称为 N 沟道，这时的栅极电压称为开启电压 $U_{GS(th)}$。当栅极电压降到临界电压以下时，沟道消失，电力 MOSFET 关断。

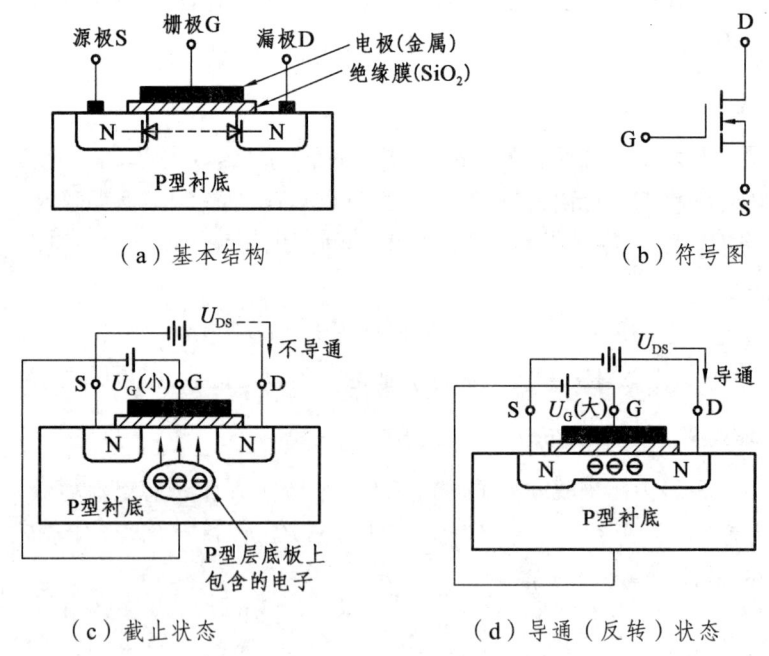

图 2.19 电力 MOSFET 的基本结构和工作原理示意图

2.5.2 电力 MOSFET 的特性

1. 静态特性

在一定的漏源极电压 u_{DS} 的作用下，电力 MOSFET 的漏极电流 i_D 和栅源电压 u_{GS} 的关系曲线，称为电力 MOSFET 的转移特性，如图 2.20（a）所示。从图中可知，i_D 较大时，i_D 与 u_{GS} 的关系近似为线性，这段线段的斜率称为电力 MOSFET 的跨导 G_{FS}，即 $G_{FS} = \dfrac{di_D}{du_{GS}}$。

图 2.20（b）是电力 MOSFET 的漏极伏安特性曲线，即电力 MOSFET 的输出特性，图中包括了截止区、饱和区和非饱和区三个区域。这里的饱和是指漏源电压增加时漏极电流不再

增加；非饱和区是指漏源电压增加时漏极电流相应增加。电力 MOSFET 工作在开、关状态，即指电力 MOSFET 在截止区和非饱和区之间反复转换。

由于电力 MOSFET 本身结构的特点，在其漏极和源极之间形成了一个与之反向并联的寄生二极管，它与电力 MOSFET 构成了一个不可分割的整体。因此，使用电力 MOSFET 时应注意寄生二极管的影响，应用时，若必须承受反向电压，则在电力 MOSFET 电路中应串联正向快速二极管。

电力 MOSFET 的通态电阻具有正的温度系数，有利于电力 MOSFET 并联时的均流。

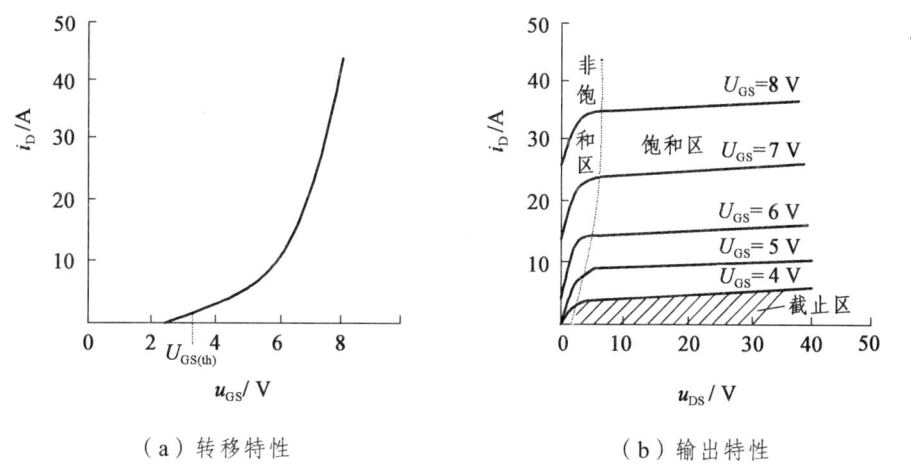

图 2.20 电力 MOSFET 的静态特性

2. 动态特性

图 2.21（a）所示为测试电力 MOSFET 动态特性的原理图，其中 u_S 为矩形脉冲电压信号源，R_S 为信号源内阻，R_G 为栅极电阻，R_L 为漏极负载电阻，R_F 是漏极电流的检测电阻。

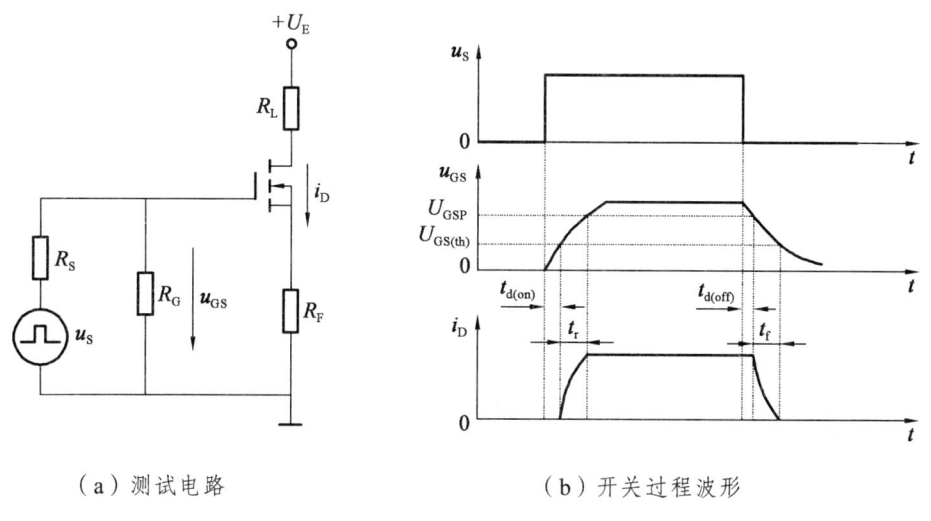

图 2.21 电力 MOSFET 的动态特性

由于电力 MOSFET 存在输入电容 C_{in}，所以当 u_S 前沿到来时，C_{in} 有充电过程，栅源电压 u_{GS} 呈指数规律上升，如图 2.21（b）所示。当 u_{GS} 上升到开启电压 $U_{GS(th)}$ 时，开始出现漏极电流 i_D。从 u_S 前沿出现时刻到 i_D 出现的时刻，这段时间称为导通延迟时间 $t_{d(on)}$。从 $u_{GS} = U_{GS(th)}$ 到 u_{GS} 等于电力 MOSFET 进入非饱和区的栅源电压 U_{GSP}，这段时间称为上升时间 t_r，这时 i_D 已达到稳定值，该值取决于漏极电源电压 U_E 和漏极负载电阻 R_L。U_{GSP} 与 i_D 的稳态值有关。u_{GS} 的值达到 U_{GSP} 之后，在脉冲信号源 u_S 的作用下继续升高直到稳态值，但这时 i_D 已不再变化了。电力 MOSFET 的开通时间 t_{on} 为

$$t_{on} = t_{d(on)} + t_r$$

当脉冲电压 u_S 下降到零时，栅极输入电容 C_{in} 通过信号源内阻 R_S 和栅极电阻 R_G（$R_G \gg R_S$）开始放电，栅源电压 u_{GS} 按指数曲线下降。当 u_{GS} 下降到 U_{GSP} 时，i_D 才开始减小，这段时间称为关断延迟时间 $t_{d(off)}$。此后，u_{GS} 继续下降，当 $u_{GS} < U_{GS(th)}$ 时，沟道消失，i_D 下降到零，这段时间称为下降时间 t_f。所以，电力 MOSFET 的关断时间 t_{off} 为

$$t_{off} = t_{d(off)} + t_f$$

从以上动态特性的分析可知，电力 MOSFET 的开关速度与其输入电容 C_{in} 的充、放电有很大的关系。在设计电路时虽然无法降低 C_{in} 的值，但可以通过降低栅极驱动电路的内阻 R_S，来减小栅极回路的充、放电时间常数，加快开关速度。电力 MOSFET 的开关时间在 10 ns～100 ns 之间，其工作频率可达 100 kHz 以上。

由于电力 MOSFET 是电压控制型器件，因此在静态时几乎不需要输入电流；但在开关过程中需要对 C_{in} 充、放电，所以仍需要一定的驱动功率，开关频率越高，所需要的驱动功率越大。

2.5.3 电力 MOSFET 的安全工作区

电力 MOSFET 不存在二次击穿的问题，它具有非常宽的安全工作区（简称 SOA），特别是在高电压范围内；但是，电力 MOSFET 的通态电阻 R_{on} 比较大，所以在低电压范围内它不仅受最大电流的限制，还要受自身功耗的限制。

1. 正向偏置安全工作区（FBSOA）

电力 MOSFET 的正向偏置安全工作区（简称 FBSOA）如图 2.22 所示。它是由四条极限边界线包围的区域。这四条极限边界线是：漏源通态电阻曲线Ⅰ，最大漏极电流曲线Ⅱ，最大功耗限制曲线Ⅲ和最大漏源电压曲线Ⅳ。最大功耗的限制，是由电力 MOSFET 的热响应特性、最大允许结温和最大热阻抗共同决定的，对应不同的工作时间有不同的耐量，时间越短，耐量越大。图 2.22 示出了电力 MOSFET 在五种情况下的正向偏置安全工作区：直流 DC、脉宽 10 ms、脉宽 1 ms、脉宽 100 μs、脉宽 20 μs。

电力 MOSFET 的安全工作区有两个特点：一是不存在二次击穿功率限制线；二是在低压侧不仅受最大漏极电流的限制，还要受通态电阻 R_{on} 的限制。

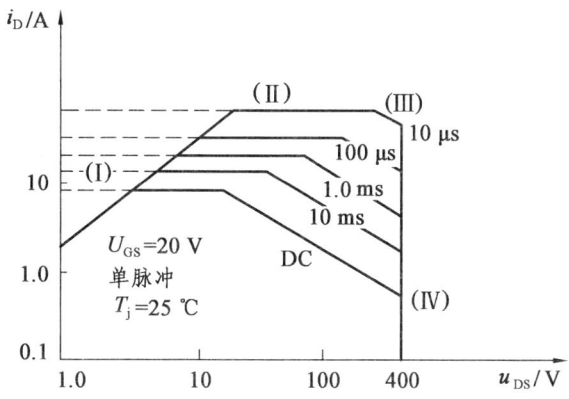

图 2.22 正向偏置安全工作区（FBSOA）

2. 开关安全工作区

电力 MOSFET 的开关安全工作区（简称 SSOA）是指它工作的极限范围，如图 2.23 所示。

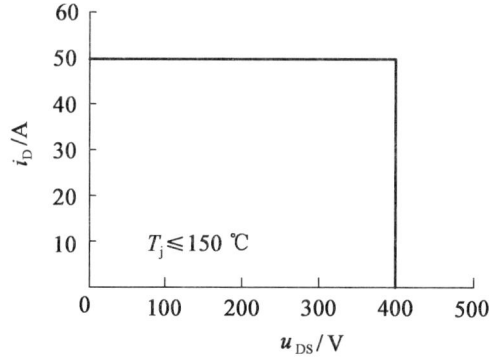

图 2.23 开关安全工作区（SSOA）

开关安全工作区由电力 MOSFET 的漏极电流最大峰值 I_{DM}、漏源击穿电压 U_{DSB} 和最大结温 T_{jM} 决定，超出该区域，电力 MOSFET 将要损坏。

2.5.4 电力 MOSFET 的主要技术参数

1. 电压参数

（1）漏源击穿电压 U_{DSB}

U_{DSB} 决定了电力 MOSFET 的最高工作电压。

（2）栅源击穿电压 U_{GSB}

U_{GSB} 表征了电力 MOSFET 栅源之间能承受的最高电压。

（3）开启电压 $U_{GS(th)}$

$U_{GS(th)}$ 又称阈值电压，它是使电力 MOSFET 导通所需的最小栅源电压。

2. 电流参数

（1）漏极电流 I_D

I_D 表征电力 MOSFET 的电流容量，其大小主要受电力 MOSFET 沟道宽度的影响。

（2）连续反向漏极电流 I_{DR}

I_{DR} 是指电力 MOSFET 内部隐含的二极管的额定电流。

（3）栅源间漏电流 I_{GSS}

I_{GSS} 是指电力 MOSFET 在最大栅源电压下，漏源短路时的栅极电流。

（4）漏极漏电流 I_{DSS}

I_{DSS} 是指电力 MOSFET 栅源电压短路时的漏极漏电流。

3. 时间参数

时间参数主要是指电力 MOSFET 的开关时间。开关时间包括导通时间 t_{on} 和关断时间 t_{off}。导通时间 t_{on} 又包含导通延迟时间 $t_{d(on)}$ 和上升时间 t_r，关断时间 t_{off} 又包含关断延迟时间 $t_{d(off)}$ 和下降时间 t_f。

（1）导通延迟时间 $t_{d(on)}$

从输入栅极脉冲电压到栅极脉冲电压上升至其峰值的 10% 开始计算，至漏极电流上升至其峰值的 10% 止所需要的这一段时间［参见图 2.21（b）］。

（2）上升时间 t_r

漏极电流从其峰值的 10% 上升到 90% 所需要的时间［参见图 2.21（b）］。

（3）关断延迟时间 $t_{d(off)}$

从栅极脉冲电压下降至其峰值的 90% 开始计算，至漏极电流下降至其峰值的 90% 止所需要的这一段时间［参见图 2.21（b）］。

（4）下降时间 t_f

漏极电流从其峰值的 90% 下降到 10% 所需要的时间［参见图 2.21（b）］。

应当说明，开通时间 t_{on} 与电力 MOSFET 的开启电压 $U_{GS(th)}$、栅源电容 C_{GS} 和栅漏电容 C_{GD} 有关，也受信号源的上升时间和内阻的影响；而关断时间 t_{off} 则受电力 MOSFET 的漏源电容 C_{DS} 和负载电阻 R_L 的影响。

4. 通态电阻 R_{on}

通态电阻 R_{on} 是指在确定的栅源电压 U_{GS} 下，电力 MOSFET 处于导通区（即恒流区）时的直流电阻，它与电力 MOSFET 的输出特性密切相关，是影响其最大输出功率的重要参数。

5. 跨导 G_{FS}

跨导 G_{FS} 定义为

$$G_{FS} = \frac{di_D}{du_{GS}} \quad (S) \tag{2.11}$$

跨导反映了电力 MOSFET 的转移特性曲线的斜率。

由于电力 MOSFET 的转移特性是非线性的，所以 G_{FS} 与 u_{GS} 的关系曲线也是非线性的。

6. 极间电容

电力 MOSFET 的极间电容是影响其开关速度的主要因素。其极间电容分为两类：一类为

栅源电容 C_{GS} 和栅漏电容 C_{GD}，它们是由电力 MOSFET 结构的绝缘层形成的，其电容量的大小取决于栅极的几何形状和绝缘层的厚度；另一类是漏源电容 C_{DS}，它是由电力 MOSFET 内部的 PN 结形成的，其数值大小取决于沟道面积和 PN 结的反偏程度。

2.6 绝缘栅双极型晶体管（IGBT）

绝缘栅双极型晶体管（Insulated Gate Bipolar Transistor，简称 IGBT）是具有电力 MOSFET 的高速开关特性和双极性晶体管的低导通电压特性两方面优势的电力电子器件。由于 IGBT 可以高速开关并且耐高电压和大电流，所以在电力电子设备中它已成为重要的器件。

IGBT 的特点可总结如下：

① IGBT 的开关速度高，开关损耗小。当电压在 1 000 V 以上时，IGBT 的开关损耗与电力 MOSFET 相当，只有 GTR（电力晶体管）的 10%。

② 在相同电压、电流定额的情况下，IGBT 的安全工作区域比 GTR 大，而且具有耐脉冲电流冲击的能力。

③ IGBT 的通态压降在 1/2 或 1/3 额定电流以下区段具有负的温度系数，而在其以上区段则具有正的温度系数。因此，在额定电流附近 IGBT 易于并联，而且通态压降比电力 MOSFET 低，特别是在电流较大的区域。

④ IGBT 的输入阻抗高，其输入特性与电力 MOSFET 类似。

⑤ 与电力 MOSFET 和 GTR 相比，IGBT 的耐高电压和大电流值还可进一步提高，并保持开关频率高的特点。

2.6.1 IGBT 的工作原理

IGBT 是三端口器件，有栅极 G、集电极 C 和发射极 E。如图 2.24 所示为 IGBT 的图形符号和基本结构。IGBT 的结构是在电力 MOSFET 的漏极一侧附加 P 层而构成。

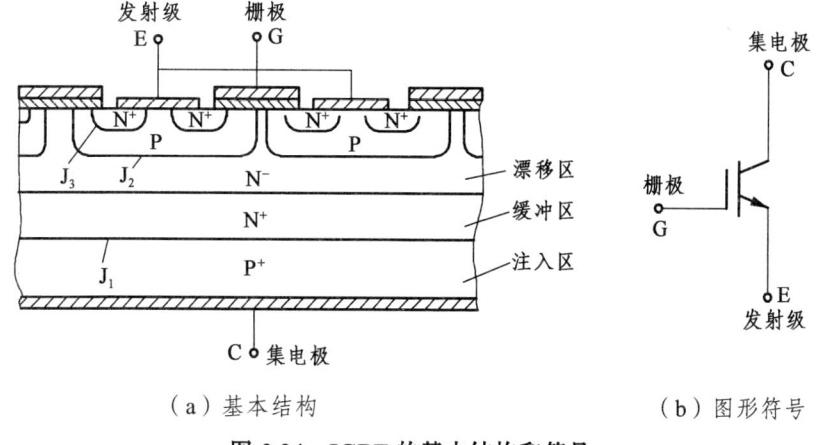

（a）基本结构　　　　　　　（b）图形符号

图 2.24　IGBT 的基本结构和符号

当在 IGBT 的栅极上施加正电压时，栅极下的 P 层表面形成 N 沟道，这就形成了导通的通道，这时从集电极端的 P 型半导体层向 N 型半导体层注入空穴，导通电阻急剧降低（称为电导调制），可以获得低电压导通特性，这一点是与电力 MOSFET 的最大区别，也是 IGBT 可以耐大电流的原因。当栅极电压降到临界电压以下时，沟道消失，IGBT 关断。

2.6.2 IGBT 的基本特性

1. 静态特性

图 2.26（a）所示为 IGBT 的转移特性，它描述的是集电极电流 i_C 与栅射电压 u_{GE} 之间的关系，IGBT 的转移特性与功率场效应管的转移特性相似。图中 $U_{GE(th)}$ 是 IGBT 能实现导通所需的最低栅射电压，称为栅极开启电压。$U_{GE(th)}$ 随温度升高而略有下降。在 +25°C 时，$U_{GE(th)}$ 的值一般为 2 V～6 V。

图 2.25（b）所示为 IGBT 的输出特性，即伏安特性，它描述的是以栅射电压为参数变量时集电极电流 i_C 与集射电压 u_{CE} 之间的关系。IGBT 的输出特性分为三个区域：正向阻断区、有源区和饱和区。当 $u_{CE} < 0$ 时，IGBT 工作在反向阻断状态。在电力电子电路中，IGBT 工作于开关状态，是指 IGBT 在正向阻断区与饱和区之间来回转换。

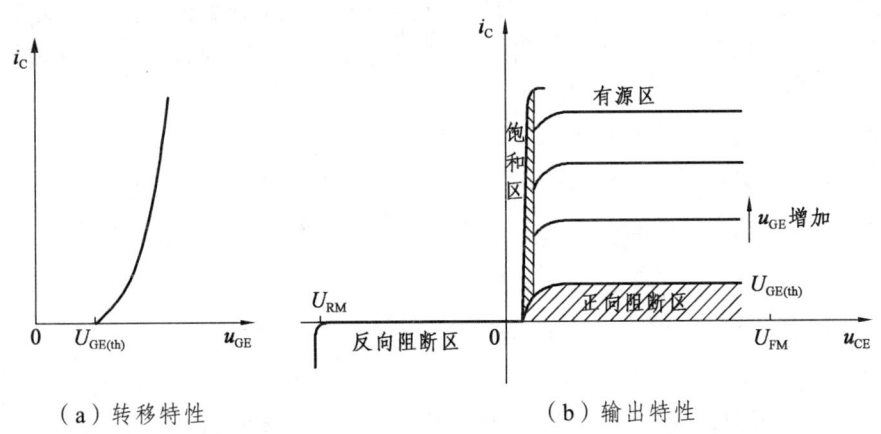

(a) 转移特性　　　　　　　　(b) 输出特性

图 2.25　IGBT 的静态特性

2. 动态特性

图 2.26 所示为 IGBT 的开关过程的电压、电流波形。IGBT 的开通过程与电力 MOSFET 很相似，这是因为 IGBT 在开通过程中大部分时间是作为电力 MOSFET 器件工作的。

图 2.26 中，从驱动电压 u_{GE} 的前沿上升到它的幅值 U_{GEM} 的 10% 开始，到集电极电流 i_C 上升至它的幅值 I_{CM} 的 10% 的时刻为止，这段时间为开通延迟时间 $t_{d(on)}$；而 i_C 从 10% I_{CM} 上升到 90% I_{CM} 所需的时间为电流上升时间 t_r，则开通时间 t_{on} 为：

$$t_{on} = t_{d(on)} + t_r$$

IGBT 开通时，集射极电压 u_{CE} 的下降过程分为 t_{fv1} 和 t_{fv2} 两个阶段。前者为 IGBT 中 MOSFET 部分单独工作时的电压下降过程；后者为 IGBT 中的 MOSFET 和 PNP 晶体管同时工作时的电压下降过程。只有当 t_{fv2} 阶段结束时，IGBT 才完全进入饱和区域。

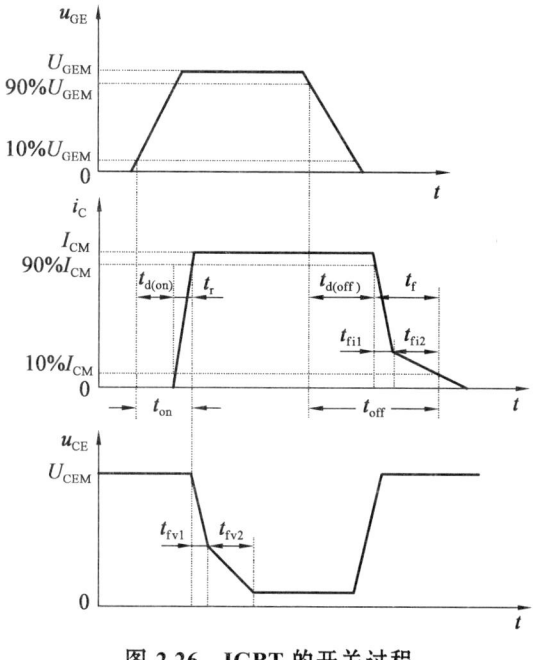

图 2.26 IGBT 的开关过程

IGBT 关断时，从驱动电压 u_{GE} 下降到其幅值的 90% 时刻起，到集电极电流下降到 $90\%I_{CM}$，这段时间为关断延迟时间 $t_{d(off)}$；集电极电流从 $90\%I_{CM}$ 下降到 $10\%I_{CM}$ 的这段时间为电流下降时间 t_f。IGBT 的关断时间 t_{off} 为：

$$t_{off} = t_{d(off)} + t_f$$

其中 $t_f = t_{fi1} + t_{fi2}$，前者对应 IGBT 内部的 MOSFET 的关断过程；后者对应 IGBT 内部的 PNP 晶体管的关断过程。

由此可见，IGBT 中双极性 PNP 晶体管的存在，虽然带来了电导调制效应的好处，但也引起了少数载流子存储的现象，因而 IGBT 的开关速度低于功率场效应管。

2.6.3 IGBT 的擎住效应和安全工作区

1. IGBT 的擎住效应

IGBT 为四层结构，其等效电路如图 2.27 所示。由图可知，IGBT 的等效电路中存在一只 NPN 型寄生晶体管，与作为主开关器件的 PNP 晶体管共同组成了一个寄生晶闸管。在 NPN 晶体管的基极与发射极之间存在一个体区短路电阻 R_0，在此电阻上，P 型体区的横向空穴流会产生一定压降，对 J_3 结来说，相当于一个正偏置电压。在规定的集电极电流范围内这个正偏置电压不大，NPN 晶体管不会导通；当 i_C 大到一定程度时，该正偏置电压足以使 NPN 晶体管开通，进而使 NPN 和 PNP 晶体管处于饱和状态，于是寄生晶

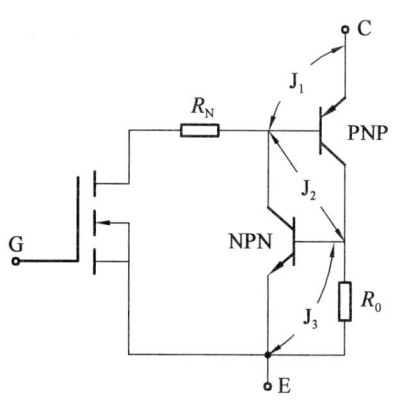

图 2.27 具有寄生晶闸管的 IGBT 等效电路

闸管开通。寄生晶闸管一旦导通，栅极就会失去对集电极电流的控制作用，这种现象就是 IGBT 的擎住效应。IGBT 发生擎住效应后，集电极电流增大，会造成过高的功耗，进而可能导致 IGBT 损坏。

在 IGBT 关断的动态过程中，如 du_{CE}/dt 越高，则在 J_2 结中引起的位移电流 $C_{12}du_{CE}/dt$ 会越大（其中 C_{12} 是 J_1 结与 J_2 结间的结电容），当该电流流过体区短路电阻 R_0 时，也可产生足以使 NPN 晶体管开通的正向偏置电压，满足寄生晶闸管开通擎住的条件，形成动态擎住效应。另外，IGBT 的温度升高也会加重发生擎住效应的危险。在使用 IGBT 的过程中，必须防止 IGBT 发生擎住现象，为此可限制 I_{CM} 值，或者用加大栅极电阻 R_G 的办法来延长 IGBT 的关断时间，以减小再加 du_{CE}/dt 值。

2. IGBT 的安全工作区

（1）IGBT 的正向偏置安全工作区

根据最大集电极电流、最大集射极电压和最大功耗，可以确定 IGBT 工作在导通状态下的参数极限范围，即正向偏置安全工作区（FBSOA）。

IGBT 开通时的正向偏置安全工作区（FBSOA），由最大集电极电流、最大集射极电压和最大功耗三条极限边界线包围而成。最大集电极电流 I_{CM} 是为了 IGBT 能够避免动态擎住效应而确定的；最大集射极电压 U_{CES} 是由 IGBT 中 PNP 晶体管的击穿电压所确定的；最大功耗则由 IGBT 的最高允许结温决定。IGBT 的导通时间越长，则发热越严重，因而正向偏置安全工作区越窄。如图 2.28（a）所示，正向偏置安全工作区（FBSOA）是 IGBT 在开通工作状态下的参数极限范围，FBSOA 由导通脉宽 $t_w = 2$ ms 时的最大集电极电流 I_{CM}（一般为额定直流的 2 倍）、最大集射极间电压 U_{CES} 和最大功耗三条边界线包围而成。

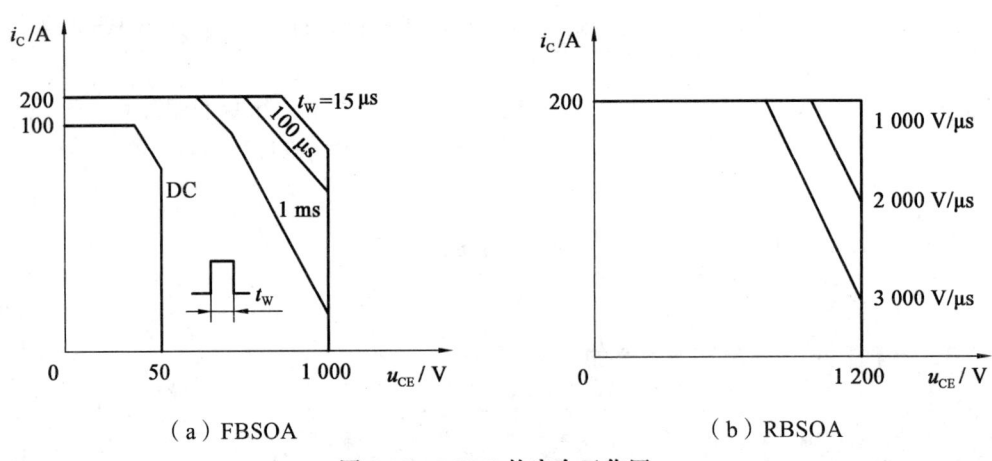

（a）FBSOA　　　　　　　　　　（b）RBSOA

图 2.28　IGBT 的安全工作区

（2）IGBT 的反向偏置安全工作区

根据最大集电极电流、最大集射电压和最大电压允许上升率 du_{CE}/dt，可以确定 IGBT 在阻断状态下的参数极限范围，即反向偏置安全工作区（RBSOA）。

IGBT 的反向偏置安全工作区（RBSOA）如图 2.28（b）所示。它随 IGBT 关断时的再加 du_{CE}/dt 而改变，du_{CE}/dt 越高，RBSOA 越窄。反向偏置安全工作区（RBSOA）是 IGBT 在关断工作状态下的参数极限范围。RBSOA 是由最大集电极电流 I_{CM}、最大集射极电压 U_{CES} 和最大集射电压上升率 du_{CE}/dt 三条极限边界线包围而成。如前所述,过高的 du_{CE}/dt 会使 IGBT 产生动态擎住效应,du_{CE}/dt 越大,RBSOA 越小。

2.6.4 IGBT 的主要技术参数

1. 电压参数

① 栅射极短路时的最大集射极直流电压 U_{CES}。

② 栅极开路时允许的最大集射极电压 U_{CEO}。

③ 栅射极加上反向偏置电压时允许的最大集射极电压 U_{CEX}。与 GTR 不同的是,IGBT 尽管也存在 $U_{CEX} > U_{CEO} > U_{CES}$,但后者的差别远较 GTR 要小,通常有 $U_{CEX} \approx U_{CEO} \approx U_{CES}$,也就是说,IGBT 的栅射极电压不会引起其集射极电压的过多变化。

④ 集射极饱和电压 $U_{CE(sat)}$。它是指 IGBT 饱和导通时通过额定电流的集射极电压,它是结温、集电极电流和栅射极电压的函数,该值表征了 IGBT 的通态损耗。

⑤ 栅射极最高电压 U_{GES}。集射极短路时的最大栅射极电压,与栅极氧化膜误差有关。考虑到实际使用的电压和可靠性的最大额定值,通常选 $|U_{GES}| < 20$ V。

⑥ 栅极开启电压 $U_{GE(th)}$。它是指在规定的集电极电流和集射电压条件下的栅射极电压,通常是指使 IGBT 导通所需的最小栅射极电压。

⑦ 绝缘电压 U_{iso}。外壳与管芯绝缘的 IGBT 模块,在栅-射-集极三个电极完全短路时,三个电极与冷却体接触面之间所能容许的正弦波最高绝缘电压,称为 IGBT 的绝缘电压,用 U_{iso} 表示,一般是指交流有效值。

⑧ 集射极反向电压 U_{CEF}。当 IGBT 内集成有续流二极管时,在二极管处于导通状态时,测得的二极管正向压降,称为 IGBT 的集射极反向电压,用 U_{CEF} 表示。

2. 电流参数

① 集电极额定电流 I_{CN}。它是指在额定的测试温度(壳温为 25°C)条件下,所允许的集电极最大直流电流。

② 集电极的反向电流 I_{CF}。它是指当 IGBT 内集成有续流二极管时,在额定的测试温度(壳温为 25°C)条件下,所允许的集电极最大直流电流。

③ 集电极脉冲峰值电流 I_{CM}。它是指在一定脉冲宽度工作时,IGBT 的集电极允许通过的最大脉冲峰值电流。

④ 栅射极短路时的集射极漏电流 I_{CES}。它是指将栅-射极短路,在集-射极间加额定电压时的集电极漏电流。

3. 最大功耗 P_M

P_M 是指在壳温为 25°C 的条件下,IGBT 开通、关断所允许的最大且不导致其自身损坏的功率损耗。

4. 时间参数

IGBT 的时间参数包括开通时间 t_{on}、关断时间 t_{off}、上升时间 t_r 及下降时间 t_f。其定义与电力 MOSFET 的时间参数相同。

二极管反向恢复时间 t_{rr}:内部集成有续流二极管的 IGBT 中,其续流二极管的恢复电流变为零所需要的时间。

5. 最高工作频率 f_{max}

IGBT 的最高工作频率 f_{max} 是指对应开通时间 t_{on}、关断时间 t_{off}、额定工作电流且 IGBT 结温不超过允许值的 IGBT 的最高开关频率，它与 t_{on}、 t_{off} 之和成反比。

6. 结温

结温是指 IGBT 工作时不导致其损坏的允许的最高结温。

2.7 集成门极换向晶闸管（IGCT）

集成门极换向晶闸管（IGCT）是一种用于大型电力电子装置中的新型电力电子器件。它的应用使电力电子装置在功率、可靠性、开关速度、效率、成本、重量和体积等方面都取得了很大改进，给电力电子装置带来了新的飞跃。IGCT 是将 GTO 芯片与反并联二极管和门极驱动电路集成在一起，再与其门极驱动器在外围以低电感方式连接，它结合了晶体管和晶闸管两种器件的优点，即晶体管的稳定的关断能力和晶闸管的低通态损耗的一种新型器件。IGCT 在导通期间发挥晶闸管的性能，在关断阶段则呈现类似晶体管的特性。IGCT 具有电流大、电压高、开关频率高、可靠性高、结构紧凑、损耗低的特点。此外，IGCT 还像 GTO 一样，具有制造成本低和成品率高的特点。

2.7.1 IGCT 的工作原理

IGCT 是门极换向晶闸管（即 GCT，是指 GTO 芯片与反并联二极管集成在一起）和集成门极驱动电路的总称，所以其工作原理主要取决于 GCT 的工作过程。当 GCT 处在导通状态时，像晶闸管一样具有携带电流能力强和通态压降低的特点；当 GCT 处在关断状态时，GCT 的门-阴极 PN 结提前进入反向偏置，并有效退出工作，整个器件呈现晶体管工作方式。GCT 器件在这两种状态下的等效电路如图 2.29 所示。

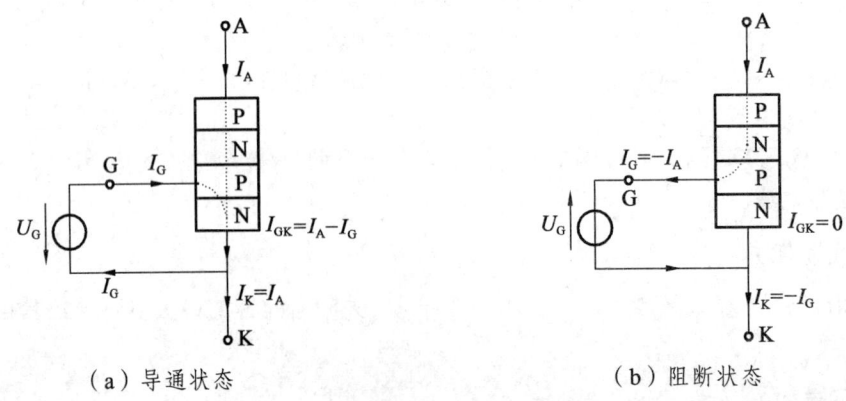

（a）导通状态　　　　　　　（b）阻断状态

图 2.29　GCT 的导通和阻断状态示意图

图 2.29 还表明，在导通和阻断状态下，GCT 和 GTO 有明显不同，即 GCT 可瞬时从导通状态［见图 2.29（a）］转换到阻断状态［见图 2.29（b）］，而 GTO 必须经过由一个既非导

通又非阻断的中间不定状态进行转换，如图 2.30 所示。正是因为有这样一个"GTO"阶段，GTO 才需要很大的吸收电路来抑制再加电压的变化率（du/dt），其原因在于晶闸管与简单的晶体管不同，它对 du/dt 很敏感。

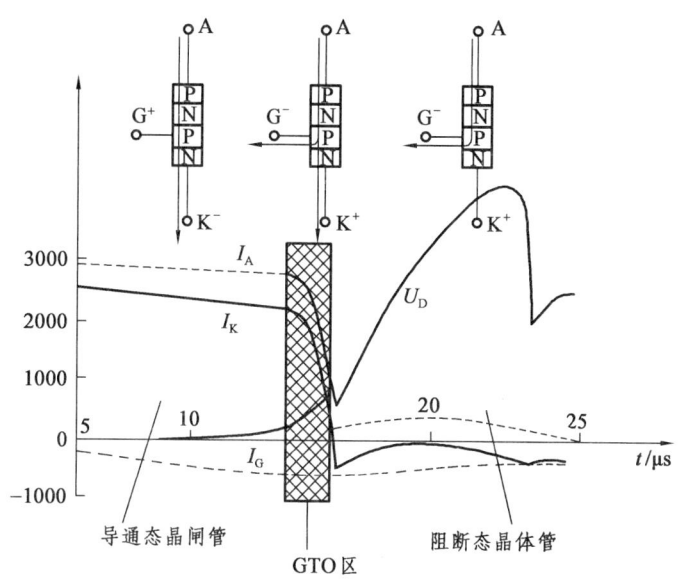

图 2.30　传统 GTO 的导通、关断波形

在 IGCT 的应用中，消除"GTO 区"是指在电荷从阳极 N 基区完全被抽出之前（即阴极 NPN 晶体管完全停止注入电荷之前），整个阳极电流由阴极迅速转向门极。IGCT 在阴极停止注入电荷的那一瞬间，其等效电路如图 2.29（b）和图 2.31 所示。在承受任何阻断电压之前，IGCT 必须变成晶体管，这与 GTO 以晶闸管方式承受阻断电压形成鲜明的对比。由于 IGCT 的关断发生在变成晶体管之后，所以它已无再加 du/dt 的限制，并且可像电力 MOSFET 或 IGBT 那样工作，而无需吸收电路。

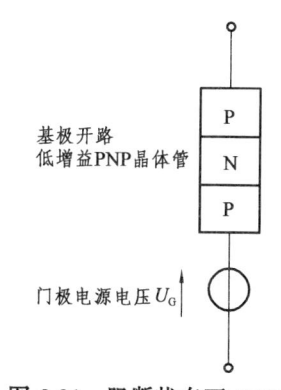

图 2.31　阻断状态下 GCT 的等效电路

2.7.2　IGCT 的主要技术参数和性能特点

1. IGCT 的主要技术参数

IGCT 的参数由公共参数、GCT 参数、二极管参数三部分组成。

（1）公共参数

公共参数是指构成 IGCT 的 GCT 与二极管均应满足的参数。

① 正向阻断峰值电压 U_{DRM}。该参数与 GTO 的参数类似，即阻断时在额定结温和允许的最大正向漏电流条件下，测得的正向重复峰值电压。

② 结温 T_j。它是指 IGCT 在额定工作电流下，不使其失效的最高 PN 结温度。

（2）GCT 参数

① 最大不重复关断电流 I_{TGQM}。它是指 IGCT 在承受规定的电压条件下的最大不重复关断电流。

② 通态压降 U_T。它是指在 I_{TGQM} 条件下的正向压降。

③ 关断损耗 P_{off}。它是指在 I_{TGQM} 条件下的关断损耗，其值一般取决于钳位电路配置和负载情况。

④ 门极触发电流 I_{GT}。它是指 GCT 能触发的最小电流。

⑤ 热阻 $R_{jc,GCT}$。它是指 IGCT 中只有 GCT 发热的条件下，其结、壳之间的热阻。

（3）二极管参数

① 正向压降 U_F。它是指作为 IGCT 一部分的二极管的正向压降。

② 最大电流上升率 di/dt。它是指在规定的电压条件下，构成 IGCT 一部分的二极管关断时开始恢复反向所允许的最大电流上升率。

③ 反向峰值恢复电流 I_{rr}。它是指构成 IGCT 一部分的二极管的反向恢复峰值电流。

④ 最大关断损耗。它是指在最大 di/dt 和规定的电压条件下，二极管所能允许的最大关断损耗。

⑤ 结壳热阻 $R_{jc,D}$。它是指假定 IGCT 中只有二极管发热的条件下，内部 PN 结与外壳之间的散热热阻。

2. IGCT 的主要性能特点

① 在通态时类似于非对称晶闸管，在关断过程和断态时类似于 PNP 晶体管。

② 可以像晶体管那样无吸收工作，却不能像晶体管那样通过基极控制开通与关断的速度。

③ 高阻断电压下通态电压低。

④ 开通损耗可以忽略不计，从而简化了冷却方式，缩小了管芯面积。

⑤ 关断损耗低。IGCT 的关断是一个很快的瞬态过程，在约 1 μs 的时间内，门极电流增至最大关断电流 I_{TGQM}，在阳极电压上升前，阴极电流已降为零。

⑥ 工作均匀，硅片尺寸与电流密度呈线性关系，建模简单明确，因此可显著减少或忽略 du/dt 吸收电路的损耗。

⑦ 当吸收电路中的电容 $C_s = 0$ 时，关断瞬态过程稳定，直流中间电路在额定电压下，无需吸收电路即可关断最大额定电流。

⑧ 响应快速、精确，其延时时间 $t_d < 2\sim3$ μs，存储时间降至 1 μs，为实现简单而耐用的串联打下了基础。

⑨ 性能可靠，产品成品率高，管芯尺寸可达 130 mm^2，无需管芯并联。

⑩ 采用平板压接，可靠性高，工作频率范围宽，可从几百赫兹到几十千赫兹，适用于高频特大功率电力电子装置。

⑪ 同一芯片上集成有高性能的二极管，使用中不需外接续流二极管，使系统可靠性提高，成本更低。

⑫ 内部集成有门极驱动电路,使整个门极区电感值减小至足够低,以保证 GCT 在阻断关断时单相电源下的开关模式。此外,门极驱动电路与 GCT 的互补设计,保证了最低成本和最低能量损耗下的最佳运行特性,因此使用方便,可满足最佳驱动的要求。

2.8 其他电力电子器件简介

1. 静电感应晶体管

静电感应晶体管(Static Induction Transistor,简称 SIT),实际上是一种结型场效应管,它依靠场效应控制器件中导电沟道的形成或消失,以实现器件的开关操作。SIT 是多数载流子导电的器件,其工作频率与功率场效应管相当,甚至超过功率场效应管;而功率容量也比功率场效应管大。SIT 的截止频率为 30 MHz～50 MHz,耗散功率为 3 kW,电流 200 A,电压 1 200 V。

SIT 有三个电极,即栅极 G、漏极 D 和源极 S。SIT 最重要的特征是在栅极短路,即栅源电压为零时,器件处于导通状态,因此它是正常开通型器件,其伏安特性如图 2.32 所示。由图可知,当 $u_{GS}=0$ 时,SIT 处于导通状态;当 u_{GS} 在负值方向上增加时,对应不同的负偏压,SIT 开通所需的 u_{DS} 也增大了。

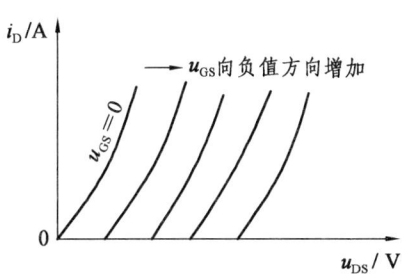

图 2.32 SIT 的伏安特性

SIT 的不足之处是开通电阻较大,因而通态损耗也大。

2. 静电感应晶闸管

静电感应晶闸管(Static Induction Thyristor,简称 SITH)是一种大功率场控开关器件,它是在 SIT 的漏极层上增加一层与漏极层不同的发射层而得到的。与 GTO 相比,SITH 具有通态电阻小、通态电压低、开关速度高、开关损耗小、正向阻断增益大、开通和关断的电流增益大、di/dt 和 du/dt 高的特点。

SITH 与 SIT 一样,属于正常开通型器件,但也有正常关断型的。

由于 SITH 为场控器件,它的动态特性比晶闸管、GTO 要优越得多,工作频率也比它们高得多;但比 SIT 的工作频率要低。

3. MOS 控制晶闸管

MOS 控制晶闸管(MOS Controlled Thyristor,简称 MCT)是将 MOSFET 与晶闸管组合而成的复合型器件,故兼有 MOSFET 的场控能力和 GTO 的高电压、大电流优势。MCT 具有高电压、大电流、高载流密度、低通态压降的特点;另外 MCT 可以承受极高的 di/dt 和 du/dt,使其保护电路简化;MCT 可在结温为 200 ℃ 的条件下工作,而一般额定结温为 150 ℃。

MCT 有三个极,它们分别是门极 G、阳极 A 和阴极 K。

4. 功率模块与功率集成电路

目前，电力电子器件的主要发展趋势之一就是模块化。将多个相同的电力电子器件或多个相互配合的不同的电力电子器件封装在一个模块中，可以缩小装置体积、降低成本、提高可靠性。更重要的是，对于功率较高的电路，可以大大减小电路的电感，从而简化对保护电路和缓冲电路的要求。这种模块被称为功率模块（Power Module）。例如 IGBT 模块、MOSFET 模块、GTO 模块等。

电力电子器件的另一个发展趋势则是将电力电子器件与它的控制、保护、传感、检测、自诊断等电路集成在同一芯片上，称之为功率集成电路（Power Integrated Circuit，简称 PIC）。在功率集成电路方面，已有许多实例。例如，将横向高压器件与控制电路实现单片集成的高压集成电路（High Voltage IC，简称 HVIC）；将纵向功率器件与控制电路实现单片集成的智能功率集成电路（Smart Power IC，简称 SPIC）；将 IGBT 及其辅助器件与保护、驱动电路实现单片集成的智能功率模块（Intelligent Power Module，简称 IPM）等。

习　题

2.1　电力电子器件有哪些基本类型？其发展趋势如何？

2.2　在什么条件下能使晶闸管导通？

2.3　维持晶闸管导通的条件是什么？怎样使晶闸管由导通变为关断？

2.4　题 2.5 图中的阴影部分为晶闸管处于导通状态的电流波形，各波形的最大值均为 I_M，试计算各波形的电流平均值 I_{d1}、I_{d2}、I_{d3} 及电流的有效值 I_1、I_2、I_3。

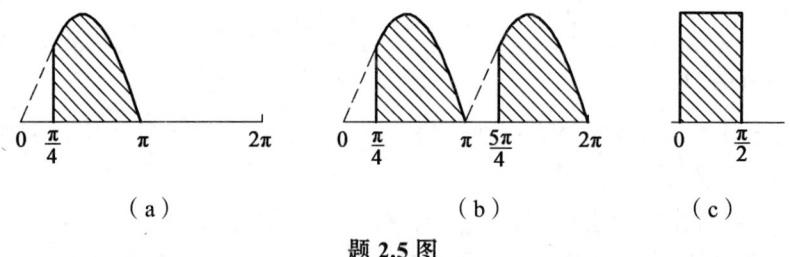

题 2.5 图

2.5　题 2.4 中如果不考虑安全裕量，问 100 A 的晶闸管能输出的平均电流 I_{d1}、I_{d2}、I_{d3} 各为多少？这时，相应的电流最大值 I_{M1}、I_{M2}、I_{M3} 各为多少？

2.6　GTO 和晶闸管同为 PNPN 结构，为什么 GTO 能自关断，而晶闸管却不能？

2.7　试比较电力 MOSFET、IGBT 和 GTO 各自的优缺点。

第3章 相控整流电路

3.1 概 述

整流电路是一种把交流电压转换成直流电压或可调直流电压的一种电路。整流电路通常由主电路、滤波器和变压器组成。20 世纪 70 年代以后,主电路多用硅整流二极管和晶闸管组成。滤波器接在主电路与负载之间,用于滤除脉动直流电压中的交流成分。变压器设置与否视具体情况而定。变压器的作用是实现交流输入电压与直流输出电压间的匹配以及交流电网与整流电路之间的电隔离(可减小电网与电路间的电磁干扰和故障影响)。

整流电路通过对晶闸管触发相位的控制,从而达到控制输出直流电压的目的,所以这种电路又称之为相控整流电路。相控整流电路由于采用电网换相方式,不需要专门的换相电路,因而电路简单、工作可靠,因此在直流电动机的调速、发电机的励磁调节、电解、电镀等领域得到广泛应用。但相控整流电路在控制角 α 较大时,功率因数较低,网侧电流谐波含量较大。

相控整流电路是电力电子电路中最早出现的一种变换电路,为了满足不同的生产需要,已产生了许多各具特色的整流电路,它们虽然都能获得直流输出电压,但其电路性能指标是不同的,主要反映在直流输出电压的平均值、功率因数和网侧谐波电流等各方面。

3.1.1 相控整流电路的类型

相控整流电路按其组成器件可分为半控和全控两种形式;按电路结构可分为桥式电路和半波(零式)电路;按交流输入相数可分为单相电路和三相电路;按变压器二次侧电流的方向是单向或双向,又分为单拍电路和双拍电路。实际中的电路往往是上述电路的组合结构。

相控整流电路的负载大致可分为以下几种:

① 电阻性负载。例如电解、电镀和电焊等属于电阻性负载,它的特点是电流和电压的波形形状相同。

② 电感性负载。各种电机的激磁绕组、经电抗器滤波的负载都属于电感性负载,其特点是,当电抗值比串联的电阻值大得多时,负载电流波形连续且近似平直。

③ 电容性负载。整流电路输出端接大电容滤波时,其负载呈电容性。其特点是,器件刚导通时流过很大的充电电流,电流波形呈尖峰状,易损坏器件。

④ 反电势负载。蓄电池和直流电动机属反电势负载。其特点是,只有当电源电压大于反电势时器件才可能导通,电流波形脉动大。

不同性质的负载对相控整流电路的工作状态和输出的电压、电流波形均具有比较大的影响。

3.1.2 与相控整流电路有关的几个概念

1. 触发角

从晶闸管开始承受正向电压到施加触发脉冲导通为止的电角度,称为控制角或触发角,常用 α 来表示。

2. 导通角

晶闸管在一个周期内导通的电角度,称为导通角,用 θ 表示。导通角 θ 和触发角 α 之间的关系是 $\theta = \pi - \alpha$。

3. 移相

改变触发角 α 的大小,即改变触发脉冲电压 u_g 出现的相位,称为移相。

4. 移相范围

使输出电压 U_d 从 0 变到最大所对应的触发角 α 的变化范围,称为移相范围。

5. 同步

要使整流输出电压稳定,则要求每个周期中触发角 α 都相同,所以要求触发脉冲信号与电源电压在频率和相位上要协调配合,这种相互协调配合的关系称为同步。

3.2 单相半波可控整流电路

3.2.1 带阻性负载的单相半波可控整流电路

在实际生活中,一些负载如电灯、电炉和电炊具以及生产中所用的电解、电镀和电焊机械等,通常都认为是电阻性负载。电阻性负载是一个耗能元件,它只能消耗电能而不能存储或放出电能。

图 3.1 所示是带阻性负载的单相半波可控整流电路及其工作波形。在这个电路中,变压器起变换和隔离的作用,其一次侧和二次侧电压瞬时值分别用 u_1 和 u_2 表示,有效值用 U_1 和 U_2 表示。

为了分析简单起见,在以后的分析中做以下假设:

① 整流元件是理想的,即正向导通时阻抗为 0,断态时阻抗为无穷大。

② 整流变压器是理想的,即漏感为 0,电阻为 0,铁芯的磁导率为无穷大。

③ 交流电源是理想的,即交流电网的容量足够大,三相电源是恒频、恒压和对称的,因而整流电路输入端的电网电压为无畸变正弦波。

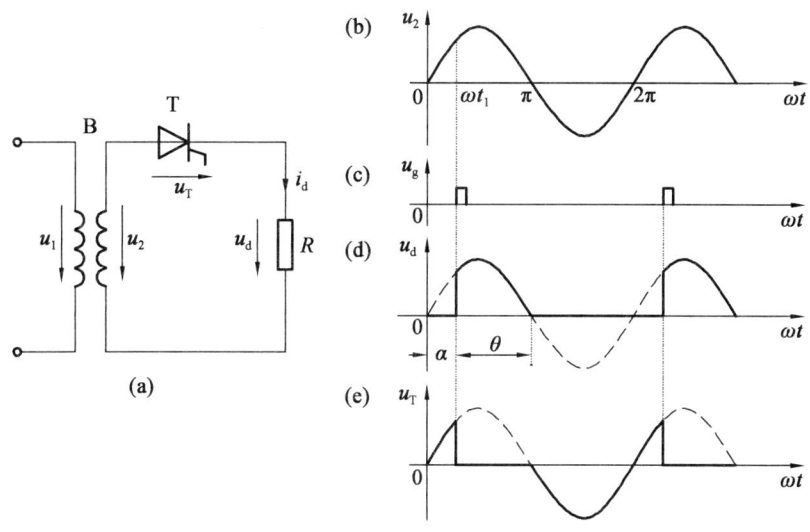

图 3.1 带阻性负载时的单相半波可控整流电路及其工作波形

1. 工作原理及波形分析

在电源的正半周，ωt 在 $0 \sim \omega t_1$ 阶段，晶闸管承受正向电压（阳极电位高于阴极电位），但在未加触发脉冲之前，晶闸管 T 处于阻断状态，电路中无电流流过，此时负载电阻两端电压 u_d 为零，全部电源电压 u_2 施加在晶闸管 T 两端。

在 ωt_1 时刻，给 T 门极加触发脉冲 u_g，如图 3.1（c）所示，T 立即导通，负载上便有电流流过，电源电压全部加在负载电阻上，所以 $u_d = u_2$，波形如图 3.1（d）所示。电流 $i_d = u_d / R$，波形与 u_d 相同，即

$$i_d = \frac{u_d}{R} = \frac{u_2}{R} = \frac{\sqrt{2}\,U_2}{R} \sin \omega t, \qquad \omega t = [\omega t_1, \pi]$$

当 $\omega t = \pi$ 时，电源电压 u_2 降为零，$u_d = 0$，则电流 $i_d = 0$。由于晶闸管 T 中电流降至其维持电流以下，晶闸管由导通状态转入阻断状态。

在电源的负半周，ωt 为 $\pi \sim 2\pi$ 期间，T 因承受反向电压而处于反向阻断状态，电源电压又全部降至晶闸管上，负载上承受的电压和流过的电流均为零。直到下一个周期，晶闸管又处于正向电压作用下，若又给门极加触发脉冲，晶闸管再次导通，如此不断循环重复上述过程。

从上述分析可知，负载上得到的是脉动的直流电压，其脉动频率与电源频率一致。另外，电路只在交流电源电压的正半周内实现整流，故又称为半波可控整流电路。

由图 3.1（d）波形可以看出，改变施加的触发脉冲电压的相位（即控制脉冲的触发时刻），输出电压 u_d 的值随之改变，所以把这种通过相位控制来调节直流输出电压大小的方式称为相位控制方式，简称为相控方式，相应的整流电路称为相控整流电路。

2. 基本数量关系

根据图 3.1（d）所示的波形，整流输出电压的平均值为

$$U_d = \frac{1}{2\pi}\int_\alpha^\pi \sqrt{2}\,U_2 \sin\omega t\,\mathrm{d}(\omega t)$$

$$= \frac{\sqrt{2}\,U_2}{2\pi}(1+\cos\alpha) = 0.45\,U_2\left(\frac{1+\cos\alpha}{2}\right) \tag{3.1}$$

从式（3.1）中可以看出：$\alpha = 0°$ 时，$U_{d0} = U_{d\max} = 0.45\,U_2$（$U_{d0}$ 表示 $\alpha = 0°$ 时的 U_d 值），此值即单相半波可控整流电路的输出电压平均值。随着 α 增大，U_d 将逐渐减小。当 $\alpha = (\pi/2)$ 时，$u_d = (U_{d0}/2) = 0.225\,U_2$；当 $\alpha = \pi$ 时，$U_d = 0$。

所以，单相半波可控整流电路带阻性负载时，移相范围为 180°。

根据欧姆定律，由式（3.1）可得负载电流平均值为

$$I_d = \frac{U_d}{R} = 0.45\frac{U_2}{R}\left(\frac{1+\cos\alpha}{2}\right) \tag{3.2}$$

根据有效值定义，可求出整流输出电压有效值为

$$U = \left[\frac{1}{2\pi}\int_\alpha^\pi (\sqrt{2}\,U_2 \sin\omega t)^2\,\mathrm{d}(\omega t)\right]^{\frac{1}{2}} = U_2\sqrt{\frac{\pi-\alpha}{2\pi}+\frac{\sin 2\alpha}{4\pi}} \tag{3.3}$$

负载输出电流有效值为

$$I = \frac{U}{R} = \frac{U_2}{R}\sqrt{\frac{\pi-\alpha}{2\pi}+\frac{\sin 2\alpha}{4\pi}} \tag{3.4}$$

由于流过变压器二次侧绕组电流有效值 I_2 等于负载电流有效值，所以单相半波整流电路带阻性负载时，负载电流的有效值与平均值之比为

$$\frac{I}{I_d} = \frac{U}{U_d} = \frac{\sqrt{2\pi(\pi-\alpha)+\pi\sin 2\alpha}}{\sqrt{2}(1+\cos\alpha)} = k_f$$

即 $\quad I = k_f I_d \tag{3.5}$

式中，k_f 为波形系数。

当 $\alpha = 0°$ 时，$I = 1.57 I_d$；当 $\alpha = \pi/2$ 时，$I = 2.22 I_d$。不同 α 时波形系数 k_f 不一样。

单相半波可控整流电路中，流过晶闸管的电流有效值

$$I_T = I_2 = I = \frac{U_2}{R}\sqrt{\frac{\pi-\alpha}{2\pi}+\frac{\sin 2\alpha}{4\pi}}$$

流过晶闸管的电流平均值为

$$I_{dT} = I_d = \frac{U_d}{R}$$

在选用晶闸管时，必须要考虑流过晶闸管中电流的波形。因为在同一电路中，α 不同，流过器件的电流波形将不一样，波形系数 k_f 也不一样，所以要求输出相同电流平均值时流过器件的电流有效值不相同。为了确保晶闸管不致因结温太高而被损坏，应按照流过晶闸管的实际电流有效值与其流过额定电流时的有效值相等的原则选用晶闸管。晶闸管的额定电流有效值与其平均值之间的关系为：$I_T = 1.57 I_{T(av)}$。

当然，晶闸管的结温除了受自身损耗的影响外，还与散热情况有关，所以，选定晶闸管的额定电流以后，还需要选择与之相适应的散热器，才能确保晶闸管可靠工作。

从图 3.1（e）的波形可以看出，晶闸管承受的最大正向电压和最大反向电压均为变压器二次侧绕组电压的最大值，即 $U_{FM} = U_{RM} = \sqrt{2}\,U_2$。

根据功率因数 λ 的定义有

$$\lambda = \cos\varphi = \frac{P}{S} = \frac{UI_2}{U_2 I_2} = \sqrt{\frac{\pi-\alpha}{2\pi} + \frac{\sin 2\alpha}{4\pi}} \tag{3.6}$$

式中，P 为变压器二次侧输出的有功功率（$P = I_2^2 R = UI_2$）；S 为变压器二次侧的视在功率（$S = U_2 I_2$）。

由式（3.6）可见，功率因数 λ 是控制角 α 的函数（$\lambda = \cos\varphi$）。当 $\alpha = 0°$ 时，$\cos\varphi$ 的最大值为 $(1/\sqrt{2}) = 0.707$。

注意： 尽管是电阻性负载，但由于存在谐波电流，所以电源的功率因数不会等于 1，而且随着 α 的增加，功率因数还会减小。

例 3.1 单相半波可控整流电路带电阻性负载，不经整流变压器直接与 220 V 交流电源相接，要求输出的直流平均电压为 85 V，最大输出直流平均电流为 20 A，求此电路中的 α、R、U、I_2、I_T、I_{dT} 和 $\cos\varphi$，并选择晶闸管（考虑 2 倍裕量）。

解

① 已知 $U_d = 85$ V，根据式（3.1），$U_d = 0.45 U_2 \left(\dfrac{1+\cos\alpha}{2}\right)$，可计算触发角 α 为：

$$\cos\alpha = \frac{2U_d}{0.45 U_2} - 1 = \frac{2\times 85}{0.45\times 220} - 1 = 0.717$$

$$\alpha = 44°$$

② 已知 $U_d = 85$ V，$I_d = 20$ A，可计算负载电阻 R 为：

$$R = \frac{U_d}{I_d} = \frac{85}{20} = 4.25 \quad (\Omega)$$

③ 计算整流输出电压有效值 U 为：

$$U = U_2 \sqrt{\frac{\pi-\alpha}{2\pi} + \frac{\sin 2\alpha}{4\pi}} = 148.7 \quad (V)$$

④ 计算流过变压器二次侧绕组电流有效值 I_2 为：

$$I_2 = \frac{U}{R} = \frac{148.7}{4.25} = 35 \quad (A)$$

⑤ 计算流过晶闸管的电流有效值和平均值分别为：

$$I_T = I_2 = 35 \quad (A), \qquad I_{dT} = I_d = 20 \quad (A)$$

⑥ 计算功率因数为：

$$\cos\varphi = \frac{P}{S} = \frac{UI_2}{U_2 I_2} = \frac{U}{U_2} = \frac{148.7}{220} = 0.676$$

⑦ 选择晶闸管的定额如下：

晶闸管的电流定额为 $I_{T(av)} = 2 \times \frac{I_T}{1.57} = 2 \times \frac{35}{1.57} = 44.6$（A），应选额定电流为 50 A 的晶闸管。

晶闸管的电压定额为 $U_{FM} = U_{RM} = 2 \times \sqrt{2} U_2 = 622$（V），应选额定电压为 700 V 左右的晶闸管。

3.2.2 带感性负载的单相半波可控整流电路

在实际运用中，单相半波可控整流电路除了带阻性负载外，还经常带感性负载（当负载的感抗 ωL 与电阻 R 相比不可忽略时称为感性负载），例如各种电机的励磁绕组、电磁铁线圈等。整流电路带感性负载时，其工作状态与带阻性负载时不同。因为电路中有电感存在，它对电流的变化起抗拒作用，所以流过电感器件的电流不能突变，当电感器件中电流增加时，电感器件产生一自感电势阻止电流增加，而当电感器件中电流减小时，其自感电势又将阻止电流减小。

1. 工作原理及波形分析

图 3.2 所示为带感性负载时的单相半波可控整流电路及其工作波形。

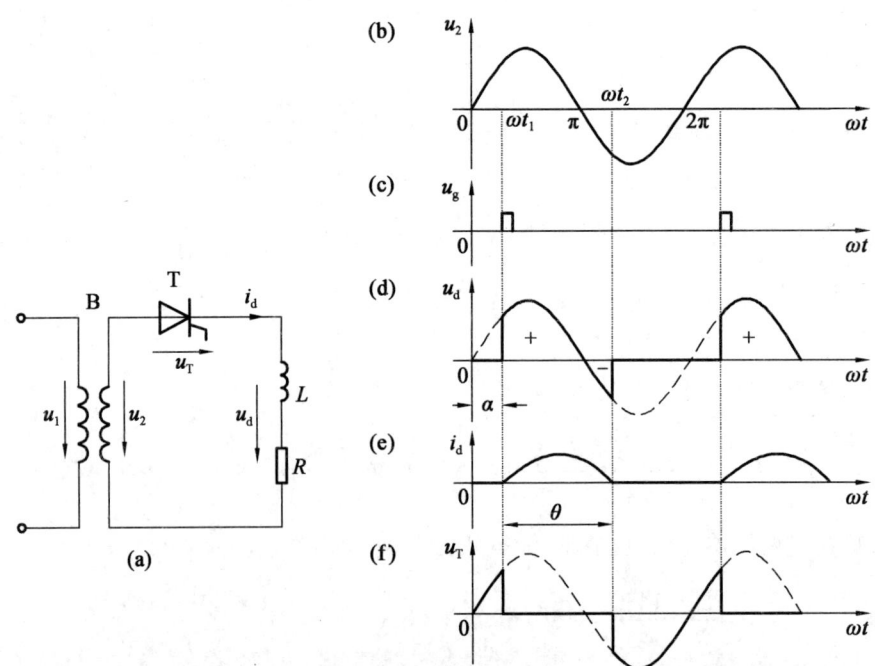

图 3.2 带感性负载时的单相半波可控整流电路及其工作波形

在电源正半周，晶闸管承受正向电压，当 $\alpha = \omega t_1$ 时刻，触发晶闸管 T 导通，负载侧立即出现直流电压 u_d，此时 $u_d = u_2$，但由于电感的存在使负载电流 i_d 不能突变，只能从零逐步增加,如图 3.2（e）所示,在 i_d 增加的过程中,电感 L 中自感电势的方向为上正下负,它力图阻止电流的增加,这时交流电网除了供给电阻 R 所消耗的能量外,还要供给电感所吸收的磁场能量,当 i_d 达到最大值时,电流变化率为零,即 $L\frac{di}{dt}=0$；之后,电流 i_d 开始减小,电感 L 中自感电势方向变为上负下正,L 释放能量,释放的能量除消耗在电阻 R 上外,还通过变压器二次侧绕组将能量反送回电网。在 $\omega t = \pi$ 时刻,电源电压 $u_2 = 0$,但由于电感 L 中能量未释放完,还要继续释放能量,其极性为上负下正,使晶闸管仍然承受正向电压而继续维持导通,直至 L 中能量释放完毕,电流降为 0 时（相当于 ωt_2 时刻）,晶闸管关断。一旦晶闸管关断,立即承受反向电压,如图 3.2（f）所示。

此电路中,由于电感的存在,使晶闸管导通时间增加,导通角度加大,不再是 $\pi - \alpha$；同时,由于晶闸管在 u_2 负半周的一段时间内还处于导通状态,所以整流电压 u_d 波形中出现负值,使输出的电压平均值减小。在负载电阻 R 一定的情况下,电感量 L 越大,电压 u_d 进入负半周后,电感 L 维持晶闸管导通的时间越长,则整流输出电压 u_d 波形中负值部分占的比例越大,输出的直流电压平均值越小。当 $\omega L \gg R$ 时,u_d 波形中正、负面积接近相等,则输出的直流电压平均值 $U_d \approx 0$。图 3.3 是 $\omega L \gg R$ 时,不同控制角 α 下整流输出电压 u_d 和输出电流 i_d 的波形。

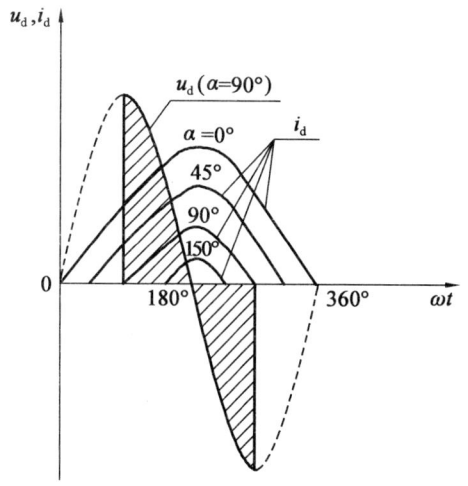

图 3.3　不同 α 时的整流输出电压、输出电流波形（$\omega L \gg R$）

由以上分析可知,单相半波可控整流电路带大电感负载时,不管怎样调节控制角 α,其输出的直流电压平均值总是很小,输出的电流平均值也很小,所以,这种情况下的电路是无法使用的。为了解决这个问题,通常是在整流电路的负载两端并联一个硅整流二极管 D_z,称为续流二极管,如图 3.4 所示。

在图 3.4 所示电路中,电源正半周时,晶闸管 T 在 $\alpha = \omega t_1$ 时刻触发导通,有电流流过 T、L、R,负载上电压 u_d 为电源电压 u_2,续流二极管 D_z 因承受反压关断,不影响电路工作。当电源电压过零变负后,由于电感 L 感应的自感电势极性为下正上负,使续流二极管 D_z 承受正向电压而导通,此时由 L 释放能量维持的负载电流经 D_z 构成回路,称为续流。不考虑 D_z 导通压降时,$u_d = 0$,所以 u_d 中不再出现负电压。在 D_z 续流期间,晶闸管承受反向电压关断。

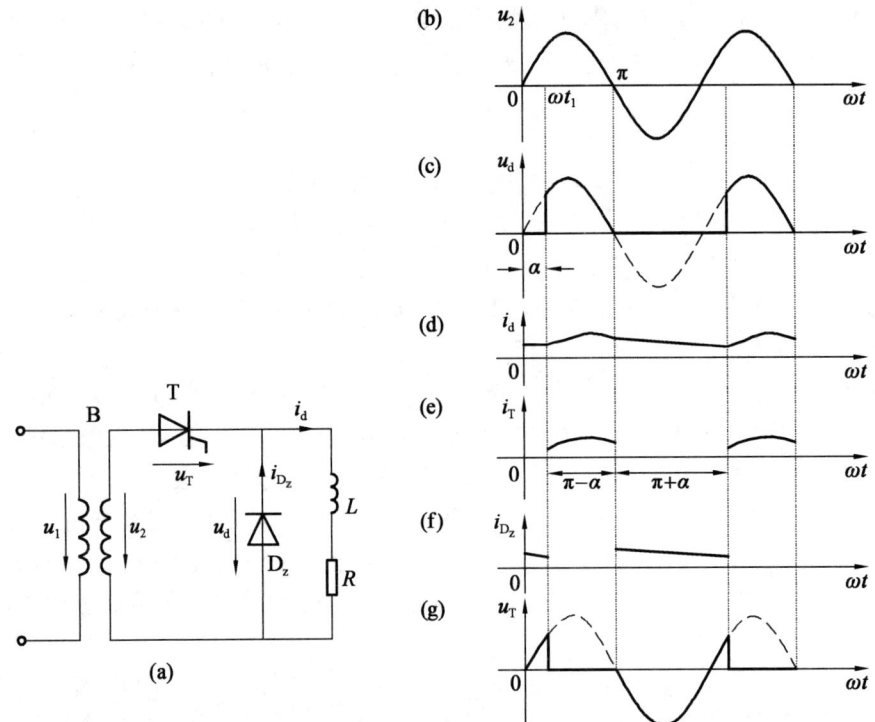

图 3.4 单相半波、大电感负载、有续流二极管的整流电路及其工作波形

由此可见,有了续流二极管后,电路输出电压的波形及其平均值与带阻性负载时一样,只与触发角有关,与电感 L 的大小无关。但 i_d 波形就有较大不同,因为电感很大,流过负载的电流 i_d 不但连续,且基本上维持不变,电感越大,电流波形越接近一条水平线,如图 3.4 (d) 所示。负载电流平均值 I_d 由晶闸管和续流二极管共同分担,流过它们的电流波形基本上是矩形波。

2. 基本数量关系

这里讨论的是单相半波可控整流电路带续流二极管、大电感负载时的情况。

与带阻性负载时相同,带感性负载时的整流输出电压平均值 $U_d = 0.45 U_2 \left(\dfrac{1+\cos\alpha}{2} \right)$,所以,电路的移相范围仍为 180°。

从图 3.4 (e)、(f) 可知,若晶闸管触发角为 α,则其导通角为 $\pi - \alpha$,续流二极管导通角即为 $\pi + \alpha$,所以流过晶闸管的电流平均值 I_{dT} 为

$$I_{dT} = \frac{\pi - \alpha}{2\pi} I_d \tag{3.7}$$

流过续流二极管的电流平均值 I_{dD_z} 为

$$I_{dD_z} = \frac{\pi + \alpha}{2\pi} I_d \tag{3.8}$$

根据有效值的定义,流过晶闸管的电流有效值 I_T 为

$$I_{\text{T}} = \sqrt{\frac{1}{2\pi}\int_{\alpha}^{\pi} I_{\text{d}}^2 \text{d}(\omega t)} = I_{\text{d}}\sqrt{\frac{\pi-\alpha}{2\pi}} \tag{3.9}$$

流过续流二极管的电流有效值 I_{D_z} 为

$$I_{\text{D}_z} = I_{\text{d}}\sqrt{\frac{\pi+\alpha}{2\pi}} \tag{3.10}$$

晶闸管可能承受的最大正向电压和最大反向电压均为 $\sqrt{2}U_2$，续流二极管可能承受的最大反向电压也为 $\sqrt{2}U_2$。

当整流电路中接有大电感负载时，由于晶闸管触发导通的瞬间，电流从零开始缓慢上升，如触发脉冲宽度不够，有可能发生电流未上升到晶闸管的擎住电流，触发脉冲就已消失的情况，从而使晶闸管在触发脉冲消失后又恢复正向阻断状态，所以要求触发脉冲有足够的宽度。

单相半波可控整流电路的特点是简单、易调整，但输出电流脉动大。例如，变压器二次侧绕组中通过含有直流分量的电流使铁芯磁化，为使变压器铁芯不饱和，需加大铁芯的截面积，所以设备容量大。

3.3 单相桥式全控整流电路

3.3.1 带阻性负载的单相桥式全控整流电路

1. 工作原理及波形分析

带阻性负载的单相桥式全控整流电路及其工作波形如图 3.5 所示，图中晶闸管 T_1、T_4 组成一对桥臂，T_2、T_3 组成另一对桥臂，变压器二次侧绕组电压接在桥臂的中点。

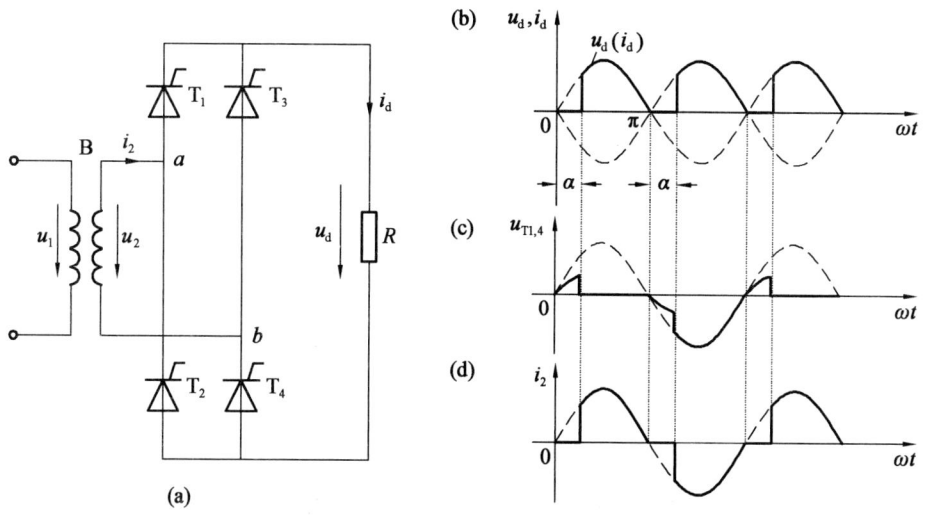

图 3.5 带阻性负载时的单相桥式全控整流电路及其工作波形

在电源电压 u_2 的正半周，T_1、T_4 同时承受正向电压，如果此时门极未加触发信号，则两晶闸管均处于正向阻断状态，电源电压 u_2 全部加在晶闸管上，若两管特性一致，则各承受一半电源电压，所以，两晶闸管承受的电压 $u_{T1} = u_{T4} = (1/2)u_2$，如图 3.5（c）所示。在 $\omega t = \alpha$ 时刻同时触发 T_1、T_4，T_1、T_4 立即导通，电流从电源 a 端经过 T_1、R、T_4 流回电源 b 端，负载两端的整流电压 u_d 与电源电压 u_2 相等，这期间 T_2、T_3 均承受反向电压而关断。当电源电压过零时，电流也降为零，T_1、T_4 关断。

在电源电压 u_2 的负半周，晶闸管 T_2、T_3 承受正向电压，在 $\omega t = \pi + \alpha$ 时刻触发 T_2、T_3，则 T_2、T_3 导通，电流从电源 b 端经 T_3、R、T_2 流回电源 a 端，待 u_2 的负半周结束时，电源电压为零，电流也降为零，T_2、T_3 关断。在 u_2 的负半周期间，T_1、T_4 因承受反向电压而截止。往后又重复循环。显然，T_1、T_4 和 T_2、T_3 两组器件的触发脉冲在相位上应相差 180°，每对晶闸管导通角为 $\pi - \alpha$。

由于上述电路在交流电压的正、负半周都能实现整流，所以该电路又称为单相全波可控整流电路。又由于该电路输出的整流电压在一个周期内脉动两次，所以又称为单相双脉波整流电路，其输出的整流电压脉动程度比半波要小。另外，在该电路的变压器二次侧绕组中，一个周期内的电流方向相反且波形对称，如图 3.5（d）所示，因而不存在单相半波整流电路中的直流磁化现象，变压器的利用率较高。

2. 基本数量关系

因为一个周期内有两个相同的输出电流、输出电压波形，因此，计算整流输出电压平均值时，在半个周期内求平均值即可：

$$U_d = \frac{1}{\pi}\int_\alpha^\pi \sqrt{2}\, U_2 \sin \omega t\, d(\omega t) = 0.9 U_2 \left(\frac{1+\cos\alpha}{2}\right) \tag{3.11}$$

其值是单相半波可控整流电路的 2 倍。

当 $\alpha = 0°$ 时，晶闸管全通，相当于不可控整流，$U_{d0} = U_{d\max} = 0.9 U_2$；$\alpha = \pi$ 时，$U_d = 0$，故电路的移相范围是 180°。

负载电流的平均值为

$$I_d = \frac{U_d}{R} = 0.9\frac{U_2}{R}\left(\frac{1+\cos\alpha}{2}\right) \tag{3.12}$$

由于晶闸管 T_1、T_4 和 T_2、T_3 在电路中轮流导通，所以流过每个晶闸管中的电流平均值为负载电流平均值的一半，即

$$I_{dT} = \frac{1}{2}I_d = 0.45\frac{U_2}{R}\left(\frac{1+\cos\alpha}{2}\right) \tag{3.13}$$

流过晶闸管的电流有效值为

$$\begin{aligned}I_T &= \sqrt{\frac{1}{2\pi}\int_\alpha^\pi \left(\frac{\sqrt{2}\,U_2}{R}\sin\omega t\right)^2 d(\omega t)} \\ &= \frac{U_2}{\sqrt{2}R}\sqrt{\frac{1}{2\pi}\sin 2\alpha + \frac{\pi-\alpha}{\pi}}\end{aligned} \tag{3.14}$$

变压器二次侧绕组电流有效值为

$$I_2 = \sqrt{\frac{1}{\pi}\int_\alpha^\pi \left(\frac{\sqrt{2}\,U_2}{R}\sin\omega t\right)^2 \mathrm{d}(\omega t)}$$

$$= \frac{U_2}{R}\sqrt{\frac{1}{2\pi}\sin 2\alpha + \frac{\pi-\alpha}{\pi}} = \sqrt{2}I_\mathrm{T} \tag{3.15}$$

电路的功率因数为

$$\cos\varphi = \frac{P}{S} = \frac{UI_2}{U_2 I_2} = \sqrt{\frac{1}{2\pi}\sin 2\alpha + \frac{\pi-\alpha}{\pi}} \tag{3.16}$$

根据式 (3.11)、式 (3.12)、式 (3.15)、式 (3.16)，将不同 α 时的 U_d/U_2、I_2/I_d 和 $\cos\varphi$ 值绘成曲线，如图 3.6 所示，其数值列于表 3.1 中。

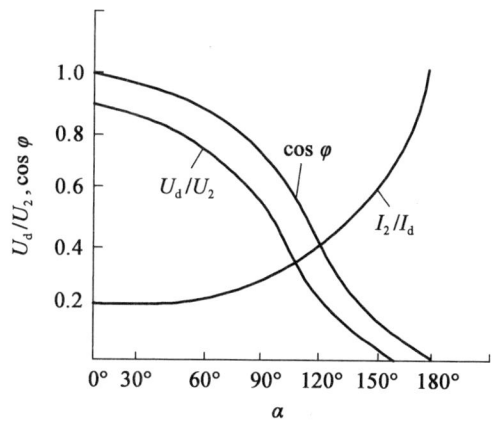

图 3.6　单相桥式全控整流电路的电压电流比及功率因数与触发角的关系

表 3.1　单相桥式全控整流电路的电压电流比及功率因数与触发角的关系

触发角 α	0°	30°	60°	90°	120°	150°	180°
U_d/U_2	0.90	0.84	0.676	0.45	0.226	0.06	0
I_2/I_d	1.11	1.17	1.33	1.57	1.97	2.82	—
$\cos\varphi$	1.00	0.987	0.898	0.707	0.427	0.170	0

单相桥式全控整流电路整流输出的有功功率即负载的直流功率，在 $\alpha=0°$ 时，整流输出的有功功率为 $P=U_{\mathrm{d}0}I_\mathrm{d}$；而变压器视在功率有一次侧视在功率 S_1 和二次侧视在功率 S_2 之分，此时 $U_{\mathrm{d}0_2}=0.9U_2$，$I_2=1.11I_\mathrm{d}$，因此，$S_2=U_2 I_2=1.23P$。假定变压器一次侧和二次侧绕组的匝数相等，即 $w_1=w_2$，由于 i_2 在正、负半周大小相等，是正弦电流，没有直流分量，若忽略励磁电流，则 $I_1=I_2$，$U_1=U_2$，$S_1=S_2=1.23P$，此时变压器容量为

$$S_\mathrm{B} = (S_1+S_2)/2 = 1.23P$$

即变压器容量为整流输出有功功率的 1.23 倍。

例 3.2 单相全控桥式整流电路带阻性负载，要求输出直流电压 $U_d = 20\text{ V} \sim 100\text{ V}$ 连续可调，负载平均电流恒定为 20 A，晶闸管最小触发角限制为 30°，求变压器二次侧电压 U_2、电流 I_2，估算其容量以及晶闸管导通角的变化范围，并选择晶闸管。

解

① 已知 $\alpha_{\min} = 30°$，对应的 $U_{d\max} = 100\text{ V}$。根据式（3.11）有

$$U_2 = \frac{U_d}{0.45 \times (1 + \cos\alpha)} = \frac{100}{0.45 \times (1 + \cos 30°)} = 119 \quad (\text{V})$$

② 在整个可调电压范围内，I_d 恒为 20 A，考虑严重情况，即在 $U_{d\min} = 20\text{ V}$ 时，电路仍能输出 20 A 电流，据此可求出最大触发角

$$\cos\alpha = \frac{U_d}{0.45 U_2} - 1 = \frac{20}{0.45 \times 119} - 1 = -0.6265$$

$$\alpha = 129°$$

由表 3.1 可知，当 I_d 一定时，α 越大，所需 I_2 越大，所以，$\alpha = 129°$ 时有

$$\frac{I_2}{I_d} = \frac{\sqrt{\pi\sin 2\alpha + 2\pi(\pi - \alpha)}}{2(1 + \cos\alpha)} = 2.14$$

因此变压器二次侧绕组的电流为

$$I_2 = 2.14 I_d = 2.14 \times 20 = 42.8 \quad (\text{A})$$

晶闸管导通角的变化范围为 51°～150°。

本题中应注意，若按 $\alpha_{\min} = 30°$ 计算，根据表 3.1，则变压器二次侧绕组中电流 $I_2 = 1.17 I_d = 23.4$（A），较上面的 42.8 A 小得多，据此计算的变压器容量偏小，显然无法满足运行要求。

③ 估算变压器容量，得

$$S_B = S_2 = U_2 I_2 = 119 \times 42.8 \approx 5.1 \quad (\text{kV} \cdot \text{A})$$

④ 选择晶闸管：

流过晶闸管的电流有效值为

$$I_T = \frac{1}{\sqrt{2}} I_2 = \frac{1}{\sqrt{2}} \times 42.8 = 30 \quad (\text{A})$$

若考虑 2 倍裕量，则晶闸管的额定电流为

$$I_{T(\text{av})} = 2 \times \frac{I_T}{1.57} = 38 \quad (\text{A})$$

晶闸管承受的最大反向电压 $U_{RM} = \sqrt{2} U_2 = \sqrt{2} \times 119 \approx 169$（V），若考虑 2 倍裕量，则晶闸

管的额定电压为 338 V。可选取型号为 KP50-5 的晶闸管，其通态平均电流为 50 A，正向重复峰值电压为 5 级（500 V）。

3.3.2 带感性负载的单相桥式全控整流电路

1. 工作原理及波形分析

带感性负载时的单相桥式全控整流电路及其工作波形如图 3.7 所示。这里假设电感很大，即 $\omega L \gg R$，电流连续，其波形为一条水平线，且电路已处于稳态，电流波形已经形成。

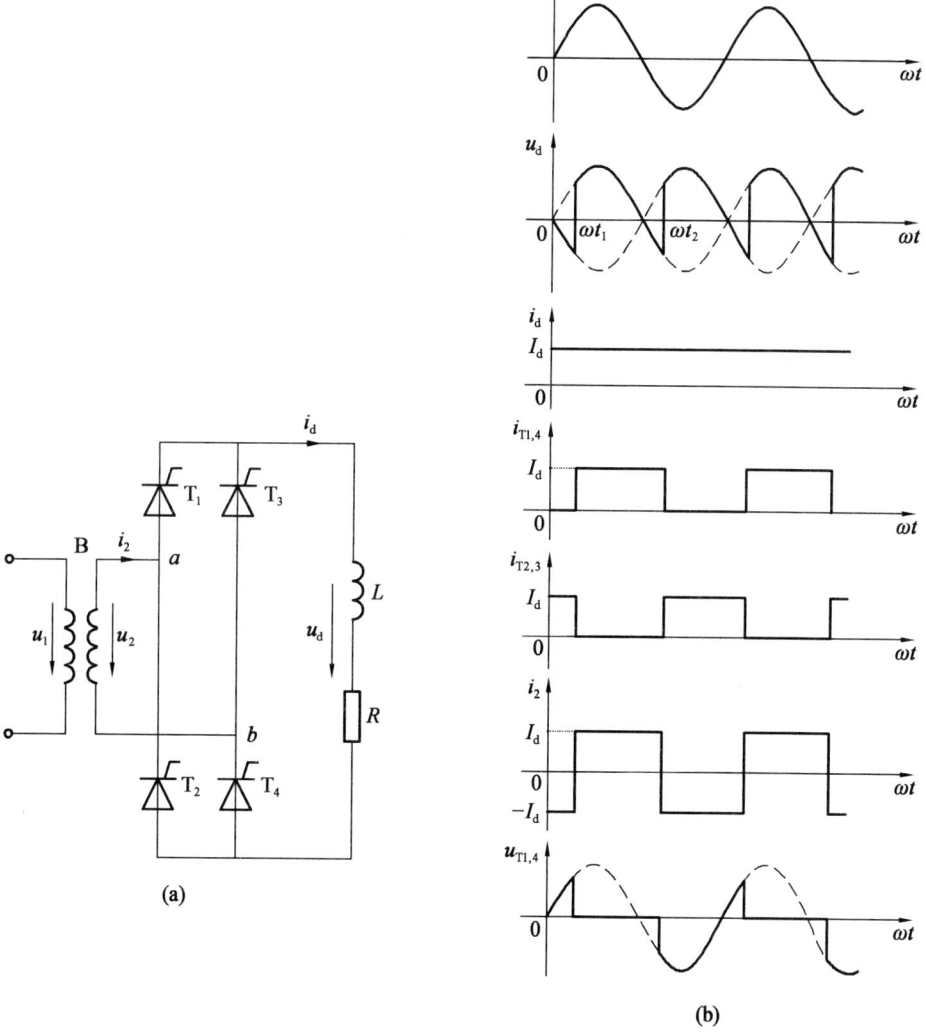

图 3.7 带感性负载的单相桥式全控整流电路及其工作波形

在电源电压 u_2 的正半周，在触发角 $\alpha = \omega t_1$ 时触发晶闸管 T_1、T_4 导通，负载上电压 $u_d = u_2$。由于电感的存在，使电路中电流不能突变，电感起了平波的作用。

当 u_2 过零变负时，因电感中产生感应电动势，将使 T_1、T_4 仍承受正向电压而继续导通，

则 u_d 波形中出现负值部分，此时晶闸管 T_2、T_3 也承受正向电压，但由于未加触发脉冲，所以处于正向阻断状态。到 $\omega t_2 = \pi + \alpha$ 时刻，给 T_2、T_3 加触发脉冲，T_2、T_3 立即导通，从而使 T_1、T_4 承受反向电压而关断，负载电流从 T_1、T_4 转移到 T_2、T_3 上，这个过程叫换流。到下一周期又重复上述过程。

从图 3.7 可知，T_1、T_4 和 T_2、T_3 之间的触发脉冲相位相差仍为 180°，每对晶闸管导通角也为 180°。整流输出电压波形中出现负面积，并且随着触发角 α 的增大，负面积也增大，当 $\alpha = 90°$ 时，正、负面积相等，触发脉冲移相范围为 90°。当 $\alpha = 90°$ 时，晶闸管承受的最大正向、反向电压均为 $\sqrt{2}\,U_2$，这是因为电流 i_d 的波形连续，始终有一对晶闸管导通，从而将电源电压加在另一对未导通的晶闸管上，使晶闸管在关断时承受了全部电源电压。

2. 基本数量关系

整流输出电压平均值为

$$U_d = \frac{1}{\pi}\int_{\alpha}^{\pi+\alpha}\sqrt{2}\,U_2\sin\omega t\,\mathrm{d}(\omega t) = \frac{2\sqrt{2}\,U_2}{\pi}\cos\alpha = 0.9U_2\cos\alpha \tag{3.17}$$

当 $\alpha = 0°$ 时，$U_{d0} = 0.9U_2$；当 $\alpha = 90°$ 时，$U_d = 0$。

由于电感是储能元件，不消耗能量，其两端电压平均值为零，因此，I_d 的计算与带电阻性负载时一样，即

$$I_d = \frac{U_d}{R} = 0.9\frac{U_2}{R}\cos\alpha \tag{3.18}$$

流过晶闸管的电流有效值为

$$I_T = \sqrt{\frac{1}{2\pi}\int_{\alpha}^{\pi+\alpha}I_d^2\,\mathrm{d}(\omega t)} = \frac{1}{\sqrt{2}}I_d \tag{3.19}$$

因为一个周期内两组晶闸管轮流导通，其导通角均为 180°，与 α 无关，所以流过晶闸管的电流平均值为

$$I_{dT} = \frac{1}{2}I_d \tag{3.20}$$

变压器二次侧绕组电流有效值为

$$I_2 = \sqrt{\frac{1}{\pi}\int_{\alpha}^{\pi+\alpha}I_d^2\,\mathrm{d}(\omega t)} = I_d = \sqrt{2}I_T \tag{3.21}$$

如果负载回路中电感量不够大，电感中存储的能量不足以维持晶闸管导通到 $\pi + \alpha$，负载电流将不连续，其波形如图 3.8 所示，此时，输出电压的平均值为

$$U_d = \frac{1}{\pi}\int_{\alpha}^{\alpha+\theta}\sqrt{2}\,U_2\sin\omega t\,\mathrm{d}(\omega t) = \frac{\sqrt{2}\,U_2}{\pi}[\cos\alpha - \cos(\alpha+\theta)] \tag{3.22}$$

由上述分析可知，单相桥式全控整流电路带感性负载工作时，由于 u_d 波形中出现负值部

分,从而使整流输出直流电压平均值 U_d 减小。要想提高 U_d 值,必须将 u_d 波形中的负值部分去掉,为此,可采用与单相半波可控整流电路相同的方法,在负载两端并联二极管 D_z,如图 3.9 所示,其工作过程这里不再分析。

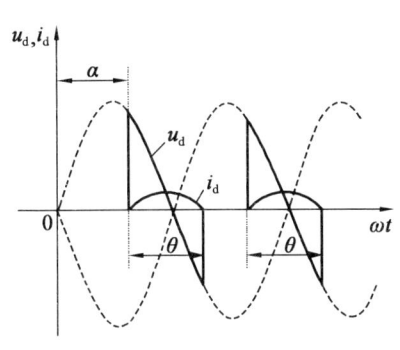

图 3.8 电感较小时整流输出电压和电流的波形

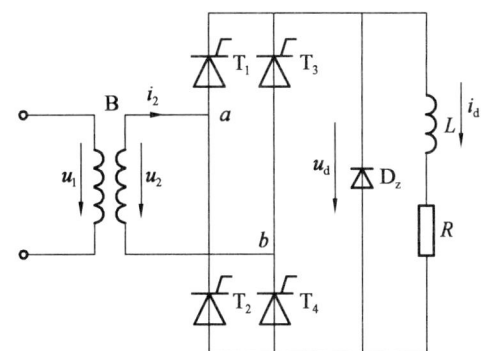

图 3.9 带续流二极管的单相桥式全控整流电路

3.3.3 带反电动势负载的单相桥式全控整流电路

单相桥式全控整流电路接蓄电池、直流电动机电枢等负载时,由于负载本身是一个直流电源,对于整流电路而言,它们属于反电动势负载。

图 3.10 所示为带反电动势阻性负载的单相桥式全控整流电路及其工作波形。由于反电动势的存在,只有在输出电压大于反电动势值时,才有电流输出,这样就使晶闸管导通的时间缩短了。对于窄脉冲触发电路来说,有一个最小触发角 $\alpha_{\min}$ 的限制,若触发角 $\alpha < \alpha_{\min}$,因电源电压值小于反电动势,晶闸管不能导通。当 $\alpha = \omega t_1$ 时,触发 T_1、T_4,此时电源电压 u_2 大于反电动势 E,T_1、T_4 导通,电源电压 u_2 加于反电动势阻性负载上,$u_d = u_2$,负载电流 $i_d = (u_2 - E)/R$。当电源电压 u_2 从正半周下降至等于 E 时,即 ωt_2 时刻,负载电流 $i_d = 0$,T_1、T_4 停止导通,之后开始承受反向电压。在 T_1、T_4 关断时,$u_d = E$,因此,在相同 α 角下,带反电动势负载时的整流输出电压较带阻性负载时要大。

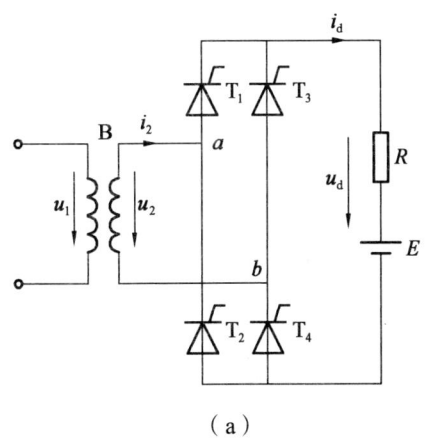

(a)

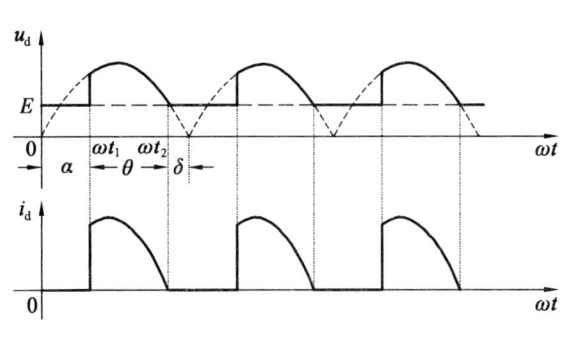

(b)

图 3.10 带反电动势负载的单相桥式全控整流电路及其工作波形

从 T_1、T_4 停止导通到 $\omega t = \pi$ 时刻，这段时间所对应的电角度通常称为停止导通角，用 δ 表示。如果变压器二次侧电压的峰值为 $\sqrt{2}U_2$，反电动势大小为 E，则停止导通角 δ 可用下式求出

$$\delta = \arcsin\frac{E}{\sqrt{2}U_2} \tag{3.23}$$

同样

$$\alpha_{\min} = \delta = \arcsin\frac{E}{\sqrt{2}U_2}$$

晶闸管的导通角为

$$\theta = \pi - \alpha - \delta$$

整流输出电压的平均值为

$$U_d = E + \frac{1}{\pi}\int_{\alpha}^{\pi-\delta}(\sqrt{2}U_2\sin\omega t - E)\mathrm{d}(\omega t) \tag{3.24}$$

对于宽脉冲触发电路，在 $\alpha < \delta$ 时触发晶闸管，整流电路仍然可以工作，因为在 $\omega t = \delta$ 时触发脉冲还未消失，所以晶闸管在 $\omega t = \delta$ 时被触发导通。

如果单相桥式全控整流电路带反电动势感性负载，电感足够大，可维持负载电流连续且基本上为一条水平线，此时电路的工作情况就与带感性负载的情况相同，只是负载电流平均值为

$$I_d = \frac{U_d - E}{R}$$

3.4 单相桥式半控整流电路

在单相桥式全控整流电路中，如果把电路中的两个晶闸管换成二极管，这样就组成了单相桥式半控整流电路。与全控桥相比，因为减少了晶闸管，使控制更为简单。

3.4.1 带阻性负载的单相桥式半控整流电路

图 3.11 所示为带阻性负载时的单相桥式半控整流电路及其工作波形，与图 3.5 不同之处是将晶闸管 T_2、T_4 换成了二极管 D_2、D_4。

带阻性负载时单相桥式半控整流电路的工作情况与单相桥式全控整流电路的工作情况几乎完全相同，其 u_d、i_d 的波形及 U_d、I_d、I_T 等电量的计算均与单相桥式全控整流电路相同。唯一不同之处是 u_T 的波形，由于二极管不能承受正向电压，所以在一个周期内的（$0 \sim \alpha$）、（$\pi \sim \pi+\alpha$）期间，晶闸管未导通，处于正向阻断状态时，晶闸管上承受的正向电压是 u_2，而不是单相全控桥式整流电路中的 $u_2/2$。

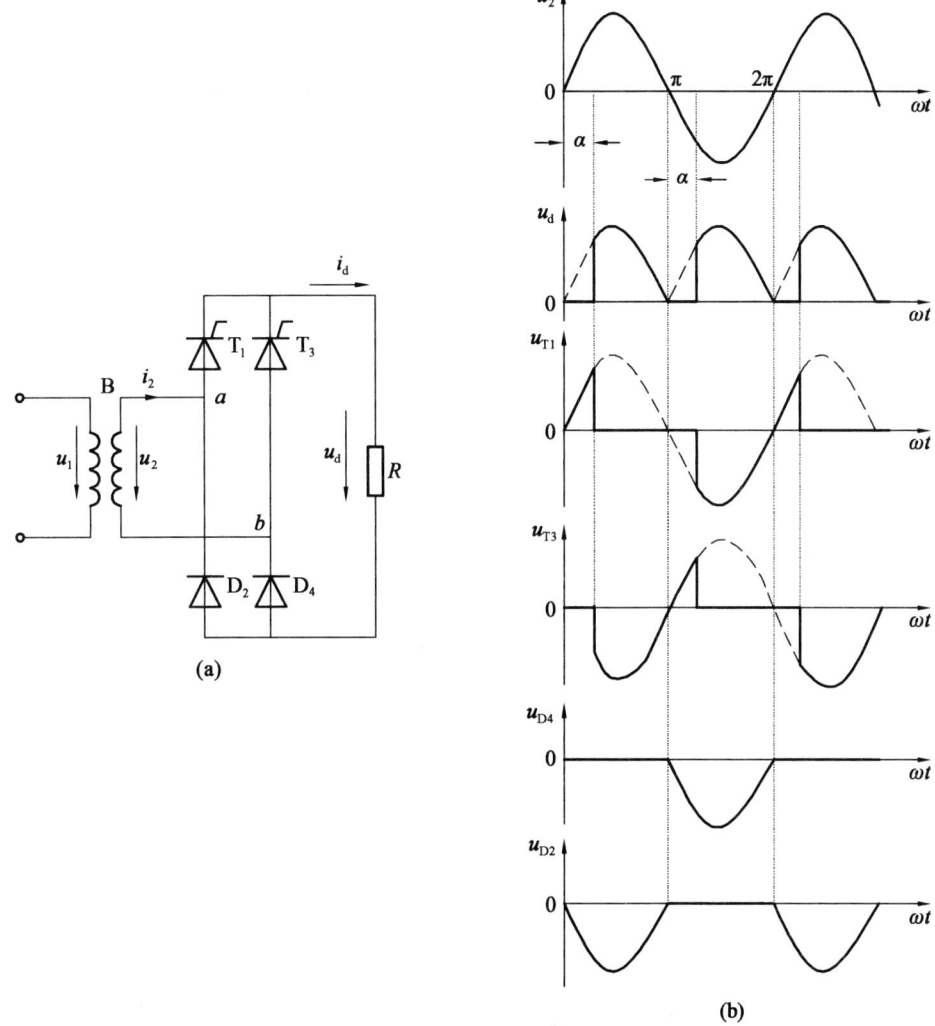

图 3.11 带阻性负载的单相桥式半控整流电路及其工作波形

3.4.2 带感性负载的单相桥式半控整流电路

1. 工作原理及波形分析

图 3.12 为带感性负载时的单相桥式半控整流电路及其工作波形，图中设定负载电感足够大，从而使负载电流连续且为一水平线。

图 3.12 中，两个二极管为共阳极接法，阴极电位低的管子导通，电路的工作特点是：晶闸管触发导通，整流二极管自然导通。下面分析电路的工作过程。

在电源电压 u_2 的正半周，$\omega t = \alpha$ 时刻触发晶闸管 T_1，则 T_1、D_4 导通，电流从电源出来经 T_1、负载、D_4 流回电源，负载电压 $u_d = u_2$；当 $\omega t = \pi$ 时，电源电压 u_2 经零变负，由于电感的存在，T_1 将继续导通，此时 a 点电位较 b 点电位低，二极管自然换流，从 D_4 换至 D_2，这样电流不再经过变压器绕组，由 T_1、D_2 续流，若忽略器件导通压降，则 $u_d = 0$，不会出现负电压。

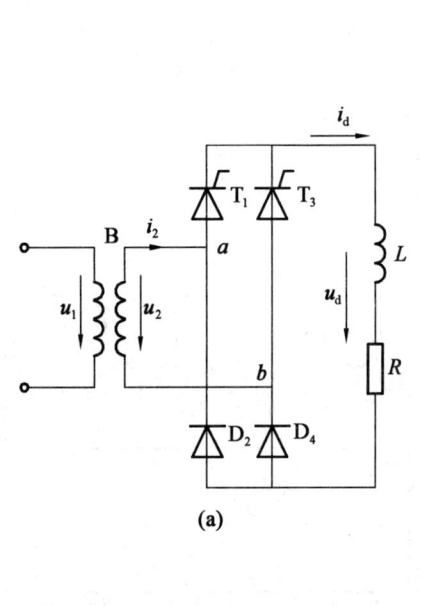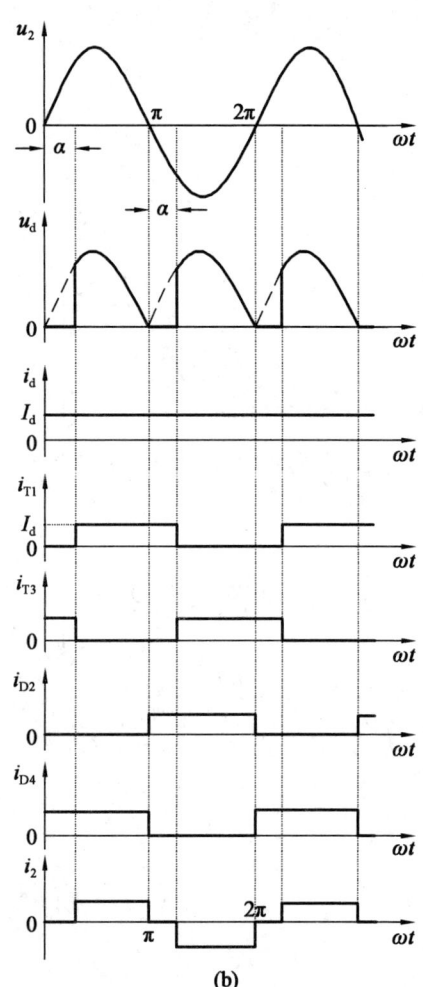

图 3.12　带感性负载的单相桥式半控整流电路及其工作波形

在电源电压 u_2 的负半周，$\omega t = \pi + \alpha$ 时刻触发晶闸管 T_3，则 T_3、D_2 导通，使 T_1 承受反向电压而关断，电源通过 T_3 和 D_2 又向负载供电，$u_d = -u_2$。u_2 从负半周过零变正时，电流从 D_2 换流至 D_4，电感通过 T_3、D_4 续流，u_d 又为零。之后，T_1 再次触发导通，重复以上过程。

由以上分析可知，带感性负载与带阻性负载时，单相桥式半控整流电路的输出电压 u_d 的波形完全相同，而晶闸管的电流在一个周期内各占一半，其换流时刻由门极触发脉冲决定；二极管 D_2、D_4 的导通与关断仅由电源电压决定，在 $\omega t = n\pi$ 处换流。所以，单相桥式半控整流电路带感性负载时，各元件的导通角均为 $180°$，电源在 $(0 \sim \alpha)$、$(\pi \sim \pi + \alpha)$ 区间内停止对负载供电。

在图 3.12（a）所示的电路中，如果在正常运行情况下，突然把触发脉冲切断或者触发角从 α 增大到 $180°$，就会产生"失控"现象，因此，可以在负载侧并联一个续流二极管 D_z，如图 3.13 所示，这样使负载电流通过 D_z 续流，而不再经过 T_1、D_2 或 T_3、D_4，这样可使晶闸管恢复阻断能力。

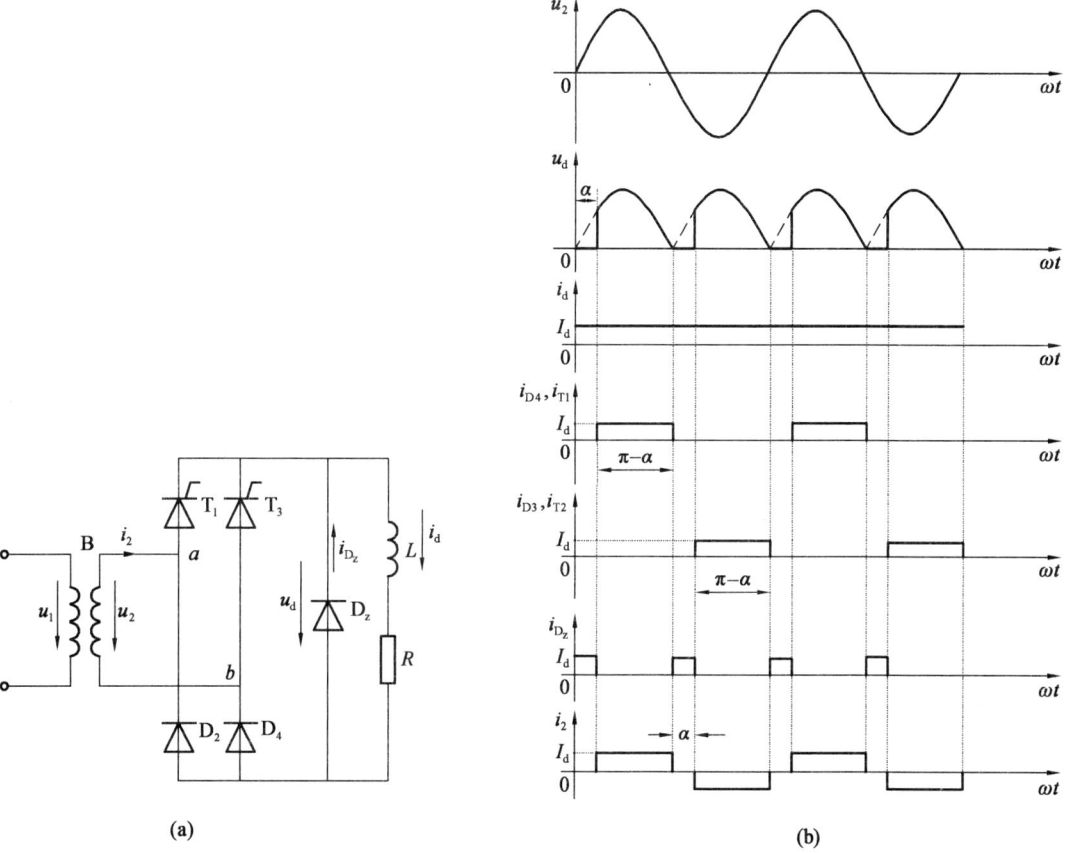

图 3.13 有续流二极管的单相桥式半控整流电路及其工作波形

2. 基本数量关系

由于实际运用中的电路均是带续流二极管的电路，下面以图 3.13（a）为例讨论这种电路中的基本数量关系。

与带阻性负载时完全相同，图 3.13 所示电路中的输出电压平均值为

$$U_\mathrm{d} = \frac{1}{\pi}\int_\alpha^\pi \sqrt{2}\sin\omega t\,\mathrm{d}(\omega t) = 0.9U_2\left(\frac{1+\cos\alpha}{2}\right) \tag{3.25}$$

负载电流平均值为

$$I_\mathrm{d} = \frac{U_\mathrm{d}}{R} = 0.9\frac{U_2}{R}\left(\frac{1+\cos\alpha}{2}\right) \tag{3.26}$$

流过晶闸管和整流管的电流有效值为

$$I_\mathrm{T} = I_\mathrm{D} = \sqrt{\frac{\pi-\alpha}{2\pi}}\cdot I_\mathrm{d} \tag{3.27}$$

流过晶闸管和整流管的电流平均值为

$$I_\mathrm{dT} = I_\mathrm{dD} = \frac{\pi-\alpha}{2\pi}\cdot I_\mathrm{d} \tag{3.28}$$

续流二极管的电流有效值为

$$I_{D_z} = \sqrt{\frac{\alpha}{\pi}} \cdot I_d \tag{3.29}$$

续流二极管的电流平均值为

$$I_{dD_z} = \frac{\alpha}{\pi} \cdot I_d \tag{3.30}$$

变压器二次侧绕组中的电流有效值为

$$I_2 = \sqrt{\frac{\pi-\alpha}{\pi}} \cdot I_d = \sqrt{2} I_T \tag{3.31}$$

例 3.3 带大电感负载、有续流二极管的单相桥式半控整流电路，负载电阻 $R = 4\,\Omega$，电源电压 $U_2 = 220\,\mathrm{V}$，晶闸管触发角 $\alpha = 60°$，求流过晶闸管、二极管的电流平均值及有效值。

解 整流输出电压平均值为

$$U_d = 0.9 U_2 \left(\frac{1+\cos\alpha}{2}\right) = 0.9 \times 220 \times \left(\frac{1+\cos 60°}{2}\right) = 148.5 \quad (\mathrm{V})$$

负载电流平均值

$$I_d = \frac{U_d}{R} = \frac{148.5}{4} = 37.13 \quad (\mathrm{A})$$

流过晶闸管和整流二极管的电流平均值为

$$I_{dT} = I_{dD} = \frac{\pi - \alpha}{2\pi} I_d = \frac{\pi - \frac{\pi}{3}}{2\pi} \times 37.13 = 12.38 \quad (\mathrm{A})$$

流过晶闸管和整流二极管的电流有效值为

$$I_T = I_D = \sqrt{\frac{\pi-\alpha}{2\pi}} \cdot I_d = \sqrt{\frac{\pi-\frac{\pi}{3}}{2\pi}} \times 37.13 = 21.44 \quad (\mathrm{A})$$

流过续流二极管的电流平均值为

$$I_{dD_z} = \frac{\alpha}{\pi} \cdot I_d = \frac{\frac{\pi}{3}}{\pi} \times 37.13 = 12.38 \quad (\mathrm{A})$$

流过续流二极管的电流有效值为

$$I_{D_z} = \sqrt{\frac{\alpha}{\pi}} \cdot I_d = \sqrt{\frac{\frac{\pi}{3}}{\pi}} \times 37.13 = 21.44 \quad (\mathrm{A})$$

由上述计算可知，当 $\alpha = 60°$ 时，流过续流二极管的电流与流过晶闸管的电流相等。当

$\alpha<60°$ 时，流过晶闸管的电流大于流过续流二极管的电流。当 $\alpha>60°$ 时，流过续流二极管的电流大于流过晶闸管的电流。所以，选取续流二极管的容量时，必须考虑续流二极管中实际流过的电流大小，有时可能选用与晶闸管额定电流相同的二极管，有时可能要求选用比晶闸管额定电流大一些的二极管。

3.5 三相半波可控整流电路

单相可控整流电路的整流电压脉动大，脉动频率低，因此，当整流负载容量较大，要求直流电压脉动较小或要求快速控制时，都采用三相可控整流电路。

三相可控整流电路有多种电路形式，但最基本的是三相半波可控整流电路，又称为三相零式可控整流电路。

3.5.1 带阻性负载的三相半波可控整流电路

1. 工作原理及波形分析

带阻性负载的三相半波可控整流电路如图 3.14（a）所示，为了使负载电流 i_d 能够流通，整流变压器的二次侧绕组必须接成星形，而一次侧绕组一般接成三角形，使其高次谐波能够通过，以减少高次谐波的影响。三个晶闸管采用共阴极接法，其阳极分别接至 a、b、c 三相电源，这样的接法，对于触发电路有公共连接线的电路来说连线方便，所以得到广泛应用。

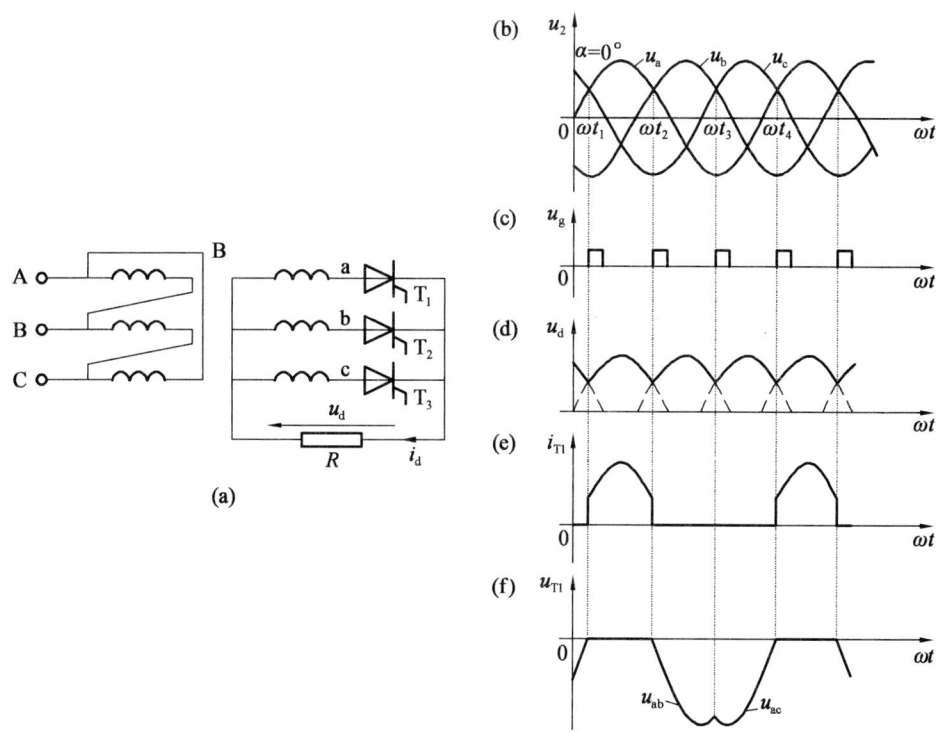

图 3.14 带阻性负载的三相半波可控整流电路及 $\alpha=0°$ 时的工作波形

下面先讨论不可控的情况,假设将图 3.14(a)中的晶闸管换作二极管,此电路即为三相半波不可控整流电路。由于二极管采用共阴极连接,所以任何时刻均是阳极电位高的二极管导通,即相电压最高相所在的二极管导通,其余两相二极管将承受反压而关断,整流电压为该相的相电压,波形如图 3.14(d)所示。$\omega t_1 \sim \omega t_2$ 段,a 相电压最高,a 相所在二极管导通,负载电压 $u_d = u_a$;$\omega t_2 \sim \omega t_3$ 段,b 相电压最高,b 相所在二极管导通,$u_d = u_b$;$\omega t_3 \sim \omega t_4$ 段,c 相电压最高,c 相所在二极管导通,$u_d = u_c$。下一个周期又重复上述过程,所以一个周期内三个二极管轮流导通,其导通角均为 120°,u_d 的波形为三个相电压在正半周的包络线。

在不可控整流的情况下,二极管换相发生在相电压的交点 ωt_1、ωt_2、ωt_3 处,这些交点称为自然换相点。对于三相半波可控整流电路而言,自然换相点是各相晶闸管能触发导通的最早时刻,将其作为计算各晶闸管触发角 α 的起点,即定义该点 $\alpha = 0°$,所以 $\alpha = 0°$ 对应在各相电源电压过零后 30° 的时刻。对于单相可控整流电路,其自然换相点是电源电压 u_2 的过零点。

对于三相半波可控整流电路,若晶闸管触发角 $\alpha = 0°$,其工作过程与不可控时完全相同,如图 3.14(e)、(f)所示,由于是阻性负载,电流波形与电压波形形状一样。变压器二次侧各相绕组中电流与各相晶闸管流过的电流相同,每一个周期内只有单方向电流流过,所以存在直流磁化问题。

对于每个晶闸管承受的电压,以 T_1 为例,$\omega t_1 \sim \omega t_2$ 段,T_1 导通,理想情况下认为 $u_{T_1} = 0$;$\omega t_2 \sim \omega t_3$ 段,T_2 触发导通,T_1 关断,$u_{T_1} = u_a - u_b = u_{ab}$,为线电压;$\omega t_3 \sim \omega t_4$ 段,T_3 触发导通,T_2 关断,$u_{T_1} = u_a - u_c = u_{ac}$。所以,$\alpha = 0°$ 时,晶闸管承受的反向电压为线电压,所承受的最大反向电压为线电压峰值 $\sqrt{6} U_2$。这种情况下未承受正向电压,但随着 α 的增大,晶闸管将承受正向电压。

当 $\alpha = 30°$ 时整流电路的工作波形如图 3.15 所示,假设晶闸管 T_3 已经导通,$u_d = u_c$,经过自然换相点时,由于 T_1 触发脉冲未到,T_1 不能导通,T_3 承受正向电压继续导通,在 ωt_1 时刻($\alpha = 30°$),触发 T_1,T_1 导通,T_3 因承受反向电压($u_c < u_a$)而关断,$u_d = u_a$,负载电流 i_d 从 c 相换流至 a 相。同理,T_2、T_3 均在各自自然换相点后 30° 处导通。从图 3.15 中的波形可以看出,此时负载电流处于连续和断续的临界状态,各相导通角仍为 120°,晶闸管 T_1 有一段时间承受正向电压。

当 $\alpha > 30°$(例如 $\alpha = 60°$),其分析方法与 $\alpha = 30°$ 相同,整流电压波形如图 3.16 所示,在导通相相电压过零处,该相的晶闸管将关断,此时下一相的晶闸管虽然承受正向电压,但它的触发脉冲未到,不会导通,输出电压、电流均为零,从而使 u_d、i_d 波形断续,晶闸管导通角为 $150° - \alpha$,小于 120°,此时,三个晶闸管均不导通,其承受的电压均为各相相电压,所以,三相半波可控整流电路带阻性负载时,晶闸管承受的最大正向电压为相电压峰值 $\sqrt{2} U_2$。

若 α 角继续增大,整流电压将越来越小。当 $\alpha \geq 150°$,晶闸管获得触发脉冲时,其承受的相电压已为负值,不可能导通,整流输出电压为零,所以,三相半波可控整流电路带阻性负载时的移相范围为 150°。

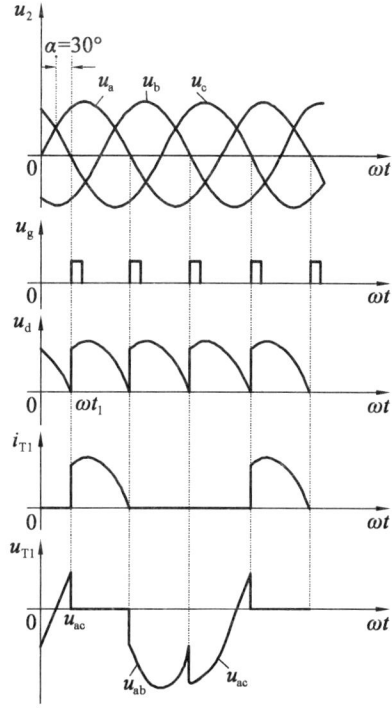

图 3.15　带阻性负载的三相半波可控
整流电路在 $\alpha = 30°$ 时的工作波形

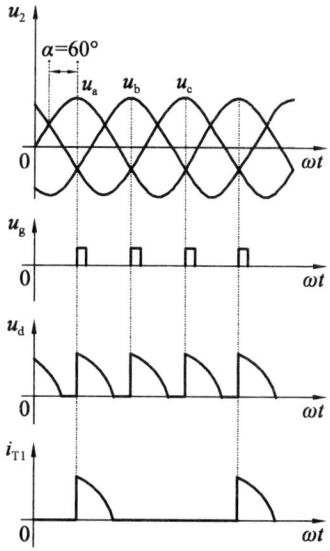

图 3.16　带阻性负载的三相半波可控整流
电路在 $\alpha = 60°$ 时的工作波形

2. 基本数量关系

对于带阻性负载时的三相半波可控整流电路，由于电流波形有连续和断续之分，故整流输出电压平均值 U_d 也不相同。

$0° \leqslant \alpha \leqslant 30°$ 时，i_d 连续，各相晶闸管均导通 $120°$，则

$$U_d = \frac{3}{2\pi} \int_{\frac{\pi}{6}+\alpha}^{\frac{5}{6}\pi+\alpha} \sqrt{2} U_2 \sin \omega t \, d(\omega t)$$
$$= \frac{3\sqrt{6}}{2\pi} U_2 \cos \alpha = 1.17 U_2 \cos \alpha \tag{3.32}$$

$30° \leqslant \alpha \leqslant 150°$ 时，i_d 断续，各相晶闸管导通至该相相电压为零的时刻，则

$$U_d = \frac{3}{2\pi} \int_{\frac{\pi}{6}+\alpha}^{\pi} \sqrt{2} U_2 \sin \omega t \, d(\omega t) = \frac{3\sqrt{2}}{2\pi} U_2 \left[1 + \cos\left(\frac{\pi}{6} + \alpha\right) \right]$$
$$= 0.675 U_2 \left[1 + \cos\left(\frac{\pi}{6} + \alpha\right) \right] \tag{3.33}$$

负载电流平均值为

$$I_d = \frac{U_d}{R}$$

当 $0° \leqslant \alpha \leqslant 30°$ 时

$$I_d = \frac{1.17U_2}{R}\cos\alpha \tag{3.34}$$

当 $30° \leqslant \alpha \leqslant 150°$ 时

$$I_d = \frac{0.675U_2}{R}\left[1+\cos\left(\frac{\pi}{6}+\alpha\right)\right] \tag{3.35}$$

负载电流 i_d 连续时，整流变压器二次侧各相绕组电流有效值为

$$I_2 = \sqrt{\frac{1}{2\pi}\int_{\frac{\pi}{6}+\alpha}^{\frac{5}{6}\pi+\alpha}\left(\frac{\sqrt{2}U_2}{R}\sin\omega t\right)^2 d(\omega t)}$$

$$= \frac{U_2}{R}\sqrt{\frac{1}{3}+\frac{\sqrt{3}}{4\pi}\cos 2\alpha} \tag{3.36}$$

负载电流 i_d 断续时，整流变压器二次侧各相绕组电流有效值为

$$I_2 = \sqrt{\frac{1}{2\pi}\int_{\frac{\pi}{6}+\alpha}^{\pi}\left(\frac{\sqrt{2}U_2}{R}\sin\omega t\right)^2 d(\omega t)}$$

$$= \frac{U_2}{R}\sqrt{\frac{5}{12}-\frac{\alpha}{2\pi}+\frac{\sqrt{3}}{8\pi}\cos 2\alpha+\frac{1}{8\pi}\sin 2\alpha} \tag{3.37}$$

在三相半波可控整流电路中，流过变压器二次侧某相绕组的电流就是通过该相晶闸管的电流，所以该相晶闸管的电流有效值 $I_T = I_2$。

由于一个周期内三个晶闸管轮流导通 1/3 周期，所以流过晶闸管的电流平均值 I_{dT} 为直流平均值 I_d 的 1/3，即 $I_{dT} = I_d/3$。

由前面的分析可知，晶闸管承受的最大正向电压 $U_{FM} = \sqrt{2}U_2$，最大反向电压 $U_{RM} = \sqrt{6}U_2$。

3.5.2 带感性负载的三相半波可控整流电路

1. 工作原理及波形分析

图 3.17 所示为带感性负载时的三相半波可控整流电路及其工作波形。这里假定电感感抗足够大，整流电流连续且波形基本为水平线。

当 $\alpha \leqslant 30°$ 时，其工作原理与带电阻性负载时相同，输出电压 u_d 的波形也一样，只是电流波形有差别。$\alpha \geqslant 30°$ 时，回路中负载电感 L 很大，它产生的自感电势使晶闸管在电源电压由零变负时仍承受正向电压导通，直到下一相的晶闸管触发导通为止，所以，各相晶闸管均导通 120°，输出电压 u_d 的波形中出现负值。由于电流连续，晶闸管承受的最大正、反向电压均为线电压峰值 $\sqrt{6}U_2$。

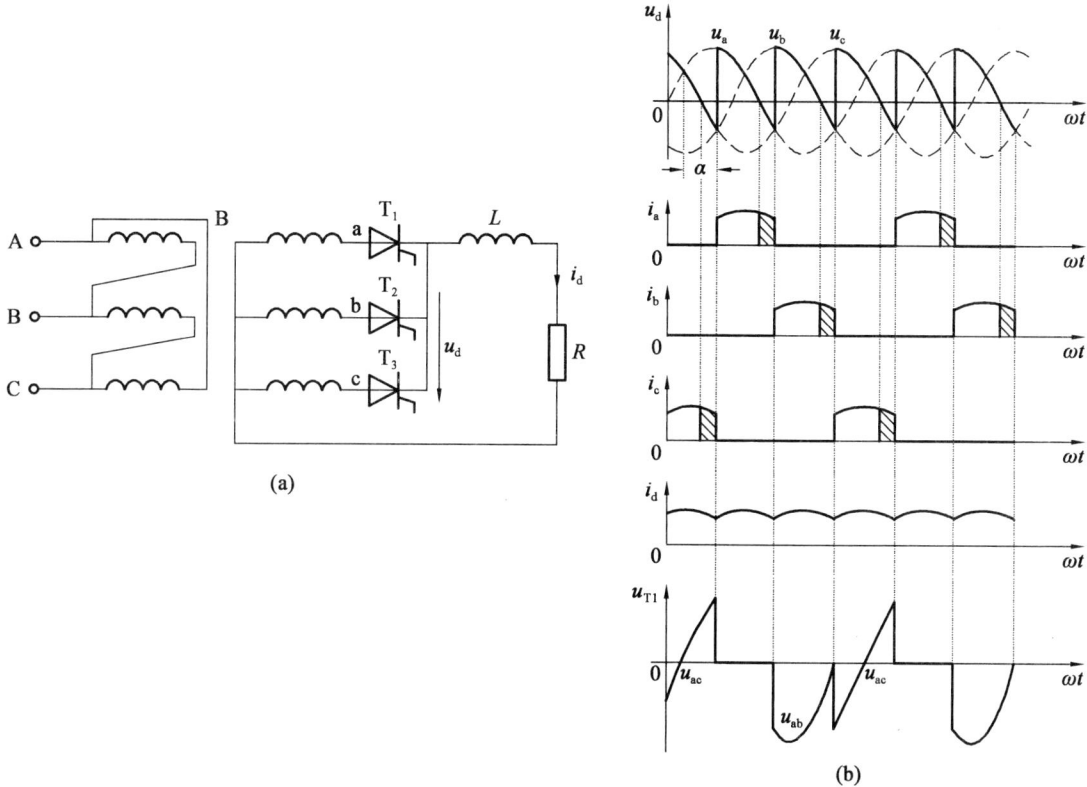

图 3.17 带感性负载时的三相半波可控整流电路及其工作波形

2. 基本数量关系

在电流连续的情况下,晶闸管导通角总是120°,整流输出电压的平均值为

$$U_d = \frac{3}{2\pi}\int_{\frac{\pi}{6}+\alpha}^{\frac{5}{6}\pi+\alpha}\sqrt{2}U_2\sin\omega t\,d(\omega t) = 1.17U_2\cos\alpha \tag{3.38}$$

当 $\alpha=0°$ 时,$U_{d0}=1.17U_2$;$\alpha=90°$ 时,$U_d=0$,所以电路的移相范围为90°。

图 3.18 所示是 U_d/U_2 与 α 的关系曲线,曲线1为阻性负载情况,曲线2为大电感负载情况,曲线3是负载电感量不够大的情况。

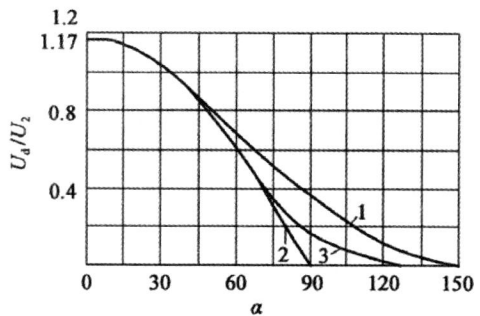

图 3.18 三相半波可控整流电路的 U_d/U_2 与 α 的关系

负载电流平均值为

$$I_d = \frac{U_d}{R} = \frac{1.17 U_2}{R} \cos\alpha \tag{3.39}$$

负载电感足够大时，每相电流的波形接近方波，幅值为 I_d，一个周期内导通 120°，所以整流变压器二次侧绕组电流有效值为

$$I_2 = \sqrt{\frac{120°}{360°}} \cdot I_d = \frac{1}{\sqrt{3}} I_d = 0.577 I_d \tag{3.40}$$

流过晶闸管的电流有效值 I_T 和平均值 I_{dT} 分别为

$$I_T = I_2 = \frac{1}{\sqrt{3}} I_d = 0.577 I_d \tag{3.41}$$

$$I_{dT} = \frac{1}{3} I_d \tag{3.42}$$

晶闸管承受的最大正、反向电压均为线电压峰值，即

$$U_{FM} = U_{RM} = \sqrt{6}\, U_2 = 2.45 U_2 \tag{3.43}$$

整流变压器二次侧容量为

$$S_2 = 3 U_2 I_2 = 3 \times \frac{U_{d0}}{1.17} \times 0.577 I_d = 1.48 U_d I_d = 1.48 P_d$$

整流变压器一次侧容量为

$$S_1 = 3 U_1 I_1$$

设一、二次侧绕组匝数相同，即 $w_1 = w_2$，工作时磁路不饱和，则大电感负载时，电流 i_1 和 i_2 的波形如图 3.19 所示。

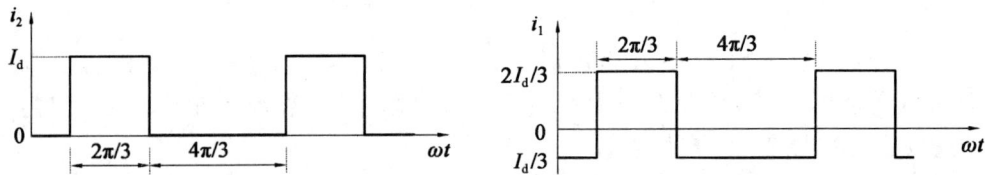

图 3.19 带感性负载时的三相半波可控整流电路变压器一、二次侧绕组中的电流波形

一次侧绕组电流是二次侧绕组电流的交流分量，一次侧绕组的电流有效值为

$$I_1 = \sqrt{\frac{1}{2\pi}\left[\left(\frac{2}{3}I_d\right)^2 \frac{2}{3}\pi + \left(-\frac{1}{3}I_d\right)^2 \frac{4}{3}\pi\right]} = 0.473 I_d$$

所以 $S_1 = 3 U_1 I_1 = 3 U_2 I_1 = 3 \times \frac{U_{d0}}{1.17} \times 0.473 I_d = 1.21 P_d$

变压器容量 $S = \frac{S_1 + S_2}{2} = 1.35 P_d$

例 3.4 已知三相半波可控整流电路带大电感负载，$\alpha = 60°$，$R = 2\,\Omega$，整流变压器二次

侧绕组电压 $U_2 = 200$ V，求不接续流二极管和接续流二极管两种情况下的 I_d 值，并选择晶闸管元件。

解

① 不接续流二极管。大电感负载下，有

$$U_d = 1.17 U_2 \cos\alpha = 1.17 \times 200 \times \cos 60° = 117 \quad (V)$$

$$I_d = \frac{U_d}{R} = \frac{117}{2} = 58.5 \quad (A)$$

流过晶闸管的电流有效值为

$$I_T = \frac{1}{\sqrt{3}} I_d = \frac{1}{\sqrt{3}} \times 58.5 = 33.75 \quad (A)$$

考虑 2 倍裕量，晶闸管的额定电流为

$$I_{T(av)} = 2 \times \frac{I_T}{1.57} = 2 \times \frac{33.75}{1.57} = 43 \quad (A)$$

考虑 2 倍裕量，晶闸管的额定电压为

$$U_{RM} = 2 \times \sqrt{6} U_2 = 2 \times 2.45 \times 200 = 980 \quad (V)$$

可选型号为 KP50-10 的晶闸管。

② 接续流二极管。按阻性负载电流断续公式计算，有

$$U_d = 0.675 U_2 \left[1 + \cos\left(\frac{\pi}{6} + \alpha\right)\right] = 0.675 \times 200 = 135 \quad (V)$$

$$I_d = \frac{U_d}{R} = \frac{135}{2} = 67.5 \text{ (A)}, \qquad I_T = \sqrt{\frac{150° - \alpha}{360°}} \cdot I_d = 33.75 \text{ (A)}$$

$$I_{T(av)} = 43 \text{ A}, \qquad U_{RM} = 980 \text{ V}$$

可选择型号为 KP50-10 的晶闸管。

计算结果表明，有了续流二极管，流过整流变压器二次侧绕组的电流（即流过晶闸管的电流）较不接续流二极管时减小了，当 I_d 相等时，晶闸管额定电流和变压器容量相应减小。

3.5.3 共阳极的三相半波可控整流电路

图 3.20 (a) 所示电路为将 3 只晶闸管阳极连接在一起的三相半波可控整流电路，称为共阳极接法。这种接法可将散热器连在一起，但三个触发电源必须相互绝缘。共阳极接法时的晶闸管只能在相电压的负半周工作，其阴极电位为负且有触发脉冲时导通，换相总是换到阴极电位更负的那一相去。相电压负半周的交点就是共阳极接法的自然换流点，其工作情况、波形及数量关系与共阴极接法（参见图 3.17）时相同，仅输出极性相反，如图 3.20 (b) 所示。

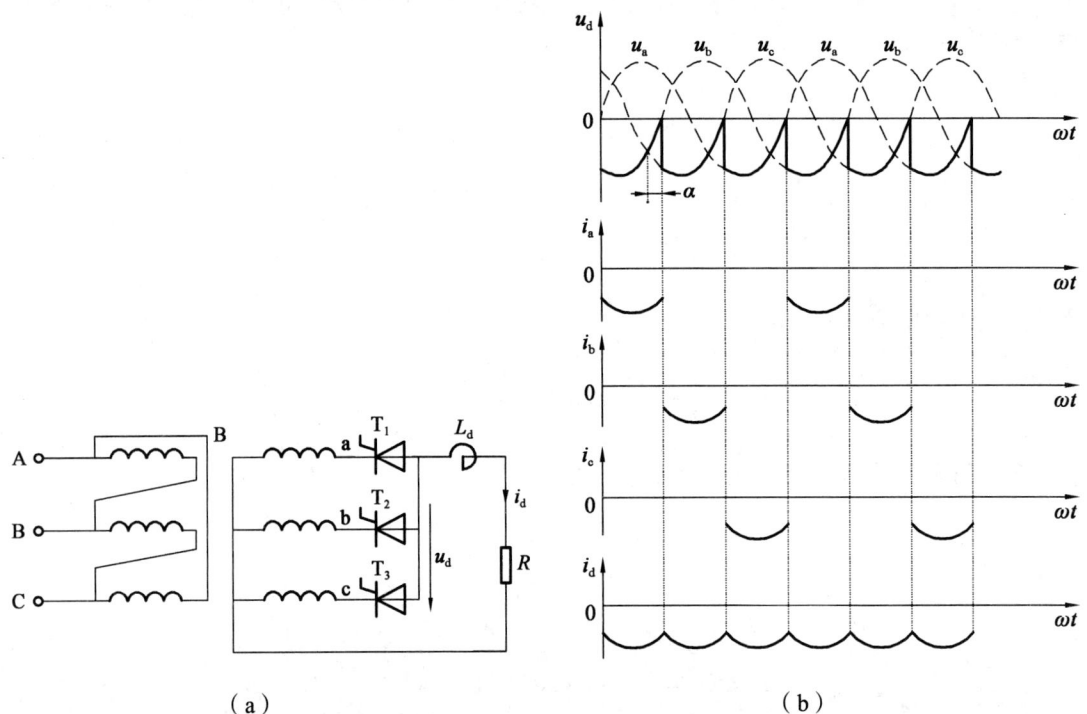

图 3.20 共阳极的三相半波可控整流电路及其工作波形

三相半波可控整流电路虽然只用了 3 只晶闸管，接线和控制简单。但与三相桥式整流电路相比，要输出相同的 U_d，晶闸管承受的正、反向峰值电压较高，且整流变压器二次侧绕组在一个周期内仅导通 120°，变压器利用率较低，而且有直流磁化问题，同容量时则需加大铁芯截面积，并要引起附加损耗。若不用变压器，则负载电流中的直流分量流入电网，不但引起电网额外损耗，而且要增大零线电流。因此，三相半波可控整流电路多用于中等偏小容量的设备上。

3.6 三相桥式全控整流电路

若采用 1 台变压器同时对一组共阴极的晶闸管和一组共阳极的晶闸管供电，则可利用两组晶闸管输出的整流电流对于变压器二次侧方向是相反的特点，来克服变压器只对一组晶闸管供电时的缺点。三相半波共阴极组和共阳极组串联的可控整流电路如图 3.21 所示。从图中看出，两组整流电路各自独立工作，变压器二次侧的工作时间增加 1 倍，并可减小直流分量。中线电流 $I_o = I_{d1} - I_{d2}$。

图 3.21 所示的电路中，若两组负载完全相同且触发角 α 一致，则两组负载电流相等，即 $I_{d1} = I_{d2}$，零线电流 $I_o = 0$，电路零线中无电流流过，因此将零线断开不会影响电路工作，再将两负载合一，就变成工业上常用的三相全控桥式整流电路，如图 3.22 所示，它实质上是共阴极组三相半波可控整流电路和共阳极组三相半波可控整流电路的串联，因此整流电压为三相半波可控整流电路的两倍。

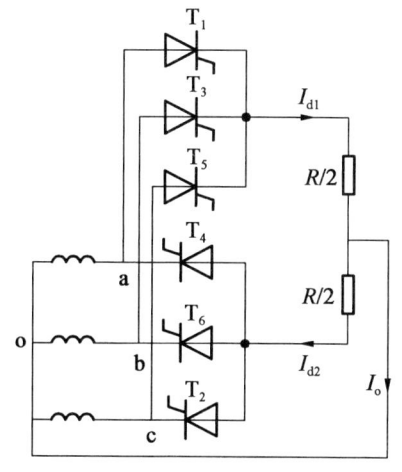

图 3.21 三相半波共阴极组和共阳极组并联的整流电路

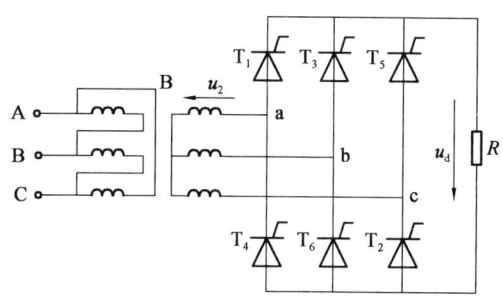

图 3.22 三相桥式全控整流电路

与三相半波可控整流电路相比，在输出电压 U_d 相同的条件下，三相桥式全控整流电路对晶闸管最大正、反向电压的要求比三相半波可控整流电路低一半，即输入相同的电压 U_2，则输出电压 U_d 比三相半波高一倍。而且，由于共阴极组在电源正半周导通，流经变压器二次侧绕组的是正向电流，共阳极组在电源负半周导通，流经变压器二次侧绕组的是反向电流，因此，一个周期内变压器绕组中没有直流磁势，且每相绕组的正、负半周都有电流流过，变压器绕组的利用率提高了。

3.6.1 带阻性负载的三相桥式全控整流电路

1. 工作原理及波形分析

（1）$\alpha = 0°$ 时

当 $\alpha = 0°$ 时，可以采用与分析三相半波可控整流电路类似的方法，假设将电路中的晶闸管均换作二极管，也就相当于晶闸管触发角 $\alpha = 0°$ 时的情况。此时，对于共阴极组的 3 个晶闸管，其阳极所接交流电压值最高的那个晶闸管导通，而对于共阳极组的 3 个晶闸管，则是阴极所接交流电压值最低的那个晶闸管导通。这样，任意时刻共阳极组和共阴极组各有一个晶闸管处于导通状态，电路的工作波形如图 3.23 所示，电路在自然换相点处换相。

第 I 阶段，a 相电位最高，共阴极组的 T_1 管触发导通，b 相电位最低，共阳极组的 T_6 触发导通，电流流通路径为 a→T_1→R→T_6→b，负载上电压 $u_d = u_a - u_b = u_{ab}$。变压器 a、b 两相工作，共阴极组 a 相电流为正，共阳极组的 b 相电流为负。

第 II 阶段，a 相电位仍然为最高，T_1 继续导通，但 c 相电位最低，在自然换相点处触发 c 相的 T_2 管，则 T_2 导通，电流从 b 相换至 c 相，T_6 因承受反向电压而关断，这时电流流通的路径为 a→T_1→R→T_2→c，负载上电压 $u_d = u_a - u_c = u_{ac}$。

第 III 阶段，b 相电位最高，自然换相点处触发 T_3 管，则共阴极组换相至 T_3，电流从 a 相换至 b 相，T_1 因承受反向电压而关断，T_2 因 c 相电位仍为最低而继续导通，负载上电压 $u_d = u_b - u_c = u_{bc}$。

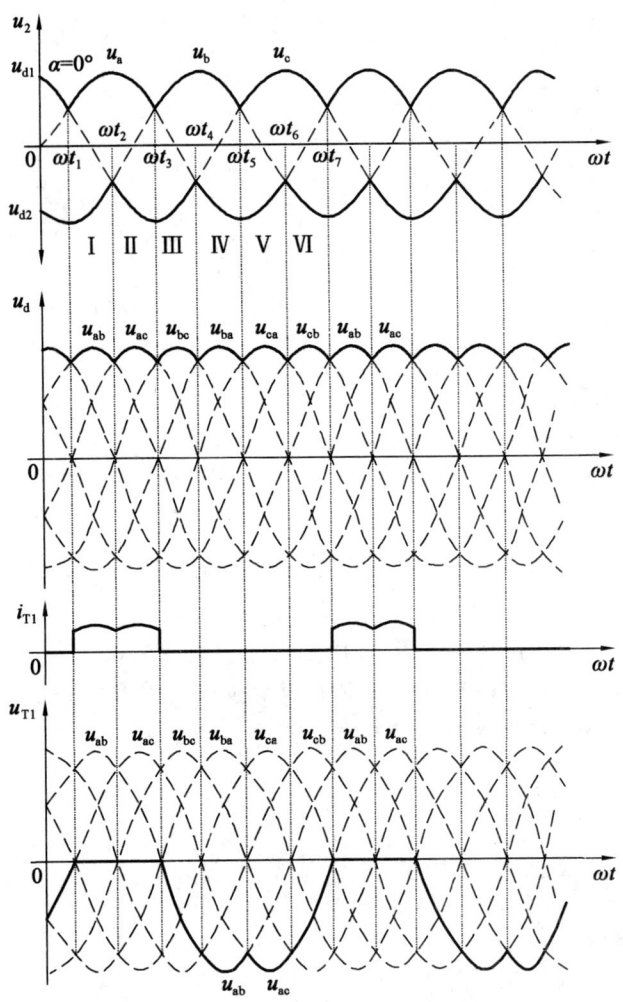

图 3.23 带阻性负载的三相桥式全控整流电路在 $\alpha = 0°$ 时的工作波形

以下Ⅳ、Ⅴ、Ⅵ段以此类推。在Ⅳ段，T_3、T_4 导通，$u_d = u_{ba}$；第Ⅴ段，T_4、T_5 导通，$u_d = u_{ca}$；第Ⅵ段，T_5、T_6 导通，$u_d = u_{cb}$。以后重复上述过程。

通过以上分析可知，三相桥式全控整流电路中，晶闸管导通的顺序为：T_1、$T_6 \to T_1$、$T_2 \to T_2$、$T_3 \to T_3$、$T_4 \to T_4$、$T_5 \to T_5$、$T_6 \to T_1$、T_6，一个周期内每个晶闸管均导通 120°，每隔 60° 有一个晶闸管换相。

（2）$\alpha > 0°$ 时

当触发角 $\alpha > 0°$ 时，每个晶闸管都不在自然换相点换相，而是从自然换相点向后移 α 角开始换相。

图 3.24 所示为 $\alpha = 30°$ 时电路的工作波形，其分析方法与 $\alpha = 0°$ 时相同。可从 α 角开始把一个周期 6 等分，晶闸管导通的顺序仍为 T_1、$T_6 \to T_1$、$T_2 \to T_2$、$T_3 \to T_3$、$T_4 \to T_4$、$T_5 \to T_5$、$T_6 \to T_1$、T_6，所以输出电压波形还是 u_{ab}、u_{ac}、u_{bc}、u_{ba}、u_{ca} 和 u_{cb} 等线电压的一部分，只是相位后移 30°。晶闸管 T_1 承受的电压波形由三段组成：$\omega t_1 \sim \omega t_3$ 段，T_1 导通，$u_{T1} = 0$；$\omega t_3 \sim \omega t_5$ 段，共阴极组 T_3 导通，$u_{T1} = u_a - u_b = u_{ab}$；$\omega t_5 \sim \omega t_7$ 段，共阴极组 T_5 导通，$u_{T1} = u_a - u_c = u_{ac}$。

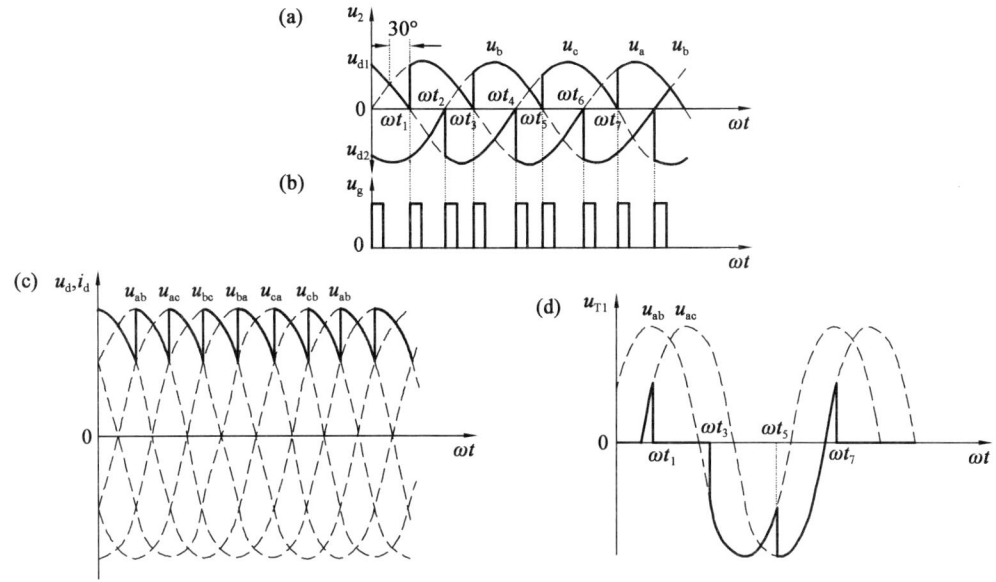

图 3.24 带阻性负载的三相桥式全控整流电路在 $\alpha = 30°$ 时的工作波形

图 3.25、图 3.26 分别为 $\alpha = 60°$、$\alpha = 90°$ 时输出电压 u_d 的波形。$\alpha = 60°$ 时正好处于电流连续和断续的临界条件,当 $\alpha > 60°$ 后电流波形断续。

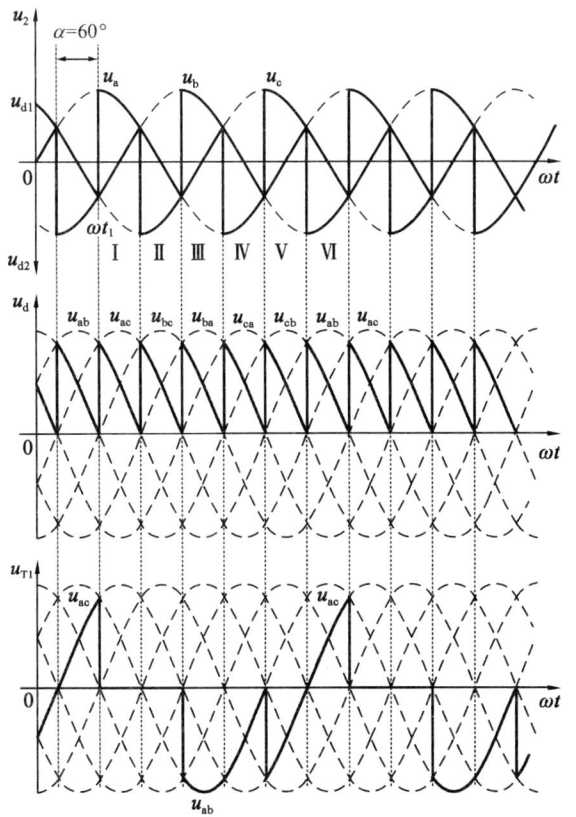

图 3.25 带阻性负载的三相桥式全控整流电路在 $\alpha = 60°$ 时的工作波形

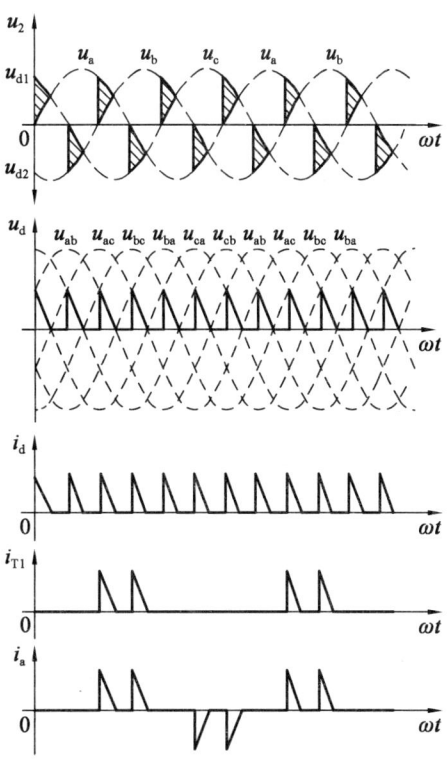

图 3.26 带阻性负载的三相桥式全控整流电路在 $\alpha = 90°$ 时的工作波形

$\alpha=60°$ 和 $\alpha=90°$ 时，晶闸管 T_1 承受的电压波形 u_{T1} 读者可自行画出。带阻性负载时，晶闸管可能承受的最大正向电压 U_{FM} 为线电压峰值的 $1/2$，即 $(\sqrt{6}U_2)/2$，最大反向电压 U_{RM} 为线电压峰值 $\sqrt{6}U_2$。

由以上分析可以看出：

① 三相桥式全控整流电路在任何时刻必须保证共阴极组和共阳极组各有一个晶闸管导通，才能构成导电回路。

② 器件换流只在本组内进行，每隔 120° 换流一次，所以共阴极组晶闸管 T_1、T_3、T_5 触发脉冲相位相差 120°，共阳极组晶闸管 T_4、T_6、T_2 的触发脉冲也相差 120°。由于共阴极组和共阳极组换流点相隔 60°，所以每隔 60° 有一个器件换流。接在同一相的两个晶闸管的触发脉冲相位相差 180°，所以，触发脉冲顺序为 $T_1 \to T_2 \to T_3 \to T_4 \to T_5 \to T_6$。

③ 为了保证任何时刻共阴极组和共阳极组中各有一个晶闸管导通，或者在电流断续后能再次导通，必须对两组中应导通的一对晶闸管同时加触发脉冲。因而可以采用宽脉冲（脉冲宽度大于 60°，一般取 80°~100°）或双窄脉冲（即一个周期内对一个晶闸管连续触发两次，两次脉冲间隔 60°）实现。

实际应用中常采用双窄脉冲触发方式，虽然这种触发电路复杂，但可使触发装置输出功率减小，从而减小脉冲变压器铁芯的体积。如果采用宽脉冲触发，虽然脉冲次数减少一半，但为了使脉冲变压器不饱和，铁芯体积做得较大，绕组匝数也多，使漏感加大，脉冲前沿不够陡。

④ 三相桥式全控整流电路的输出电压是线电压的一部分，一个周期内脉动 6 次，脉动频率为 300 Hz，较三相半波可控整流电路提高一倍。

2. 基本数量关系

电流连续时（$\alpha \leqslant 60°$），整流输出电压平均值为

$$U_d = \frac{6}{2\pi} \int_{\frac{\pi}{3}+\alpha}^{\frac{2}{3}\pi+\alpha} \sqrt{6}U_2 \sin\omega t \, d(\omega t) = \frac{3\sqrt{6}}{\pi} U_2 \cos\alpha = 2.34 U_2 \cos\alpha \tag{3.44}$$

电流断续时（$\alpha > 60°$），整流输出电压平均值为

$$U_d = \frac{6}{2\pi} \int_{\frac{\pi}{3}+\alpha}^{\pi} \sqrt{6}U_2 \sin\omega t \, d(\omega t) = 2.34 U_2 \left[1+\cos\left(\frac{\pi}{3}+\alpha\right)\right] \tag{3.45}$$

负载电流平均值为

$$I_d = \frac{U_d}{R}$$

$\alpha \leqslant 60°$ 时，电流连续，对图 3.24 所示的波形进行分析，以 $\alpha=30°$ 为例，可得到变压器二次侧绕组电流有效值为

$$I_2 = \sqrt{\frac{4}{2\pi} \int_{\frac{\pi}{3}+\alpha}^{\frac{\pi}{3}+\alpha+\frac{\pi}{3}} \left(\frac{\sqrt{6}\,U_2}{R}\sin\omega t\right)^2 \mathrm{d}(\omega t)} = \frac{\sqrt{6}\,U_2}{R}\sqrt{\frac{1}{3} + \frac{\sqrt{3}\cos 2\alpha}{2\pi}} \tag{3.46}$$

$\alpha > 60°$ 时，电流断续（参见图 3.25、图 3.26），变压器二次侧绕组电流有效值为

$$I_2 = \sqrt{\frac{4}{2\pi} \int_{\frac{\pi}{3}+\alpha}^{\pi} \left(\frac{\sqrt{6}\,U_2}{R}\sin\omega t\right)^2 \mathrm{d}(\omega t)} = \frac{\sqrt{3}\,U_2}{R}\sqrt{\frac{4}{3} - \frac{2\alpha}{\pi} + \frac{\sin\left(\frac{2}{3}\pi + 2\alpha\right)}{\pi}} \tag{3.47}$$

流过晶闸管电流平均值 I_{dT} 为负载电流的 1/3，即

$$I_{dT} = \frac{1}{3}I_d \tag{3.48}$$

流过晶闸管电流有效值 I_T 也有连续和断续两种情况，但两种情况下均有

$$I_T = \frac{1}{\sqrt{2}}I_2 \tag{3.49}$$

带阻性负载时，$\alpha = 0°$，有 $I_2 = 0.816 I_d$，$U_2 = U_{d0}/2.34$，所以整流变压器二次侧绕组视在功率为

$$S_2 = 3U_2 I_2 = 3 \times \frac{U_{d0}}{2.34} \times 0.816 I_d = 1.05 P_d$$

假设变压器一、二次侧绕组匝数相同，$w_1 = w_2$，于是 $U_1 = U_2$，在二次侧绕组中正、负半周都有电流 i_2，平均值为零，所以 $I_1 = I_2$，则一次侧绕组容量为

$$S_1 = 3U_1 I_1 = 3U_2 I_2 = 1.05 P_d$$

所以整流变压器容量 $S = S_1 = S_2 = 1.05 P_d$。

3.6.2 带感性负载的三相桥式全控整流电路

1. 工作原理及波形分析

这里假设电感足够大，使负载电流连续且其波形基本上为一条水平线。带感性负载时的导通规律与带阻性负载时相同。$\alpha \leq 60°$ 时，整流电路输出电压 u_d 的波形与阻性负载时一样；当 $\alpha > 60°$ 时，由前面分析可知，带阻性负载时的输出电压波形断续，对于大电感负载，由于电感 L 的作用，在电源线电压过零后晶闸管仍然导通，直到下一个晶闸管触发导通为止，这样，输出电压波形中出现负的部分；$\alpha = 90°$ 时，u_d 波形的正、负面积相等，平均值 $U_d = 0$，所以，带感性负载时电路的移相范围为 $90°$。图 3.27、图 3.28 分别为带大电感负载的三相桥式全控整流电路在 $\alpha = 30°$、$\alpha = 90°$ 时的工作波形。

从图 3.28 的 u_{T1} 波形可知，在电压可调范围内，晶闸管承受的最大正、反向电压均为 $\sqrt{6}\,U_2$。

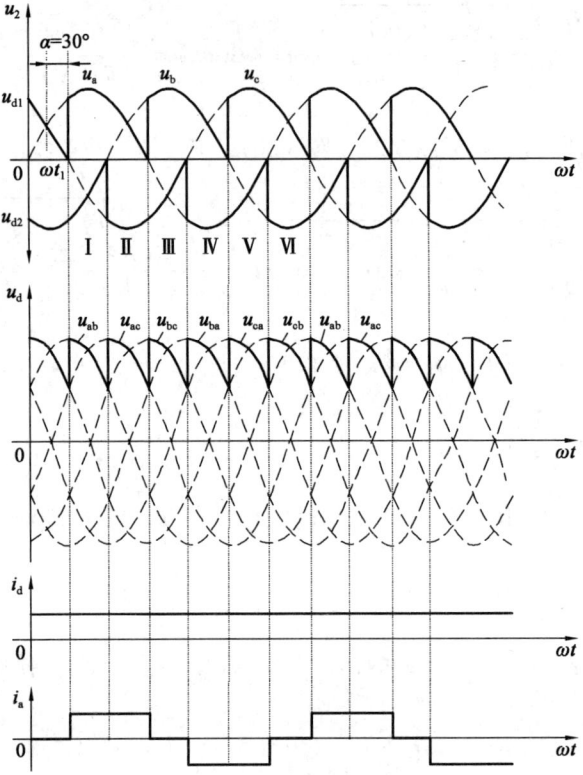

图 3.27 带大电感负载的三相桥式全控整流电路在 $\alpha = 30°$ 时的工作波形

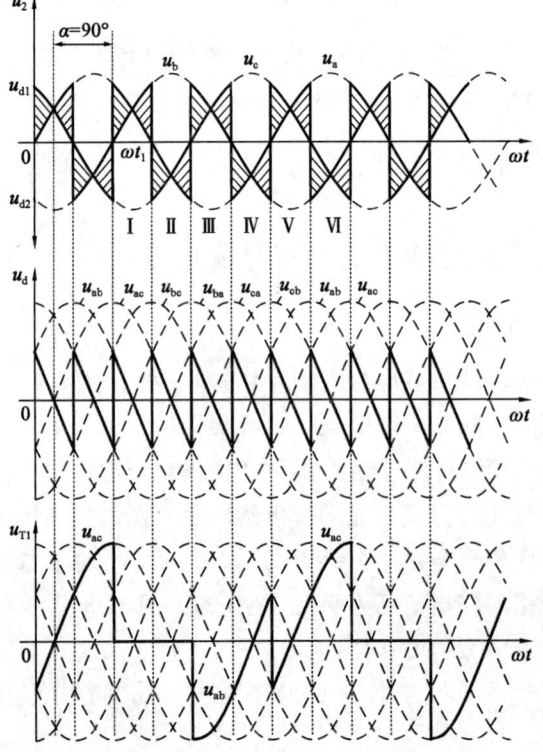

图 3.28 带大电感负载的三相桥式全控整流电路在 $\alpha = 90°$ 时的工作波形

2. 基本数量关系

感性负载电流连续时，晶闸管导通角总是 $(2/3)\pi$，u_d 的波形每隔 60° 重复一次，所以整流输出电压平均值为

$$U_d = \frac{6}{2\pi} \int_{\frac{\pi}{3}+\alpha}^{\frac{2}{3}\pi+\alpha} \sqrt{6}\, U_2 \sin\omega t\, \mathrm{d}(\omega t) = 2.34 U_2 \cos\alpha \tag{3.50}$$

负载电流平均值为

$$I_d = \frac{U_d}{R} = 2.34 \frac{U_2}{R} \cos\alpha \tag{3.51}$$

变压器二次侧绕组在一个周期内流过的电流波形为方波，其中正半周为 120°，负半周也为 120°，所以二次侧绕组电流有效值为

$$I_2 = \sqrt{\frac{2}{3}} \cdot I_d \tag{3.52}$$

流过晶闸管的电流有效值 I_T 和平均值 I_{dT} 分别为

$$I_T = \sqrt{\frac{1}{3}} \cdot I_d = 0.577 I_d = \frac{1}{\sqrt{2}} I_2 \tag{3.53}$$

$$I_{dT} = \frac{1}{3} I_d \tag{3.54}$$

同样，为了提高整流输出直流电压平均值，可在负载侧并联一个续流二极管，构成带续流二极管的三相桥式全控整流电路，其工作过程请读者自行分析。

三相桥式全控整流电路接反电动势阻感负载时，在负载电感足够大足以使负载电流连续的情况下，其电路工作情况与带感性负载时的三相桥式全控整流电路的工作情况相似，电路中各处电压、电流波形均相同，只在计算负载电流平均值 I_d 时有所不同，此时为 $I_d = (U_d - E)/R$。

3.7 三相桥式半控整流电路

将三相桥式全控整流电路中的一组晶闸管用三只二极管代替，就构成了三相桥式半控整流电路。三相桥式半控整流电路中的输出电压也是完全可控的，只需控制三相桥中的那组晶闸管（三只）即可，所以它的控制较三相桥式全控整流电路简单、经济，多用在中等容量或不要求可逆运行的电力拖动装置中。

三相桥式半控整流电路如图 3.29（a）所示，其电路工作特点是共阴极组晶闸管必须触发才能换流，而共阳极组二极管总是在自然换相点换流，所以，一个周期内仍然换流 6 次，3 次为自然换流，3 次为触发换流。

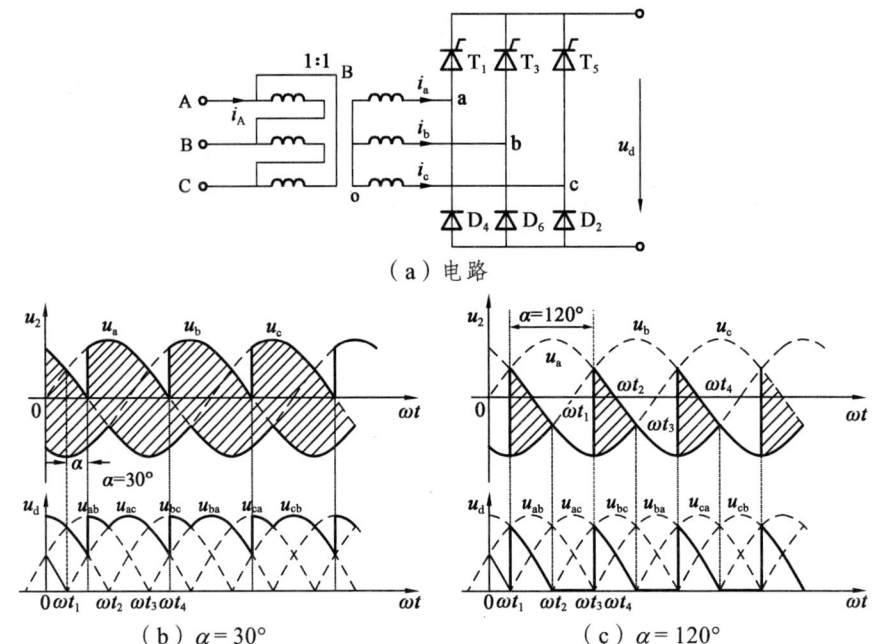

图 3.29 带阻性负载的三相桥式半控整流电路及 $\alpha = 30°$ 和 $\alpha = 120°$ 时的工作波形

3.7.1 带阻性负载的三相桥式半控整流电路

三相桥式半控整流电路在 $\alpha = 0°$ 时的工作情况与三相桥式全控整流电路完全相同,这里不再讨论。

图 3.29 (b) 所示为 $\alpha = 30°$ 时电路的工作波形, ωt_1 时刻触发晶闸管 T_1 导通,此时共阳极组二极管 D_6 阴极电位最低,所以 T_1、D_6 导通,负载电压 $u_d = u_{ab}$。ωt_2 时刻,共阳极组二极管自然换流,D_2 导通,D_6 关断,负载电压 $u_d = u_{ac}$。ωt_3 时刻,虽然到了共阴极组自然换相点,但 T_3 触发脉冲未到,所以 T_1 继续导通,直到 ωt_4 时刻为止。ωt_4 时刻触发 T_3 导通,T_1 关断,负载电压 $u_d = u_{bc}$,以此类推。负载上得到的电压波形 u_d 在一个周期内仍有 6 个波头,但 6 个波头不相同。在 $\alpha \leq 60°$ 时,波形总是连续的,当 $\alpha = 60°$ 时,u_d 的波形中就只剩下 3 个波头,所以 $\alpha = 60°$ 是整流电压波形连续与断续的临界点。

图 3.29 (c) 所示为 $\alpha = 120°$ 时电路的工作波形,此时电压波形已不再连续,ωt_1 时刻 T_1 管导通时,共阳极组二极管 D_2 阴极电位最低,所以 T_1、D_2 导通,输出电压 $u_d = u_{ac}$。ωt_2 时刻虽然 $u_a = 0$,但 u_{ac} 仍大于零,T_1 管继续导通,直到 ωt_3 时刻 $u_{ac} = 0$ 时 T_1 关断。$\omega t_3 \sim \omega t_4$ 时刻,虽然 T_3 承受正向电压,但无触发而未导通,二极管 D_4 阴极电位最低而导通,$u_d = u_{ba}$,直到 $u_{ba} = 0$ 为止,以后情况一样。

由图 3.29 的波形可见,随着触发角 α 的增大,器件不导通的角度也增大,输出整流电压 u_d 减小。因为三相桥式整流电路是对线电压的整流,工作电压为线电压,不是相电压,所以判断一个晶闸管能否被触发导通是根据其线电压是否过零来判断。例如,$\alpha = 150°$ 时,T_1 加触发脉冲,虽然此时 a 相电压 $u_a = 0$,但因为 $u_{ac} > 0$,所以 T_1、D_2 仍然能够导通,输出电压 $u_d = u_{ac}$;到 $\alpha = 180°$ 时,触发脉冲发出时 $u_{ac} = 0$,则晶闸管不可能导通,$U_d = 0$。所以,三相半控桥整流电路带阻性负载时的移相范围为 $180°$。

三相桥式半控整流电路带阻性负载时,其整流输出电压平均值 U_d 的计算也要分别考虑电压波形连续和断续的情况。

电压波形连续时（$\alpha \leqslant 60°$），如图3.29（b）所示，有

$$U_d = \frac{3}{2\pi} \left[\int_{\frac{\pi}{3}+\alpha}^{\frac{2}{3}\pi} \sqrt{6}\, U_2 \sin\omega t\, d(\omega t) + \int_{\frac{2}{3}\pi}^{\pi+\alpha} \sqrt{6}\, U_2 \sin\left(\omega t - \frac{\pi}{3}\right) d(\omega t) \right]$$
$$= 1.17 U_2 (1+\cos\alpha) \tag{3.55}$$

电压波形断续时（$60° \leqslant \alpha \leqslant 180°$），如图3.29（c）所示，有

$$U_d = \frac{3}{2\pi} \int_\alpha^\pi \sqrt{6}\, U_2 \sin\omega t\, d(\omega t) = 1.17 U_2 (1+\cos\alpha) \tag{3.56}$$

从式（3.55）、式（3.56）可见，三相桥式半控整流电路在阻性负载时，整流输出电压平均值为

$$U_d = 1.17 U_2 (1+\cos\alpha) \tag{3.57}$$

其余参数的计算方法和三相桥式全控整流电路相同，这里不再赘述。

3.7.2 带感性负载的三相桥式半控整流电路

1. 工作原理及波形分析

带感性负载时三相桥式半控整流电路的工作特点是：晶闸管承受正向电压时触发导通，整流二极管承受正向电压时自然导通；当线电压过零变负时，由于电感的存在，使晶闸管承受正向电压继续导通，与单相桥式半控整流电路相似，形成同相晶闸管与二极管同时导通自然续流，所以，输出电压 u_d 的波形中不会出现负波形。

带感性负载的三相桥式半控整流电路在 $\alpha \leqslant 60°$ 和 $60° < \alpha < 180°$ 时的工作波形见图3.30。

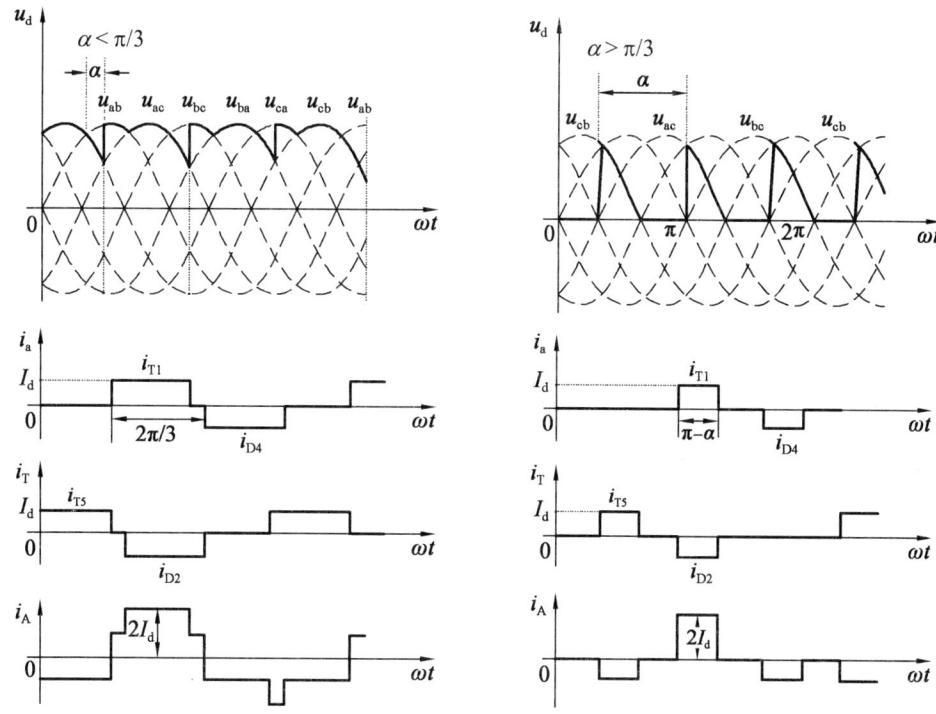

图3.30 带感性负载的三相桥式半控整流电路 $\alpha \leqslant 60°$ 和 $60° < \alpha < 180°$ 时的工作波形

2. 失控现象

从前面的分析已经知道，单相桥式半控整流电路带感性负载时，如果电路中不接续流二极管则会出现失控现象；三相桥式半控整流电路中也一样，在整流电路的工作过程中，如突然去掉触发脉冲或将 α 从某一值突然增大到180°，电路会出现某个晶闸管连续导通，而三个二极管轮流导通的失控现象。

假定在 T_3 管导通时，触发脉冲突然消失，则 T_1、T_5 不可能再导通。T_3 先与 D_2 同时导通，整流输出电压 $u_d = u_{bc}$；当 $u_a < u_c$ 时，D_2 自然换流至 D_4，D_2 关断，D_4 导通，$u_d = u_{ba}$；当 $u_b < u_a$ 时，又从 D_4 换流至 D_6，电流通过 T_3、D_6 续流，$u_d = 0$。所以，一个周期内二极管轮流导通，各导通120°，负载上电压的波形如图3.31所示。

为了解决失控问题，和对单相桥式半控整流电路的处理方式一样，只需在负载两端并联一个续流二极管即可，这样，电路在线电压过零后，由续流二极管导通续流，晶闸管上电流为零而关断。接有续流二极管的三相桥式半控整流电路，只有在 α > 60° 以后续流二极管才起作用，这时晶闸管、整流二极管、续流二极管的电流可根据器件导通角很容易计算出来。

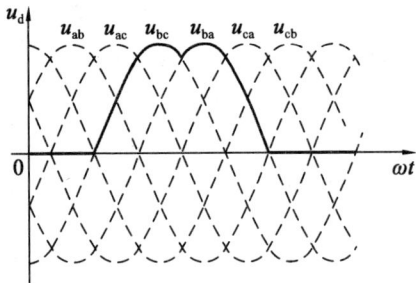

图 3.31 带感性负载的三相桥式半控整流电路失控时的 u_d 波形

3.8 整流变压器漏抗对整流电路的影响

在前面分析和计算整流电压时都未考虑包括变压器漏感在内的交流侧电感对电路的影响，即认为换相是瞬间完成的。对于要关断的器件，其电流从 I_d 突然降至零；对于要开通的器件，其电流从零瞬时上升至 I_d。但实际上，变压器绕组总存在一定的漏感，交流回路中也有一定的电感，为了分析和讨论的方便，将所有交流侧电感都折算到变压器二次侧，用一个集中电感 L_B 来表示。这样，由于 L_B 的存在，它对电流的变化起阻碍作用，使换相过程不可能瞬时完成，在换相过程中会出现两条支路同时导通，即重叠的情况，这必然会对整流输出电压造成影响。

3.8.1 换相期间的整流输出电压

以带大电感负载的三相半波可控整流电路为例，负载电流 i_d 近似为一条水平线，下面分析变压器漏抗对整流电路的影响。

图 3.32 是不考虑变压器漏抗的影响时各晶闸管的电流波形，i_{T1}、i_{T2}、i_{T3} 均为宽度为 120° 的方波，各晶闸管之间的换相瞬时完成。

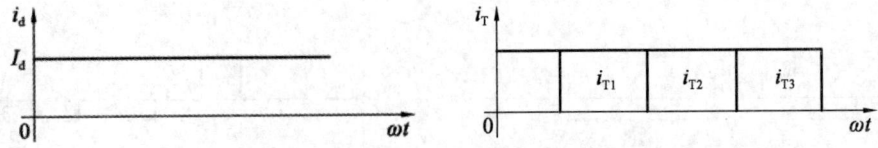

图 3.32 不考虑变压器漏抗时三相半波可控整流电路的电流波形

图 3.33 是考虑变压器漏抗时的三相半波可控整流电路及其工作波形。在换相时,由于漏感 L_B 的存在,使电流不能突变,电流从 I_d 减小到零和从零增大到 I_d 都需要一定时间,这个过程叫换相过程,换相过程持续的时间用电角度 γ 表示,称为换相重叠角。

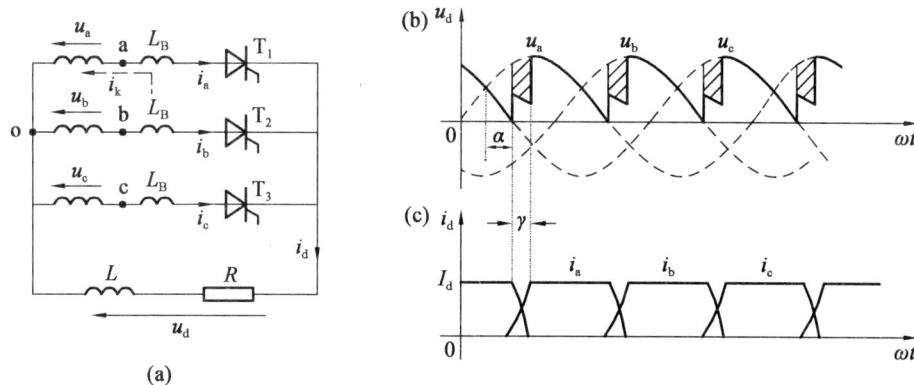

图 3.33 考虑变压器漏抗时三相半波可控整流电路的电流波形

图 3.33 (a) 中的电路在一个周期内有三次换相,因每次换相过程情况一样,这里只分析从 T_1 换相至 T_2 的过程。换相之前 T_1 导通,T_1 中流过的电流为 I_d,换相开始时刻,触发 T_2,则 T_2 导通,由于 a、b 两相都存在电感 L_B,所以 i_a、i_b 均不能突变,于是 T_1、T_2 同时导通,相当于两相短路,两相之间电位差瞬时值为 $u_b - u_a$,此电压在换相回路中产生一假想的环流 i_k,方向如图中所示。因为晶闸管是单向导电的,电流不能反向流过,只是相当于在原有电流的基础上叠加一电流 i_k,所以,a 相电流 $i_a = I_d - i_k$,并逐渐减小;b 相电流 $i_b = i_k$,并逐渐增大。当 i_a 减小至零时,i_b 增大至 I_d,换相过程结束,T_1 关断,T_2 完全开通。

在上述换相过程中,同时导通的两相回路电压平衡方程式为

$$u_b - u_a = u_{ba} = 2L_B \frac{di_k}{dt} \tag{3.58}$$

于是
$$L_B \frac{di_k}{dt} = \frac{u_b - u_a}{2}$$

换相过程中,整流输出电压瞬时值为

$$u_d = u_a + L_B \frac{di_k}{dt} = u_b - L_B \frac{di_k}{dt} = \frac{u_a + u_b}{2} \tag{3.59}$$

式(3.59)说明,换相过程中加在负载上的电压既不是 a 相电压 u_a,也不是 b 相电压 u_b,而是换流两相相电压的平均值,其电压波形如图 3.33 (b) 所示,与不考虑变压器漏抗时的整流输出电压比较,波形出现缺口,减少了一块(图中阴影部分)面积,使整流输出电压平均值 U_d 减小。电压减小的大小用 ΔU_d 表示,称为换相压降。

3.8.2 换相压降 ΔU_d 的计算

在上述三相半波可控整流电路的换相过程中,不计漏抗压降时的整流输出电压为 $u_d = u_b$,考虑漏抗压降时的整流输出电压为 $u_d = u_b - L_B \frac{di_k}{dt}$,所以,因漏抗而引起的换相压降为

$$\Delta U_{\mathrm{d}} = \frac{3}{2\pi}\int_{\alpha}^{\alpha+\gamma}(u_{\mathrm{b}}-u_{\mathrm{d}})\,\mathrm{d}(\omega t) = \frac{3}{2\pi}\int_{\alpha}^{\alpha+\gamma}L_{\mathrm{B}}\frac{\mathrm{d}i_{\mathrm{k}}}{\mathrm{d}t}\,\mathrm{d}(\omega t)$$

$$= \frac{3}{2\pi}\int_{0}^{I_{\mathrm{d}}}\omega L_{\mathrm{B}}\mathrm{d}i_{\mathrm{k}} = \frac{3}{2\pi}X_{\mathrm{B}}I_{\mathrm{d}} \tag{3.60}$$

式中，$X_{\mathrm{B}} = \omega L_{\mathrm{B}}$，是交流侧电感 L_{B} 折算到二次侧的漏抗。

如果整流电路为 m 相整流，则换相压降为

$$\Delta U_{\mathrm{d}} = \frac{m}{2\pi}\int_{\alpha}^{\alpha+\gamma}(u_{\mathrm{b}}-u_{\mathrm{d}})\,\mathrm{d}(\omega t) = \frac{m}{2\pi}X_{\mathrm{B}}I_{\mathrm{d}}$$

式中，m 为一个周期内的换相次数。三相半波可控整流电路 $m=3$；三相桥式整流电路 $m=6$。对于单相桥式整流电路，因 X_{B} 在一个周期内的两次换流中起作用，其电流从 I_{d} 到 $-I_{\mathrm{d}}$，所以 $m=4$。

对于 X_{B} 的计算，因为它是变压器每相绕组折算到二次侧的漏抗，所以可以根据变压器的铭牌参数计算，即

$$X_{\mathrm{B}} = \frac{U_{2}}{I_{2}} \cdot \frac{U_{\mathrm{k}}\%}{100}$$

式中，U_{2} 为变压器二次侧绕组的额定相电压；I_{2} 为变压器二次侧绕组的额定相电流（星形连接）；$U_{\mathrm{k}}\%$ 为变压器的短路电压比，一般为 5，整流变压器的 $U_{\mathrm{k}}\%$ 较一般的变压器大一些，最大为 12。

换相压降可看成是在整流电路负载侧增加了一个阻值为 $(mX_{\mathrm{B}})/(2\pi)$ 的等效电阻后负载电流 I_{d} 在它上面产生的压降，它与欧姆电阻的区别在于它不消耗有功功率。

3.8.3 换相重叠角 γ 的计算

根据式（3.58）可知

$$L_{\mathrm{B}}\frac{\mathrm{d}i_{\mathrm{k}}}{\mathrm{d}t} = \frac{1}{2}(u_{\mathrm{b}}-u_{\mathrm{a}})$$

即

$$\frac{\mathrm{d}i_{\mathrm{k}}}{\mathrm{d}t} = \frac{u_{\mathrm{b}}-u_{\mathrm{a}}}{2L_{\mathrm{B}}}$$

以自然换相点 $\alpha=0°$ 处作为坐标的原点，以 m 相的普遍形式计算，则 u_{a} 和 u_{b} 的表达式分别为

$$u_{\mathrm{a}} = \sqrt{2}\,U_{2}\cos\left(\omega t + \frac{\pi}{m}\right)$$

$$u_{\mathrm{b}} = \sqrt{2}\,U_{2}\cos\left(\omega t - \frac{\pi}{m}\right)$$

$$u_{\mathrm{b}} - u_{\mathrm{a}} = 2\sqrt{2}\,U_{2}\sin\frac{\pi}{m}\sin\omega t$$

$$\mathrm{d}i_{\mathrm{k}} = \frac{1}{\omega L_{\mathrm{B}}}\sqrt{2}\,U_{2}\sin\frac{\pi}{m}\sin\omega t\,\mathrm{d}(\omega t)$$

初始条件为：$\omega t = \alpha$ 时，$i_k = 0$，对上式求解，有

$$i_k = \frac{\sqrt{2}\, U_2}{\omega L_B} \sin\frac{\pi}{m} (\cos\alpha - \cos\omega t) \tag{3.61}$$

电流 i_k 的曲线是一条余弦曲线，从图 3.33 可知，换流结束时 $i_k = I_d$，即

$$I_d = \int_0^{I_d} \mathrm{d}i_k = \frac{\sqrt{2}\, U_2}{\omega L_B} \sin\frac{\pi}{m} \int_\alpha^{\alpha+\gamma} \sin\omega t\, \mathrm{d}(\omega t) = \frac{\sqrt{2}\, U_2 \sin\frac{\pi}{m}}{X_B}[\cos\alpha - \cos(\alpha+\gamma)]$$

于是得

$$\cos\alpha - \cos(\alpha+\gamma) = \frac{X_B I_d}{\sqrt{2}\, U_2 \sin\frac{\pi}{m}} \tag{3.62}$$

式（3.62）是一个适用于各种电路的普遍公式，不同的电路代入不同的 m 即可。

对于三相半波可控整流电路，$m = 3$，有

$$\cos\alpha - \cos(\alpha+\gamma) = \frac{X_B I_d}{\sqrt{2}\, U_2 \sin\frac{\pi}{3}} = \frac{X_B I_d}{\sqrt{6}\, U_2} \tag{3.63}$$

对于单相桥式全控整流电路，在换流期间电流是从 $-I_d$ 变化至 $+I_d$，积分方程为

$$\int_{-I_d}^{I_d} \mathrm{d}i_k = \frac{\sqrt{2}\, U_2 \sin\frac{\pi}{m}}{\omega L_B} \int_\alpha^{\alpha+\gamma} \sin\omega t\, \mathrm{d}(\omega t)$$

$$2I_d = \frac{\sqrt{2}\, U_2 \sin\frac{\pi}{m}}{X_B}[\cos\alpha - \cos(\alpha+\gamma)]$$

所以

$$\cos\alpha - \cos(\alpha+\gamma) = \frac{X_B I_d}{\sqrt{2}\, U_2 \sin\frac{\pi}{m}} = \frac{2X_B I_d}{\sqrt{2}\, U_2} \tag{3.64}$$

这里，m 仍取 2，因为该电路在一个周期内换流 2 次。虽然单相全控桥在一个周期内只换流 2 次，由于电流是从 $-I_d$ 至 $+I_d$，相当于发生了 4 次换流。为了公式的统一，单相全控桥计算时用 $2I_d$ 代替 I_d，同样可用式（3.62）计算。

三相桥式全控整流电路，可等效于相电压为 $\sqrt{3}\, U_2$ 的六相半波整流电路，将其代入式（3.62），结果与式（3.63）相同。

根据以上分析，可得出换相重叠角 γ 随参数变化的规律：
① I_d 越大，则 γ 越大。
② X_B 越大，则 γ 也越大。
③ 当 $\alpha \leqslant 90°$ 时，α 越小，γ 越大。

3.8.4 可控整流电路的外特性

可控整流电路对于整流负载来说，是一个有内阻的可变直流电源。如果考虑换相压降 ΔU_d

及晶闸管导通压降 U_T，则整流电路的输出电压平均值为

$$U_d = U_{d0}\cos\alpha - nU_T - R_c I_d$$

式中，U_{d0} 为 $\alpha = 0°$ 时整流电路的输出电压，即空载电压；U_T 是某个晶闸管的导通压降，由于其值较小，可忽略其影响；R_c 为可控整流电路的等效内阻，包括绕组电阻及换相等效电阻 $(mX_B)/(2\pi)$。

因此，考虑变压器漏抗时可控整流电路的外特性如图 3.34 所示。

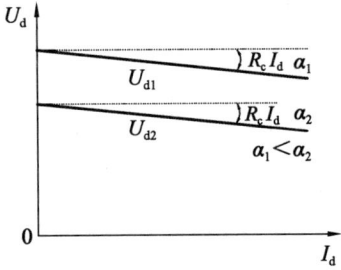

图 3.34 考虑变压器漏抗时可控整流电路的外特性

变压器的漏感与交流进线电抗器的作用一样，能限制其短路电流，并且使电流的变化率减小，对晶闸管开通时限制其 di/dt 有利（有时还需要人为地串入进线电抗器以抑制晶闸管的 di/dt）。但是，由于换相期间两相的重叠导通相当于两相短路，使整流电路的工作状态变得复杂，还可能在每一个晶闸管换流的瞬间使相电压波形出现很深的缺口，如果整流变压器的容量在电网中举足轻重，则会造成电网波形畸变，使整流装置成为电网的一个干扰源；同时，这个相电压波形缺口还会加剧正向阻断晶闸管上电压的变化率，可能使晶闸管误导通（为此必须另加吸收电路）；另外，变压器漏抗会使整流装置的功率因数变坏，电压脉动系数增大，整流输出电压降低。

例 3.5 某设备的电动机由三相半波可控整流电路供电，整流变压器二次侧绕组电压为 220 V，变压器每相绕组漏感折合到二次侧的 L_B 为 100 μH，直流侧负载电流为 300 A，求换相压降 ΔU_d 及 $\alpha = 0°$ 时的换相角 γ。

解 三相半波可控整流电路，$m = 3$，根据式（3.64），有

$$\cos\alpha - \cos(\alpha + \gamma) = \frac{X_B I_d}{\sqrt{6} U_2} = \frac{314 \times 100 \times 10^{-6} \times 300}{\sqrt{6} \times 220} = 0.017$$

$$\cos\gamma = 1 - 0.017 = 0.983$$

则 $\gamma = 11°$

换相压降 $\Delta U_d = \dfrac{3 X_B I_d}{2\pi} = \dfrac{3 \times 314 \times 100 \times 10^{-6} \times 300}{2 \times 3.14} = 4.5$ （V）

3.9 整流电路的谐波和功率因数

3.9.1 整流电路的谐波分析

在供用电系统中，通常总是希望交流电压和交流电流均呈正弦波形，正弦波电压可表示为

$$u(t) = \sqrt{2}\, U \sin(\omega t + \varphi_0) \tag{3.65}$$

式中，U 为电压有效值；φ_0 为初相角；ω 为角频率，$\omega = 2\pi f = (2\pi)/T$，$f$ 为电源频率，T 为周期。

如果把正弦波电压加在线性无源元件（电阻、电感和电容）上，其电流和电压分别成比例、积分和微分的关系，仍为同频率正弦波。若把正弦波电压加在非线性电路上，则电流波形为非正弦波，非正弦波的电流将在电网阻抗上产生非正弦的电压，同样，非正弦电压施加在线性电路上时，电流也是非正弦波。

对于周期性的非正弦电压，其周期为 $T=(2\pi)/\omega$ 时，一般满足狄里赫利条件，可分解为如下形式的傅里叶级数

$$u(\omega t) = a_0 + \sum_{n=1}^{\infty}(a_n \cos n\omega t + b_n \sin n\omega t) \tag{3.66}$$

其中，

$$a_0 = \frac{1}{2\pi}\int_0^{2\pi} u(\omega t)\mathrm{d}(\omega t)$$

$$a_n = \frac{1}{\pi}\int_0^{2\pi} u(\omega t)\cos n\omega t \,\mathrm{d}(\omega t)$$

$$b_n = \frac{1}{\pi}\int_0^{2\pi} u(\omega t)\sin n\omega t \,\mathrm{d}(\omega t), \qquad n=1,2,3\cdots$$

或

$$u(\omega t) = a_0 + \sum_{n=1}^{\infty} c_n \sin(n\omega t + \varphi_n) \tag{3.67}$$

其中，

$$c_n = \sqrt{a_n^2 + b_n^2}$$

$$\varphi_n = \arctan(a_n/b_n)$$
$$a_n = c_n \sin\varphi_n$$
$$b_n = c_n \cos\varphi_n$$

式（3.66）和式（3.67）中，频率与工频相同的分量称为基波分量，频率是基波频率整数倍（大于 1）的分量称为谐波，谐波次数是谐波频率与基波频率的整数倍。以上公式对于非正弦电流同样适合，只需将 $u(\omega t)$ 换成 $i(\omega t)$ 即可。

1. 交流电源侧谐波电流分析

对于理想的 m 脉波整流器，假定其负载电流连续，波形为一条水平线，变压器二次侧电流波形近似为理想方波，对变压器二次侧电流波形作傅里叶分解，可得出如下结论：

① 交流侧只有 $6k\pm1$ 次（k 为正整数）谐波。
② 各次谐波有效值与谐波次数成反比，即谐波次数越高，其谐波电流有效值越小。
③ 各次谐波电流有效值与基波电流有效值的比值为谐波次数的倒数。

例如，三相桥式全控整流电路，对变压器二次侧 a 相电流波形作傅里叶分解，有

$$i_\mathrm{a} = \frac{2\sqrt{3}}{\pi}I_\mathrm{d}\left[\sin\omega t - \frac{1}{5}\sin 5\omega t - \frac{1}{7}\sin 7\omega t + \frac{1}{11}\sin 11\omega t + \frac{1}{13}\sin 13\omega t - \cdots\right]$$

$$= \frac{2\sqrt{3}}{\pi}I_\mathrm{d}\sin\omega t + \frac{2\sqrt{3}}{\pi}I_\mathrm{d}\sum_{m=6k\pm1}\left(\frac{-1}{m}\right)^k \sin m\omega t, \qquad k=1,2,3\cdots \tag{3.68}$$

电流基波和各次谐波有效值分别为

$$\begin{cases} I_1 = \dfrac{\sqrt{6}}{\pi} I_d \\ I_n = \dfrac{\sqrt{6}}{n\pi} I_d \end{cases} \quad n = 6k \pm 1 \tag{3.69}$$

2. 变流器直流侧电路的谐波分析

整流电路的输出电压是周期性的非正弦函数，其中主要成分是直流，同时包含各种频率的谐波，这些谐波对于负载的工作是不利的。

（1）$\alpha = 0°$ 时多相整流电路的谐波分析

设 m 脉波整流电路 $\alpha = 0°$ 时，输出电压波形如图 3.35 所示，把纵坐标选在整流电压的峰值处，则在 $\left[-\dfrac{\pi}{m}, \dfrac{\pi}{m}\right]$ 区间，整流电压的表达式为

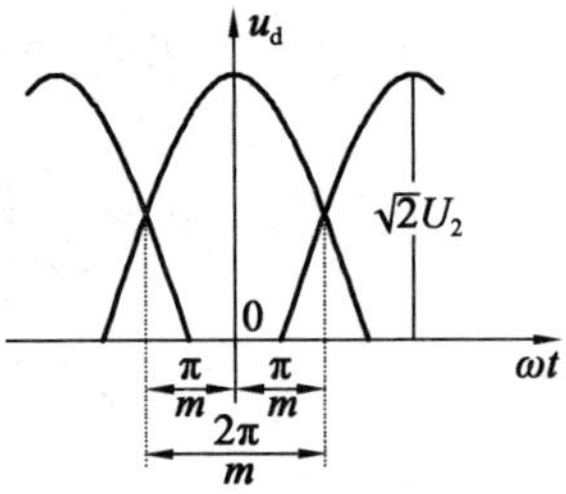

$$u_{d0} = \sqrt{2}\, U_2 \cos\omega t \tag{3.70}$$

图 3.35　m 相整流电路的整流电压波形

根据傅里叶级数分析，全部整流电压可分解为

$$u_{d0} = U_{d0} + \sum_{n=mk}^{\infty} b_n \cos n\omega t \tag{3.71}$$

又因为 u_{d0} 是以 $(2\pi)/m$ 为周期重复出现的，则

$$\cos n\omega t = \cos n\left(\omega t + \dfrac{2\pi}{m}\right) = \cos n\omega t + \dfrac{2n\pi}{m}$$

这种情况只有在 $\dfrac{2n\pi}{m} = 2\pi k$（$k=1,2,3\cdots$）时才有可能发生，所以

$$n = mk \tag{3.72}$$

即在整流输出电压中，谐波次数 n 一定是脉波数 m 的整数倍。在单相桥式整流电路中，$m=2$，则 n 为 2，4，6⋯在三相半波可控整流电路中，$m=3$，则 n 为 3，6，9⋯在三相桥式全控整流电路中，$m=6$，则 n 为 6，12，18⋯

根据傅里叶级数分析，可求得

$$b_n = \dfrac{1}{\dfrac{\pi}{m}} \int_{-\pi/m}^{\pi/m} \sqrt{2}\, U_2 \cos\omega t \cos n\omega t\, \mathrm{d}(\omega t) = \dfrac{-2m\sqrt{2}\, U_2}{\pi} \cdot \dfrac{\cos k\pi \sin\dfrac{\pi}{m}}{n^2 - 1} \tag{3.73}$$

因为整流输出平均电压 U_{d0} 是傅里叶级数中的常数项，其值为

$$U_{d0} = \dfrac{1}{\dfrac{2\pi}{m}} \int_{-\pi/m}^{\pi/m} \sqrt{2}\, U_2 \cos\omega t\, \mathrm{d}(\omega t) = \sqrt{2}\, U_2 \dfrac{m}{\pi} \sin\dfrac{\pi}{m} \tag{3.74}$$

把式（3.73）和式（3.74）代入式（3.71）得

$$u_{d0} = U_{d0}\left[1 - \sum_{n=mk}^{\infty} \dfrac{2\cos k\pi}{n^2 - 1} \cos n\omega t\right] \tag{3.75}$$

根据式（3.75），对于单相桥式整流电路，有 $m=2$，代入得

$$u_{d0} = \sqrt{2}\, U_2 \frac{2}{\pi}\sin\frac{\pi}{2}\left[1+\frac{2\cos 2\omega t}{1\times 3}-\frac{2\cos 4\omega t}{3\times 5}+\frac{2\cos 6\omega t}{5\times 7}-\cdots\right]$$

对于三相半波可控整流电路，$m=3$，代入有

$$u_{d0} = \sqrt{2}\, U_2 \frac{3}{\pi}\sin\frac{\pi}{3}\left[1+\frac{2\cos 3\omega t}{2\times 4}-\frac{2\cos 6\omega t}{5\times 7}+\frac{2\cos 9\omega t}{8\times 10}-\frac{2\cos 12\omega t}{11\times 13}+\cdots\right]$$

三相桥式整流电路等效于相电压幅值为 $\sqrt{2}\,U_2$ 的六相半波电路，$m=6$，代入有

$$u_{d0} = \sqrt{2}\, U_2 \frac{6}{\pi}\sin\frac{\pi}{6}\left[1+\frac{2\cos 6\omega t}{5\times 7}-\frac{2\cos 12\omega t}{11\times 13}+\frac{2\cos 18\omega t}{17\times 19}-\frac{2\cos 24\omega t}{23\times 25}+\cdots\right]$$

从以上分析结果可知，相数 m 的增加使谐波中最低次的频率增加，同时其幅值迅速减小。这充分说明，增加整流器的相数对减小直流侧谐波、改善输出波形质量有重要意义。

整流输出电压有效值 U 为

$$U = \sqrt{\frac{1}{\frac{2\pi}{m}}\int_{-\pi/m}^{\pi/m}(\sqrt{2}\,U_2\cos\omega t)^2 \mathrm{d}(\omega t)} = U_2\sqrt{1+\frac{\sin\frac{2\pi}{m}}{\frac{2\pi}{m}}} \tag{3.76}$$

定义电压的纹波因数 $\gamma_n = U_\gamma/U_{d0}$，$\gamma_n$ 为谐波电压有效值与整流电压平均值之比，其中 $U_\gamma = \sqrt{U^2 - U_{d0}^2}$，所以

$$\gamma_n = \frac{U_\gamma}{U_{d0}} = \frac{\left(\dfrac{1}{2}+\dfrac{m}{4\pi}\sin\dfrac{2\pi}{m}-\dfrac{m^2}{\pi^2}\sin^2\dfrac{\pi}{m}\right)^{\frac{1}{2}}}{\dfrac{m}{\pi}\sin\dfrac{\pi}{m}} \tag{3.77}$$

表 3.2 给出了不同脉波数时的电压纹波因数值。

表 3.2 不同脉波数时的电压纹波因数值

m	2	3	6	12	∞
$\gamma_n/\%$	48.2	18.27	4.18	0.994	0

负载电流的傅里叶级数可由整流电压的傅里叶级数求得，即

$$i_d = I_d + \sum_{n=mk}^{\infty} d_n \cos(n\omega t - \varphi_n) \tag{3.78}$$

当负载 R、L 和反电动势 E 串联时，上式中

$$I_d = \frac{U_{d0}-E}{R} \tag{3.79}$$

n 次谐波电流的幅值 d_n 为

$$d_n = \frac{b_n}{Z_n} = \frac{b_n}{\sqrt{R^2 + (n\omega L)^2}}$$

n 次谐波电流的滞后角为

$$\varphi_n = \arctan\frac{n\omega L}{R}$$

(2) $\alpha > 0°$ 时多相整流电路的谐波分析

$\alpha > 0°$ 时，m 相整流电压的一般表达式要复杂得多，整流的脉动电压值随 α 增大而改变，若考虑换相重叠角 γ，则情况更加复杂，这里不作讨论。下面给出三相桥式整流电路的结果来说明谐波电压与 α 之间的关系。

三相桥式整流电路的整流电压分解为傅里叶级数，有

$$u_d = U_d + \sum_{n=6k}^{\infty} c_n \cos(n\omega t - \varphi_n) \quad (3.80)$$

利用前面介绍的分析方法，可求得以 n 为参变量的 n 次谐波电压幅值（取标幺值 $c_n/\sqrt{2}U_2$）与 α 的关系如图 3.36 所示。由图可见，当 α 在 $0°\sim90°$ 间变化时，u_d 的谐波幅值随 α 增大而增大；当 $\alpha = 90°$ 时谐波幅值最大；α 在 $0°\sim180°$ 之间时，电路工作于有源逆变状态，u_d 的谐波幅值随 α 增大而减小。

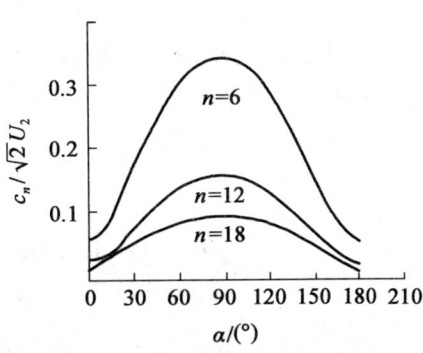

图 3.36 三相桥式全控整流电路电流连续时的 $c_n/\sqrt{2}U_2$ 与 α 的关系

3.9.2 整流电路的功率因数

整流电路的功率因数定义为：整流电路电网侧有功功率与视在功率之比。

在正弦电路中，电路的有功功率就是其平均功率，即

$$P = \frac{1}{2\pi}\int_0^{2\pi} ui\,\mathrm{d}(\omega t) = UI\cos\varphi \quad (3.81)$$

式中，U、I 分别为电压和电流的有效值；φ 为电流滞后于电压的相位角。

视在功率为电压、电流有效值的乘积，即

$$S = UI \quad (3.82)$$

所以，正弦电路的功率因数 λ 有

$$\lambda = \frac{P}{S} = \cos\varphi \quad (3.83)$$

在公用电网中，通常电压波形的畸变很小，而电流波形的畸变可能很大，因此，这里只讨论电压波形为正弦波、电流波形为非正弦波的情况。设正弦波电压有效值为 U，畸变电流有效值为 I，基波电流有效值及基波电流与电压的相位差分别用 I_1 和 φ_1 表示，这时电路的有功功率为

$$P = UI_1\cos\varphi_1$$

电路的功率因数为

$$\lambda = \frac{P}{S} = \frac{UI_1 \cos\varphi_1}{S} = \frac{I_1}{I}\cos\varphi_1 = v\cos\varphi_1 \tag{3.84}$$

式中，$v = I_1/I$，即基波电流有效值和总电流有效值之比，称为基波因数；而 $\cos\varphi_1$ 称为位移因数或基波功率因数。由此可见，功率因数由基波电流相移和电流波形畸变两个因素决定。

对于三相桥式全控整流电路，根据式（3.69）可知，基波电流有效值为

$$I_1 = \frac{\sqrt{6}}{\pi} I_d \tag{3.85}$$

总电流有效值为

$$I = \sqrt{\frac{2}{3}} \cdot I_d \tag{3.86}$$

可得基波因数为

$$v = \frac{I_1}{I} = \frac{3}{\pi} \approx 0.995 \tag{3.87}$$

基波电流与电压的相位差就等于触发角 α，故位移因数为

$$\lambda_1 = \cos\varphi_1 = \cos\alpha \tag{3.88}$$

所以，三相桥式全控整流电路的功率因数为

$$\lambda = v\lambda_1 = \frac{I_1}{I}\cos\varphi_1 = \frac{3}{\pi}\cos\alpha \approx 0.995\cos\alpha \tag{3.89}$$

习　　题

3.1　单相半波可控整流电路中，如果晶闸管：① 不加触发脉冲；② 内部短路；③ 内部断路。试分析三种情况下晶闸管两端与负载的电压波形。

3.2　如图 3.2 所示的带感性负载工作的单相半波整流电路，若突然发现整流输出电压很低，经检查晶闸管及触发电路均正常，试问为何原因？

3.3　某单相可控整流电路给电阻性负载和给蓄电池（反电动势负载）供电，在流过负载的电流平均值相同的条件下，试问哪一种负载下晶闸管的额定电流应选择大一些？为什么？

3.4　某一电热装置（阻性负载），要求输出直流平均电压为 75 V，电流为 20 A，采用单相半波可控整流电路直接从 220 V 交流电网供电。计算晶闸管的触发角 α、导通角 θ、负载电流有效值，并选择晶闸管参数（考虑 2 倍裕量）。

3.5　某纯电阻负载工作的单相半波可控整流电路，$U_2 = 220$ V，$R = 1.2\,\Omega$，要求直流平均电压在 0～24 V 范围内连续可调，计算晶闸管的额定值、导通角、电路功率因数及电源容量。当交流电源用变压器降低电压至 65 V 时，重新计算以上各量，并与 220 V 电源时比较。

3.6　具有续流二极管的单相半波可控整流电路对大电感负载供电，其中电阻 $R = 7.5\,\Omega$，

电源电压 $U_2=220$ V，试计算当 $\alpha=30°$ 和 $\alpha=60°$ 时，晶闸管和续流二极管的电流平均值和有效值，什么情况下续流二极管中的电流平均值大于晶闸管中的电流平均值？

3.7 某单相桥式全控整流电路，电源电压 $U_2=220$ V，负载电阻 $R=2\Omega$，电感 L 值极大，触发角 $\alpha=30°$ 时，求：① u_d、i_d 和 i_2 的波形；② 整流输出平均电压 U_d、电流 I_d 及变压器二次侧电流有效值 I_2；③ 确定晶闸管的额定电压、额定电流（考虑 2 倍裕量）。

3.8 某单相桥式半控整流电路，电阻负载 $R=4\Omega$，要求负载平均电流 I_d 在 $0\sim25$ A 之间变化，求：① 变压器变比（不考虑 α 裕量）；② 计算晶闸管电流、电压定额；③ 变压器容量；④ 负载电阻 R 的功率；⑤ 电路最大功率因数。

3.9 在三相半波可控整流电路中，如果触发脉冲出现在自然换相点之前，会出现什么现象？电路能否正常换相？试画出阻性负载和大电感负载时输出电压 u_d 的波形。

3.10 纯电阻负载情况下的三相半波整流电路，由整流变压器供电，电源是三相 380 V 的交流电网，要求输出电压 $U_2=220$ V，输出电流 $I_d=400$ A，考虑 $\alpha_{min}=30°$，计算整流变压器二次侧容量 S_2，并与 $\alpha=0°$ 时二次侧容量比较，计算晶闸管定额。

3.11 三相半波整流电路中，相电压 $U_2=110$ V，负载反电势 $E=30$ V，$R=15\Omega$，电感 L 值极大使输出电流可以认为恒定，触发角 $\alpha=60°$ 时，求：① 输出电流平均值和有效值；② a 相电流 i_a 的有效值；③ u_{T1}、i_d、u_d、i_a 的波形。

3.12 在三相半波整流电路中，如果 a 相的触发脉冲消失，画出在阻性负载和大电感负载情况下整流电压 u_d 的波形。

3.13 三相桥式全控整流电路，负载电阻 $R=4\Omega$，电感 $L=0.2$ H，要求输出电压 U_d 从 $0\sim220$ V 之间变化，求：① 不考虑控制裕量，整流变压器二次侧相电压；② 晶闸管的电压、电流定额；③ 变压器二次侧电流有效值 I_2；④ 变压器二次侧容量 S_2。

3.14 三相桥式半控整流电路，电源电压 $U_2=380$ V，负载电阻 $R=2\Omega$，反电动势 $E=40$ V，负载电感足够大，使电流波形平直，求：① u_d、i_a 的波形；② 输出电压、输出电流的平均值 U_d 和 I_d；③ 功率因数。

3.15 在三相桥式全控整流电路中，带阻性负载情况，如果其中一个晶闸管故障断路，整流电压波形 u_d 如何？如果其中一个晶闸管被击穿短路，电路的工作情况又如何？

3.16 三相半波可控整流电路，反电动势阻感负载，$R=1\Omega$，$L=\infty$，$U_2=100$ V，$L_B=1$ mH，$\alpha=30°$，$E=50$ V 时，求 U_d、I_d 和 γ。

3.17 三相桥式全控整流电路对反电动势、大电感负载供电，$U_2=220$ V，$E=200$ V，$R=1\Omega$，$\alpha=60°$，求：① 不计漏感时的 U_d、I_d；② 当 $L_B=1$ mH 时的 U_d、I_d、γ 值及 u_d、i_T 的波形。

第 4 章 有源逆变电路与 PWM 整流电路

4.1 有源逆变电路

前一章讨论的是将交流电变换为直流电供给负载的晶闸管可控整流电路,但在实际应用中,常常有与上述整流过程相反的要求,即需要利用晶闸管整流电路将直流电变换为交流电,例如,电力机车在下坡运行时,机车上的直流电机将由于机械能的作用作为直流发电机运行,机车的位能转变为电能,回馈至交流电网,以实现电机制动。又如,运转着的直流电动机,要让它迅速制动,可让电动机作发电机运行,把电动机的动能转变为电能,反送回电网。像这种把直流电转变成交流电的过程,称为逆变,把直流电变换成交流电的电路称为逆变电路。同一套晶闸管变流电路,既可工作在整流状态,也可工作在逆变状态。

晶闸管变流装置工作在逆变状态时,如果其交流侧接在交流电源上,电源成为负载,把直流电逆变为同频率的交流电反送到电网中去,这样的逆变称为有源逆变。有源逆变电路常用于直流可逆调速系统、交流绕线型异步电动机串级调速以及高压直流输电等方面。对于可控整流电路,只要满足一定条件便可工作于有源逆变工作状态,此时电路形式未作任何改变,只是工作条件发生变化。

如果变流装置的交流侧不是接至交流电网,而是接至负载,即把直流电逆变为某一频率或可调频率的交流电供给负载,这样的逆变称为无源逆变,无源逆变问题将在本书第 7 章讨论,本章只讨论有源逆变。

在分析有源逆变电路的工作状态时,弄清电源间能量的转换关系是非常重要的。整流和有源逆变的根本区别在于能量的传递方向不同。图 4.1 所示电路说明了电源间能量的传递关系。

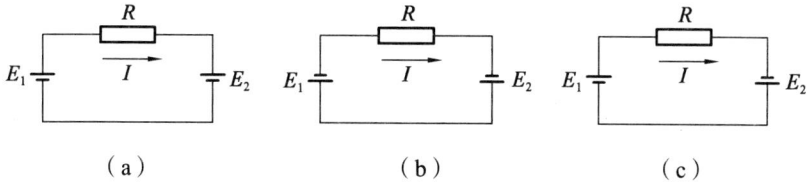

图 4.1 两个电源能量的转换

图 4.1(a)中,直流电源 E_1 与 E_2 同极性连接,且 $E_1 > E_2$,回路中电流为

$$I = \frac{E_1 - E_2}{R} > 0$$

式中,R 为回路的总电阻。此时电源 E_1 输出电能($E_1 I$),一部分消耗在电阻 R 上($I^2 R$),其余部分被电源 E_2 吸收($E_2 I$),E_1 电势方向与电流方向一致,而 E_2 电势方向则与电流方向相反。

图 4.1(b)中,直流电源 E_1 与 E_2 仍为同极性连接,但 $E_2 > E_1$,则回路中电流方向不变,其值为 $I = \frac{E_2 - E_1}{R} > 0$,此时,电源 E_2 输出电能,而 E_1 吸收电能。

图 4.1 (c) 中，E_1、E_2 反极性连接，电路中电流为 $I=(E_1+E_2)/R$，此时，E_1、E_2 均输出电能，全部消耗在电阻 R 上，由于电源内阻很小，则电路中电流很大，相当于两个电源短路。所以，实际运用中决不允许出现这种情况。

根据以上分析，可以得出如下结论：

① 两个电源同极性连接时，电流从高电势电源流向低电势电源，电流的大小取决于两电源电势之差和回路总电阻。在回路总电阻很小时，即使两电源间电势差很小也可以形成很大电流，两电源之间则发生较大的能量交换。

② 电流从电源的正极流出者，该电源输出电能；而电流从电源的正极流入者，该电源吸收电能，其输出或吸收的功率由电势与电流的乘积决定，若电势或电流方向改变，电能的传递方向也将改变。

③ 两个电源反极性连接时，若电路总电阻很小，则形成电源间短路，应予以避免。

4.1.1 有源逆变产生的条件

这里以单相桥式全控整流电路对直流电动机供电的系统为例，分析有源逆变电路的工作原理。如图 4.2 所示，为了使电流连续且平稳，在电路中串接大电感 L_d，即平波电抗器，并忽略变压器漏抗，认为晶闸管工作在理想状态。

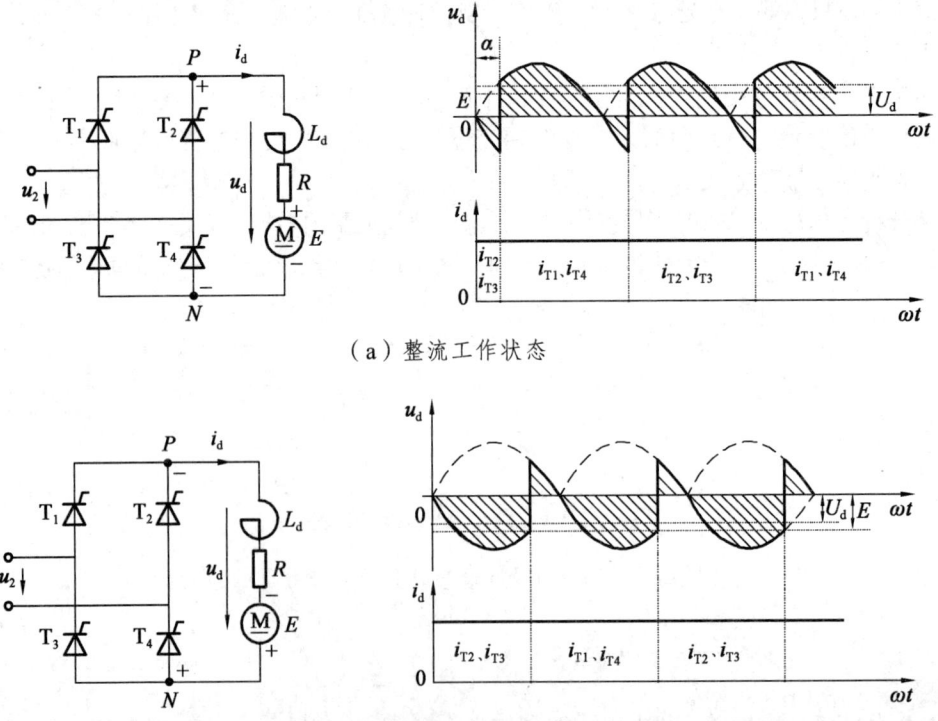

(a) 整流工作状态

(b) 逆变工作状态

图 4.2 晶闸管—直流电动机系统的两种工作状态

图 4.2 (a) 中，电路工作于整流状态，$0<\alpha<(\pi/2)$。对于单相桥式全控整流电路，在 $0<\alpha<(\pi/2)$ 的任一时刻触发晶闸管导通，电路整流输出的电压平均值为 $U_d=U_{d0}\cos\alpha$，

且 U_d 大于零，P 点电位高于 N 点电位。在 U_d 大于电动机反电势 E 的情况下，电枢回路电流 $I_d = \dfrac{U_d - E}{R} > 0$，整流电路输出电能供给直流电动机，电能流向是由交流电网流向直流电动机。

在整流状态下，晶闸管大部分时间工作于电源电压的正半周，承受的阻断电压主要是反向阻断电压，其正向阻断时间对应晶闸管的触发角 α。

图 4.2（b）中，电路工作于逆变状态，$(\pi/2)<\alpha<\pi$，假设直流电动机作发电机运行（回馈制动）。在直流发电机—电动机系统中，电流流向不受限制，电能反向传送便容易实现。但在晶闸管—电动机系统中，由于晶闸管的单向导电性，电路中电流流向不能改变，要改变电能传送方向，只有改变电动机输出电压极性，所以，图 4.2（b）中电动机反电势 E 的极性为下正上负。为实现电动机的回馈制动运行，要求整流电路吸收能量回馈电网，所以整流电路直流侧输出电压平均值 U_d 也必须反极性，即 U_d 应为负值，且电动机电势 E 必须大于 U_d，此时电流方向不变，其值 $I_d = (E - U_d)/R$，电路中电能流向与整流状态时相反，电动机输出功率，为发电工作状态，电网侧吸收电功率，实现了有源逆变。

由于一般情况下电路中 R 都很小，为防止过流，通常应满足 $E \approx U_d$，在恒定励磁下 E 取决于电动机的转速，U_d 可通过改变触发角 α 来调节。

已知整流电路中电流连续时，整流输出电压平均值 U_d 与触发角之间的关系为 $U_d = U_{d0} \cos\alpha$，由此可见，只要保持电流连续，此公式适用于所有整流和逆变范围。只要改变触发角 α，就可改变 U_d 的大小和极性。$(\pi/2)<\alpha<\pi$ 时，U_d 为负值，电路工作于逆变状态，在逆变状态下，尽管晶闸管大部分时间工作于交流电源的负半周，但由于外加直流电势 E 的存在，使其仍承受正向电压而导通。

通过上述分析，可归纳出整流电路工作于有源逆变状态的条件如下：
① 整流电路直流侧有直流电动势，其极性必须与晶闸管导通方向一致。
② 整流电路输出的直流平均电压 U_d 必须为负值，即晶闸管触发角 $\alpha > (\pi/2)$，且 $|U_d| < |E|$。

以上两条必须同时满足，整流电路才能工作在逆变状态。

注意：并不是所有整流电路都可以工作于有源逆变状态。对于半控桥式整流电路和有续流二极管的整流电路，由于其整流电压 U_d 不能为负值，也不允许直流侧出现负极性的反电动势，故不能实现有源逆变。只有全控方式的整流电路才能实现有源逆变。

4.1.2 三相有源逆变电路

三相有源逆变电路较单相有源逆变电路要复杂一些，但掌握了整流电路和逆变的基本概念以后，对三相有源逆变电路的工作原理就不难理解了。

1. 三相半波有源逆变电路

（1）工作原理及波形分析

图 4.3 所示为电动机负载时的三相半波可控整流电路的整流和逆变两种工作状态，电路中串有平波电抗器，负载电流连续。

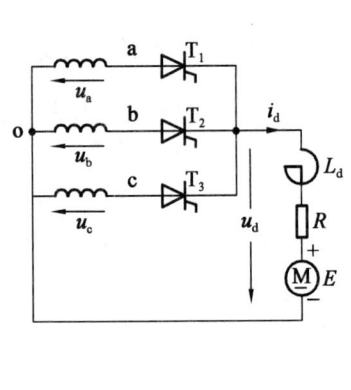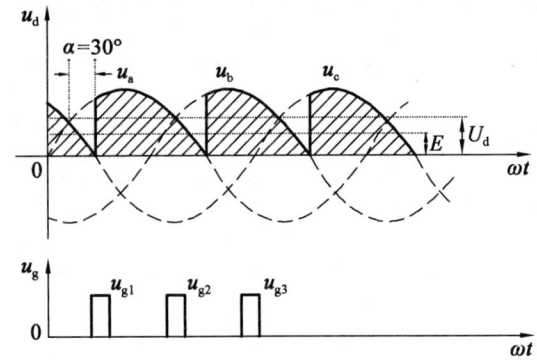

(a) 整流工作状态

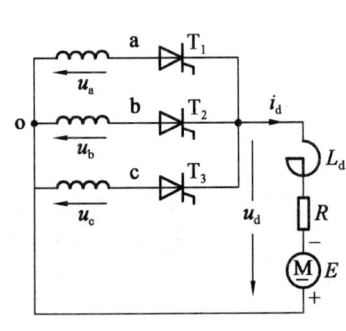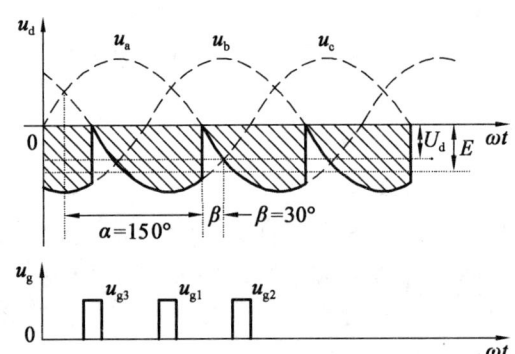

(b) 逆变工作状态

图 4.3 三相半波可控整流电路的整流和有源逆变工作状态

在整流工作状态下 $[0<\alpha<(\pi/2)]$，如图 4.3（a）所示，晶闸管触发角 α 在 $0\sim(\pi/2)$ 范围内，按照三相半波可控整流电路脉冲触发的原则，依次触发 T_1、T_2、T_3，输出电压、电流波形如图 4.3（a）中所示，此时，输出电压瞬时值 u_d 虽然有正有负，但在一个周期内其平均值 U_d 总是为正，且 U_d 略大于 E。所以，电流 i_d 从 U_d 正端流出，E 的正端流入，电动机吸收电能，交流电源输出电能。

在有源逆变工作状态下 $[(\pi/2)<\alpha<\pi]$，如图 4.3（b）所示，电动机反电动势极性已反，为下正上负，同时使晶闸管触发角 α 进入 $\left[\dfrac{\pi}{2},\pi\right]$ 的范围，此时电路输出直流平均电压 $U_d<0$，且 $|U_d|<|E|$。例如，$\alpha=150°$，对 a 相晶闸管 T_1 来说在 ωt_1 时刻触发，虽然此时电源电压 $u_a=0$，但由于直流电压 E 的存在，使 T_1 仍承受正向电压导通，电路输出电压 $u_d=u_a<0$，此阶段电抗器 L_d 储存能量。ωt_2 时刻之后，$|u_a|>|E|$，电抗器 L_d 释放能量，和直流电动势 E 一起使 T_1 继续导通，直到下一相晶闸管 T_2 触发导通为止，T_1 的导通角为 $120°$。ωt_3 时刻，给 T_2 加触发脉冲，因为 $u_b>u_a$，T_2 承受正向电压而触发导通，T_1 承受反压而关断，$u_d=u_b$，输出电压从 a 相换至 b 相。之后，T_3 触发导通，电路输出电压又从 b 相换至 c 相，如此循环工作。

从输出电压 u_d 的波形可以看出，在触发角 $\pi>\alpha>(\pi/2)$ 范围内，输出电压 u_d 瞬时值在一个周期内也是有正有负，但其平均值 U_d 总是小于零，且 U_d 略小于 E。所以，主回路中电流 i_d 方向不变，但它是从 E 的正端流出，U_d 的正端流入，电能从直流侧送至交流电源侧。图 4.4 给出了触发角分别为 $\pi/3$、$\pi/2$ 和 $5\pi/6$ 时电路输出电压 u_d 的波形以及晶闸管 T_1 电压 u_{T1} 的波形。从 u_{T1} 的波形可以看出，在三相半波有源逆变工作状态下，晶闸管承受的电压波形与整流状态下一样，仍由 3 段组成，其中一段为晶闸管的导通段，另两段为晶闸管阻断状态，每段各占 1/3 周期，分别为 $u_{T1} \approx 0$，$u_{T1} = u_{ab}$，$u_{T1} = u_{ac}$。整流状态下，晶闸管阻断时主要承受反向电压；而逆变状态下，晶闸管阻断时主要承受正向电压。晶闸管承受的最大正、反向电压均为线电压峰值 $\sqrt{6}\,U_2$。

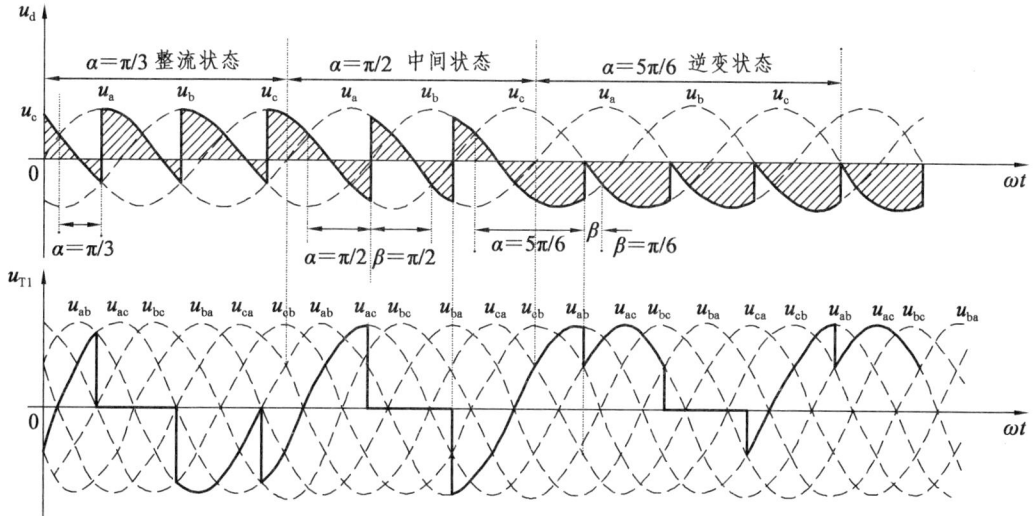

图 4.4 三相半波可控整流电路的输出电压 u_d 及晶闸管 T_1 两端电压 u_{T1} 的波形

（2）输出电压的计算

为了分析和计算方便，通常将 $\alpha > (\pi/2)$ 时的触发角用 $\beta = \pi - \alpha$ 来表示，β 称为逆变角。其中，触发角 α 是以自然换相点作为计量起始点，由此向右方计量，二者的关系是 $\alpha + \beta = \pi$ 或 $\beta = \pi - \alpha$。

电路工作于有源逆变状态时，触发角 α 在 $\left[\dfrac{\pi}{2}, \pi\right]$ 期间，则其逆变角 β 在 $\left[0, \dfrac{\pi}{2}\right]$ 期间。

从前面的分析已经知道，有源逆变工作状态只是整流电路的一种工作状态而已，与整流工作状态的区别也仅仅是触发角 α 不同，逆变时 $\alpha > (\pi/2)$，所以整流工作状态下电路输出电压的计算公式同样适用于逆变工作状态，则有源逆变工作状态下电路输出电压平均值为

$$U_d = U_{d0} \cos\alpha = U_{d0}\cos(\pi - \beta) = -U_{d0}\cos\beta = -1.17U_2\cos\beta \tag{4.1}$$

由式（4.1）可知，在逆变工作状态时，$\beta = \pi/2$，则 $U_d = 0$；$\beta < (\pi/2)$ 后，U_d 变为负值，并且随着 β 的减小，U_d 的绝对值逐渐增大，到 $\beta = 0$ 时，U_d 的绝对值最大。

以上分析过程中忽略了变压器漏抗 X_B 对电路的影响，若考虑变压器漏抗，就存在换相重叠角 γ，和整流工作状态时一样，逆变工作状态时输出电压 u_d 为参与换相的两相电压的平均

值,其波形如图 4.5(a)所示,图 4.5(b)是整流和逆变状态下 U_d/U_{d0} 与 α 的关系曲线。从图(a)中可以看出,换流过程的存在使直流输出电压平均值更负一些,增加了图中阴影部分的面积,此时逆变电路的输出电压为

$$U_d = -U_{d0}\cos\beta - \Delta U_d = -U_{d0}\cos\beta - \frac{3X_B}{2\pi}I_d \tag{4.2}$$

用换相重叠角 γ 表示,则输出电压为

$$U_d = \frac{-3\sqrt{6}}{4\pi}U_2[\cos\beta + \cos(\beta-\gamma)] \tag{4.3}$$

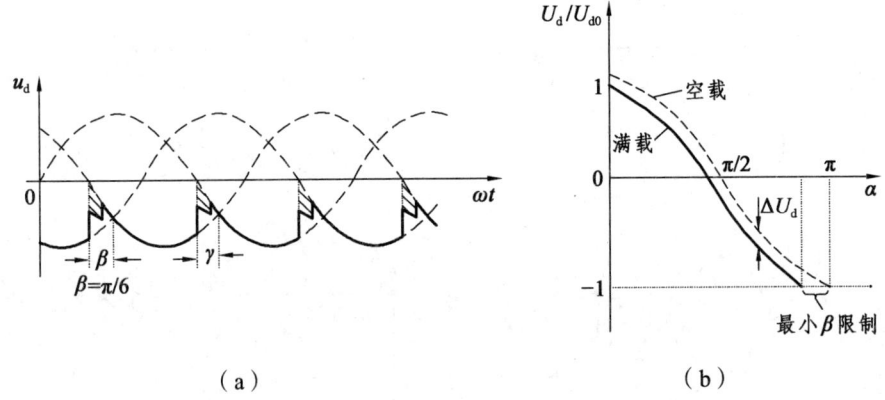

(a)　　　　　　　　　(b)

图 4.5　重叠角对电路输出电压的影响

2. 三相桥式有源逆变电路

三相桥式整流电路用作有源逆变时,就成为三相桥式逆变电路。

(1) 工作原理及波形分析

带大电感负载时的三相桥式全控整流电路如图 4.6(a)所示,根据前面的分析,触发角 $\alpha > (\pi/2)$,即逆变角 $\beta < (\pi/2)$ 时,可使该电路输出电压 U_d 为负,工作于逆变状态。晶闸管触发导通顺序与整流状态时一样,按 T_1、T_2、T_3、T_4、T_5、T_6 的顺序导通,每个晶闸管在一个周期内导通 120°,隔 60° 换相一次。图 4.6(b)中分别给出了不同逆变角时电路的输出电压波形及晶闸管两端电压波形。

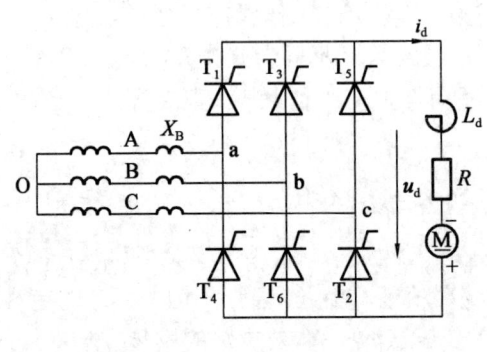

(a)

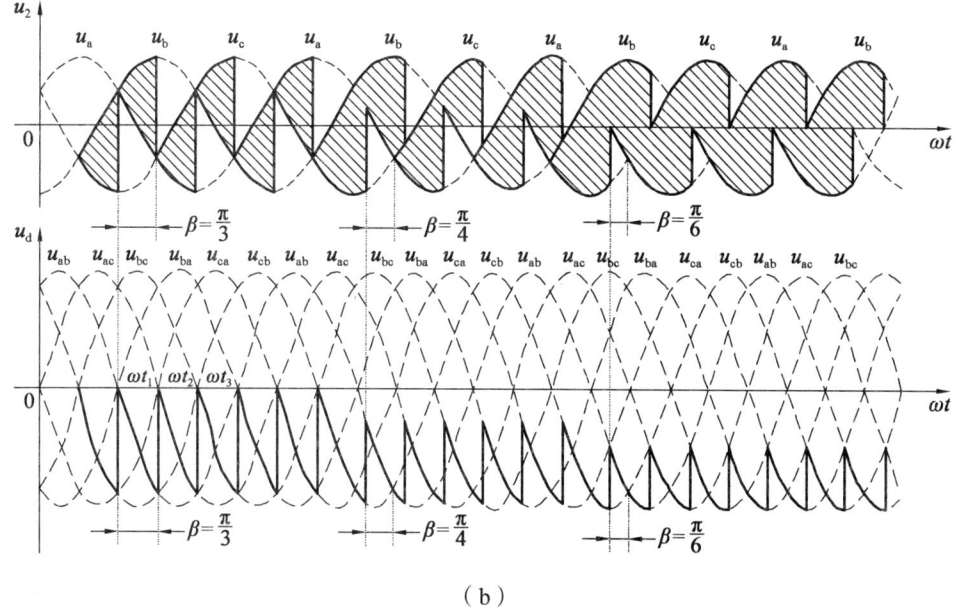

(b)

图 4.6 三相桥式全控整流电路工作于有源逆变状态时的电压波形

（2）输出电压的计算

三相桥式全控整流电路工作于逆变状态下的输出电压平均值为

$$U_d = U_{d0} \cos\alpha = 2.34 U_2 \cos(\pi - \beta) = -2.34 U_2 \cos\beta \tag{4.4}$$

若考虑变压器漏抗，则逆变电路的输出电压平均值为

$$U_d = -2.34 U_2 \cos\beta - \frac{3X_B I_d}{\pi} \tag{4.5}$$

负载电流平均值为

$$I_d = \frac{U_d - E}{R} \tag{4.6}$$

注意：上式中 U_d 和 E 的极性与该电路整流状态时相反，为负值。

每个晶闸管在一个周期内仍导通 $(2\pi)/3$，所以流过晶闸管的电流有效值为

$$I_T = \sqrt{\frac{1}{3}} \cdot I_d = 0.577 I_d \tag{4.7}$$

流过晶闸管的电流平均值为

$$I_{dT} = \frac{1}{3} I_d \tag{4.8}$$

由于一个周期内每个晶闸管的导通角为 $2\pi/3$，则流经变压器绕组中电流所对应的角度应为 $(4/3)\pi$，则变压器二次侧电流有效值为

$$I_2 = \sqrt{\frac{2}{3}} \cdot I_d \tag{4.9}$$

4.1.3 逆变失败的原因及最小逆变角的限制

晶闸管变流电路工作于整流状态时,如果因丢失脉冲或移相角超出范围等原因造成不正常换相,其后果一般是电路没有输出电压,电路无电流流通。而晶闸管变流电路在逆变工作状态下,一旦发生换相失败,外接的直流电源就会通过晶闸管电路形成短路,或电路的输出平均电压和直流电动势顺向串联,由于逆变电路内阻很小,将产生很大的短路电流,这种情况称之为逆变失败,或叫逆变颠覆。

1. 逆变失败产生的原因

（1）触发电路工作不可靠

触发电路工作不可靠,不能适时、准确地给晶闸管分配脉冲,如脉冲丢失、脉冲延迟等,致使晶闸管不能正常工作。

如图 4.7（a）所示,当 a 相晶闸管 T_1 导通至 ωt_1 时刻,正常情况时应触发 T_2 管,电流由 a 相换至 b 相。如果在 ωt_1 时刻 T_2 的触发脉冲 u_{g2} 丢失,则 T_1 管因一直承受正向电压而不会关断,将一直导通到正半周,使电源瞬时电压与直流电动势顺向串联,造成短路。

同样,触发脉冲延迟也会导致换相失败。如图 4.7（b）所示,b 相晶闸管 T_2 触发脉冲由 ωt_1 时刻延迟到 ωt_2 时刻才出现,此时虽然 T_2 有触发脉冲,但 a 相电压 u_a 已大于 b 相电压 u_b, T_2 承受反向电压不可能导通,T_1 也不能关断,从而形成短路。

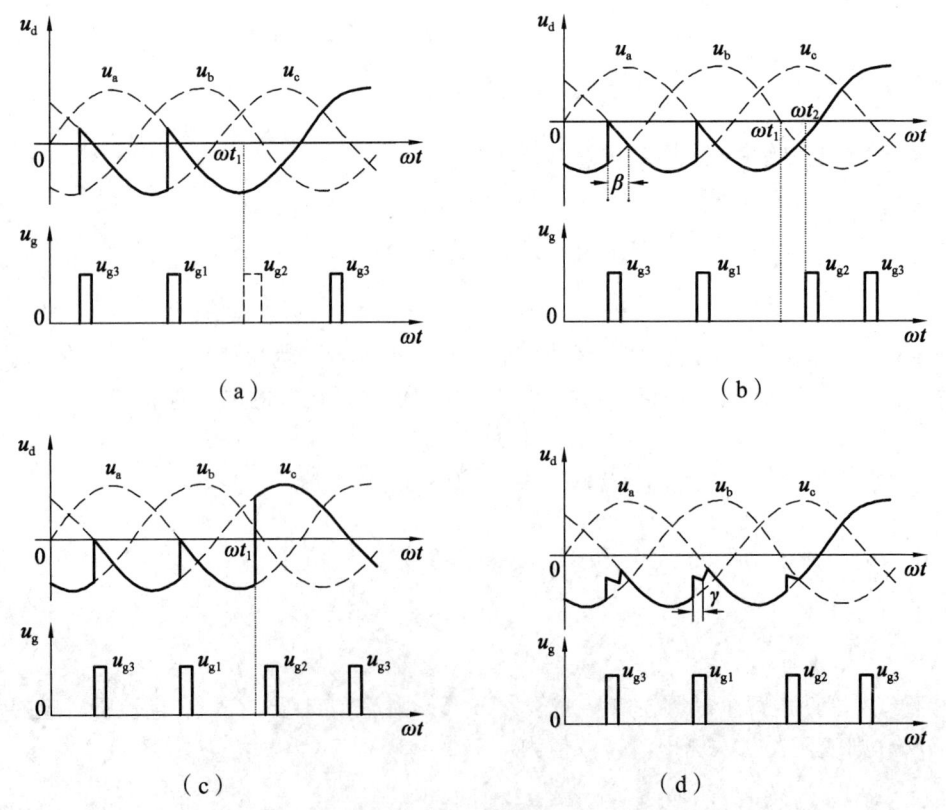

图 4.7 三相半波整流电路有源逆变失败的波形分析

(2)晶闸管发生故障

由于各种原因造成晶闸管故障,从而使晶闸管应该阻断时不能阻断,应该导通时不能导通,造成逆变失败,如图4.7(c)所示。

(3)交流电源发生异常

在逆变工作状态时,如果交流电源突然停电、缺相或电源电压降低,由于直流电动势 E 的存在,晶闸管仍可导通,此时电路的交流侧由于失去了同直流电动势极性相反的交流电压,因此直流电动势将通过晶闸管使电路短路。

(4)换相裕量不足

设计有源逆变电路时,如果对晶闸管换相时的换相重叠角考虑不够,就会造成换相的裕量时间小于晶闸管关断的时间,从而导致换相失败。

如图4.7(d)所示,以晶闸管 T_3 和 T_1 的换相过程为例,如果逆变电路工作在 $\beta>\gamma$ 的情况,经过换相过程后,a 相电压仍高于 c 相电压,即换相结束后 T_3 将承受反向电压 u_{ca} 而关断。如果换相的裕量角不足,$\beta<\gamma$,从波形中可以看出换相还未结束时,c 相电压将高于 a 相电压,即 $u_{ca}>0$,$u_{ac}<0$,所以应该导通的晶闸管 T_1 因承受反向电压重新关断,而应该关断的晶闸管 T_3 却因承受正向电压继续导通,且 c 相电压随时间的推移越来越高,导致逆变颠覆。

2. 确定最小逆变角 $\beta_{\min}$ 的依据

逆变工作状态时,允许采用的最小逆变角应为

$$\beta_{\min} = \delta + \gamma + \theta' \tag{4.10}$$

式中,δ 为晶闸管的关断时间 t_q 所对应的电角度,$\delta = \omega t_q$,称为恢复阻断角;γ 为换相重叠角;θ' 为换相安全裕量角。

晶闸管的关断时间大约为 200 μs~300 μs,所对应的电角度 δ 约为 4°~5°。换相重叠角 γ 是随直流平均电流和换相电抗的增加而增大,一般为 15°~20°。换相重叠角可通过查阅手册知道,也可从式(3.62)中计算得到,即

$$\cos\alpha - \cos(\alpha+\gamma) = \frac{I_d X_B}{\sqrt{2} U_2 \sin\frac{\pi}{m}}$$

根据逆变工作时 $\alpha = \pi - \beta$,并设 $\beta = \gamma$,则有

$$\cos\gamma = 1 - \frac{I_d X_B}{\sqrt{2} U_2 \sin\frac{\pi}{m}} \tag{4.11}$$

由于换相重叠角 γ 与 I_d 和 X_B 有关,所以一旦电路参数确定,γ 就有定值。逆变时要求 $\beta_{\min} > \gamma$,故存在下列关系

$$\cos\beta_{\min} < 1 - \frac{I_d X_B}{\sqrt{2} U_2 \sin\frac{\pi}{m}} \tag{4.12}$$

式(4.10)中的安全裕量角 θ' 也是非常重要的。当电路工作在逆变状态时,由于种种原因,会影响逆变角,如果不考虑一定裕量,势必破坏 $\beta > \beta_{\min}$ 的关系,导致逆变失败。例如,

在三相桥式逆变电路中,触发器输出的六个脉冲,它们的相位不可能完全相同,有的可能较中心线偏前,有的可能偏后,这种脉冲的不对称程度一般可达 5°,偏后的那些脉冲就可能使 $\beta < \beta_{min}$,所以应考虑一定的裕量角 θ',一般 θ' 取 10°,这样,最小逆变角 β_{min} 一般取 30°~35°。在设计逆变电路时,必须保证 $\beta \geq \beta_{min}$,因此,可在触发电路中附加一套保护电路,以保证 $\beta \geq \beta_{min}$。

4.2 有源逆变的应用

4.2.1 直流可逆电力拖动系统

在实际工作中,不少生产机械要求电动机能够频繁地启动、制动、反向和调速,如可逆轧机、矿井提升机、电梯、龙门刨床等,它们的特点是电动机能可逆运行,且换向过程中工作在发电制动状态下,以进行快速制动,所以它们都具有工作于四象限的机械特性。

对于他励直流电动机,控制其可逆运行的方法有两种:一种是改变励磁电压的极性;另一种是改变电动机电枢电压的极性。由于励磁系统的电磁时间常数大,快速性差,加之控制复杂,所以常用于大容量、快速性要求不高的可逆调速系统中。在要求快速的可逆系统中,常采用改变电枢电压极性的方法来实现可逆运行。

图 4.8 (a)、(b) 是两套变流装置反并联连接的可逆电路,其中图 (a) 是三相半波环流系统,图 (b) 是三相桥式全控无环流系统。其中电动机 M 的磁场方向不变,这种结构习惯上称为反并联可逆电路。根据对环流的不同处理方法,反并联可逆电路又可分为几种不同的控制方案,如配合控制有环流($\alpha = \beta$ 工作制)、可控环流、逻辑控制无环流和错位控制无环流等。但不管采用哪种控制方式,电动机正向运行时都是由一组变流器供电,反向运行时由另一组变流器供电,且都可使电动机在四象限内运行。

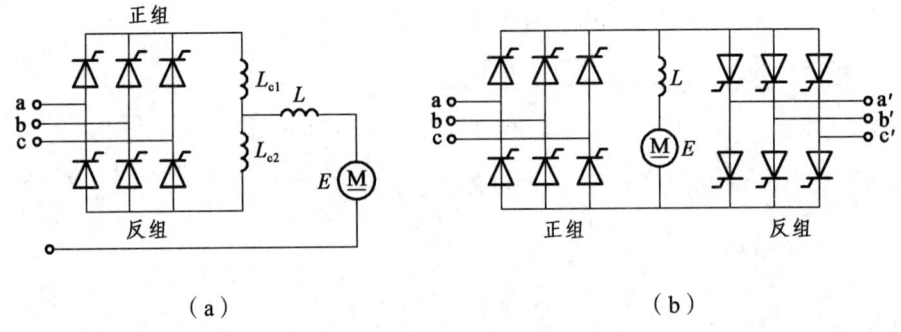

图 4.8 两组变流器反并联连接的可逆系统

两组变流器在四个象限内的工作方式和电动机的运行状态如图 4.9 所示。

第 I 象限:正组桥触发角 $\alpha_F < (\pi/2)$,$U_{dF} > E$,变流器工作于整流状态,电动机正转电动运行。

第 II 象限:反组桥触发角 $\alpha_R > (\pi/2)$,$U_{dR} < E$,变流器工作于有源逆变状态,电动机正转发电制动运行。

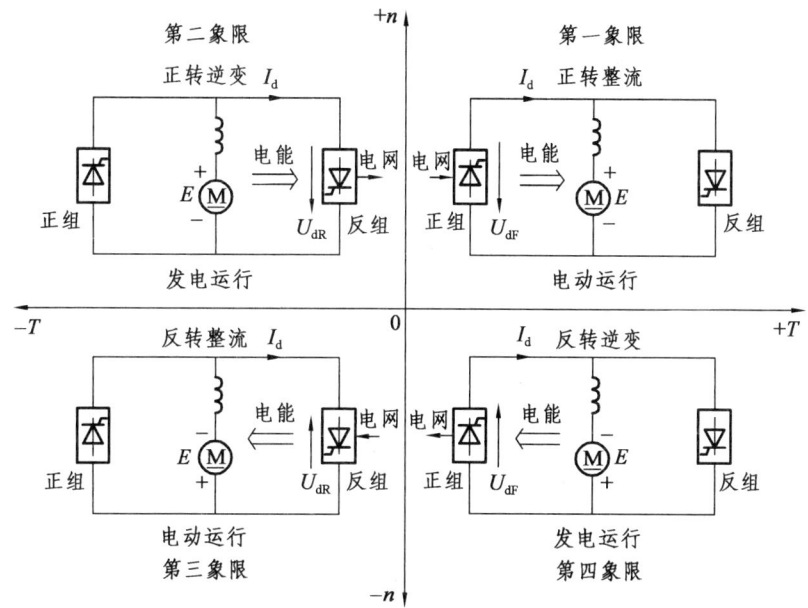

图 4.9 两组变流器的工作方式和对应电动机的运行状态

第Ⅲ象限：反组桥触发角 $\alpha_R < (\pi/2)$，$U_{dR} > E$，变流器工作于整流状态，电动机反转电动运行。

第Ⅳ象限：正组桥触发角 $\alpha_F > (\pi/2)$，$U_{dF} < E$，变流器工作于有源逆变状态，电动机反转发电制动运行。

下面分析电动机由正转到反转的工作过程。如图 4.9 所示，电动机工作在第Ⅰ象限作正转电动运行，此时电动机从正组桥取得电能。要电动机反转，应先使其迅速制动，这样就必须改变电枢电流的方向，但对正组桥而言，电流不能换向，需要切换至反组桥工作，并要求反组桥工作在逆变状态下，保证 U_{dR} 与 E 同极性连接，使电动机制动电流 $I_d = (E - U_{dR})/R$ 限制在允许范围内，此时电动机进入第Ⅱ象限作正转发电运行，电磁转矩成为制动转矩，电动机轴上的机械能经反组桥逆变为交流电能回馈电网，改变反组桥的逆变角 β，就可以改变电动机制动转矩。为了保证电动机在制动过程中有足够的转矩，一般应随着电动机转速的下降不断地调节 β 值，使之由小变大至 $\beta = \pi/2$（此时转速 $n = 0$），如再继续增大 β，即 $\alpha < \pi/2$，反组桥由逆变工作状态又进入整流工作状态，电动机开始反转进入第Ⅲ象限作电动运行。

上述过程是电动机由正转到反转的全过程，若要求电动机从反转到正转，则电动机由第Ⅲ象限经第Ⅳ象限最终运行在第Ⅰ象限上。

4.2.2 交流串级调速系统

串级调速是利用有源逆变的工作原理对绕线式异步电动机调速的一种方法。此方法具有结构简单、效率高、节能等优点，其调速范围宽，加之价格较低，因此在风机和泵类负载方面应用较多。

晶闸管串级调速系统的主回路接线示意图如图 4.10 所示，由图可知，在转子回路中串联晶闸管变流器，借以引入附加可调电势，从而控制绕线式异步电动机的转速。

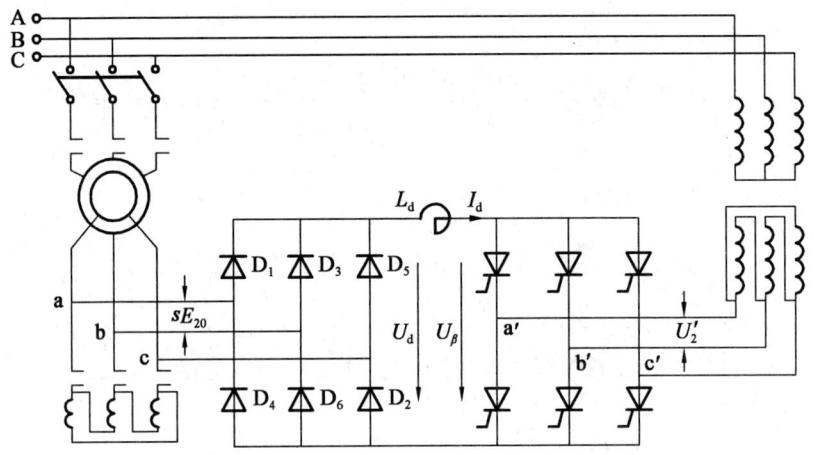

图 4.10　交流串级调速系统的主回路接线示意图

图 4.10 中，电动机转子回路接入三相桥式整流电路，由于转子电压与电网电压不一定匹配，设置了一个逆变器，其二次侧绕组经晶闸管组成的三相桥式逆变电路与整流器连接。整流桥将绕线式异步电动机转子在不同转速下感应出的转差频率电动势 $E_{2s}=sE_{20}$ 整流成电动势 U_d，其值为

$$U_d = 1.35sE_{20} - U_{d\Sigma} \tag{4.13}$$

式中，s 为转差率；E_{20} 为转子不动，即转差率 $s=1$ 时，转子绕组每相的感应电势；$U_{d\Sigma}$ 为整流器内总压降，包括电阻压降、整流管压降、转子绕组电抗的等值压降等。

这一直流电动势 U_d 由逆变电路变成交流电，送回电网。逆变电路直流侧的逆变电压平均值以 U_β 表示，有

$$U_\beta = 1.35U_2'\cos\beta + U_{\beta\Sigma} \tag{4.14}$$

式中，U_2' 为逆变变压器二次侧绕组线电压有效值；$U_{\beta\Sigma}$ 为逆变器内总压降，包括内阻压降、晶闸管压降、逆变变压器电抗的等值压降等。

逆变电压可看作是加在异步电动机转子回路的反电动势，只要改变逆变角，即可改变转子回路的反电动势，实现对电动机转速的控制。

在有源逆变状态下，直流回路的电压平衡方程式为

$$U_d = U_\beta + R_L I_d$$

式中，R_L 为平波电抗器电阻，则有

$$1.35sE_{20} - U_{d\Sigma} = 1.35U_2'\cos\beta + U_{\beta\Sigma} + R_L I_d \tag{4.15}$$

电动机转差率为 $s = \dfrac{U_2'}{E_{20}}\cos\beta + \dfrac{U_{d\Sigma} + U_{\beta\Sigma} + R_L I_d}{1.35E_{20}}$

电动机转速为

$$n = (1-s)n_1 = n_1\left(1 - \frac{U_2'}{E_{20}}\cos\beta - \frac{U_{d\Sigma} + U_{\beta\Sigma} + R_L I_d}{1.35 E_{20}}\right) \quad (4.16)$$

式中，n_1 为同步转速。

由此可见，改变逆变角 β，就可以调节电动机转速。当 β 下降，$\cos\beta$ 增加，n 下降；反之，β 增加，$\cos\beta$ 下降，n 上升。当 $\beta_{max} = 90°$ 时，$\cos\beta = 0$，$U_\beta = 0$，电动机在接近于额定转速的最高速运行。

应该指出，由于绕线式异步电动机的漏抗比一般整流变压器的漏抗大得多，因此，在转子电路的整流器中，其漏抗引起的换相重叠角效应的影响比较严重，虽然是自然换相，但当整流电流 I_d 大到一定值时，重叠角可达 60° 极限值，致使整流电压降低，电动机机械特性变软，最大临界转矩也下降 17.4%，这在使用时应予以注意。

4.2.3 高压直流输电

高压直流输电在跨越江河、海峡和大容量远距离的电缆输电，以及联系两个不同频率的交流电网、同频率两个相邻交流电网的非周期并联等方面发挥着重要作用。高压直流输电能减小输电线路中的能量损耗，目前，世界范围内的高压直流输电以每年约 1 500 MW 的速度增长。

图 4.11 是高压直流输电系统的原理示意图。如果从交流系统 I 向交流系统 II 送电，则换流站 1 为整流站，换流站 2 为逆变站；当功率反送时，则换流站 2 为整流站，换流站 1 为逆变站。

交流系统 I 和交流系统 II 与高压直流输电系统有着密切的关系，它们给整流器和逆变器提供换相电压，创造实现换流的条件。同时，交流系统 I 作为高压直流输电系统的电源，提供传输的功率；而交流系统 II 则相当于负荷，接受由直流输电系统送来的功率。因此，交流系统 I、II 是实现高压直流输电必不可少的组成部分。

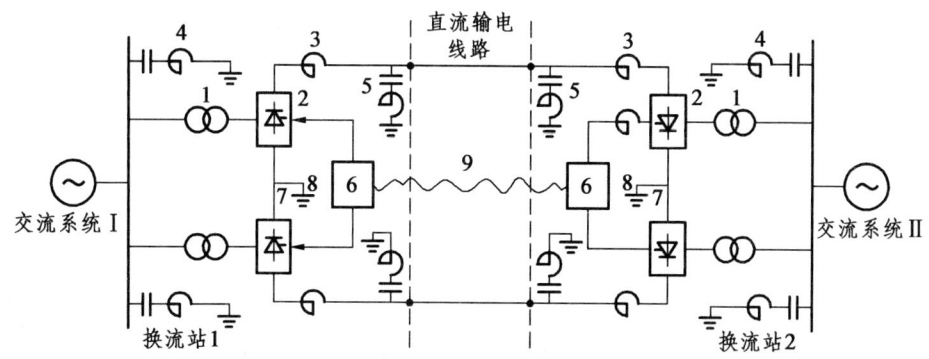

图 4.11 高压直流输电系统的构成示意图

1—换流变压器；2—换流器；3—平波电抗器；4—交流滤波器；5—直流滤波器；
6—控制保护系统；7—接电极引线；8—接地极；9—远动通信系统

高压直流输电的优点是：

① 直流输电架空线路只需正、负两极导线，杆塔结构简单，线路造价低、损耗小。与交流输电相比，输送同样的功率，直流架空线路可节省约 1/3 的钢芯铝线，1/3～1/2 的钢材，线

路造价为交流输电的 2/3，并且其线路损耗约为交流的 2/3，另外，直流输电所占的线路走廊也较窄，在直流电压作用下，线路电容不起作用，不存在电容电流，线路沿线的电压分布均匀，不存在交流输电由于电容电流而引起的沿线电压分布不均匀问题，不需要装设并联电抗器。

② 直流电缆线路输送容量大、造价低、损耗小、不易老化、寿命长，且输送距离不受限制。电缆耐受直流电压的能力比耐受交流电压的能力约高 3 倍以上，因此，同样绝缘厚度和芯线截面面积的电缆，用于直流输电比用于交流输电的输电容量要大很多。直流电缆线路只需一根（单极）或两根（双极）电缆，而交流线路则需要三根电缆（A、B、C 三相），因而直流电缆线路的造价比交流电缆线路要低许多。直流电缆线路的损耗主要是电阻损耗，而交流电缆除电阻损耗外，还有绝缘中的介质损耗和铅皮及铠装中的磁感应损耗，其电缆线路的对地电容比直流电缆架空线路要大得多，因而交流线路由此所产生的电容电流很大，电容电流势必降低电缆的有效负荷能力，因此，交流电缆的输送距离受其电容电流的限制。而直流电缆不存在电容电流，所以其输送距离不受限制，有利于进行远距离电力输送。

③ 直流输电不存在交流输电的稳定问题，有利于远距离大容量输电。直流输电的两端交流系统经过整流和逆变的隔离，无需同步运行，不存在同步运行的稳定问题，其输送容量和距离将不受同步运行稳定性的限制，这对于远距离大容量输电是很有利的。

④ 采用直流输电实现电力系统之间的非同步联网，可以不增加被联电网的短路容量，不需要由于短路容量的增加而更换断路器以及对电缆采取限流的措施；被联电网可以是额定频率不同（如 50 Hz、60 Hz）的电网，也可以是额定频率相同但非同步运行的电网；被联电网可保持自己的电能质量(如频率、电压)而独立运行，不受联网的影响；被联电网之间交换的功率可快速方便地进行控制，有利于运行和管理。

⑤ 直流输电输送的有功功率和换流器消耗的无功功率均可由控制系统进行控制，可利用这种快速可控性来改善交流系统的运行性能。根据交流系统在运行中的要求，可快速增加或减少直流输送的有功功率和换流器消耗的无功功率，对交流系统的有功平衡和无功平衡起快速调节作用，从而提高交流系统频率和电压的稳定性，提高电能质量和电网运行的可靠性。对于交、直流并联运行的输电系统，还可以利用直流的快速控制来阻尼交流系统的低频振荡，提高交流线路的输送能力。

⑥ 在直流电的作用下，只有电阻起作用，电感和电容均不起作用，直流输电采用大地为回路，直流电流则向电阻率很低的大地深层流去，可很好地利用大地这个良导体。利用大地为回路可省去一极的导线，同时大地的电阻率低、损耗小、运行费用也低。在双极直流输电系统中，通常大地回路是作为备用导线，使双极系统相当于两个可独立运行的单极系统运行。当一极故障时，可自动转为单极系统运行，提高了输电系统的运行可靠性。

4.3　晶闸管直流电动机系统

由晶闸管可控整流电路供电的他励直流电动机调速系统，简称为晶闸管直流电动机系统，是电力拖动系统中主要的一种，也是可控整流装置的主要用途之一。对晶闸管直流电动机系统的分析应从两方面进行：一方面分析带电动机负载时整流电路的工作情况；另一方面分析整流电路供电时，电动机的工作情况。前一种分析工作已在前面做了讨论，这里只分析整流电路供电时电动机的工作情况。

电动机的机械特性是电力传动系统的重要特性。从电路的工作状态来看,晶闸管直流电动机系统既可工作于整流状态,也可工作于有源逆变状态;从电路中的工作电流来看,晶闸管直流电动机系统既可能工作于电流连续情况,也可能工作于电路断续情况。要全面分析该系统电动机的机械特性,则应分别分析整流状态下和逆变状态下电流连续和断续的工作情况。

4.3.1 整流状态下电动机的机械特性

直流电动机作为负载,除了本身的电阻、电感外,还有一个反电动势 E,如果不考虑电动机的电枢电感,则只有当晶闸管导通相的变压器二次侧电压瞬时值大于反电动势时才有电流输出,这种情况已在前面介绍单相桥式全控整流电路带反电动势负载时作过介绍,此时负载电流是断续的,对整流电路和电动机负载的工作都非常不利。实际应用中,为了避免出现这种情况,使输出负载电流平稳且脉动小,通常在电枢回路中串联一个平波电抗器,以保证整流电流在较大范围内连续。

如图 4.12 所示,以三相半波整流电路为例,图中给出了在整流状态下电流连续时电路中的电压、电流波形。

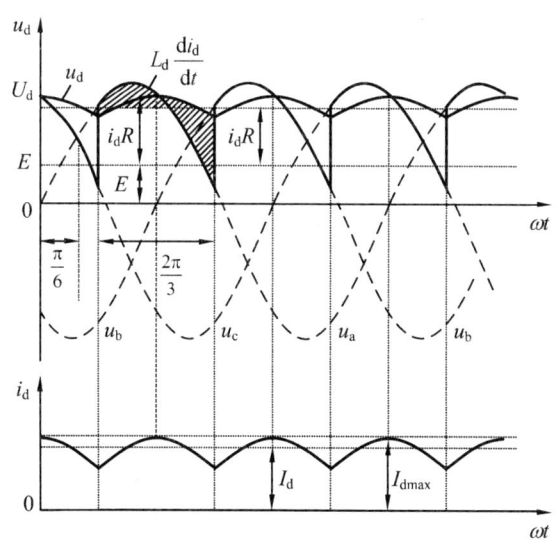

图 4.12 三相半波整流电路在整流状态下的电压、电流波形(电流连续时)

触发晶闸管,待电动机启动达稳态后,虽然整流电压的波形脉动较大,但由于电动机有较大的机械惯量,故其转速和反电动势的波动都很小,基本上可以看作是平稳的常值,此时,电路整流电压方程式为

$$U_d = E + R_\Sigma I_d + U_T \tag{4.17}$$

式中,R_Σ 为回路总的等效电阻,由几部分组成:变压器的等效电阻 R_B,包括变压器二次侧绕组本身的电阻以及一次侧绕组折算到二次侧绕组的等效电阻;电枢电阻 R_M;重叠角引起的电压降对应等效电阻 $3X_B/2\pi$。U_T 是晶闸管导通压降。

1. 电流连续时电动机的机械特性

根据电机学知识,已知直流电动机的反电动势为

$$E = c_e n \tag{4.18}$$

式中,$c_e = k_e \Phi$,k_e 为电动机在额定磁通下的电动势转速比,k_e 由电动机结构决定,为一常数,Φ 是电动机磁场每对磁极下的额定磁通量,单位为 Wb。

根据式(4.17),可得电流连续时晶闸管直流电动机系统的机械特性方程为

$$n = \frac{E}{c_e} = \frac{U_d - R_\Sigma I_d - U_T}{c_e} = \frac{1}{c_e}(1.17 U_2 \cos\alpha - R_\Sigma I_d - U_T) \tag{4.19}$$

图 4.13 是根据式(4.19)做出的不同 α 时 n 与 I_d 的关系曲线。由图可知,其机械特性与由直流发电机供电时的机械特性相似,是一组平行且向下倾斜的直线。调节 α 角,即可调节电动机的转速。

同理,可列出三相桥式全控整流电路电流连续时电动机的机械特性方程为

$$n = \frac{1}{c_e}(2.34 U_2 \cos\alpha - R_\Sigma I_d - U_T) \tag{4.20}$$

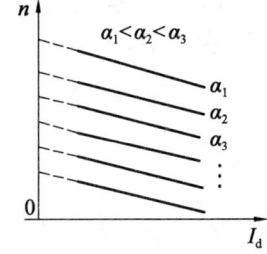

图 4.13 三相半波整流电路电流连续时以电流表示的电动机机械特性

2. 电流断续时电动机的机械特性

从图 4.12 可以看出,如果电感 L_d 较大,则负载电流 i_d 的增长和衰减都较慢,其波形平稳,就容易连续;或者是负载较大时,由于所需的平均电流 I_d 较大,电流波形也容易连续。但在平波电抗器电感值一定的条件下,I_d 如果很小,平波电抗器中储能减小,致使电流不再连续,此时电动机的机械特性呈非线性。

当电流断续时,前一相的电流 i_d 维持不到下一相的晶闸管导通,由于电动机的机械惯性大,在电流断流期间电动机的转速来不及改变,可以认为电动机反电动势 E 保持不变,因而输出整流电压平均值 U_d 将较电流连续时升高。由此可见,电流断续时 u_d 的波形与电动机反电动势 E 有关,即与电动机的转速有关,而不像电流连续时那样只由控制角 α 决定。

在电流连续的情况下(如 $\alpha = 60°$),当 $I_d = 0$ 时,若忽略晶闸管导通压降,可得其理想空载情况下的反电动势 $E_0 = 1.17 U_2 \cos 60° = 0.585 U_2$,如图 4.14 中所示的反电动势特性曲线虚线部分与纵轴的交点。实际上,在负载电流 i_d 减小到某一值 $I_{d\min}$ 后,电流将变为断续,所以 E_0 是不存在的,实际的理想空载点 E_0' 将远大于它。因为 $\alpha = 60°$ 时,晶闸管触发导通时的相电压瞬时值为 $\sqrt{2} U_2$,它大于 E_0,因此电路中必然会产生电流,说明 E_0 并不是空载点,只有当反电动势 E 等于触发导通后相电压的最大值 $\sqrt{2} U_2$ 时,电流才等于零,所以 $\sqrt{2} U_2$ 才是理想空载点。同样可分析得出,$\alpha \leqslant 60°$ 时电动机的理想空载反电动势都是 $\sqrt{2} U_2$,$\alpha > 60°$ 后,空载反电动势为 $\sqrt{2} U_2 \cos\left(\alpha - \frac{\pi}{3}\right)$,如图 4.15 所示。

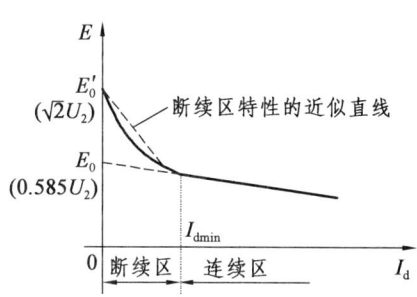

图 4.14 电流断续时电动机
反电动势 E 的特性曲线

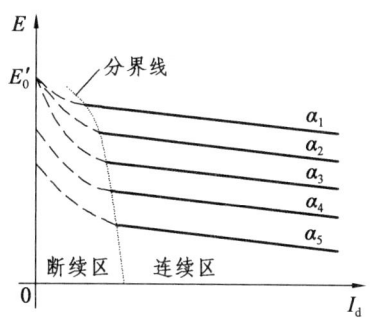

图 4.15 电流断续时不同 α 时的反电动势
的特性曲线（$\alpha_1<\alpha_2<\alpha_3<60°$，$\alpha_5>\alpha_4>60°$）

因此，电流断续时，晶闸管直流电动机系统的机械特性有以下特点：

① 电流断续时电动机的理想空载转速抬高。

② 电流断续使电动机机械特性变软，即负载电流变化很小也可引起很大的转速变化。

③ 随着 α 增加，进入断续区的电流值加大。这是由于 α 越大，变压器加在晶闸管阳极上的负电压时间越长，电流要维持导通，必须要求平波电抗器储存较大的磁能，而在电抗器 L_d 为一定值的情况下，要有较大的电流 I_d 才行。

一般只要主电路的电感足够大，就可以只考虑电流连续段，电动机的机械特性完全按线性处理。当低速轻载时，断续作用显著，可改用另一段较陡的特性来近似处理，如图 4.14 所示，其等效电阻比实际的电阻大一个数量级。

如果给定最小负载电流 $I_{d\min}$（一般取额定电流的 5%～10%）若它在工作过程中始终大于满足电流连续的最小电流，则可以保证电流不会出现断续。根据分析、推导，可得到保证在全部工作范围内电流始终连续所需的最小电感值为

$$L = 1.46 \frac{U_2}{I_{d\min}} \quad \text{（三相半波整流电路）} \tag{4.21}$$

或

$$L = 0.693 \frac{U_2}{I_{d\min}} \quad \text{（三相桥式全控整流电路）} \tag{4.22}$$

因为三相桥式全控整流电路输出电压的脉动频率较三相半波时的高一倍，因而所需的平波电抗器的电感量可减小约一半，这也是三相桥式整流电路的一大优点。

另外应注意到：平波电抗器的设置会增加电枢回路的时间常数，恶化系统的瞬态响应，同时也增加了系统的成本、重量、体积、功耗和噪音，因此，对平波电抗器电抗值的选择应从多方面考虑，尽量做到合理。

4.3.2 逆变状态下电动机的机械特性

晶闸管直流电动机系统在逆变状态下的机械特性与整流状态时类同，可按电流连续和电续断续两种情况分析。

1. 电流连续时电动机的机械特性

根据整流状态时电动机的机械特性方程式（4.20），将 α 换成 $\pi-\beta$ 则为逆变状态下电动机的机械特性方程

$$n = -\frac{1}{c_e}(U_{d0}\cos\beta + R_\Sigma I_d + U_T) \tag{4.23}$$

式中,负号"-"表示逆变时电动机的转向与整流时相反,对应不同的逆变角,可获得一组彼此平行的机械特性曲线,如图 4.16 所示。图中第 4 象限的虚线右边部分表示逆变状态下电流连续时电动机的机械特性,改变 β 角可改变电动机的运行转速。

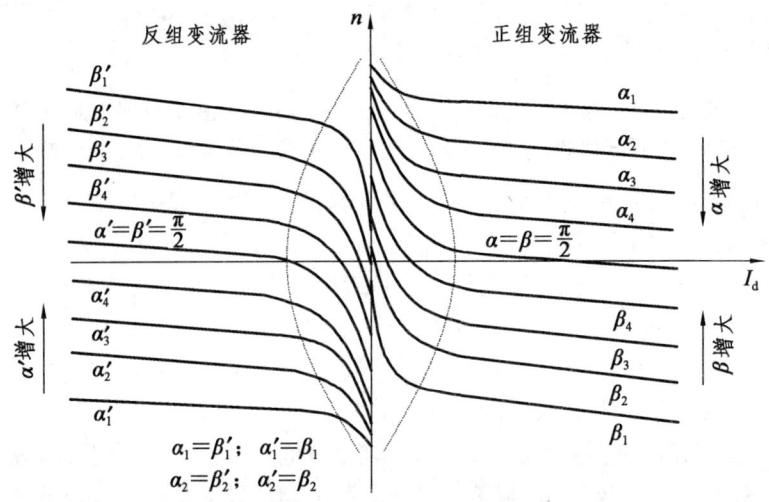

图 4.16 逆变状态下电流连续时电动机在四象限中的机械特性

2. 电流断续时电动机的机械特性

图 4.16 中第 4 象限的虚线左边部分表示逆变状态下电流断续时电动机的机械特性,其推导过程较复杂,这里不作讨论。从图中可以看出,逆变状态下电流断续时电动机的机械特性与整流状态时十分相似,其特点是:理想空载转速上翘很多,机械特性变软,且为非线性。这充分说明:逆变状态下电动机的机械特性是整流状态时的延续,触发角 α 由小变大,电动机的机械特性则逐渐由第 1 象限往下移,进而达到第 4 象限。同样,第 2 象限表示的也是逆变状态电动机的机械特性,与它对应的整流状态电动机的机械特性表示在第 3 象限,只是它们与 1、4 象限电动机的机械特性分别属于不同的变流器组。

4.4 PWM 整流器

4.4.1 PWM 整流器的基本工作原理

从电力电子技术的发展来看,整流器是较早应用的一种 AC/DC 变换装置。整流器的发展经历了由不控整流器(二极管整流)、相控整流器(晶闸管整流)到 PWM 整流器(GTO、IGBT、IGCT 整流)的发展历程。传统的相控整流器,虽应用时间较长,技术也较成熟,应用也较广泛,但仍然存在以下问题:

① 晶闸管换相引起网侧电压波形畸变。

② 网侧谐波电流对电网产生谐波"污染"。

③ 深控时（α 较大时）网侧功率因数降低。
④ 闭环控制时动态响应相对较慢。

虽然二极管整流器改善了整流器网侧的功率因数，但仍会产生网侧谐波电流而"污染"电网；另外，二极管整流器的不足还在于其直流电压的不可控性。

针对上述不足，PWM 整流器在传统的相控整流器及二极管整流器基础上进行了全面改进。其关键性的改进在于用全控型功率开关管取代了半控型功率开关管或二极管，以 PWM 斩控整流取代了相控整流或不控整流。因此，PWM 整流器可以取得以下优良性能：
① 网侧电流为正弦波。
② 网侧功率因数可控（如单位功率因数控制）。
③ 电能双向传输。
④ 较快的动态控制响应。

显然，PWM 整流器已不是一般传统意义上的 AC/DC 变换器。由于电能的双向传输，当 PWM 整流器从电网吸取电能时，其运行于整流工作状态；而当 PWM 整流器向电网传输电能时，其运行于有源逆变工作状态。所谓单位功率因数是指：当 PWM 整流器运行于整流状态时，网侧电压、电流同相（正阻特性）；当 PWM 整流器运行于有源逆变状态时，其网侧电压、电流反相（负阻特性）。进一步研究表明，由于 PWM 整流器的网侧电流及功率因数均可控，因而可被推广应用于有源电力滤波及无功补偿等非整流器场合。

综上所述，PWM 整流器实际上是一个其交、直流侧可控的四象限运行的变流装置。为便于理解，以下通过模型电路来阐述 PWM 整流器的基本工作原理。

图 4.17 所示为 PWM 整流器的模型电路。从图 4.17 可以看出：PWM 整流器的模型电路由交流回路、功率开关管桥路以及直流回路组成。其中，交流回路包括交流电动势 e 以及网侧电感 L 等；直流回路包括负载电阻 R_L 及负载电动势 e_L 等；功率开关管桥路可由电压型或电流型桥路组成。当不计功率开关管桥路的损耗时，由交、直流侧的功率平衡关系得

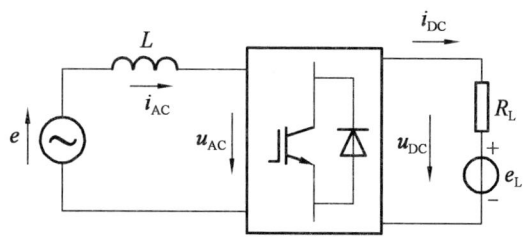

图 4.17 PWM 整流器模型电路

$$i_{AC} \cdot u_{AC} = i_{DC} \cdot u_{DC} \tag{4.24}$$

式中，i_{AC} 和 u_{AC} 分别为模型电路交流侧的电压、电流；i_{DC} 和 u_{DC} 分别为模型电路直流侧的电压、电流。

由式（4.24）不难理解：通过对模型电路交流侧的控制，就可以控制其直流侧，反之亦然。以下着重从模型电路交流侧入手来分析 PWM 整流器的运行状态和控制原理。

稳态条件下，PWM 整流器交流侧电量的矢量关系如图 4.18 所示。

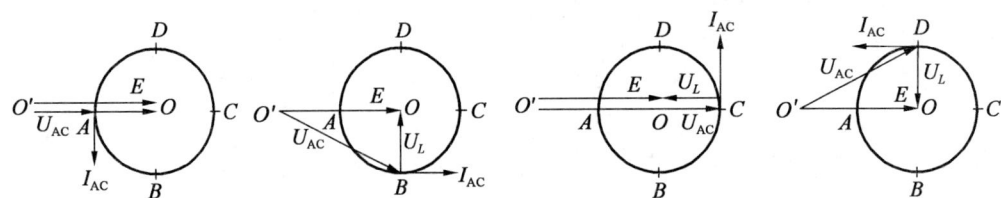

（a）纯电感特性运行　（b）正阻特性运行　（c）纯电容特性运行　（d）负阻特性运行

图 4.18　PWM 整流器交流侧电量的稳态矢量关系

E—交流电网电动势矢量；U_{AC}—交流侧电压矢量；
U_L—交流侧电感电压矢量；I_{AC}—交流侧电流矢量

为简化分析，对于 PWM 整流器的模型电路，只考虑基波分量而忽略 PWM 谐波分量，并且不计交流侧电阻，这样分析图 4.18 可知：当以电网电动势矢量 E 为参考时，通过控制交流侧电压矢量 U_{AC} 即可实现 PWM 整流器的四象限运行。若假设 $|I_{AC}|$ 不变，因此 $|U_L|=\omega L|I_{AC}|$ 也固定不变，在这种情况下，PWM 整流器的交流侧电压矢量 U_{AC} 端点的运动轨迹是一个以 U_L 为半径的圆。当电压矢量 U_{AC} 端点位于圆轨迹 A 点时，电流矢量 I_{AC} 比电动势矢量 E 滞后 90°，此时 PWM 整流器网侧呈现纯电感特性，如图 4.18（a）所示；当电压矢量 U_{AC} 端点运动至圆轨迹 B 点时，电流矢量 I_{AC} 与电动势矢量 E 平行且同向，此时 PWM 整流器网侧呈现正阻特性，如图 4.18（b）所示；当电压矢量 U_{AC} 端点运动至圆轨迹 C 点时，电流矢量 I_{AC} 比电动势矢量 E 超前 90°，此时 PWM 整流器网侧呈现纯电容特性，如图 4.18（c）所示；当电压矢量 U_{AC} 端点运动至圆轨迹 D 点时，电流矢量 I_{AC} 与电动势矢量 E 平行且反向，此时 PWM 整流器网侧呈现负阻特性，如图 4.18（d）所示。以上 A、B、C、D 四点是 PWM 整流器在四个象限运行的四个特殊工作状态点，进一步分析可知 PWM 整流器在四个象限运行的规律如下：

① 电压矢量 U_{AC} 端点在圆轨迹 A、B 上运动时，PWM 整流器运行于整流状态。此时，PWM 整流器需从电网吸收有功功率及感性无功功率，电能将通过 PWM 整流器由电网传输至直流负载。值得注意的是，当 PWM 整流器运行在 B 点时，则实现单位功率因数整流控制；而在 A 点运行时，PWM 整流器则不从电网吸收有功功率，而只从电网吸收感性无功功率。

② 当电压矢量 U_{AC} 端点在圆轨迹 B、C 上运动时，PWM 整流器运行于整流状态。此时，PWM 整流器需从电网吸收有功功率及容性无功功率，电能将通过 PWM 整流器由电网传输至直流负载。当 PWM 整流器运行至 C 点时，PWM 整流器将不从电网吸收有功功率，而只从电网吸收容性无功功率。

③ 当电压矢量 U_{AC} 端点在圆轨迹 C、D 上运动时，PWM 整流器运行于有源逆变状态。此时，PWM 整流器向电网传输有功功率及容性无功功率，电能将从 PWM 整流器直流侧传输至电网。当 PWM 整流器运行至 D 点时，便可实现单位功率因数有源逆变控制。

④ 当电压矢量 U_{AC} 端点在圆轨迹 D、A 上运动时，PWM 整流器运行于有源逆变状态。

此时，PWM 整流器向电网传输有功功率及感性无功功率，电能将从 PWM 整流器直流侧传输至电网。

显然，要实现 PWM 整流器的四象限运行，关键在于网侧电流的控制：一方面可以通过控制 PWM 整流器交流侧电压来间接控制其网侧电流；另一方面也可通过网侧电流的闭环控制来直接控制 PWM 整流器的网侧电流。

4.4.2 PWM 整流器的拓扑结构

1. 电压型 PWM 整流器的拓扑结构

电压型 PWM 整流器（Voltage Source Rectifer，简称 VSR）最显著的拓扑特征就是直流侧采用电容进行储能，从而使 VSR 直流侧呈低阻抗的电压源特性。以下介绍电压型 PWM 整流器的几种常见的拓扑结构。

（1）单相半桥、全桥电压型 PWM 整流器拓扑结构

图 4.19 分别示出了电压型 PWM 整流器单相半桥和单相全桥主电路的拓扑结构。两者交流侧具有相同的电路结构，其中交流侧电感主要用来滤除网侧电流谐波。

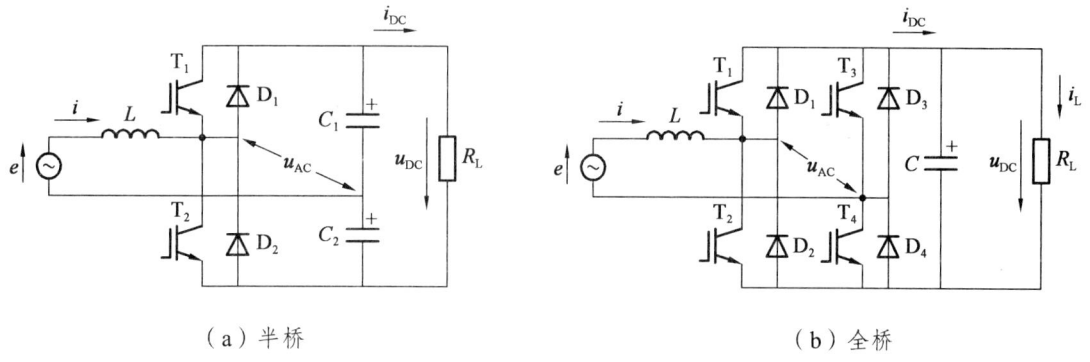

（a）半桥　　　　　　　　　　　　　（b）全桥

图 4.19　电压型 PWM 整流器单相半桥和单相全桥主电路的拓扑结构

由图 4.19（a）可以看出，单相半桥 VSR 的拓扑结构只有一个桥臂采用了功率开关管，另一桥臂则由两个电容串联组成，同时串联电容又兼作直流侧储能电容。而单相全桥电压型 PWM 整流器的拓扑结构如图 4.19（b）所示，它采用了具有 4 个功率开关管的桥式结构。值得注意的是：电压型 PWM 整流器主电路的功率开关管必须反并联一个续流二极管，以缓冲 PWM 整流过程中的无功电能。比较图 4.19（a）、（b），显然半桥电路具有较简单的主电路结构，且功率开关管数只有全桥电路的一半，因而造价相对较低，常用于低成本、小功率应用场合。但是，在相同的交流侧电路参数条件下，要使单相半桥电压型 PWM 整流器以及单相全桥电压型 PWM 整流器获得同样的交流侧电流控制特性，半桥电路直流电压应是全桥电路直流电压的两倍，因此，半桥电路对功率开关管的耐压要求相对提高。另外，为使半桥电路中电容中点的电位基本不变，还需引入电容均压控制，可见，单相半桥电压型 PWM 整流器的控制相对复杂。

（2）三相半桥、全桥电压型 PWM 整流器的拓扑结构

图 4.20 分别给出了三相半桥和三相全桥电压型 PWM 整流器主电路的拓扑结构。

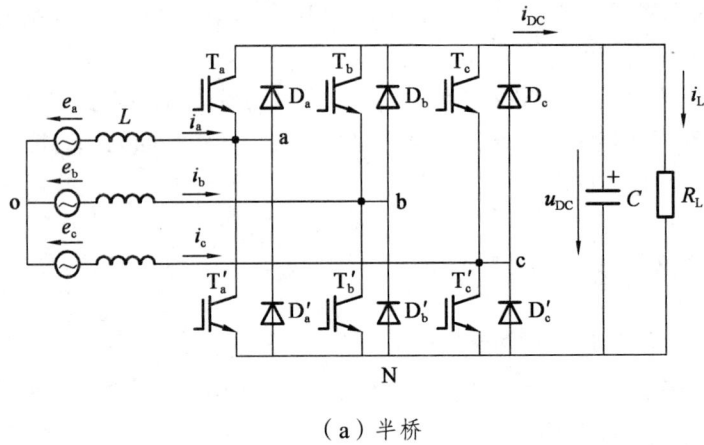

（a）半桥

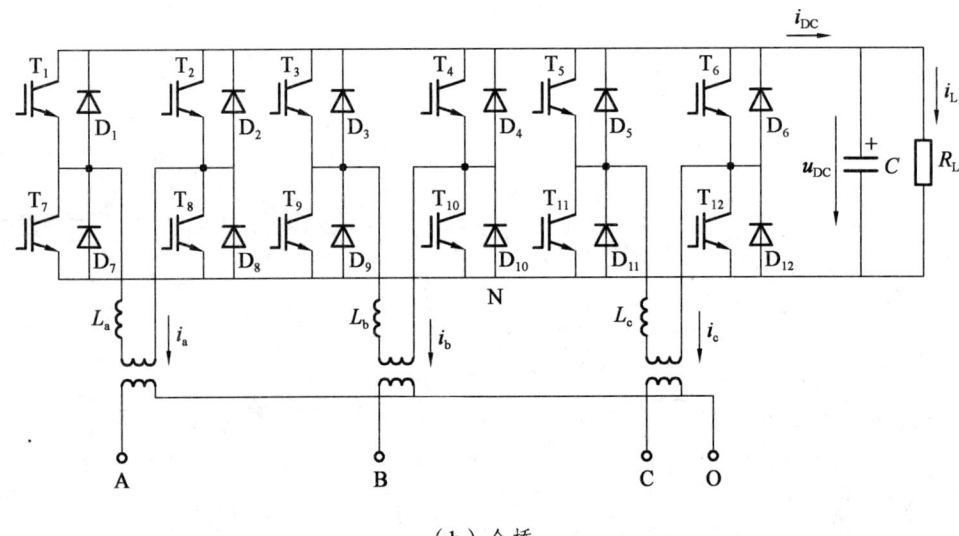

（b）全桥

图 4.20　三相半桥、全桥电压型 PWM 整流器主电路的拓扑结构

图 4.20（a）所示为三相半桥电压型 PWM 整流器主电路的拓扑结构。其交流侧采用三相对称的无中线连接方式，并采用 6 个功率开关管，这是一种最常用的三相 PWM 整流器。通常所说的三相桥式电路即指三相半桥电路。

三相半桥电压型 PWM 整流器较适用于三相电网平衡系统，当三相电网不平衡时，其控制性能将恶化，甚至使其发生故障。为克服这一不足，可采用三相全桥电压型 PWM 整流器，其拓扑结构如图 4.20（b）所示，其特点是：公共直流母线 N 上连接了三个独立控制的单相全桥电压型 PWM 整流器，并通过变压器连接至三相四线制电网。因此，三相全桥电压型 PWM 整流器实际上是由三个独立的单相全桥电压型 PWM 整流器组合而成的，当电网不平衡时，不会严重影响 PWM 整流器的控制性能，由于三相全桥电路所需的功率开关管是三相半桥电路的一倍，因而三相全桥电路一般较少采用。

（3）三电平电压型 PWM 整流器的拓扑结构

以上所述的电压型 PWM 整流器的拓扑结构属于常规的二电平拓扑结构。这种拓扑结构的不足之处在于：当其应用于高电压场合时，需使用高反电压的功率开关管或将多个功率开关管串联使用；此外，由于电压型 PWM 整流器交流侧输出电压总在二电平上切换，当开关频率不高时，将导致谐波含量相对较大。为解决这些问题，推出了具有中点钳位的三电平电压型 PWM 整流器拓扑结构，这种拓扑结构中，由多个功率开关管串联使用，并采用二极管钳位，以获得交流输出电压的三电平调制。显然，三电平电压型 PWM 整流器在提高耐压等级的同时，有效地降低了交流谐波电压、电流，从而改善了其网侧波形品质。图 4.21 所示为三相三电平电压型 PWM 整流器主电路的拓扑结构，可见，三电平电路所需的功率开关管与二电平电路相比成倍增加，并且控制也相对复杂，这是这种电路的不足。

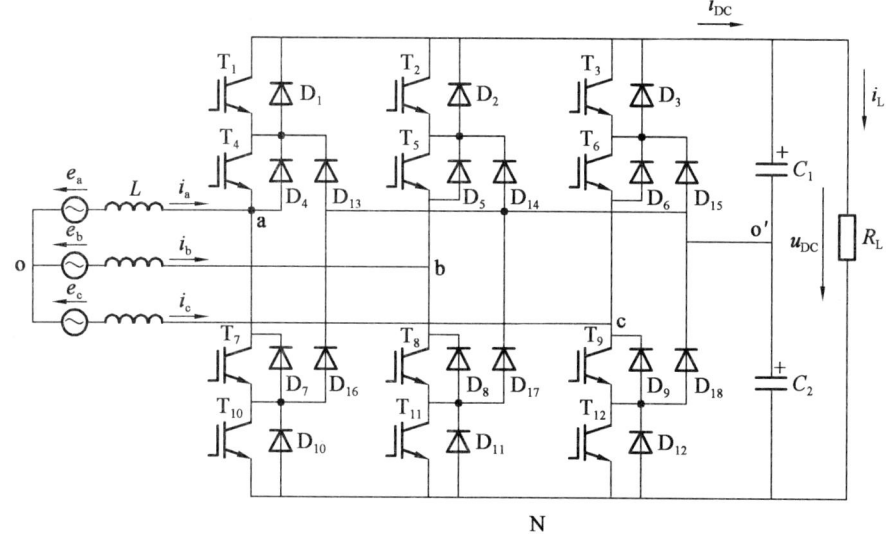

图 4.21　三相三电平电压型 PWM 整流器主电路的拓扑结构

2. 电流型 PWM 整流器的拓扑结构

电流型 PWM 整流器的拓扑结构最显著特征就是直流侧采用电感进行储能，从而使电流型 PWM 整流器直流侧呈高阻抗的电流源特性。电流型 PWM 整流器常采用的拓扑结构有单相、三相两种，如图 4.22 所示。

图 4.22（a）所示为单相电流型 PWM 整流器的拓扑结构。除直流储能电感以外，与单相电压型 PWM 整流器相比，其交流侧增加了一个滤波电容，它与网侧电感一起组成 LC 滤波器，以滤除电流型 PWM 整流器网侧的谐波电流，并抑制电流型 PWM 整流器交流侧的谐波电压。另外，一般需在电流型 PWM 整流器的功率开关管支路上顺向串联二极管，其主要目的是阻断反向电流（因为一般功率开关管大都集成有反并联二极管），并提高功率开关管的耐反压能力。

图 4.22（b）所示为三相电流型 PWM 整流器的拓扑结构，显然，这是一个半桥电路，其交流侧是一个无中线的三相对称 LC 滤波电路，其直流侧与单相电流型 PWM 整流器直流侧相同，即采用电感进行储能。

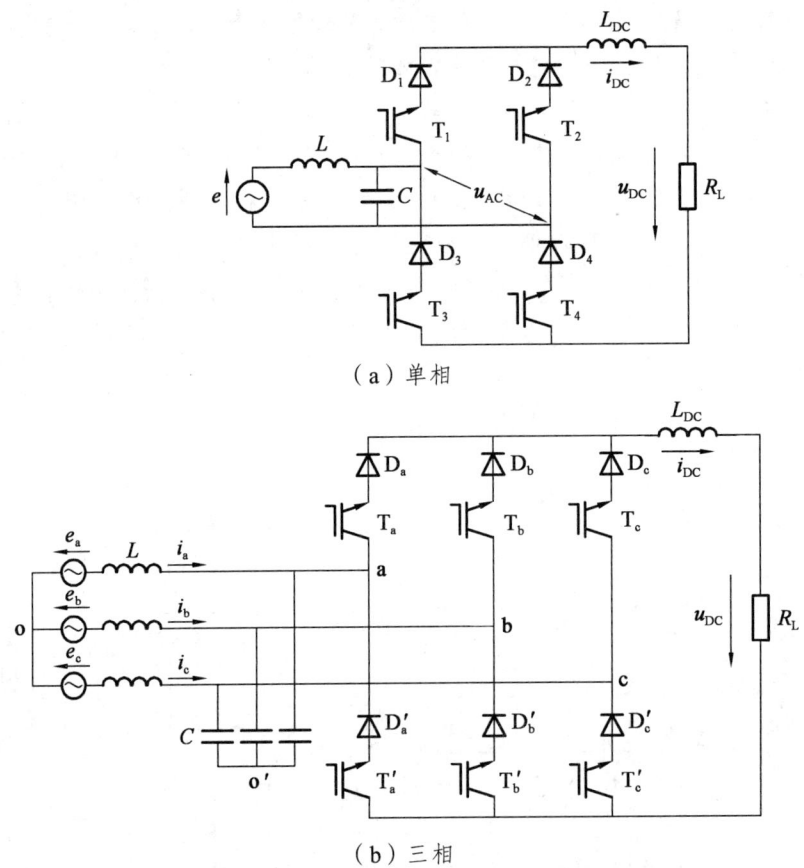

(a) 单相

(b) 三相

图 4.22 电流型 PWM 整流器主电路的常见拓扑结构

4.4.3 电压型 PWM 整流器的控制

对于电压型 PWM 整流器进行控制有两个目的：第一，保持中间回路直流电压在允许的偏差范围之内；第二，使变压器一次侧的功率因数接近于 1（或 -1），即使输入电流为正弦波，且和电压同相位(或反相)。对于一般的控制系统，要实现 PWM 整流器正常工作，必须同时控制直流输出电压和交流输入电流，直流输出电压作为外环控制量，交流输入电流作为内环控制量。

要使 PWM 整流器在工作时功率因数近似为 1（或 -1），可以通过很多控制方法实现。根据是否引入电流反馈，控制可以分为两种：引入交流电流反馈的称为直接电流控制；没有引入交流电流反馈的称为间接电流控制。

在直接电流控制系统中，通过直流电压控制环节求出交流电流给定值，同时检测交流电流反馈值，由电流给定值与反馈值比较的结果决定开关元件的开关状态，从而达到对交流电流的直接控制，且使其跟踪电流给定值。直接电流控制中有不同的电流跟踪方法，图 4.23 给出的是一种最基本的采用电流滞环控制的系统结构图，图 4.23 中的 PWM 整流电路如图 4.20 (a) 所示。图 4.23 所示的控制系统是一个双闭环控制系统。其外环是直流电压控制环，内环是交流电流控制环。直流电压给定值 u_d^* 和直流电压实际采样值 u_d 比较后送入 PI 调节器，

PI 调节器的输出为一直流电流给定信号 i_d，i_d 的大小和 PWM 整流器交流输入电流的幅值成正比。稳态时，$u_d = u_d^*$，PI 调节器的输入为 0，PI 调节器的输出 i_d 与 PWM 整流器负载电流相对应，也和 PWM 整流器交流输入电流的幅值相对应。若负载电流增大，直流侧储能电容 C 因放电而使其电压 u_d 下降，PI 调节器的输入端出现正偏差，则输出 i_d 增大，i_d 的增大使得与之相对应的 PWM 整流器的交流输入电流增大，从而使直流侧电压 u_d 回升。达到稳态时，u_d 仍和 u_d^* 相等，PI 调节器的输入恢复到 0，i_d 则稳定在新的较大的值，与较大的负载电流和较大的交流输入电流相对应。若负载电流减小，调节过程与上述相反。

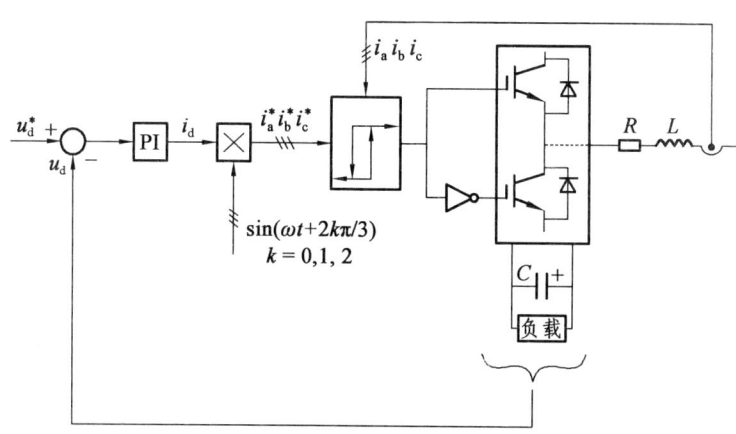

图 4.23 采用直接电流控制的 PWM 整流器系统结构图

外环 PI 调节器的输出直流电流信号若分别乘以与 a、b、c 三相相电压同相位的正弦信号，就得到三相交流电流的正弦给定值 i_a^*、i_b^*、i_c^*。设定 Δi 为滞环边带限制，当 $i_a > i_a^* + \Delta i$ 时，a 相上桥臂的 T_a 管导通；当 $i_a < i_a^* - \Delta i$ 时，a 相下桥臂的 T_a' 管导通，在边带内部时，开关状态保持不变。同理可得 b、c 两相电流的滞环比较。可以看出，三相交流电流正弦给定值 i_a^*、i_b^*、i_c^* 分别和各自的电源电压同相位，其幅值与反应负载电流大小的直流电流信号 i_d 成正比，通过滞环对开关器件进行控制，便可使实际交流输入电流跟踪给定值，从而实现 PWM 整流器的功率因数为 1。

PWM 整流器从整流运行变为逆变运行时，首先是负载电流反向，向直流侧电容 C 充电，使得 u_d 升高，PI 调节器的输入为负偏差值，其输出直流电流给定值 i_d 减小后变为负值，通过乘法器运算后得到的交流电流给定值 i_a^*、i_b^*、i_c^* 与各自的电源电压反相，通过滞环比较控制后，实际交流输入电流 i_a、i_b、i_c 也与电源电压反相，实现逆变运行，功率因数近似为 −1。达到稳定后，u_d 仍和 u_d^* 相等，PI 调节器输入恢复到 0，其输出 i_d 为负值，与逆变电流大小相对应。

采用滞环电流比较的直接电流控制系统，结构简单，电流响应速度快，控制运算中未使用电路参数，系统鲁棒性好。

4.4.4 PWM 整流器的应用

1. 有源电力滤波（APF）及无功补偿（SVG）

图 4.24 示出了与 LC 滤波器混合并联的有源电力滤波器主电路的拓扑结构，它主要由无源 LC 环节和基于 PWM 整流器拓扑结构的有源滤波环节组成。

这种混合并联型有源电力滤波器利用 LC 滤波器以及有源滤波器共同起到电网的谐波抑制及无功补偿作用，从而有利于提高系统的性价比。一般而言，希望 LC 滤波器承担大部分谐波和无功补偿的任务，而利用有源滤波器的作用改善系统的性能，这样可在满足补偿要求的同时，大大降低有源滤波装置的容量，从而减少系统造价。

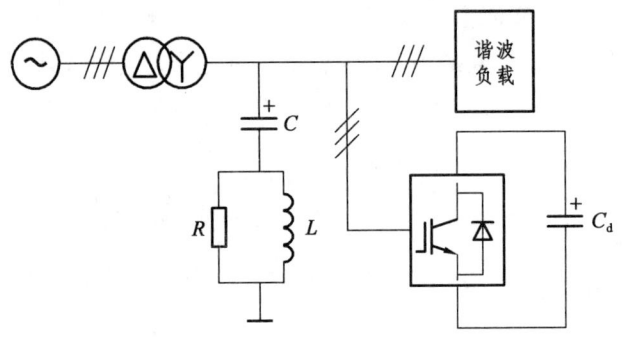

图 4.24　混合并联型有源电力滤波器（APF）主电路的拓扑结构

并联型有源电力滤波器网侧实质上可以看成一个等效的可控电流源，它产生一个与被补偿量（谐波电流及无功电流）的量值相等且相位相反的补偿电流，并注入电网，这样电网电流即获得所需功率因数的正弦波电流，以达到有源滤波及无功补偿的目的。这样，系统既实现了对电网的有源滤波(APF)同时也补偿了无功（SVG）。

实际上，当基于 PWM 整流器拓扑结构的有源环节只向电网注入无功电流而不补偿谐波电流时，该有源环节相当于一个静止无功补偿器（SVG）。

2. 统一潮流控制器（UPFC）

统一潮流控制器（UPFC）是柔性交流输电系统（FACTS）技术中最引人注目、最有应用前景的一种电力补偿装置。UPFC 用于输电网，主要起控制有功潮流和吞吐无功功率的作用，其主电路拓扑结构如图 4.25 所示。UPFC 主电路主要由串联变流器和并联变流器组合而成，其串联变流器通过变压器向电力网引入一个幅值可变、相位可任意调节的电压源，从而能对线路的有功、无功功率进行控制；而并联变流器则采用了 PWM 整流器拓扑结构，它通过变压器向电力网引入一个幅值可变、相位可任意调节的电流源，从而具有快速吞吐无功功率的能力，并联变流器的另一个主要作用是提供一个稳定的直流电压，以确保串、并联变流器的正常运行。

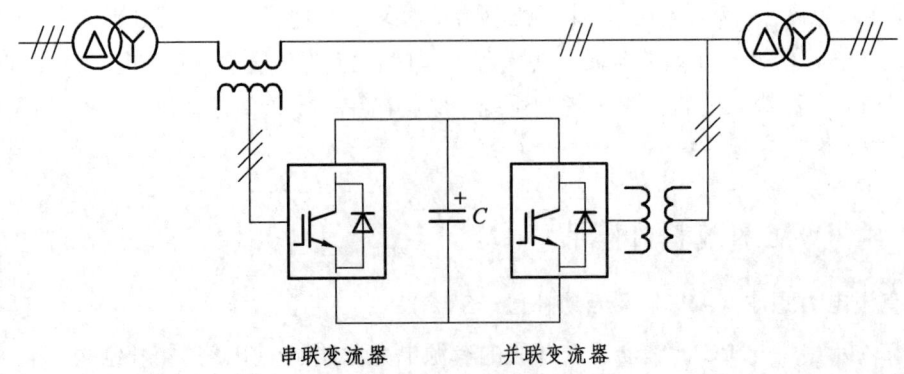

图 4.25　统一潮流控制器（UPFC）主电路的拓扑结构

3. 四象限交流电动机驱动系统

在常规的由电压型逆变器组成的交流电动机驱动系统中，为实现电动机的四象限运行，必须在逆变器直流侧加装耗能或馈能装置，这主要是由于常规的电压型逆变器交流电动机驱动系统采用了交—直—交拓扑结构，而整流环节大都采用二极管整流器，因而无法实现电能回馈，并且将给电网造成一定的谐波"污染"。若将 PWM 整流器取代二极管整流器，不仅可实现交流电动机的四象限运行，以及网侧单位功率因数正弦波电流控制，还可使直流侧获得足够高且稳定的直流电压，从而改善了电动机的驱动性能。另一方面，通过引入适当的控制策略，还可以大大减少直流侧电容的电容量，提高装置运行的可靠性。四象限交流电动机驱动系统主电路的拓扑结构如图 4.26 所示。

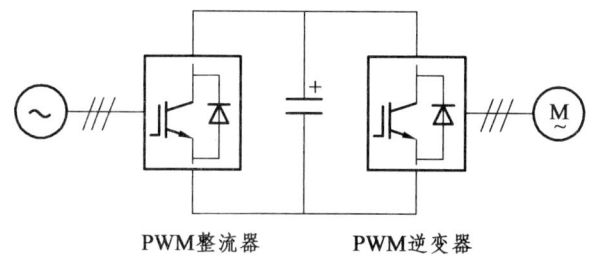

图 4.26 四象限交流电动机驱动系统主电路的拓扑结构

4. 太阳能、风能等可再生能源的并网发电

太阳能、风能的大规模应用是 21 世纪人类社会发展的一个重要标志。然而要实现这一目标，首先必须完成太阳能、风能由补充能源向替代能源过渡，使太阳能、风能的利用由边远无电地区向有电地区的常规供电方向发展。这就需要开发性能优越的并网发电系统。

太阳能光伏并网发电系统主要应用于调峰电站以及屋顶光伏系统。太阳能光伏并网发电系统的拓扑结构如图 4.27 所示。

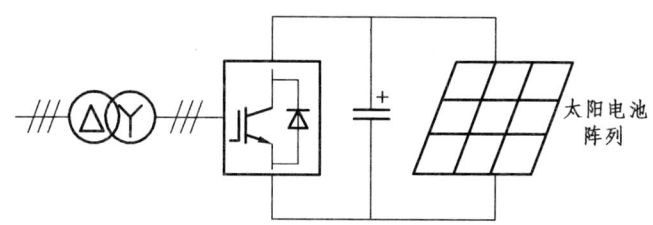

图 4.27 太阳能光伏并网发电系统的拓扑结构

太阳能光伏并网发电系统由太阳电池以及 PWM 整流器组成，PWM 整流器经过最大功率点寻优控制将太阳电池电能并入电网，并实现网侧单位功率因数正弦波控制。

风力发电机的并网发电，传统上常采用同步或异步发电机并网发电系统。同步发电系统需要一套结构复杂的调速机构，以稳定发电机转子的转速；而异步发电系统在发电的同时，需向电网吸取无功功率，或由自备电容器提供无功电能，并且发电机转速的变化范围较小。若采用交—直—交型风力发电机并网发电系统，就能较好地克服同步、异步发电系统的不足，其拓扑结构如图 4.28 所示，图中采用了双 PWM 整流器结构。其中，风力发电机侧的 PWM 整流器控制风力发电机运行，且输出电流为正弦波，从而提高了风力发电机的运行效率；同时，通过对发电机转矩的调节，以满足风力机的最大功率点运行；而网侧的 PWM 整流器则完成向电网的馈电控制，并实现网侧单位功率因数正弦波电流控制。

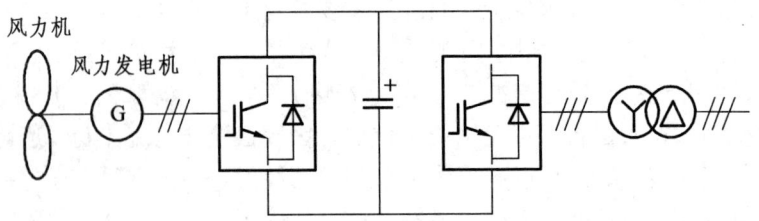

图 4.28　风力发电机并网发电系统的拓扑结构

习　题

4.1　变流器工作于有源逆变状态的条件是什么？

4.2　单相桥式全控整流电路带反电动势阻感负载，$R=1\Omega$，$L=\infty$，$L_B=0.5$ mH，$U_2=100$ V，当 $E=99$ V，$\beta=60°$ 时，求 U_d、I_d 和 γ。

4.3　三相桥式全控整流电路带反电动势阻感负载，$R=1\Omega$，$L=\infty$，$L_B=1$ mH，$U_2=100$ V，当 $E=400$ V，$\beta=60°$ 时，求 U_d、I_d 和 γ 的值，并计算此时逆变回电网的有功功率是多少？

第5章 直直变换器

5.1 概 述

直直变换器，即直流/直流变换器，它是将一种直流电源变换为另一种具有不同输出特性的直流电源的电力电子装置。也就是说，直直变换器可将某种直流电能变换成负载所需的电压或电流可控的直流电能，它通过对电力电子器件的快速通、断控制，而把恒定直流电压斩成一系列的脉冲电压，通过控制占空比的变化来改变这一脉冲序列的脉冲宽度，以实现输出电压平均值的调节，再经输出滤波器滤波，在负载上得到电压可控的直流电能。

直直变换器按输出端与输入端是否有电气隔离，可分为隔离型直直变换器和非隔离型直直变换器两类。根据功能和电路结构形式，非隔离型直直变换器又可分为降压型、升压型、升降型和 Cuk 型等；而隔离型直直变换器可分为正激型、反激型、半桥型、全桥型和推挽型等。

非隔离型直直变换器电路结构简单、成本低，主要应用于输出与输入不需要电气隔离和输出电压与输入电压相差不大的场合。

隔离型直直变换器电路相对于非隔离型直直变换器电路来讲，结构较复杂，体积较大，主要应用于输出与输入需要电气隔离、输出电压与输入电压相差较大和需要多组输出的场合。

在直直变换器中，即使输入电压与负载有变动，但变换器的直流输出电压可控制为所期望的电压。如果变换器的输入直流电压给定，则可以通过控制开关的通断时间来控制直流输出电压。直直变换器的基本电路及波形如图 5.1 所示。如果开关导通时间设为 t_{on}，关断时间设为 t_{off}，从波形图中可看出，输出的平均电压 U_o 大小取决于开关的通断时间（t_{on} 和 t_{off}）。

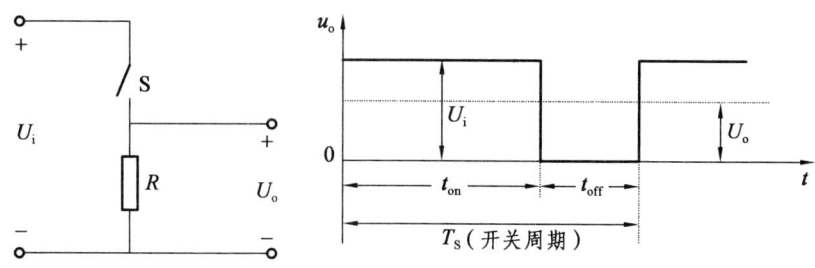

图 5.1 开关型直流/直流变换器的基本电路及工作波形

控制输出电压基本上有以下三种方法。

① 定频调宽控制。这种控制方式是保持开关工作频率不变（即开关时间周期 $T_S = t_{on} + t_{off}$ 保持恒定），只改变开关的导通时间 t_{on}。通常把这种控制方式称为脉冲宽度调制型，即 PWM 型。

② 定宽调频控制。这种控制方式是保持开关导通时间 t_{on} 不变，而改变开关的工作频率。通常把这种控制方式称为脉冲频率调制型。

③ 调频调宽混合控制。这种控制方式不但改变开关的工作频率，而且也改变开关的导通时间。

在固定开关频率的脉宽调制（PWM）方法中，开关通、断控制信号由比较器产生，通过将控制电压 u_c 与某一周期波形比较后发出开关控制信号，控制电压 u_c 是由误差放大器对实际输出电压 U_{o1} 与定值电压 U_o 间的误差放大后产生的。脉宽调制方式的控制过程框图和通断波形关系如图 5.2（a）和 5.2（b）所示。从图中可以看到，某一恒定幅值周期波形的频率（如图所示的锯齿波 u_t）决定了变换器的开关频率（开关频率 $f_S = \dfrac{1}{T_S}$），在 PWM 控制方式中，该频率保持不变，根据开关器的类型和实际需要，通常该频率在几千赫至几百千赫范围内。

相对开关频率而言，被放大的误差信号（即控制电压 u_c）的变化是缓慢的，在较短的一段时间内可近似为直流。当该信号电平大于锯齿波瞬时值时，开关控制信号变为高电平使开关导通，反之使开关关断。

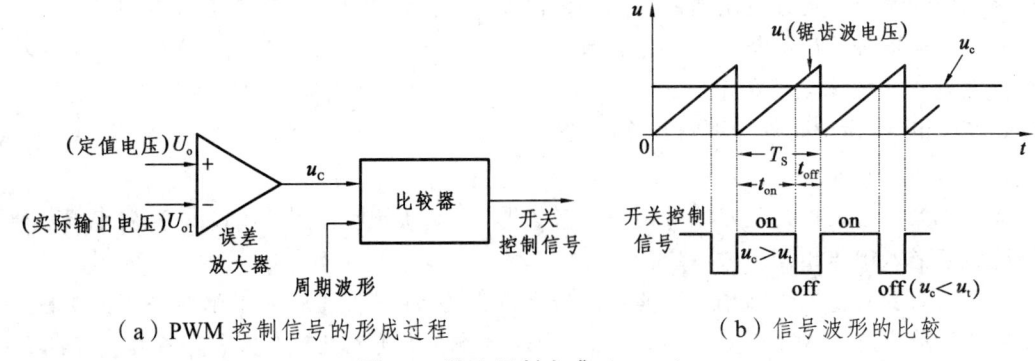

(a) PWM 控制信号的形成过程　　(b) 信号波形的比较

图 5.2　脉宽调制方式（PWM）

在分析直直变换器电路时，我们要用到下面两个基本原理：
① 稳态条件下电感两端电压在一个开关周期内的平均值为零。
② 稳态条件下电容电流在一个开关周期内的平均值为零。

5.2　非隔离型直直变换器

5.2.1　降压（Buck）型直直变换器

降压型直直变换器的输出直流电压低于输入直流电压，这种变换器主要应用于开关稳压电源与直流电机的速度控制。降压型直直变换器的电路结构如图 5.3 所示。该电路存在电感电流连续和电感电流断续两种工作模式，下面分别对这两种工作模式进行分析。

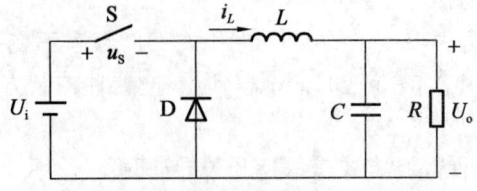

图 5.3　降压型直直变换器的电路结构

1. 电感电流连续工作模式

当电感电流连续时，电路在 1 个开关周期内经历 2 个工作状态，如图 5.4 所示。这时电路中的电压电流波形如图 5.5 所示。

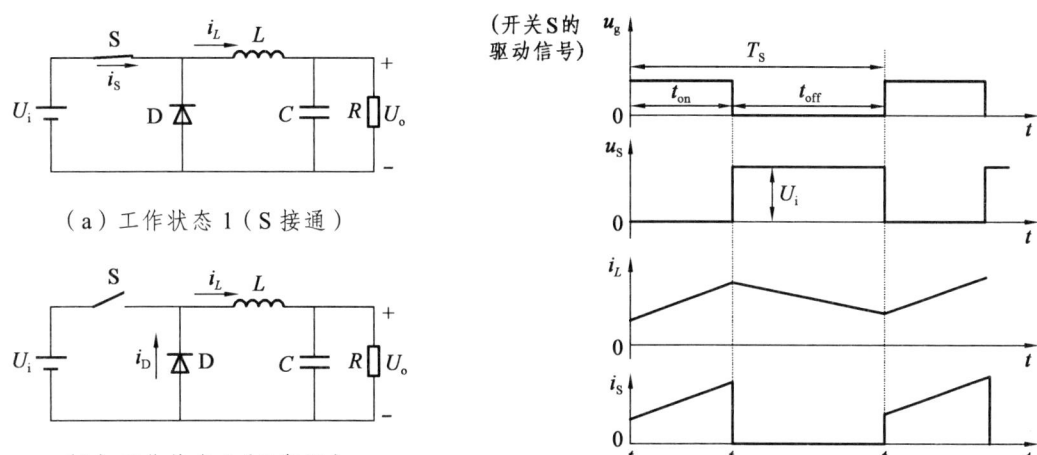

图 5.4　降压型电路电流连续时的工作状态　　图 5.5　降压型电路电流连续模式下的工作波形

电流连续时电路的工作过程如下：

工作状态 1（$t_0 \sim t_1$ 时段）：开关 S 于 t_0 时刻接通，并保持通态直到 t_1 时刻，在这一阶段，电感两端的电压 $u_L = U_i - U_o$，由于 $U_i > U_o$，故电感 L 的电流不断增长。二极管 D 处于断态。

工作状态 2（$t_1 \sim t_2$ 时段）：开关 S 于 t_1 时刻断开，二极管 D 导通，电感两端的电压 $u_L = -U_o$，电感通过 D 续流，电感电流不断减小。直到 t_2 时刻开关 S 再次接通，下一个开关周期开始。

根据上面的分析可得出电感两端电压的平均值为

$$U_L = \frac{(U_i - U_o)t_{on} - U_o t_{off}}{T_S} \tag{5.1}$$

式中，U_L 为电感两端电压在一个开关周期内的平均值；T_S 为开关周期，$T_S = t_{on} + t_{off}$；t_{on} 为开关处于通态的时间。

根据稳态条件下电感两端电压在一个开关周期内平均值为零的基本原理。在电感电流连续的条件下，可以推导出降压型直直变换器电路的输出、输入电压比与开关通、断时间比间的关系。令

$$U_L = \frac{(U_i - U_o)t_{on} - U_o t_{off}}{T_S} = 0$$

有

$$\frac{U_o}{U_i} = \frac{t_{on}}{T_S} = D \tag{5.2}$$

式中，D 为占空比，定义为开关导通时间与开关周期的比，即 $D = t_{on}/T_S$。由于 $0 \leqslant D \leqslant 1$，因此，降压型电路的输出电压不可能高于其输入电压，且与输入电压极性相同。

2. 电感电流断续工作模式

当电流断续时，该电路在 1 个开关周期内经历 3 个工作状态，如图 5.6 所示。电路工作

时的电压电流波形如图 5.7 所示。

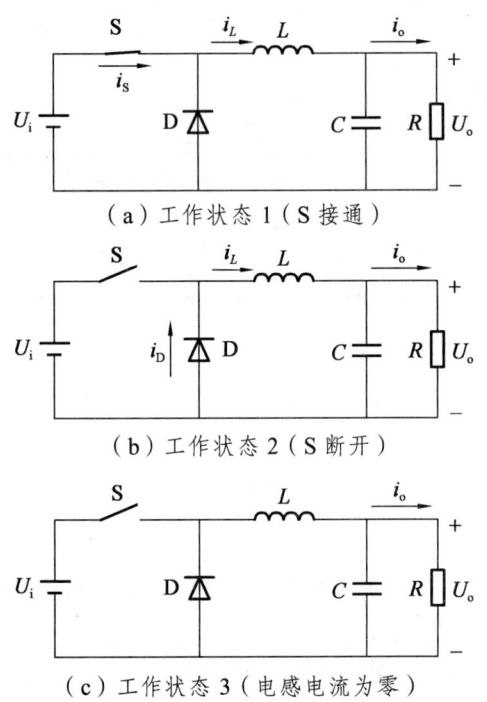

（a）工作状态 1（S 接通）

（b）工作状态 2（S 断开）

（c）工作状态 3（电感电流为零）

图 5.6　降压型电路电流断续时的工作状态

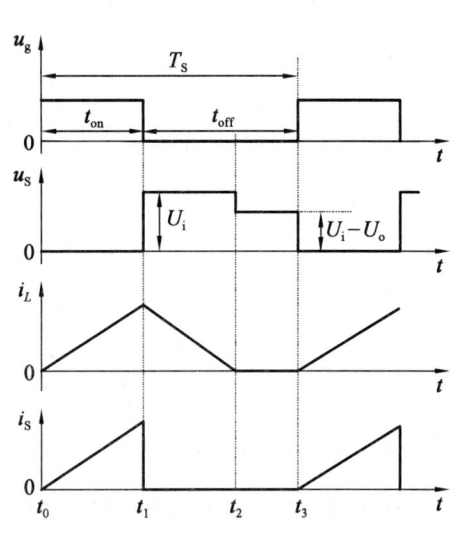

图 5.7　降压型电路电流断续时的工作波形

电流断续时电路的工作过程如下：

工作状态 1（$t_0 \sim t_1$ 时段）：开关 S 于 t_0 时刻接通，并保持通态直到 t_1 时刻，在这一阶段，由于 $U_i > U_o$，故电感 L 的电流不断增长。二极管 D 处于断态。

工作状态 2（$t_1 \sim t_2$ 时段）：开关 S 于 t_1 时刻断开，二极管 D 导通，电感通过 D 续流，电感电流不断减小。

工作状态 3（$t_2 \sim t_3$ 时段）：t_2 时刻电感电流减小到零，二极管 D 关断，电感电流保持零值，并且电感两端的电压也为零，直到 t_3 时刻开关 S 再次接通，下一个开关周期开始。

降压型直直变换器电路的电感电流处于连续与断续的临界状态时，在每个开关周期开始和结束的时刻，电感电流正好为零，如图 5.8 所示。

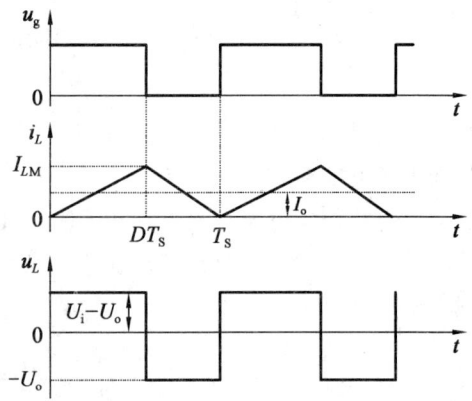

图 5.8　降压型电路电流连续与断续临界状态时的工作波形

稳态条件下，由于电容 C 在开关周期内的平均电流为零，因此电感电流 i_L 在一个开关周期内的平均值等于负载电流 I_o。负载电流为

$$I_o = \frac{U_o}{R} \tag{5.3}$$

而电感电流 i_L 在一个开关周期内的平均值可采用下面的方法计算：

根据图 5.8，电感电流在一个开关周期内的波形正好是一个三角形，它的高是 I_{LM}，底边长为 T_S，面积为

$$A = \frac{1}{2} I_{LM} T_S \tag{5.4}$$

在几何意义上，电感电流在一个开关周期内的平均值等于与该三角形同底的矩形的高，因此，电感电流在一个开关周期内的平均值等于三角形面积除以 T_S，即

$$I_L = \frac{1}{2} I_{LM} \tag{5.5}$$

而 I_{LM} 的计算方法如下：

电感电流从零时刻开始线性上升，在 DT_S 时刻达到 I_{LM}，上升的斜率为

$$L \frac{di_L}{dt} = U_i - U_o$$

有

$$I_{LM} = \frac{U_i - U_o}{L} DT_S \tag{5.6}$$

此时电感电流仍为连续，故有

$$\frac{U_o}{U_i} = D$$

将其代入式（5.6），有

$$I_{LM} = \frac{1-D}{L} U_o T_S \tag{5.7}$$

则可得电感电流在一个开关周期内的平均值为

$$I_L = \frac{1-D}{2L} U_o T_S \tag{5.8}$$

电感电流连续的临界条件为

$$I_o \geqslant I_L$$

将式（5.3）和式（5.8）代入上式有

$$\frac{U_o}{R} \geqslant \frac{1-D}{2L} U_o T_S$$

整理得

$$\frac{L}{RT_S} \geqslant \frac{1-D}{2} \tag{5.9}$$

这就是用于判断降压型直直变换器电路的电感电流连续与否的临界条件。

电感电流断续工作时的波形如图 5.9 所示，如设开关 S 断开后电感的续流时间为 αT_S，其中 $0 \leqslant \alpha \leqslant (1-D)$，则根据稳态条件下电感两端电压平均值为零的原理，有

$$(U_i - U_o) DT_S = U_o \alpha T_S \tag{5.10}$$

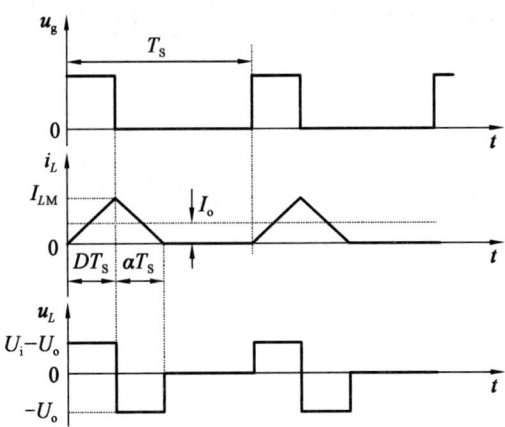

图 5.9 降压型电路电感电流断续时的工作波形

电感电流在一个开关周期内的平均值为

$$I_L = \frac{1}{2} I_{LM}(D+\alpha)$$

而负载电流为

$$I_o = \frac{U_o}{R}$$

稳态条件下，电容 C 在一个开关周期内的平均电流为零，故电感电流在一个开关周期内的平均值等于负载电流，即

$$\frac{1}{2} I_{LM}(D+\alpha) = \frac{U_o}{R} \tag{5.11}$$

从式（5.10）中，解出 α 的表达式，与式（5.7）一起代入式（5.11）中得

$$\frac{1}{2} \times \frac{(U_i - U_o)}{L} DT_S \frac{U_i}{U_o} D = \frac{U_o}{R}$$

整理得

$$\left(\frac{U_i}{U_o}\right)^2 - \frac{U_i}{U_o} - \frac{2L}{D^2 T_S R} = 0$$

令

$$K = \frac{2L}{D^2 T_S R}$$

解方程，并略去负根，得

$$\frac{U_o}{U_i} = \frac{\sqrt{1+4K}-1}{2K} \tag{5.12}$$

值得注意的是，式（5.12）在电路工作于电感电流断续的条件下成立，而在电路工作于电流连续的条件下不成立。特别是当电感电流处于临界连续状态时，$L/RT_S = (1-D)/2$，代入式（5.12）得 $U_o/U_i = D$。

从式（5.12）可以看出，电流断续时，电压比与占空比 D 和负载 R 相关，也与电路参数 L 和 T_S 有关。

例 5.1 在例 5.1 图所示的降压型直直变换器电路中，电源电压 $U_i = 147\text{ V} \sim 220\text{ V}$，额定负载电流为 11 A，最小负载电流为 1.1 A，开关频率 $f_S = 20\text{ kHz}$，输出电压 $U_o = 110\text{ V}$。要求最小负载时，电感电流不断续。试计算输出滤波电感 L 的值，并选取开关管 T 和二极管 D。

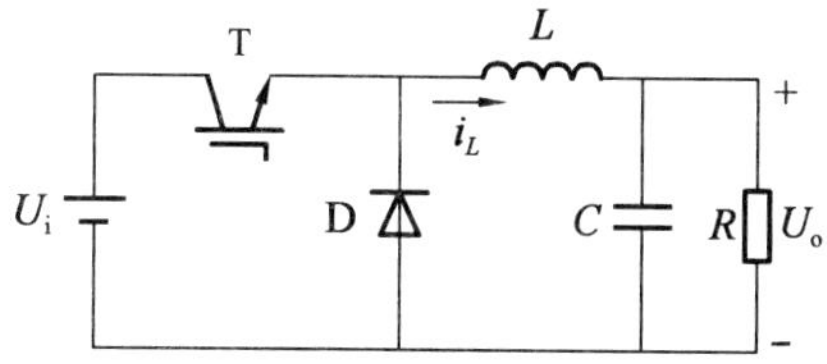

例 5.1 图

解 根据 $U_o = 110\text{ V}$，电流连续时 $D = \dfrac{U_o}{U_i}$，则：当 $U_i = 147\text{ V}$ 时，$D = 110/147 = 0.75$；当 $U_i = 220\text{ V}$ 时，$D = 110/220 = 0.5$。所以，在工作范围内占空比 D 在 0.5～0.75 之间变化。选择滤波电感时应考虑最小占空比。根据式（5.9）和电感电流连续的临界条件，滤波电感 L 应为

$$L \geqslant \frac{U_o}{2I_{\min}}T_S(1-D) = \frac{U_o}{2f_S I_{\min}}(1-D) = \frac{110 \times (1-0.5)}{2 \times 20 \times 10^3 \times 1.1}\text{ H} = 1.25\text{ mH}$$

为确保最小负载电流、最小占空比时，电感电流连续，可选取 $L = 1.5\text{ mH}$。

由式（5.7），电感电流脉动的最大峰值 I_{LM} 为

$$I_{LM} = I_{L\max} - I_{L\min} = \frac{U_o}{L f_S}(1-D) = \frac{110 \times (1-0.5)}{1.5 \times 10^{-3} \times 20 \times 10^3}\text{ A} = 1.8\text{ A}$$

所以

$$I_{L\max} = I_{o\max} + \frac{1}{2}I_{LM} = (11 + 1.8/2)\text{ A} = 11.9\text{ A}$$

$$I_{L\min} = I_{o\max} - \frac{1}{2}I_{LM} = (11 - 1.8/2)\text{ A} = 10.1\text{ A}$$

开关管 T 和二极管 D 通过的最大峰值电流都是 $I_{L\max} = 11.9\text{ A}$，开关管 T 和二极管 D 承受的最大正向电压均为 $U_i = 220\text{ V}$。若取电流过载安全系数为 1.5 倍，取过电压安全系数为 2 倍，则可选 20 A/500 V 的 MOSFET 开关管和快速恢复二极管。

5.2.2 升压（Boost）型直直变换器

升压型直直变换器电路如图 5.10 所示，它主要应用于开关稳压电源与直流电机的反馈制动中，其输出直流电压高于输入直流电压。当开关 S 接通时，二极管 D 反向偏置，使输入与输出隔离，输入能量供给电感 L。当开关 S 断开时。输入能量以及电感储能供给输出负载。假设滤波电容 C 足够大，稳态时，可认为输出电压恒定，$u_o(t) \approx U_o$。升压型直直变换器电路也存在电感电流连续和电感电流断续两种工作模式。

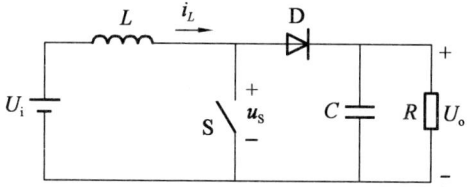

图 5.10 升压型直直变换器电路的结构

1. 电感电流连续工作模式

电路工作于电流连续模式时,电路在1个开关周期内经历2个工作状态,如图5.11所示,电路工作时的电压电流波形如图5.12所示。

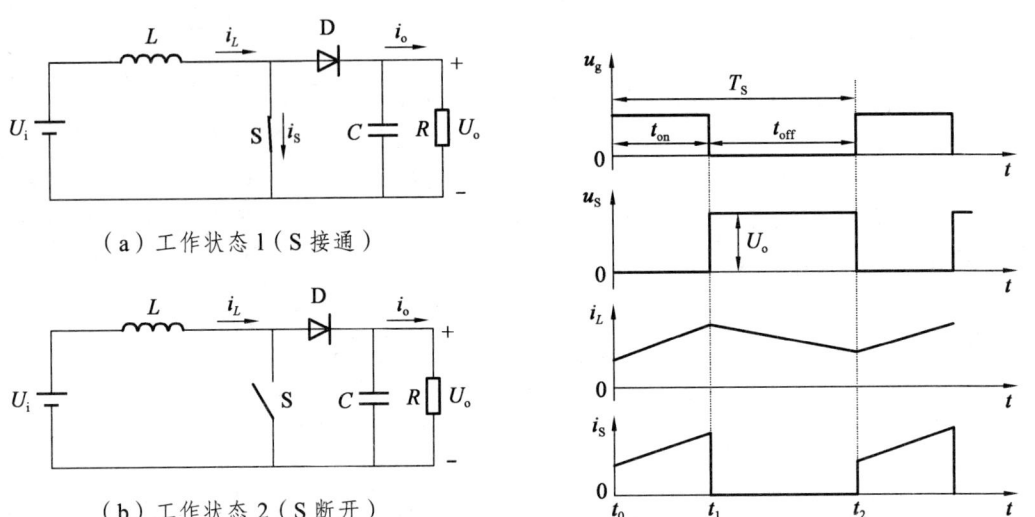

图 5.11 升压型电路电流连续时的工作状态　　图 5.12 升压型电路电感电流连续时的工作波形

电流连续时电路的工作过程如下:

工作状态 1（$t_0 \sim t_1$ 时段）:开关 S 于 t_0 时刻接通,并保持通态直到 t_1 时刻,在这一阶段,电感 L 两端的电压 $U_L = U_i$,电感电流不断增长。二极管 D 处于断态。

工作状态 2（$t_1 \sim t_2$ 时段）:开关 S 于 t_1 时刻断开,二极管 D 导通,电感通过 D 向电容 C 释放磁能,电感电流不断减小,电感两端电压 $U_L = U_o - U_i$,直到 t_2 时刻开关 S 再次接通,下一个开关周期开始。

根据上面的分析,电感电流连续时,电感两端电压在一个开关周期内的平均值 U_L 为

$$U_L = \frac{U_i t_{on} - (U_o - U_i) t_{off}}{T_S}$$

式中,T_S 为开关周期;t_{on} 为开关 S 的接通时间;t_{off} 为开关 S 的断开时间。

令 $U_L = 0$,有

$$\frac{U_o}{U_i} = \frac{1}{1-D} \tag{5.13}$$

由于 $0 \leq D \leq 1$,因此升压型电路的输出电压不可能低于其输入电压,且与输入电压极性相同。

2. 电感电流断续工作模式

当处于断续工作方式时,升压型电路在1个开关周期内经历3个工作状态,如图5.13所示。电路工作时的电压电流波形如图5.14所示。

电流断续时电路的工作过程如下:

工作状态 1（$t_0 \sim t_1$ 时段）:开关 S 于 t_0 时刻接通,并保持通态直到 t_1 时刻,在这一阶段,电感 L 两端的电压为 U_i,电感电流不断增长。二极管 D 处于断态。

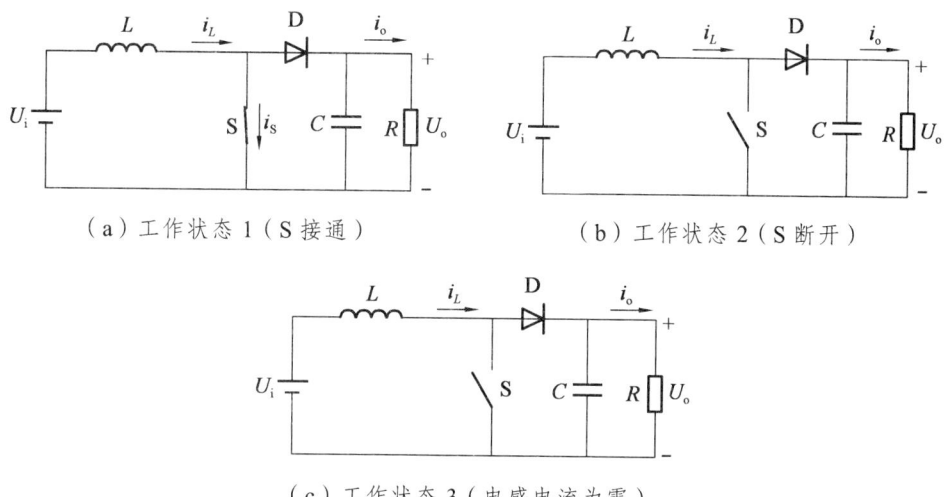

图 5.13 升压型电路电流断续时的工作状态

工作状态 2（$t_1 \sim t_2$ 时段）：开关 S 于 t_1 时刻断开，二极管 D 导通，电感通过 D 向电容 C 释放磁能，电感电流不断减小，电感 L 两端电压 $U_L = U_o - U_i$。

工作状态 3（$t_2 \sim t_3$ 时段）：t_2 时刻电感电流减少到零，二极管 D 关断，电感电流保持零值，并且电感两端的电压也为零，直到 t_3 时刻开关 S 再次接通，下一个开关周期开始。

当电路处于连续与断续的临界状态时，每个开关周期的开始或结束的时刻，电感电流正好为零，电路工作时波形如图 5.15 所示。

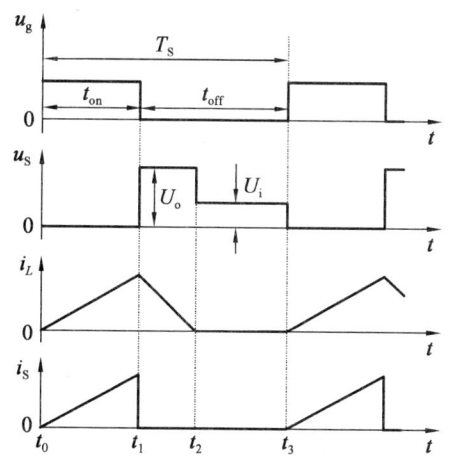

图 5.14 升压型电路电流断续时的工作波形

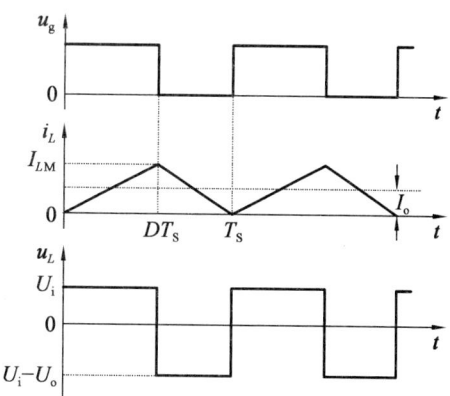

图 5.15 升压型电路电感电流连续与断续临界状态时的工作波形

与降压型电路有所不同，在稳态条件下的升压型电路中，二极管 D 的电流在一个开关周期内的平均值等于负载电流 I_o。

负载电流为

$$I_o = \frac{U_o}{R} \tag{5.14}$$

图 5.15 中电感电流峰值为

$$I_{LM} = \frac{U_o D(1-D) T_S}{L} \tag{5.15}$$

而二极管 D 的电流在一个开关周期内的平均值为

$$I_D = \frac{1}{2} I_{LM}(1-D) = \frac{U_o D(1-D)^2 T_S}{2L} \tag{5.16}$$

电感电流连续的临界条件为

$$I_o \geqslant I_D$$

将式 (5.14) 和式 (5.16) 代入上式,有

$$\frac{U_o}{R} \geqslant \frac{U_o D(1-D)^2 T_S}{2L}$$

整理得

$$\frac{L}{RT_S} \geqslant \frac{D(1-D)^2}{2} \tag{5.17}$$

这就是用于判断升压型电路电感电流连续与否的临界条件。

电感电流断续工作时的波形如图 5.16 所示,如设开关 S 断开后电感的续流时间为 αT_S,其中 $0 \leqslant \alpha \leqslant (1-D)$,则根据稳态条件下电感两端电压平均值为零的原理,有

$$U_i D T_S = (U_o - U_i) \alpha T_S \tag{5.18}$$

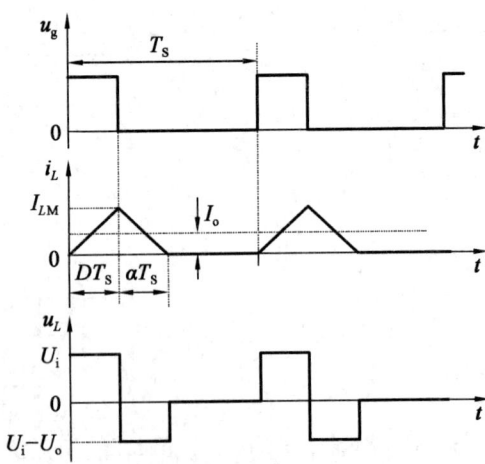

图 5.16 升压型电路电流断续时的工作波形

二极管 D 的电流在一个开关周期内的平均值为

$$I_D = \frac{1}{2} I_{LM} \alpha$$

而负载电流为

$$I_o = \frac{U_o}{R}$$

稳态条件下，一个开关周期内电容 C 的平均电流为零，故二极管电流在一个开关周期内的平均值等于负载电流，即

$$\frac{1}{2}I_{LM}\alpha = \frac{U_o}{R} \tag{5.19}$$

由式（5.18）解出 α，并与式（5.15）一起代入式（5.19）得

$$\frac{1}{2} \cdot \frac{U_i D T_S}{L} \cdot \frac{U_i}{U_o - U_i}D = \frac{U_o}{R}$$

整理得

$$\frac{U_i^2}{U_o^2 - U_i U_o} = \frac{2L}{D^2 T_S R}$$

令

$$K = \frac{2L}{D^2 T_S R}$$

解方程，并略去负根，得

$$\frac{U_o}{U_i} = \frac{1 + \sqrt{1 + \frac{4}{K}}}{2} \tag{5.20}$$

升压型直直变换器常用于将较低的直流电压变换成为较高的直流电压，如电池供电设备中的升压电路、液晶背光电源等。

例 5.2 在例 5.2 图所示的升压型直直变换器中，输入电源电压 $U_i = 10\text{ V} \sim 30\text{ V}$，输出电压 $U_o = 48\text{ V}$ 为恒值，开关频率为 40 kHz，最大输出功率为 100 W，电流 $I_{omax} = 2.08\text{ A}$，最小输出功率为 10 W，电流 $I_{omin} = 0.208\text{ A}$。要求变换器工作时电感电流连续，求最小升压电感 L 的值。

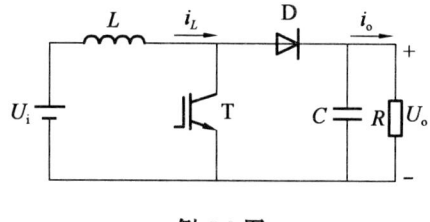

例 5.2 图

解 当电感电流连续时，由式（5.13）可求得：$U_i = 10\text{ V}$ 时，$D = 0.792$；$U_i = 30\text{ V}$ 时，$D = 0.375$。所以，当电源电压变化时，占空比 D 的变化范围是 $0.375 \sim 0.792$。

由式（5.16）可得临界负载电流为

$$I_{oB} = \frac{U_o}{2L f_S} D(1-D)^2$$

当 $D = 1/3$ 时，I_{oB} 有最大值 $I_{oBM} = \frac{2U_o}{27 L f_S}$。$D$ 值越接近 $1/3$，I_{oB} 越大。

令最小负载电流 I_{omin} 大于临界负载电流 I_{oB}，由式（5.16）得

$$L \geqslant \frac{U_o}{2 f_S I_{omin}} D(1-D)^2 = \frac{48 \times 0.75 \times (1-0.375)^2}{2 \times 40 \times 10^3 \times 0.208}\text{ H} = 0.42\text{ mH}$$

取 $L = 0.5\text{ mH}$。

5.2.3 升降压（Buck-Boost）型直直变换器

升降压型直直变换器主要应用于开关稳压电源中，可以输出负极性电压，输出电压可以高于或低于输入电压。采用升压与降压两种基本型变换器级联可以构成升降压型直直变换器。升降压型直直变换器的基本电路如图 5.17 所示。当开关 S 接通时，输入提供能量给电感，二极管 D 反向偏置；当开关 S 断开时，电感储能供给负载，此时，输入不供给能量。稳态分析时，因电容 C 足够大，可认为输出电压恒定，即 $u_o(t) \approx U_o$。

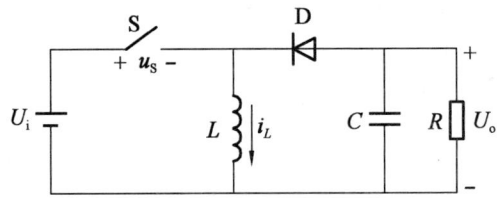

图 5.17 升降压型电路的结构

升降压型直直变换器电路同样存在电感电流连续和电感电流断续两种工作模式。

1. 电感电流连续工作模式

升降压型电路工作于电感电流连续模式时，电路在 1 个开关周期内经历 2 个工作状态，如图 5.18 所示，此时电路的工作波形如图 5.19 所示。

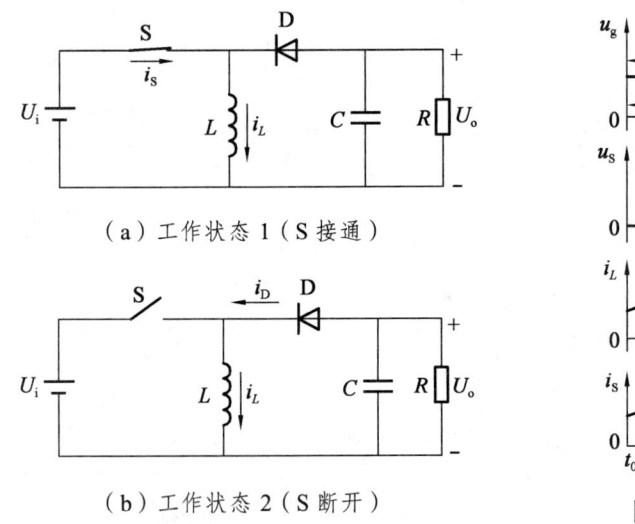

（a）工作状态 1（S 接通）

（b）工作状态 2（S 断开）

图 5.18 升降压型电路电感电流连续时的工作状态

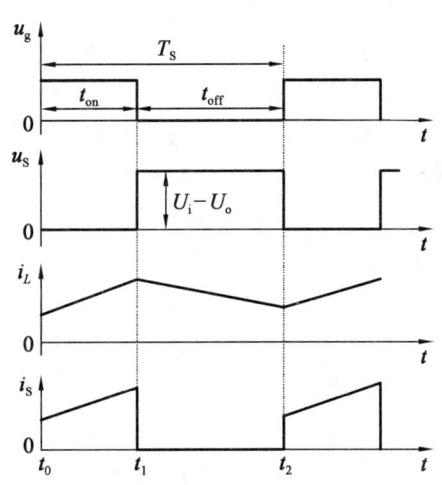

图 5.19 升降压型电路电感电流连续时的工作波形

电流连续时电路的工作过程如下：

工作状态 1（$t_0 \sim t_1$ 时段）：开关 S 于 t_0 时刻接通，并保持通态直到 t_1 时刻，在这一阶段，电感 L 两端的电压为 U_i，电感电流不断增长。二极管 D 处于断态。

工作状态 2（$t_1 \sim t_2$ 时段）：开关 S 于 t_1 时刻断开，二极管 D 导通，电感 L 向电容 C 释放磁能，电感电流不断减小，电感 L 两端的电压为 U_o。直到 t_2 时刻开关 S 再次开通，下一个开关周期开始。

根据上面的分析,电感电流连续时,电感两端电压在一个开关周期内的平均值为

$$U_L = \frac{U_i t_{on} + U_o t_{off}}{T_S}$$

式中,t_{on} 为开关 S 的接通时间;t_{off} 为开关 S 的断开时间。

令 $U_L=0$,有

$$\frac{U_o}{U_i} = -\frac{D}{1-D} \tag{5.21}$$

式中,等式右边的负号表示升降压电路的输出电压极性与输入电压极性相反,其输出电压既可以高于其输入电压,也可以低于输入电压。

2. 电感电流断续工作模式

当升降压型电路处于电感电流断续工作方式时,电路在 1 个开关周期内经历 3 个工作状态,如图 5.20 所示。电路的工作波形如图 5.21 所示。

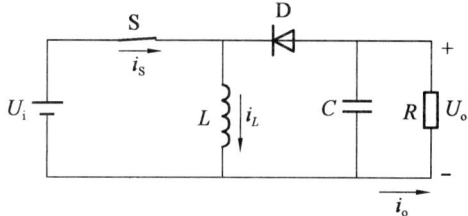

(a) 工作状态 1 (S 接通)

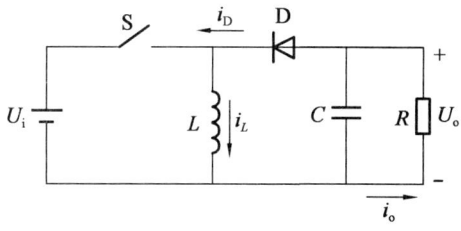

(b) 工作状态 2 (S 断开)

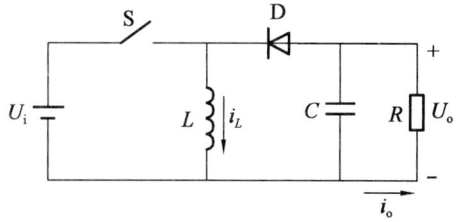

(c) 工作状态 3 (电感电流为零)

图 5.20 升降压型电路电感电流断续时的工作状态

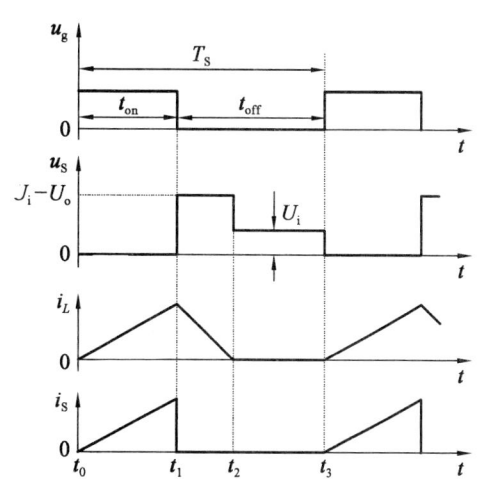

图 5.21 升降压型电路电感电流断续时的工作波形

电流断续时电路的工作过程如下:

工作状态 1 ($t_0 \sim t_1$ 时段):开关 S 于 t_0 时刻接通,并保持通态直到 t_1 时刻,在这一阶段,

电感 L 两端的电压为 U_i,电感电流不断增长。二极管 D 处于断态。

工作状态 2 ($t_1 \sim t_2$ 时段):开关 S 于 t_1 时刻断开,二极管 D 导通,电感通过 D 向电容 C 释放磁能,电感电流不断减小,电感 L 两端的电压为 U_o。

工作状态 3 ($t_2 \sim t_3$ 时段):t_2 时刻电感电流减小到零,二极管 D 关断,电感电流保持零值,并且电感两端的电压也为零,直到 t_3 时刻开关 S 再次接通,下一个开关周期开始。

升降压型电路电感电流处于连续与断续的临界状态时电感电流的波形如图 5.22 所示。

稳态条件下,升降压型电路中二极管电流在一个开关周期内的平均值等于负载电流 I_o。负载电流为

$$I_o = \frac{U_o}{R} \tag{5.22}$$

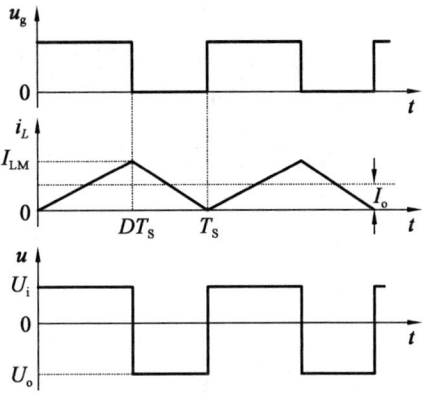

图 5.22 中电感电流峰值为

$$I_{LM} = \frac{U_i D T_S}{L}$$

而二极管的电流在一个开关周期内的平均值为

$$I_D = \frac{1}{2} I_{LM}(1-D) = -\frac{U_o(1-D)^2 T_S}{2L} \tag{5.23}$$

图 5.22 升降压型电路电感电流连续与断续临界时的工作波形

电感电流连续的临界条件为

$$I_o \geqslant -I_D$$

将式 (5.22) 和式 (5.23) 代入上式,有

$$\frac{U_o}{R} \geqslant \frac{U_o(1-D)^2 T_S}{2L}$$

整理得

$$\frac{L}{RT_S} \geqslant \frac{(1-D)^2}{2} \tag{5.24}$$

该式就是用于判断升降压型电路电感电流连续与否的临界条件。

电感电流断续时电路的工作波形如图 5.23 所示,如设开关 S 断开后电感的续流时间为 αT_S,其中 $0 \leqslant \alpha \leqslant (1-D)$,则根据稳态条件下电感两端电压在一个开关周期内的平均值为零的原理,有

$$U_i D T_S = -U_o \alpha T_S \tag{5.25}$$

二极管电流在一个开关周期内的平均值为

$$I_D = -\frac{1}{2} I_{LM} \alpha$$

而负载电流为

$$I_o = \frac{U_o}{R}$$

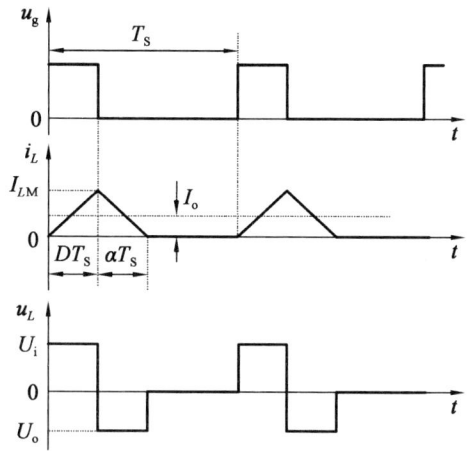

图 5.23 升降压器电路电感电流断续时的工作波形

稳态条件下，在一个开关周期内电容 C 的平均电流为零，故二极管电流在一个开关周期内的平均值等于负载电流，即

$$\frac{1}{2} I_{LM} \alpha = \frac{U_o}{R} \tag{5.26}$$

由式（5.25）解出 α，并与式（5.23）一起代入式（5.26）得

$$\frac{1}{2} \cdot \frac{U_i D T_S}{L} \cdot \frac{U_i}{U_o} D = \frac{U_o}{R}$$

整理得

$$\left(\frac{U_i}{U_o}\right)^2 = \frac{2L}{D^2 T_S R}$$

令 $K = \dfrac{2L}{D^2 T_S R}$，解上述方程，并略去负根，得

$$\frac{U_o}{U_i} = -\sqrt{\frac{1}{K}} \tag{5.27}$$

升降压型直直变换器可以灵活地改变电压的高低，还能改变电压极性，因此常用于电池供电设备中产生负电源的电路，还用于各种开关稳压器中。

5.2.4 Cuk 型直直变换器

Cuk（丘克）型直直变换器的电路结构和工作波形如图 5.24 所示。Cuk 变换器可输出相对于输入电压为负极性的电压，电路中电容 C_1 用于存储能量并把输入能量传送到输出端。

从图 5.24 可以看出，Cuk 型电路可以看成是由升压型电路和降压型电路前后级联而成的。该电路在电感 L 和 L_1 的电流都连续的情况下，电路在 1 个开关周期内经历 2 个工作状态，如图 5.25 所示。

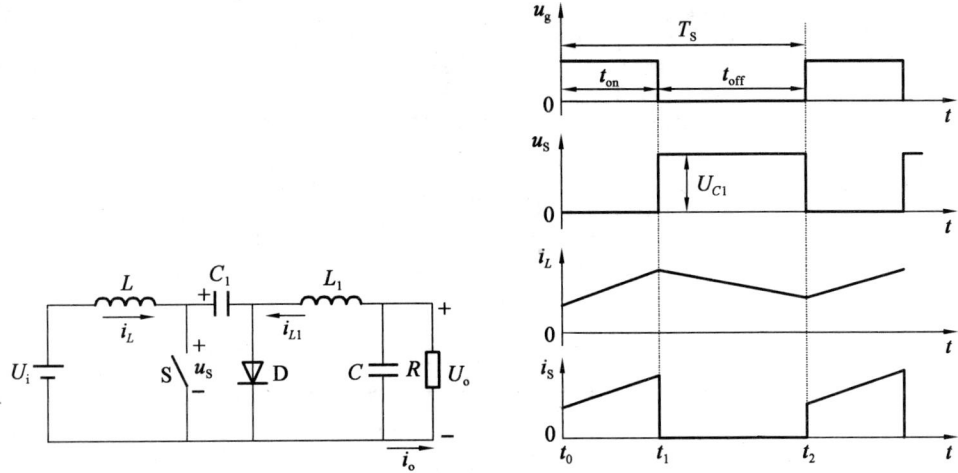

图 5.24 Cuk 型电路的结构和工作波形

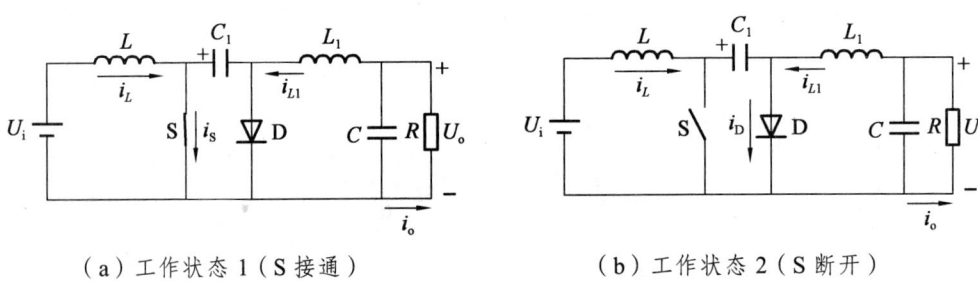

（a）工作状态 1（S 接通）　　　　（b）工作状态 2（S 断开）

图 5.25 Cuk 型电路电流连续时的工作状态

两个电感电流都连续的情况下电路的工作过程如下：

工作状态 1（$t_0 \sim t_1$ 时段）：开关 S 为通态，D 断开，L 和 L_1 的电流均增加。

工作状态 2（$t_1 \sim t_2$ 时段）：开关 S 为断态，D 导通，L 经 U_i、D、C_1 回路续流，L_1 经 D 和 C 续流。

由于两个电感电流都连续，则电感 L 和 L_1 两端电压在一个开关周期内的平均值为

$$\left.\begin{array}{l} U_L = U_i D + (U_i - U_{C1})(1-D) \\ U_{L1} = (U_{C1} + U_o)D + U_o(1-D) \end{array}\right\} \tag{5.28}$$

令 $U_L=0$，$U_{L1}=0$，然后联立方程，消去 U_{C1}，可得 Cuk 型电路输出、输入电压之比与开关通、断时间之比的关系为

$$\frac{U_o}{U_i} = -\frac{D}{1-D} \tag{5.29}$$

同样，式（5.29）中等式右边的负号表示输出电压与输入电压极性相反，其输出电压既可以高于其输入电压，也可以低于其输入电压。

Cuk 型直直变换器的特点与升降压型直直变换器相似，因此也常用于相同的用途，但 Cuk 型电路较为复杂，因此使用不甚广泛。该电路一个突出的优点是输入和输出回路中都有电感，因此输出电压纹波较小、从输入电源吸取的电流纹波也较小，在某些有特殊要求的场合使用比较合适。

5.3 隔离型直直变换器

5.3.1 单端正激型变换器

单端正激型变换器电路如图 5.26 所示。图中变压器的第三绕组为去磁绕组，其作用是将变压器铁芯中存储的能量（激磁能量）反激到电源中去。与前面介绍的各种直直变换电路一样，该电路也有电感电流连续和电感电流断续两种工作模式。

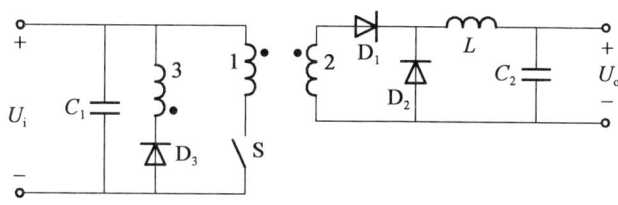

图 5.26　单端正激型变换器的电路原理图

1. 电感电流连续工作模式

单端正激型变换器电路工作于电感电流连续状态时电路中的电压电流波形如图 5.27 所示。此时该电路在 1 个开关周期内经历 2 个工作状态，如图 5.28 所示。

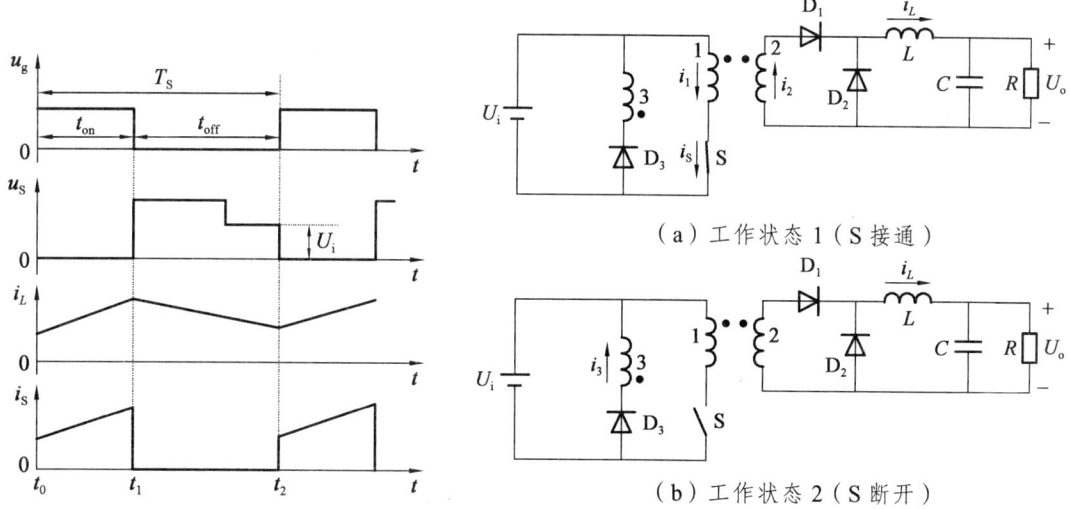

图 5.27　单端正激型电路电流连续时的工作波形

图 5.28　单端正激型电路电流连续时的工作状态

电感电流连续时电路的工作过程如下：

工作状态 1（$t_0 \sim t_1$ 时段）：t_0 时刻，开关 S 接通，变压器绕组 1 两端的电压为上正下负，与其耦合的绕组 2 两端的电压也是上正下负。因此 D_1 处于通态，D_2 为断态，电感 L 的电流逐渐增长，直到 t_1 时刻，开关 S 断开；

工作状态 2（$t_1 \sim t_2$ 时段）：t_1 时刻，开关 S 断开后，电感 L 通过 D_2 续流，D_1 关断，L 的电流逐渐下降。

S 断开后，变压器的励磁电流经绕组 3 和 D_3 流回电源，所以 S 断开后承受的电压为

$$u_S = \left(1 + \frac{w_1}{w_3}\right)U_i$$

式中，w_1、w_3 分别为绕组 1、绕组 3 的匝数。

变压器中各物理量的变化过程如图 5.29 所示，开关 S 接通后，变压器的励磁电流 i_1 由零开始，随着时间的增加而线性增长，直到 S 断开。S 断开后到下一次再开通的一段时间内，必须设法使励磁电流降回到零，否则下一个开关周期中，励磁电流将在本周期结束时的剩余值基础上继续增加，并在以后的开关周期中依次累积起来，变得越来越大，从而导致变压器的励磁电感饱和。励磁电感饱和后，励磁电流会更加迅速地增长，最终损坏电路中的开关器件。因此，在 S 断开后，使励磁电流降到零是非常重要的，这一过程称为变压器的磁心复位。

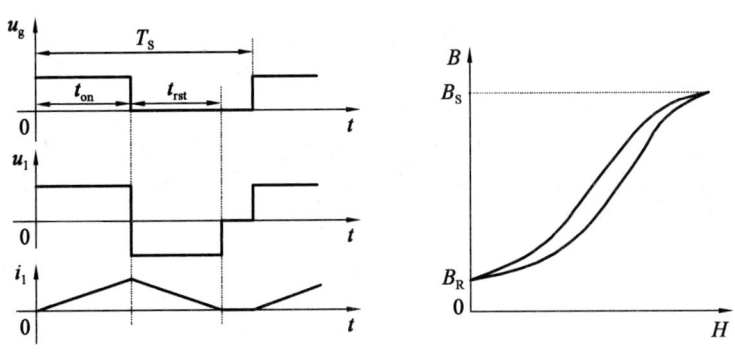

图 5.29 磁心复位过程

在单端正激型变换器电路中，变压器的绕组 3 和二极管 D_3 组成复位电路。其工作原理为：开关 S 断开后，变压器励磁电流通过绕组 3 和 D_3 流回电源，并逐渐线性地下降为零。从 S 断开到绕组 3 的电流下降到零所需的时间 t_{rst} 如式（5.30）所示。S 处于断态的时间必须大于 t_{rst}，才可以保证 S 下次开通前励磁电流能够降为零，使变压器磁心可靠复位。

$$t_{rst} = \frac{w_3}{w_1} t_{on} \tag{5.30}$$

在输出滤波电感电流连续的情况下，即 S 接通时，电感 L 的电流不为零，输出电压与输入电压的比为

$$\frac{U_o}{U_i} = \frac{w_2}{w_1} \cdot \frac{t_{on}}{T_S} = \frac{w_2}{w_1} D \tag{5.31}$$

2. 电感电流断续工作模式

此时电路在 1 个开关周期内经历 3 个工作状态，如图 5.30 所示。电路的工作波形如图 5.31 所示。

第5章 直直变换器

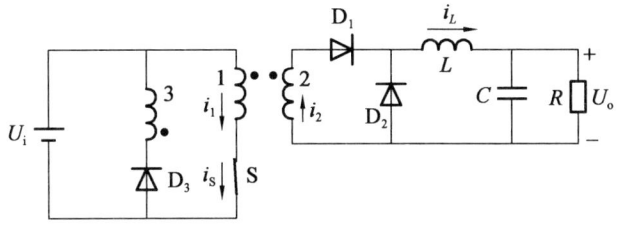

(a) 工作状态1 (S接通)

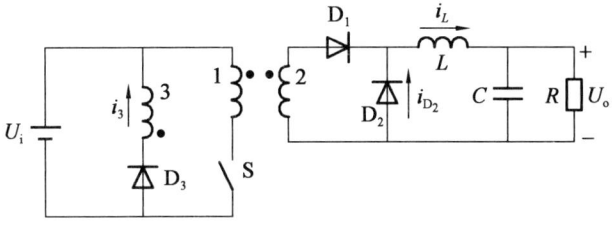

(b) 工作状态2 (S断开)

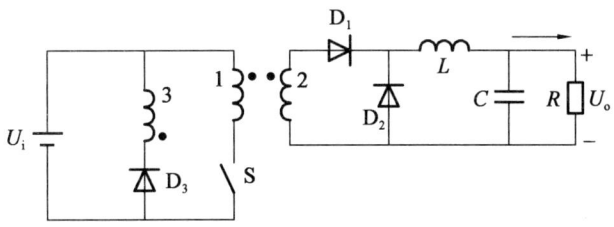

(c) 工作状态3 (电感电流为零)

图 5.30 单端正激型变换器电路电流断续时的工作状态

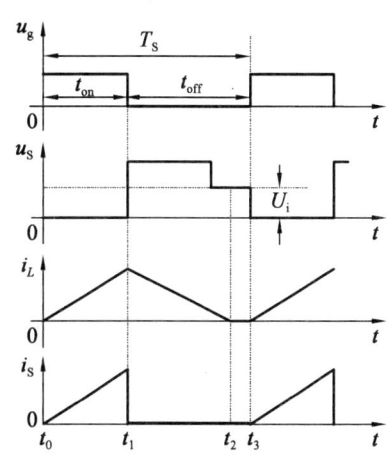

图 5.31 单端正激型变换器电路电流断续时的工作波形

电感电流断续时电路的工作过程如下：

工作状态 1 ($t_0 \sim t_1$ 时段)：t_0 时刻，开关 S 接通，变压器绕组 1 两端的电压为上正下负，与其耦合的绕组 2 两端的电压也是上正下负。因此，D_1 处于通态，D_2 为断态，电感 L 的电流逐渐增长，直到 t_1 时刻，S 断开。

工作状态 2 ($t_1 \sim t_2$ 时段)：t_1 时刻，开关 S 断开后，电感 L 通过 D_2 续流，D_1 关断，L 的电流逐渐下降，直到 t_2 时刻，电感电流降到零。

工作状态 3 ($t_2 \sim t_3$ 时段)：电感电流下降到零后，二极管 D_2 关断，电容 C 向负载提供能量，直到 t_3 时刻，开关 S 再次接通。

参照前面降压型电路相似的推导过程，可得单端正激变换器电路电感电流连续的临界条件为

$$\frac{L}{RT_S} \geq \frac{1-D}{2}$$

而输出电压与输入电压间的电压比为

$$\frac{U_o}{U_i} = \frac{w_2}{w_1} \cdot \frac{\sqrt{1+4K}-1}{2K} \tag{5.32}$$

式中，$K = \dfrac{2L}{D^2 T_S R}$。

从以上分析可知，单端正激型变换器电路的电压比和降压型电路非常相似，仅有的差别在于变压器的电压比，因此，单端正激型变换器电路的电压比可以看成是将输入电压 U_i 按电压比折算至变压器二次侧后根据降压型电路得到的。不仅单端正激型变换器电路是这样，后面将要提到的半桥型、全桥型和推挽型电路也是这样。

除图 5.26 所示的单端正激型变换器电路外，正激型变换器电路还有其他一些电路形式，图 5.32 所示为双开关正激型变换器电路，电路中的两开关同时断开或接通，每一开关的额定电压为单开关结构的一半。这种电路的特点是：当开关关断时，激磁电流通过二极管反激到电源，从而取消了专门的去磁绕组或吸收电路。

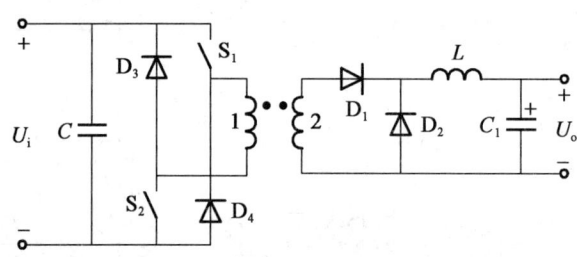

图 5.32　双开关正激型变换器电路

正激型电路简单可靠，广泛用于功率为数百瓦至数千瓦的开关电源中；但该电路中变压器的工作点仅处于磁化曲线平面的第 1 象限，变压器没有得到充分利用，因此，同样的功率，其变压器体积、重量和损耗都大于下面将要介绍的推挽型、半桥型和全桥型电路。

5.3.2　单端反激型变换器

单端反激型变换器电路的结构如图 5.33 所示。该电路可以看成是将升降压型电路中的电感换成变压器绕组 1 和绕组 2 相互耦合的电感而得到的。因此，单端反激型电路中的变压器在工作中总是经历着储能—放电的过程，这一点与正激型电路以及后面要介绍的几种隔离型电路不同。

反激型电路也存在电感电流连续和电感电流断续两种工作模式，下面将分别介绍。值得注意的是，反激型电路工作于电流连续模式时，其变压器磁芯的利用率会显著下降，因此，实际使用中通常避免该电路工作于电流连续模式。

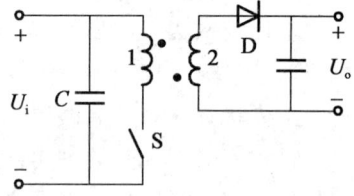

图 5.33　单端反激型电路原理图

1. 电感电流连续工作模式

反激型电路工作于电流连续模式时，1 个开关周期经历 2 个工作状态，如图 5.34 所示。电路的工作波形如图 5.35 所示。

同前面介绍的正激型电路不同，反激型电路中的变压器起着储能元件的作用，可以看作是一对相互耦合的电感。

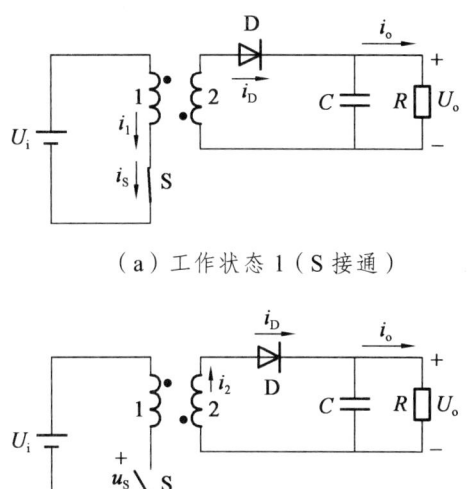

(a)工作状态1（S接通）

(b)工作状态2（S断开）

图 5.34 反激型电路电流连续时的工作状态

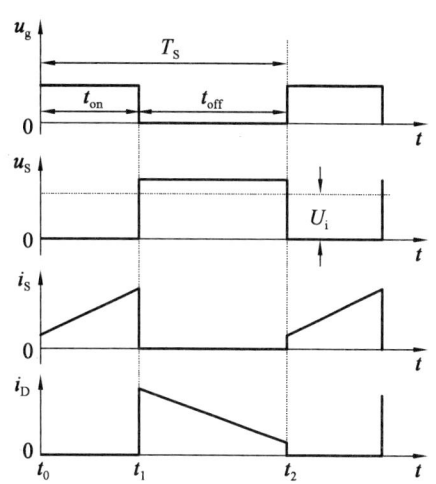

图 5.35 反激型电路电流连续时的工作波形

电流连续时电路的工作过程如下：

工作状态 1（$t_0 \sim t_1$ 时段）：开关 S 开通后，二极管 D 处于断态，绕组 1 的电流线性增长，其电感储能增加。

工作状态 2（$t_1 \sim t_2$ 时段）：开关 S 关断后，绕组 1 中的电流被切断，变压器中的磁场能量通过绕组 2 和二极管 D 向输出端释放。S 关断后的电压为

$$u_S = U_i + \frac{w_1}{w_2} U_o$$

电流连续模式时，电路输出、输入间的电压比为

$$\frac{U_o}{U_i} = \frac{w_2}{w_1} \cdot \frac{t_{on}}{t_{off}} = \frac{w_2}{w_1} \cdot \frac{D}{1-D} \tag{5.33}$$

2. 电感电流断续工作模式

此时电路在 1 个开关周期内经历 3 个工作状态，如图 5.36 所示。电路的工作波形如图 5.37 所示。

电流断续时电路的工作过程如下：

工作状态 1（$t_0 \sim t_1$ 时段）：开关 S 开通后，二极管 D 处于断态，绕组 1 的电流线性增长，电感储能增加。

工作状态 2（$t_1 \sim t_2$ 时段）：开关 S 关断后，绕组 1 中的电流被切断，变压器中的磁场能量通过绕组 2 和二极管 D 向输出端释放，直到 t_2 时刻，变压器中的磁场能量释放完毕，绕组 2 中电流下降到零，D 关断。

工作状态 3（$t_2 \sim t_3$ 时段）：绕组 1 和绕组 2 中电流均为零，电容 C 向负载提供能量。与前面升降压型电路的推导过程相似，反激型电路的电流连续的临界条件为

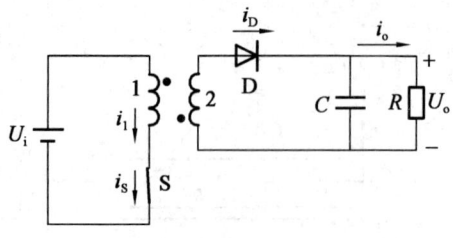

（a）工作状态1（S接通）

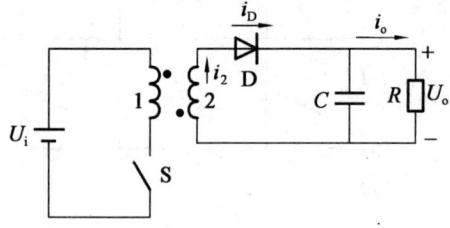

（b）工作状态2（S断开）

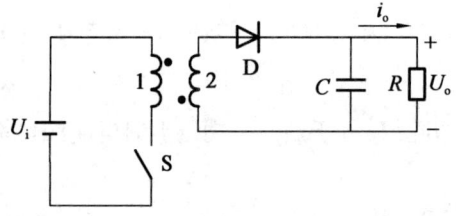

（c）工作状态3（电感电流为零）

图 5.36 反激型电路电流断续时的工作状态　　图 5.37 反激型电路电流断续时的工作波形

$$\frac{L}{RT_S} \geqslant \frac{(1-D)^2}{2}$$

式中，L 是从变压器二次侧测得的电感量。

反激型电路电流断续时的电压比为

$$\frac{U_o}{U_i} = \frac{w_2}{w_1} \sqrt{\frac{1}{K}} \tag{5.34}$$

式中，$K = \dfrac{2L}{D^2 T_S R}$。

与升降压型电路相比，反激型电路的电压比的不同之处仅在于多了变压器电压比这项因子。

因为反激型电路变压器的绕组1和绕组2在工作中不会同时有电流流过，不存在磁动势相互抵消的可能，因此，变压器磁芯的磁通密度取决于绕组中电流的大小，这与正激型以及后面介绍的几种隔离型电路是不同的。图 5.38 给出了反激型电路的变压器磁通密度与绕组电流的关系。

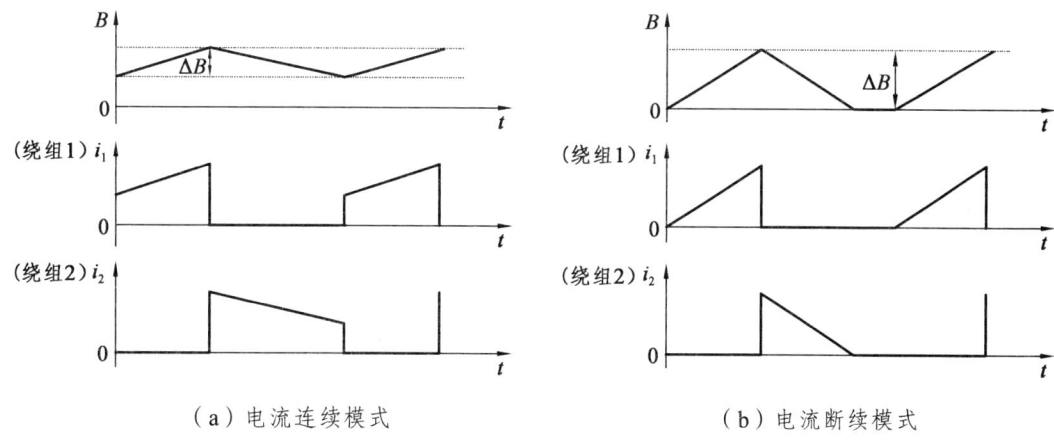

(a) 电流连续模式　　　　　　　　　(b) 电流断续模式

图 5.38　反激型电路电流连续和断续时变压器磁通密度与绕组电流的关系

从图 5.38 中可以看出，在最大磁通密度相同的条件下，电流连续工作时，磁通密度的变化范围 ΔB 小于电流断续方式。在反激型电路中，ΔB 正比于一次侧绕组每匝承受的电压乘以开关处于通态的时间 t_{on}，在电路的输入电压和 t_{on} 相同的条件下，较大的 ΔB 意味着变压器需要较少的匝数或较小尺寸的磁芯。从这个角度来说，反激型电路工作于电流断续模式时，变压器磁芯的利用率较高、较合理，故通常在设计反激型电路时应保证其工作于电流断续方式。

反激型变换器电路的结构最为简单，元器件数少，因此成本较低，广泛应用于数瓦至数十瓦的小功率开关电源中，例如各种家电、计算机设备、工业设备中广泛使用的小功率开关电源；但该电路变压器的工作点也仅处于磁化曲线平面的第 1 象限，变压器利用率低，而且开关器件承受的电流峰值很大，不适合用于较大功率的开关电源。

5.3.3　推挽型变换器

推挽型变换器电路如图 5.39 所示。推挽型电路也存在电感电流连续和电感电流断续两种工作模式。

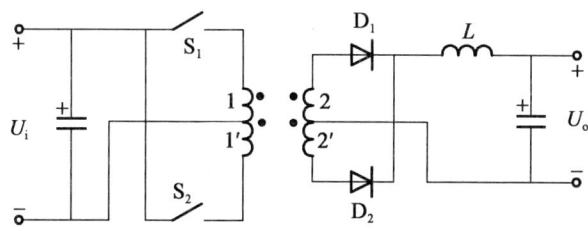

图 5.39　推挽型变换器的电路原理图

1. 电感电流连续工作模式

推挽型电路工作于电流连续模式时，在 1 个开关周期内电路经历 4 个工作状态，如图 5.40 所示，其中状态 2 和状态 4 时是相同的。电路中的电压电流波形如图 5.41 所示。

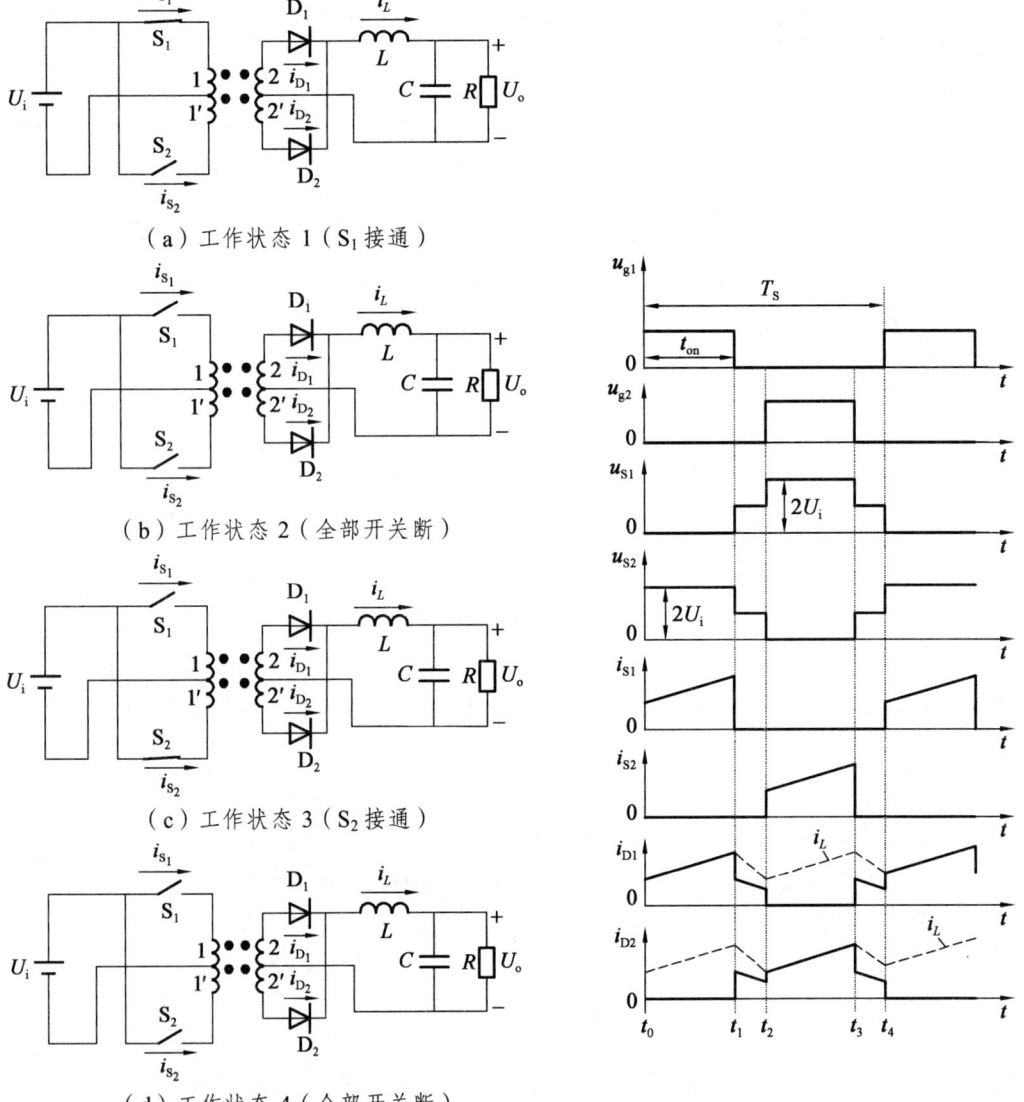

图 5.40 推挽型电路电流连续时的工作状态　　图 5.41 推挽型电路电流连续时的工作波形

推挽型电路中,两个开关 S_1 和 S_2 交替导通,在绕组 1 和绕组 1′ 两端分别形成相位相反的交流电压。开关 S_1 导通时,二极管 D_1 处于通态,开关 S_2 导通时,二极管 D_2 处于通态,当两个开关都关断时,二极管 D_1 和 D_2 都处于通态,各分担电感电流的一半。开关 S_1 或 S_2 导通时,电感 L 的电流逐渐上升;两个开关都关断时,电感 L 的电流逐渐下降。开关 S_1 和 S_2 断态时承受的峰值电压均为 $2U_i$。

电流连续时电路的工作过程如下:

工作状态 1 ($t_0 \sim t_1$ 时段):开关 S_1 接通,二极管 D_1 导通,电感电流流经变压器绕组 2、二极管 D_1、滤波电容 C 及负载 R,电感电流增长。

工作状态 2 ($t_1 \sim t_2$ 时段):所有开关都处于断态,变压器绕组 1 中的电流为零,电感通过 D_1 和 D_2 续流,每个二极管流过电感电流的一半。电感 L 的电流逐渐下降。

工作状态 3（$t_2 \sim t_3$ 时段）：开关 S_2 接通，二极管 D_2 导通，电感电流流经变压器绕组 $2'$、二极管 D_2、滤波电容 C 及负载 R，电感电流增长。

工作状态 4（$t_3 \sim t_4$ 时段）：与工作状态 2 相同。

若开关 S_1 与 S_2 的导通时间不对称，则交流电压 u_B 中将含有直流分量，会在变压器一次侧电流中产生很大的直流分量，并可能造成磁路饱和。

如果开关 S_1 和 S_2 同时处于通态，就相当于变压器一次侧绕组短路。因此，必须避免两个开关同时导通，每个开关各自的占空比不能超过 50%，并且要留有死区。

电流连续时电路的电压比为

$$\frac{U_o}{U_i} = \frac{w_2}{w_1} \cdot \frac{t_{on}}{T_S/2} = \frac{w_2}{w_1} D \tag{5.35}$$

在推挽型电路中，占空比定义为

$$D = \frac{t_{on}}{T_S/2}$$

2. 电感电流断续工作模式

推挽型电路工作于电流断续模式时，在 1 个开关周期内电路经历 6 个工作状态，如图 5.42 所示，电路中的电压电流波形如图 5.43 所示。

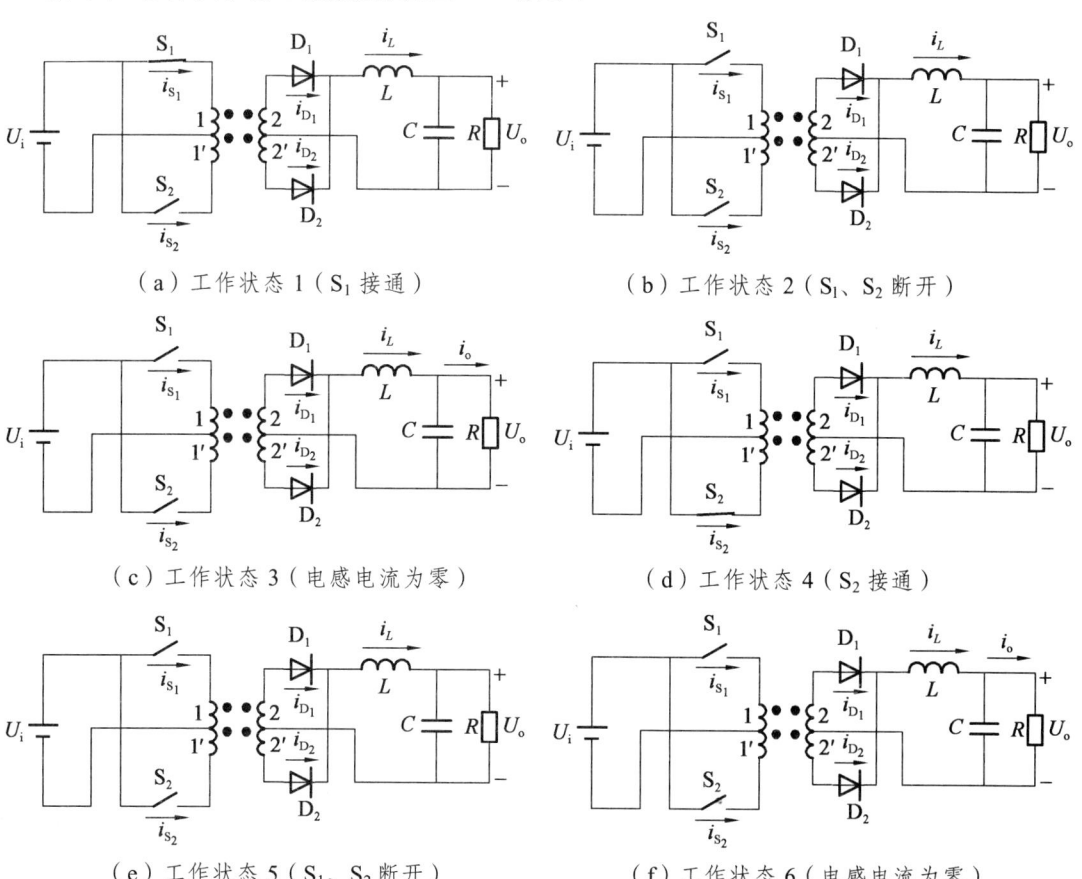

图 5.42 推挽型电路电流断续时的工作状态

电流断续时电路的工作过程如下：

工作状态 1（$t_0 \sim t_1$ 时段）：开关 S_1 接通，二极管 D_1 导通，电感电流流经变压器绕组 2、二极管 D_1、滤波电容 C 及负载 R，电感电流增长。

工作状态 2（$t_1 \sim t_2$ 时段）：所有开关都处于断态，变压器绕组 1 中的电流为零，电感通过 D_1 和 D_2 续流，每个二极管流过一半的电感电流。电感 L 的电流逐渐下降。直到 t_2 时刻，电感电流降为零。

工作状态 3（$t_2 \sim t_3$ 时段）：电感电流保持零值，电容 C 向负载 R 供电。直到 t_3 时刻，开关 S_2 接通。

工作状态 4（$t_3 \sim t_4$ 时段）：开关 S_2 接通，二极管 D_2 导通，电感电流流经变压器绕组 $2'$、二极管 D_2、滤波电容 C 及负载 R，电感电流增长。

工作状态 5（$t_4 \sim t_5$ 时段）：与工作状态 2 相同。

工作状态 6（$t_5 \sim t_6$ 时段）：与工作状态 3 相同。

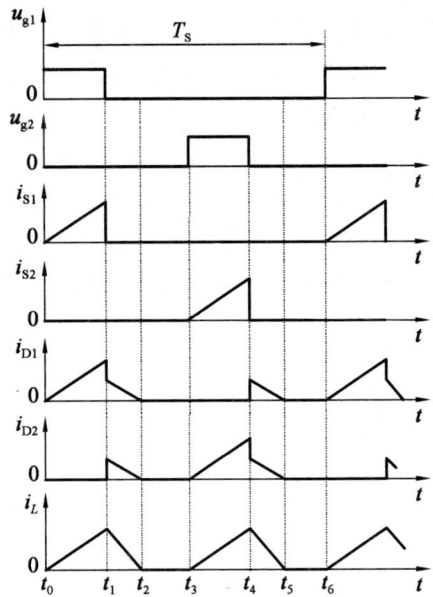

图 5.43 推挽型电路电流断续时的工作波形

与前面降压型电路的推导过程相似，可得推挽型电路电感电流连续的临界条件为

$$\frac{L}{RT_S/2} \geqslant \frac{1-D}{2}$$

而输出电压与输入电压间的电压比为

$$\frac{U_o}{U_i} = \frac{w_2}{w_1} \cdot \frac{\sqrt{1+4K}-1}{2K} \tag{5.36}$$

式中，$K = \dfrac{2L}{D^2 R T_S/2}$。

电感电流断续时，输出电压 U_o 将随负载电流的减小而升高，在负载为零的极限情况下，$U_o = U_i w_2/w_1$。

推挽型变换器的一个突出优点是，在输入回路中仅有 1 个开关的通态压降，而半桥型电路和全桥型电路都有 2 个，因此，在同样的条件下，推挽型变换器产生的通态损耗较小，这对于很多输入电压较低的电源十分有利。

5.3.4 半桥型变换器

半桥型变换器电路如图 5.44 所示。在半桥型变换器电路中，变压器一次侧两端分别连接在电容 C_1、C_2 的连接点和开关 S_1、S_2 的连接点。电容 C_1、C_2 的电压均为 $U_i/2$。当 S_1 关断、S_2 导通时，电源及电容 C_2 上储能经变压器传递到二次侧，同时电源经变压器、S_2 向 C_1 充电，C_1 储能增加；反之，S_1 开通、S_2 关断时，电源及 C_1 上储能经变压器传递到二次侧，此时电源经 S_1、变压器向 C_2 充电，C_2 储能增加。S_1 与 S_2 交替导通，使变压器一次侧形成幅值为 $U_i/2$ 的交流电压，变压器二次侧电压经 D_1、D_2 整流，L、C 滤波后即得到直流输出电压。改变开关的占空比，就可改变二次侧整流电压 u_d 的平均值，也就改变了输出电压 U_o。S_1 和 S_2 断态时承受的峰值电压均为 U_i。

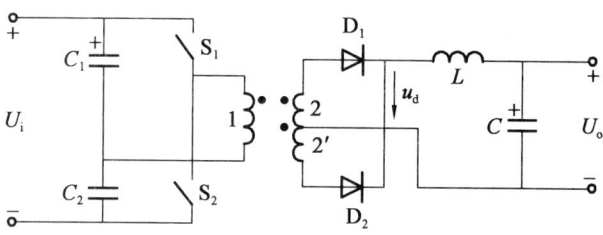

图 5.44　半桥型变换器的电路原理图

半桥型电路也存在电感电流连续和电感电流断续两种工作模式。

1. 电感电流连续工作模式

半桥型电路工作于电流连续模式时，在 1 个开关周期内电路经历 4 个工作状态，如图 5.45 所示，其中状态 2 和状态 4 是相同的。电路中的工作波形如图 5.46 所示。

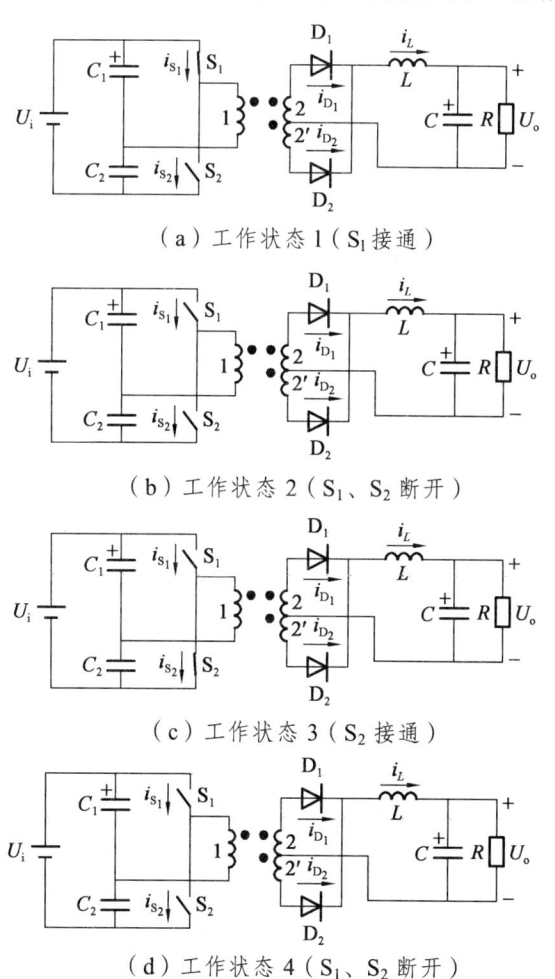

图 5.45　半桥型电路电流连续时的工作状态

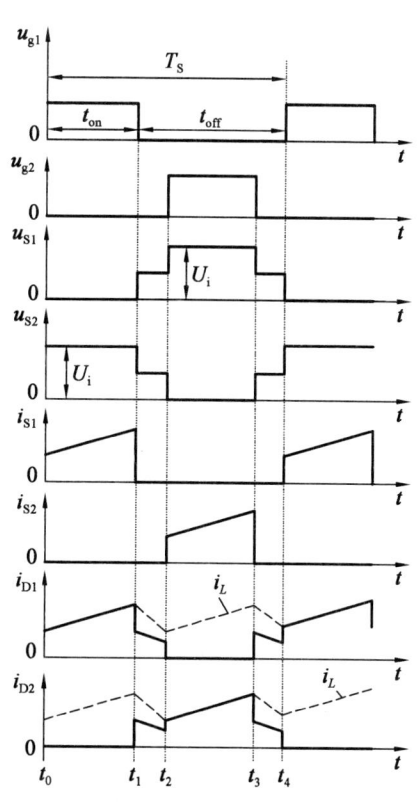

图 5.46　半桥型电路电流连续时的工作波形

电流连续时电路的工作过程如下：

工作状态 1（$t_0 \sim t_1$ 时段）：开关 S_1 导通时，二极管 D_1 处于通态，电感电流流经变压器绕组 2、二极管 D_1 和滤波电容 C 及负载 R，电感电流增长。

工作状态 2（$t_1 \sim t_2$ 时段）：开关 S_1、S_2 都处于断态，变压器绕组 1 中的电流为零，根据变压器的磁动势平衡方程，绕组 2 和绕组 2′ 中的电流大小相等、方向相反，所以 D_1 和 D_2 都处于通态，各分担一半的电流。电感 L 的电流逐渐下降。

工作状态 3（$t_2 \sim t_3$ 时段）：开关 S_2 导通时，二极管 D_2 处于通态，电感电流流经变压器绕组 2′、二极管 D_2 和滤波电容 C 及负载 R，电感电流增长。

工作状态 4（$t_3 \sim t_4$ 时段）：与工作状态 2 相同。

由于电容的隔直作用，半桥型电路对由于两个开关导通时间不对称而造成的变压器一次侧电压的直流分量有自动平衡作用，因此，该电路不容易发生变压器偏磁和直流磁饱和的问题。

为了避免上下两开关在换相过程中发生短暂的同时导通而造成短路损坏开关，每个开关各自的占空比不能超过 50%，并应留有裕量。

当滤波电感 L 的电流连续时

$$\frac{U_o}{U_i} = \frac{1}{2} \cdot \frac{w_2}{w_1} \cdot \frac{t_{on}}{T_S/2} = \frac{1}{2} \cdot \frac{w_2}{w_1} D \tag{5.37}$$

在半桥型电路中，占空比定义为：

$$D = \frac{t_{on}}{T_S/2}$$

2. 电感电流断续工作模式

此时电路在 1 个开关周期内经历 6 个工作状态，如图 5.47 所示。电路中的电压电流波形如图 5.48 所示。

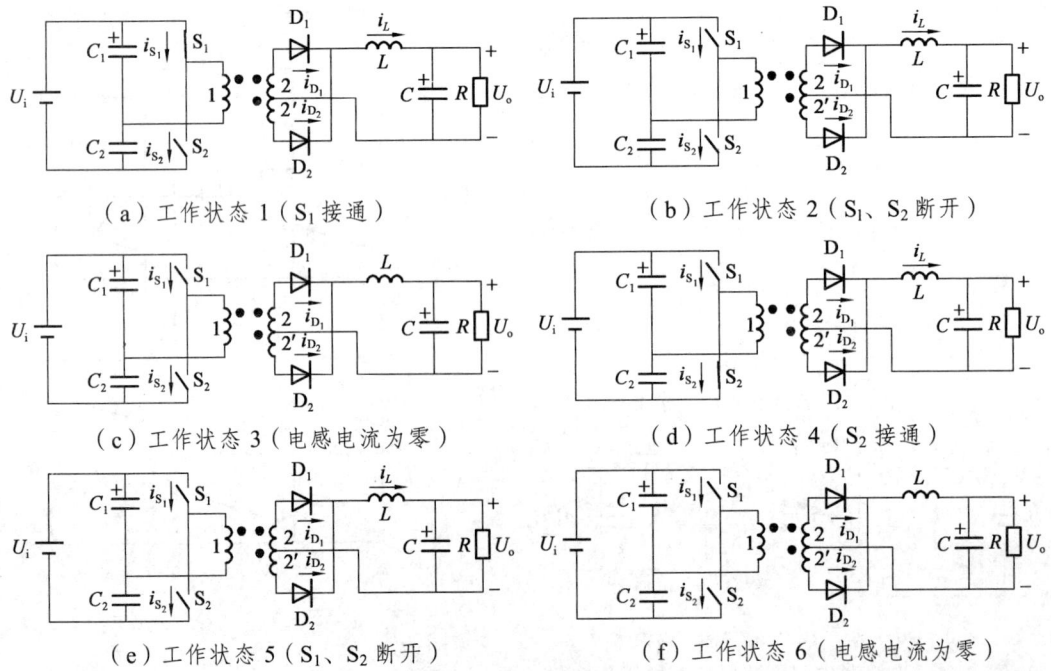

图 5.47 半桥型电路电流断续时的工作状态

电流断续时电路的工作过程如下：

工作状态 1（$t_0 \sim t_1$ 时段）：t_0 时刻，开关 S_1 接通，变压器绕组 1 两端的电压为上正下负，绕组 2 两端的电压也是上正下负，因此二极管 D_1 处于通态，D_2 为断态。电感 L 的电流逐渐增长，直到 t_1 时刻，S_1 关断。

工作状态 2（$t_1 \sim t_2$ 时段）：开关 S_1、S_2 都处于断态，变压器绕组 1 中的电流为零，根据变压器的磁动势平衡方程，绕组 2 和绕组 2′ 中的电流大小相等、方向相反，所以二极管 D_1 和 D_2 都处于通态，各分担一半电感电流。电感 L 的电流逐渐下降，直到 t_2 时刻，电感电流降为零。

工作状态 3（$t_2 \sim t_3$ 时段）：电感电流保持零值，电容 C 向负载 R 放电。直到 t_3 时刻，开关 S_2 开通。

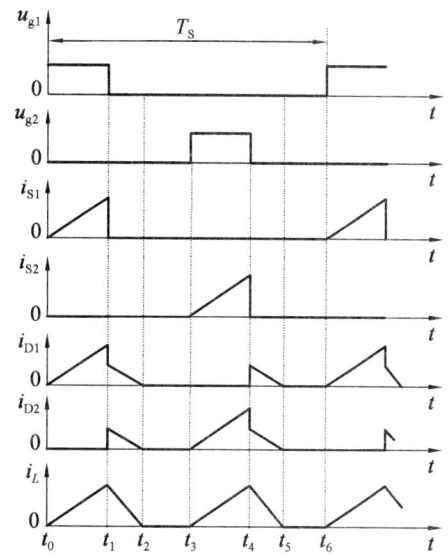

图 5.48 半桥型电路电流断续时的工作波形

工作状态 4（$t_3 \sim t_4$ 时段）：t_3 时刻，开关 S_2 开通，变压器绕组 1 两端的电压为下正上负，与其耦合的绕组 2′ 两端的电压为下正上负，因此二极管 D_2 处于通态，D_1 为断态，电感 L 的电流逐渐增长，直到 t_4 时刻 S_1 关断；

工作状态 5（$t_4 \sim t_5$ 时段）：与工作状态 2 相同。

工作状态 6（$t_5 \sim t_6$ 时段）：与工作状态 3 相同。

与前面降压型电路的推导过程相似，半桥型电路电感电流连续的临界条件为

$$\frac{L}{RT_S/2} \geqslant \frac{1-D}{2}$$

而输出电压与输入电压间的电压比为

$$\frac{U_o}{U_i} = \frac{1}{2} \cdot \frac{w_2}{w_1} \cdot \frac{\sqrt{1+4K}-1}{2K} \tag{5.38}$$

式中，$K = \dfrac{2L}{D^2 R T_S/2}$。

半桥型变换器电路中变压器的利用率高，且没有偏磁的问题，可以广泛应用于数百瓦至数千瓦的开关电源中。与下面将要介绍的全桥型电路相比，半桥型电路开关器件数量少（但电流等级要大些），同样的功率成本要低一些，故可以用于对成本要求较苛刻的场合。

5.3.5 全桥型变换器

全桥型变换器电路如图 5.49 所示。全桥型电路也存在电感电流连续和电感电流断续两种工作模式。

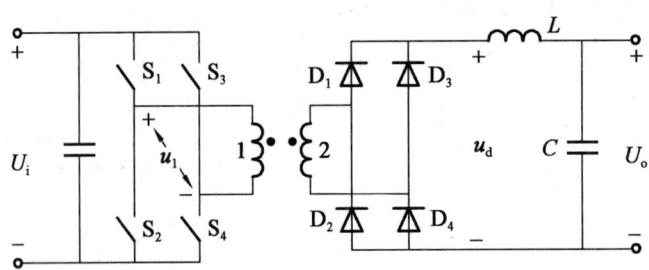

图 5.49　全桥型变换器的电路原理图

1. 电感电流连续工作模式

全桥型电路工作于电流连续模式时，在 1 个开关周期内电路经历 4 个工作状态，如图 5.50 所示，其中状态 2 和状态 4 是相同的。电路的电压电流波形如图 5.51 所示。

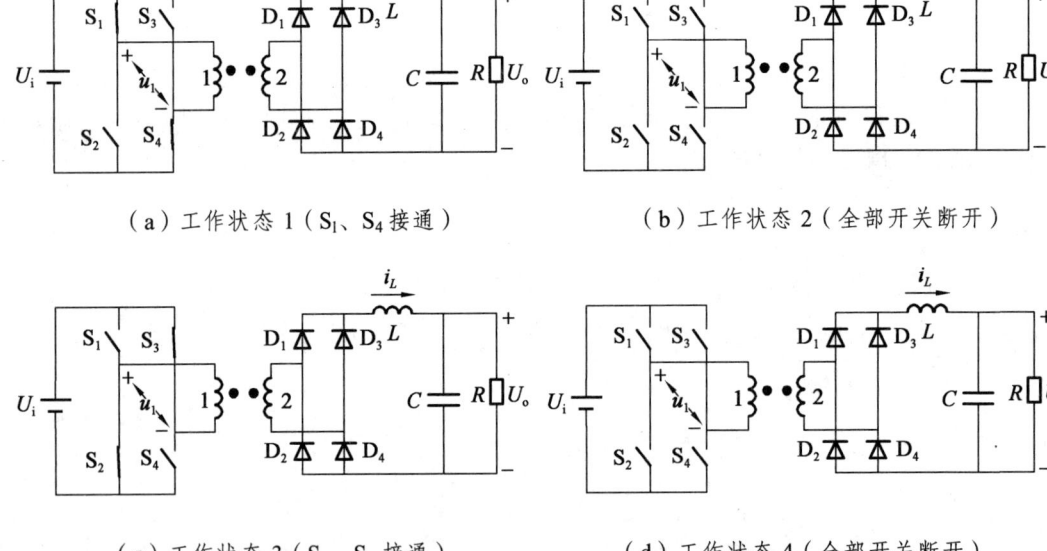

（a）工作状态 1（S_1、S_4 接通）　　　　（b）工作状态 2（全部开关断开）

（c）工作状态 3（S_2、S_3 接通）　　　　（d）工作状态 4（全部开关断开）

图 5.50　半桥型电路电流连续时的工作状态

全桥型电路中的逆变电路由 4 个开关组成，互为对角的两个开关同时导通，而同一侧半桥上下两个开关交替导通，将直流电压逆变成幅值为 U_i 的交流电压 u_1，加在变压器一次侧。改变开关的占空比，就可以改变整流电压 u_d 的平均值，也就改变了输出电压 U_o。每个开关断态时承受的峰值电压均为 U_i。

电流连续时电路的工作过程如下：

工作状态 1（$t_0 \sim t_1$ 时段）：开关 S_1、S_4 接通，二极管 D_1、D_4 导通，电感电流流经变压器绕组 2、二极管 D_1 与 D_4、滤波电容 C 及负载 R，电感电流增长。

工作状态 2（$t_1 \sim t_2$ 时段）：所有开关都处于断态，变压器绕组 1 中的电流为零，电感通过 D_1、D_4 和 D_2、D_3 续流，每个二极管流过电感电流的一半。电感 L 的电流逐渐下降。

工作状态 3（$t_2 \sim t_3$ 时段）：开关 S_2、S_3 接通，二极管 D_2、D_3 导通，电感电流流经变压器绕组 2、二极管 D_2 与 D_3、滤波电容 C 及负载 R，电感电流增长。

工作状态 4（$t_3 \sim t_4$ 时段）：与工作状态 2 相同。

若 S_1、S_4 与 S_2、S_3 的导通时间不对称，则交流电压 u_1 中将含有直流分量，会在变压器一次侧电流中产生很大的直流分量，并可能造成磁路饱和，故全桥型电路应注意避免电压直流分量的产生，也可以在一次侧回路中串联一个电容，以阻断直流电流。

为了避免上下两开关在换相过程中发生短暂的同时导通而造成短路损坏开关，每个开关各自的占空比不能超过 50%，并应留有裕量。

当滤波电感 L 的电流连续时

$$\frac{U_o}{U_i} = \frac{w_2}{w_1} \cdot \frac{t_{on}}{T_S/2} = \frac{w_2}{w_1} D \quad (5.39)$$

在全桥型电路中，占空比定义为

$$D = \frac{t_{on}}{T_S/2}$$

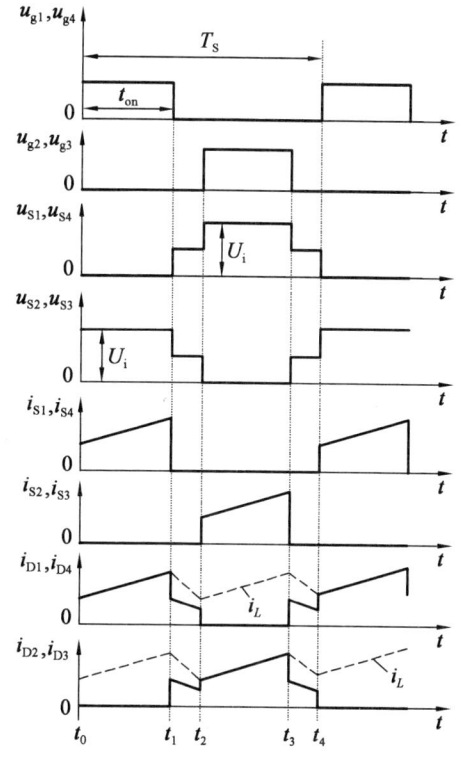

图 5.51 全桥型电路电流连续时的工作波形

2. 电感电流断续工作模式

此时电路在 1 个开关周期内经历 6 个工作状态，如图 5.52 所示，电路中的波形如图 5.53 所示。

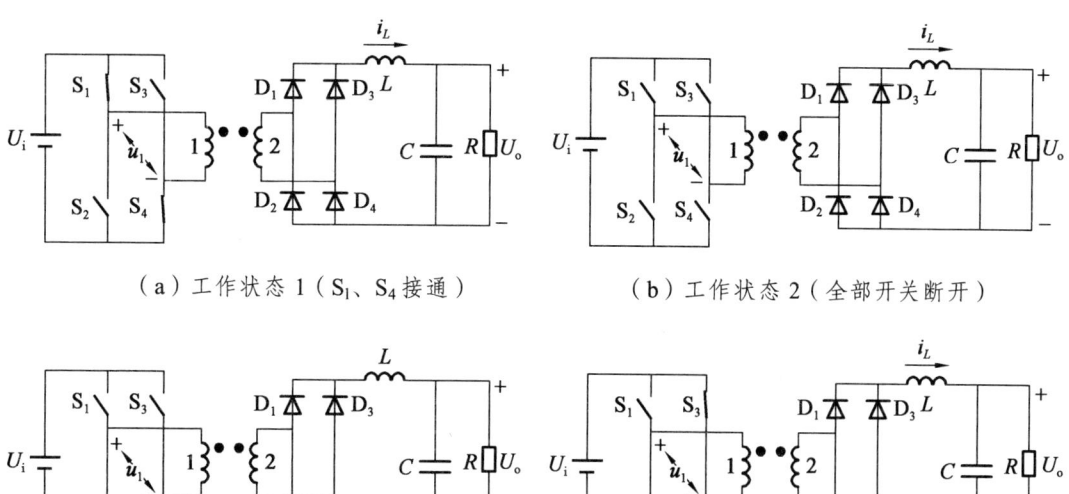

（a）工作状态 1（S_1、S_4 接通） （b）工作状态 2（全部开关断开）

（c）工作状态 3（电感电流为零） （d）工作状态 4（S_2、S_3 接通）

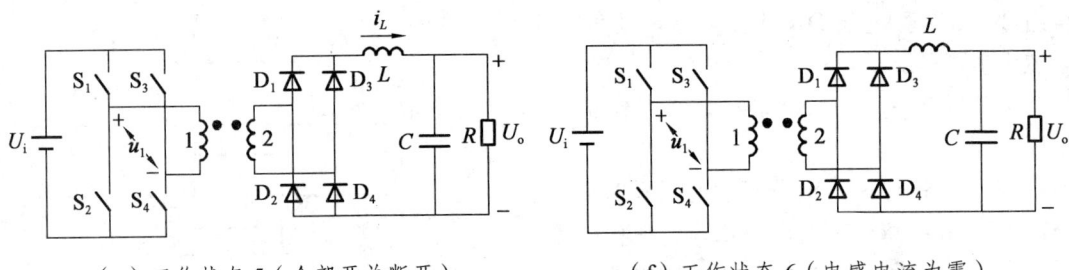

（e）工作状态 5（全部开关断开）　　　（f）工作状态 6（电感电流为零）

图 5.52　全桥型电路电流断续时的工作状态

电流断续时电路的工作过程如下

工作状态 1（$t_0 \sim t_1$ 时段）：开关 S_1、S_4 接通，二极管 D_1、D_4 导通，电感电流经变压器绕组 2、二极管 D_1 与 D_4、滤波电容 C 及负载 R，电感电流增长。

工作状态 2（$t_1 \sim t_2$ 时段）：所有开关都处于断态，变压器绕组 1 中的电流为零，电感通过二极管 D_1、D_4 和 D_2、D_3 续流，每个二极管流过电感电流的一半。电感 L 的电流逐渐下降。直到 t_2 时刻，电感电流降为零。

工作状态 3（$t_2 \sim t_3$ 时段）：电感电流保持零值，电容 C 向负载 R 供电。直到 t_3 时刻，开关 S_2、S_3 接通。

工作状态 4（$t_3 \sim t_4$ 时段）：开关 S_2、S_3 接通，二极管 D_2、D_3 导通，电感电流流经变压器绕组 2、二极管 D_2 与 D_3、滤波电容 C 及负载 R，电感电流增长。

工作状态 5（$t_4 \sim t_5$ 时段）：与工作状态 2 相同。

工作状态 6（$t_5 \sim t_6$ 时段）：与工作状态 3 相同。

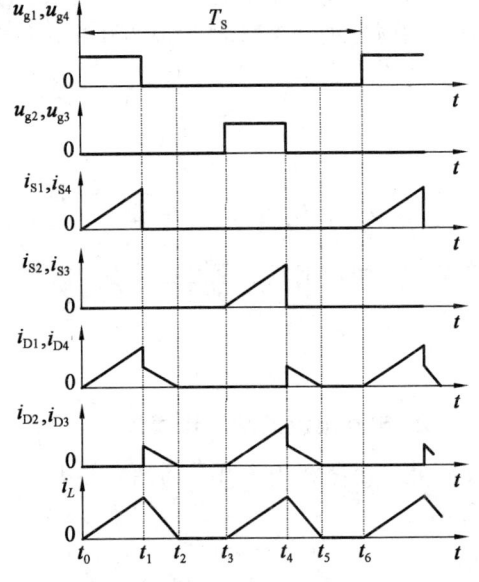

图 5.53　全桥型电路电流断续时的工作波形

与前面降压型电路的推导过程相似，可得全桥型电路电感电流连续的临界条件为

$$\frac{L}{RT_S/2} \geqslant \frac{1-D}{2}$$

而输出电压与输入电压间的电压比为

$$\frac{U_o}{U_i} = \frac{w_2}{w_1} \cdot \frac{\sqrt{1+4K}-1}{2K} \tag{5.40}$$

式中，$K = \dfrac{2L}{D^2 RT_S/2}$。

电感电流断续时，输出电压 U_o 将随负载电流减小而升高，在负载为零的极限情况下，$U_o = U_i w_2/w_1$。

在所有隔离型变换器电路中，采用电压和电流容量相同的开关器件时，全桥型电路可以达到最大的功率，因此该电路常用于中大功率的开关电源中。

5.4 直流斩波器

直流斩波器属于非隔离型直直变换器,与前面讨论的直直变换器的不同之处在于直流斩波器主要是给直流电动机供电。直流斩波器除可调节直流电压的大小外,还可以用来调节电阻的大小和磁场的大小。直流斩波器作为直流电动机调速的有效手段,在运输车辆上得到了广泛应用,如直流电网供电的地铁车辆、工矿电力机车、城市无轨电车、磁浮列车以及由蓄电池供电的搬运车、叉车、电动汽车等。

5.4.1 直流斩波器的基本类型

1. 降压斩波器

降压斩波器的原理电路如图 5.54(a)所示。斩波器工作时的电压、电流波形如图 5.54(b)所示。由前面的分析可知,这个电路的输出电压平均值 $U_o = \alpha U_i$,由于 $\alpha < 1$,所以 $U_o < U_i$,即斩波器输出电压平均值小于输入电压 U_i,故称为降压斩波器。负载电动机的调速范围一般是零到额定转速,因此,一般情况下电动机直流调速系统均采用降压斩波器。

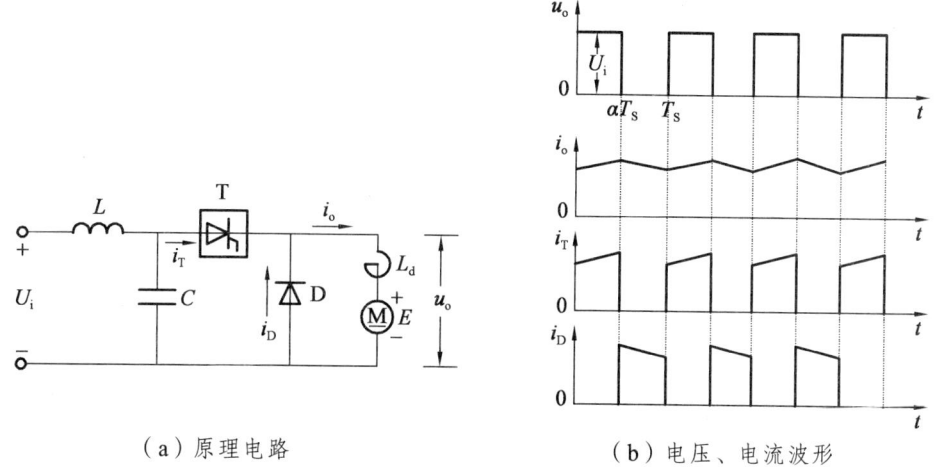

图 5.54 降压斩波器的原理电路及电压、电流波形

2. 升压斩波器

升压斩波器的原理电路如图 5.55(a)所示。斩波器工作时的电压、电流波形如图 5.55(b)所示。当斩波器导通时,电源电压 U_i 加于电感 L 上,电感储能,与此同时电容 C 向负载放电,而隔离二极管 D 因受电容 C 施加的反向电压而关断。当斩波器关断时,电感 L 中的电流维持原来的流通方向不变,其自感电势改变极性并和电源电压叠加,强制电流进入负载并给电容 C 充电,这样,斩波器导通时储存在电感器中的电能便释放到负载和电容 C 上。

假设不计 i_i 的脉动,那么在斩波器导通期间由电源输入到电感 L 的电能为

$$W_L = U_i I_i t_{on} \tag{5.41}$$

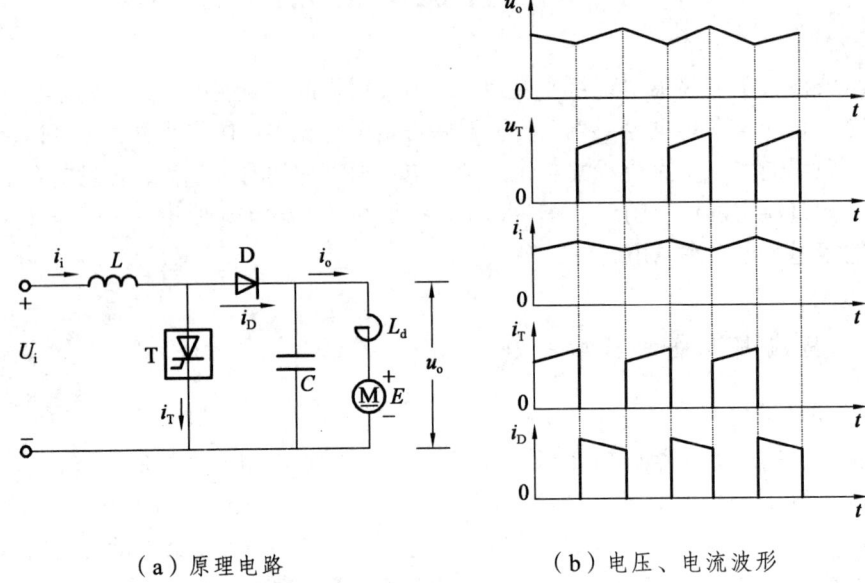

(a)原理电路　　　　　　(b)电压、电流波形

图 5.55 升压斩波器的原理电路及电压、电流波形

在斩波器关断期间，电感 L 释放的电能为

$$W'_L = (U_o - U_i)I_i t_{\text{off}} \tag{5.42}$$

对于无损耗系统，在稳态时上述两项电能应是相等的，故有

$$U_i I_i t_{\text{on}} = (U_o - U_i)I_i t_{\text{off}}$$

$$U_o = \frac{t_{\text{on}} + t_{\text{off}}}{t_{\text{off}}} U_i = \frac{T_S}{t_{\text{off}}} U_i = \frac{1}{1-\alpha} U_i \tag{5.43}$$

因 $\alpha<1$，于是可知 $U_o>U_i$。负载上获得的电压比电源电压高，故称之为升压斩波器。

无论是降压斩波器还是升压斩波器，它们的功率流向都是从电源到负载，因此负载的平均电压 U_o 和电流 I_o 都是正的，均位于 U_o-I_o 直角坐标系的第一象限，故又称它们为第一象限斩波器。

3. 第二象限斩波器

如果由于势能或动能使电机作为发电机运行，利用升压斩波器的原理，可构成第二象限斩波器电路，如图 5.56（a）所示，其电压、电流波形如图 5.56（b）所示。通过适当调节导通比便可把负载电机的电压升到大于电源电压 U_i，从而把负载电机产生的能量反馈到电源中去，此时，电压 u_o 跟电动机状态运行时的极性一致，而且是正的，但电枢电流 i_o 改变了流向而成为负的，电机工作于第二象限，故称它为第二象限斩波器。因功率流向是从电机到电源，直流电动机工作于再生制动工况，因此又把这种电路称为再生斩波器。

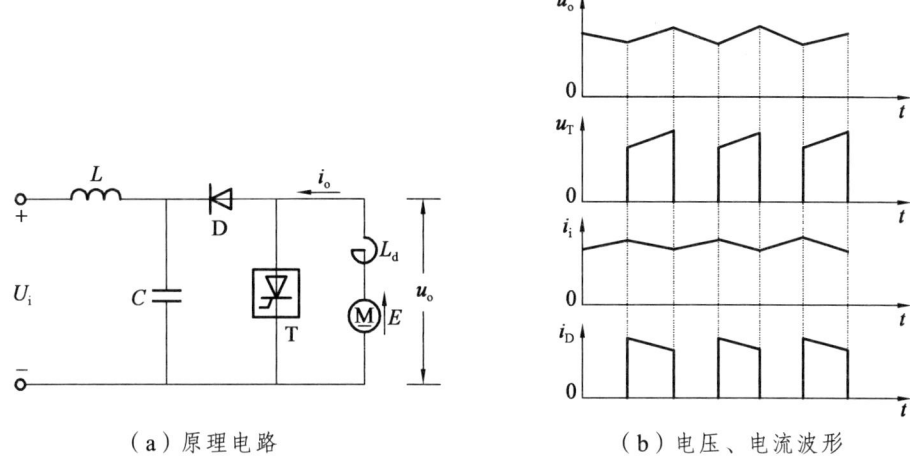

（a）原理电路　　　　　　　　（b）电压、电流波形

图 5.56　第二象限斩波器的原理电路与电压、电流波形

4．A 型二象限斩波器

A 型二象限斩波器的原理电路和电压、电流波形分别如图 5.57（a）、（b）所示。图中的斩波器 T_1 和二极管 D_1 在电动机运行状态下工作，而 T_2 与 D_2 则在再生制动运行时工作。这样该电路就保证电源与负载电机之间的功率流向是可逆的。当 $\alpha U_i > E$ 时，功率流向是从电源到电机，电机工作于电动机运行状态。当 $\alpha U_i < E$ 时，功率流向改变，电机变为再生制动工况运行。对于 A 型二象限斩波器，T_1 作为降压斩波器工作，将电源的功率传递给电机，控制 T_1 的导通比可以调节电机的转速，而 T_2 作为升压斩波器工作，将电机的功率传递给电源，控制 T_2 的导通比可以调节电机的制动功率。

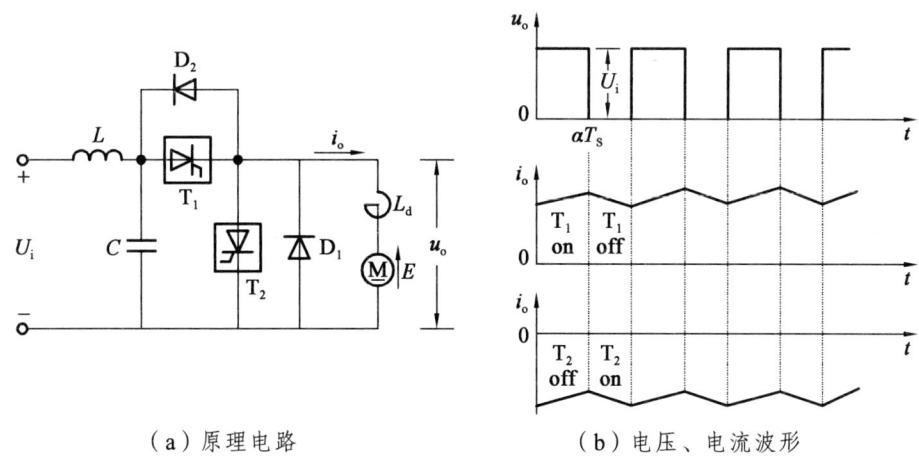

（a）原理电路　　　　　　　　（b）电压、电流波形

图 5.57　A 型二象限斩波器的原理电路和电压、电流波形

无论哪种工况运行，负载回路端电压 u_o 的波形总是处于时间轴的上方。也就是说，E 的方向总是为正，而电枢电流 i_o 的方向可正可负，这取决于 αU_i 与 E 值比较的结果。若 $\alpha U_i > E$，则电枢电流 i_o 的方向为正；若 $\alpha U_i < E$，则 i_o 的方向为负。

5．B 型二象限斩波器

B 型二象限斩波器的原理电路如图 5.58 所示。这种电路有 3 种工作模式：

① T_1、T_2 两斩波器同时工作，这时 E 为正，且 $\alpha U_i > E$，功率流向从电源到负载，i 为正，电机吸收功率。

② 其中的一个斩波器 T_1 和一个二极管 D_2 同时导通，负载电路被短接，$u_o = 0$，不管 E 是正还是负，电枢电流 i_o 均经这两个导通管续流。

③ D_1、D_2 两二极管同时导通，这时 E 为负，而且必须 $U_i < E$，功率流向从电机到电源，将电能反馈到电网去。

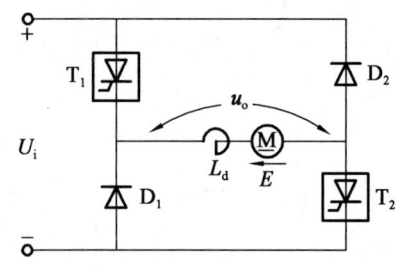

图 5.58 B 型二象限斩波器的原理电路

6. 四象限斩波器

四象限斩波器的电路如图 5.59 所示，这个电路的 u_o 和 i_o 的极性都可改变，即斩波器可以在四象限运行。

使 T_4 始终导通、T_3 始终关断，则控制 T_1、T_2 可使斩波器工作在第一象限和第二象限。

若 T_2 始终导通、T_1 始终关断，则控制 T_3、T_4 可使斩波器工作在第三象限和第四象限。

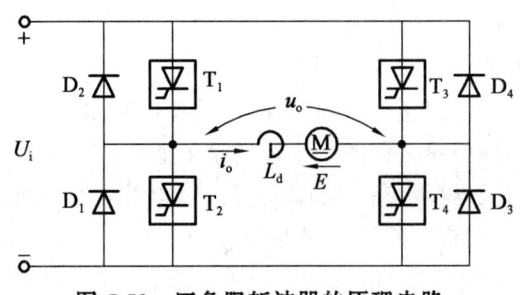

图 5.59 四象限斩波器的原理电路

例 5.3 在例 5.3 图所示的斩波器电路中，$U_i = 110\ \text{V}$，$R = 0.5\ \Omega$，$E = 50\ \text{V}$，$T_S = 4\ 000\ \mu\text{s}$，而 L 足够大，使得 i_d 实际上可认为是恒值。① 如 $i_d = I_d = 100\ \text{A}$，试计算接通时间 t_{on}，按比例画出 u_d 和 i_i 随时间而变化的波形，并验证输入功率和输出功率相等；② 如果 $i_d = I_d = -100\ \text{A}$，重复①的计算。

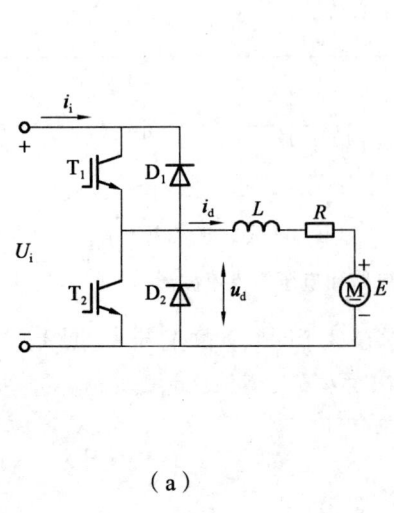

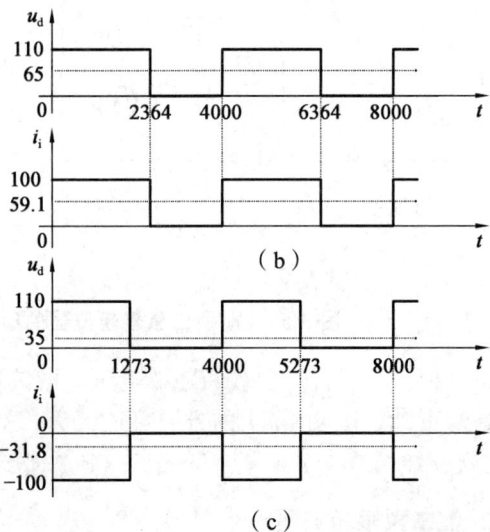

例 5.3 图

解

① $U_d = E + RI_d = 50 + 0.15 \times 100 = 65$ （V）

接通时间 $t_{on} = \dfrac{U_d T_S}{U_i} = \dfrac{65 \times 4\,000}{110} = 2\,364$ （μs）

u_d 与 i_i 随时间而变化的波形见例 5.1 图（b），于是

$$I_i = \dfrac{t_{on}}{T_S} I_d = \dfrac{2\,364}{4\,000} \times 100 = 59.1 \quad (A)$$

输入功率　　$P_i = U_i I_i = 110 \times 59.1 = 6.5$ （kW）

输出功率　　$P_o = U_d I_d = 65 \times 100 = 6.5$ （kW）

因此　　　　$P_i = P_o$。

② $U_d = E + RI_d = 50 - 0.15 \times 100 = 35$ （V）

$$t_{on} = \dfrac{U_d T_S}{U_i} = \dfrac{35 \times 4\,000}{110} = 1\,273 \quad (μs)$$

u_d 与 i_i 随时间而变化的波形见例 5.1 图（c），于是

$$I_i = \dfrac{t_{on}}{T_S} I_d = -31.8 \quad (A)$$

$$P_i = U_i I_i = -3.5 \quad (kW)$$

$$P_o = U_d I_d = -3.5 \quad (kW)$$

因此　　　　$P_i = P_o$

5.4.2　降压斩波器滤波电路的分析

降压斩波器电路参见图 5.54（a）。对滤波电路进行分析的目的，主要是为了确定：
① 平波电抗器 L_d（输出滤波电感）的电感量。
② 输入滤波电容 C 的电容量。
③ 输入滤波电感 L 的电感量。

这里需要指出，当确定斩波器输出端的参数时，假定电容 C 两端电压 u_C 是没有脉动的；当确定斩波器输入端的参数时，则假定电枢电流 i_o 是没有脉动的。

电枢电流 i_o 不连续，对电动机的工作是不利的，因而必须选择适当的平波电抗器电感量 L_d，使电动机在工作范围内其电枢电流是连续的。对于图 5.54（a）所示的电路，其负载电压、负载电流波形如图 5.60 所示。如忽略回路的电阻，在 u_C 无脉动的假设条件下，则有 $U_i = u_C$，这样，在斩波器 T 导通时，电路的电压方程为

$$L_\Sigma \dfrac{di_o}{dt} = U_i - E = (1-\alpha)U_i \tag{5.44}$$

式中，L_Σ 为负载回路总电感；E 为电机电势。

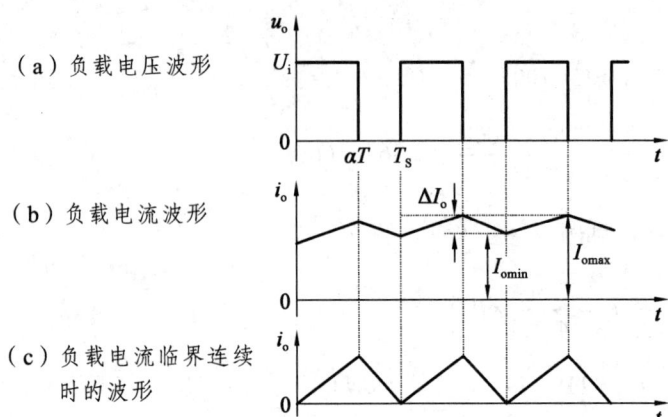

(a) 负载电压波形

(b) 负载电流波形

(c) 负载电流临界连续时的波形

图 5.60 降压斩波器的负载电压、电流波形

对上式积分,并考虑边界条件 $t=0$ 时,$i_o = I_{omin}$,求得

$$i_o = I_{omin} + \frac{(1-\alpha)U_i}{L_\Sigma}t \tag{5.45}$$

当 $t = \alpha T_S$ 时,$i_o = I_{omax}$,代入式(5.45)可得

$$I_{omax} = I_{omin} + \frac{(1-\alpha)U_i}{L_\Sigma}\alpha T_S \tag{5.46}$$

电枢电流 i_o 的脉动量 ΔI_o 为

$$\Delta I_o = I_{omax} - I_{omin} = \frac{U_i}{L_\Sigma}(1-\alpha)\alpha T_S \tag{5.47}$$

从上式可知,在 U_i、L_Σ 一定的情况下,ΔI_o 是导通比 α 和周期 T_S 的函数。

对于定频调宽的控制方式,即 $T_S = k_1$(k_1 是常数),则最大脉动量发生在 $\alpha = 0.5$ 的工况,此时

$$\Delta I_o = \Delta I_{omax} = \frac{U_i T_S}{4L_\Sigma} = \frac{k_1 U_i}{4L_\Sigma} \tag{5.48}$$

对于定宽调频的控制方式,即 $\alpha T_S = k_2$(k_2 是常数),则

$$\Delta I_{omax} = \frac{k_2 U_i}{4L_\Sigma}\left(1 - \frac{k_2}{T_S}\right) \tag{5.49}$$

如把式(5.47)除以 I_o,可得

$$\frac{\Delta I_o}{I_o} = \frac{U_i}{L_\Sigma I_o}(1-\alpha)\alpha T_S \tag{5.50}$$

电枢电流 I_o 的电流脉动系数 K 为

$$K = \frac{0.5\Delta I_o}{I_o}$$

代入式（5.50）得

$$K = \frac{U_i}{2L_\Sigma I_o}(1-\alpha)\alpha T_S \tag{5.51}$$

如果 I_o 为某一定值，要求其电流脉动系数不大于某定值 K，这时所需的回路电感值为

$$[L_\Sigma]_K \geqslant \frac{U_i}{2KI_o}(1-\alpha)\alpha T_S \tag{5.52}$$

对于定频调宽控制方式

$$[L_\Sigma]_K \geqslant \frac{k_1 U_i}{8KI_o} \tag{5.53}$$

对于定宽调频控制方式

$$[L_\Sigma]_K \geqslant \frac{k_2 U_i}{2KI_o}\left(1-\frac{k_2}{T_S}\right) \tag{5.54}$$

在电流 i_o 连续的临界状态，$I_{o\min}=0$，如图 5.60（c）所示。在临界状态下，电枢电流平均值是连续状态中电枢平均电流的最小值，称为最小连续电流，以符号 $\overline{I}_{o\min}$ 表示。由图 5.60（c）可知，在该情况下，$\Delta I_o = 2\overline{I}_{o\min}$，代入式（5.47），便可求得维持 i_o 连续所需的回路电感之最小值 $[L_\Sigma]_{\min}$ 为

$$[L_\Sigma]_{\min} \geqslant \frac{U_i}{2\overline{I}_{o\min}}(1-\alpha)\alpha T_S \tag{5.55}$$

对于定频调宽控制方式

$$[L_\Sigma]_{\min} \geqslant \frac{k_1 U_i}{8\overline{I}_{o\min}} \tag{5.56}$$

对于定宽调频控制方式

$$[L_\Sigma]_{\min} \geqslant \frac{k_2 U_i}{2\overline{I}_{o\min}}\left(1-\frac{k_2}{T_S}\right) \tag{5.57}$$

在选择回路电感 L_Σ 时，应考虑两种情况：一是保证在 $I_o > I_{o\min}$ 条件下 i_o 连续；二是保证电流脉动系数 K 满足电机工作要求。按这两种情况算出所需的电感值。取两者中较大的一个作为电机回路中应有的电感值，而平波电抗器的电感值 L_d 为

$$L_d = L_\Sigma - L_M \tag{5.58}$$

式中，L_M 为电枢回路中各绕组电感的总和。

对于图 5.54 所示的斩波器电路，假设电枢电流 i_o 无脉动，则流过斩波器的电流 i_T 如图 5.61 所示。

把斩波器电流 i_T 进行傅里叶分解，可表示为

$$i_T = I_{T0} + \sum_{n=1}^{\infty}\sqrt{2}I_{T(n)}\sin(n\omega t+\varphi_n) \tag{5.59}$$

式中，I_{T0} 为直流分量；$I_{T(n)}$ 为 n 次谐波的电流有效值。斩波器电流的直流分量完全由电源供给，而谐波分量分别由电源和滤波电容供给，如把斩波器电流的谐波分量看作一个电流源，可得到求解电源谐波电流的等效电路，如图 5.62 所示。

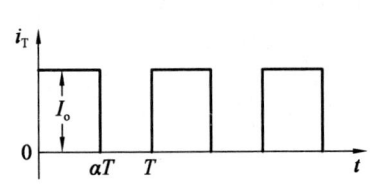

图 5.61 i_o 无脉动时流过斩波器的电流波形

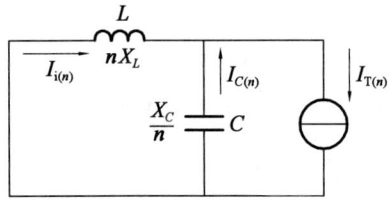

$X_L = 2\pi f_T L$；$X_C = 1/(2\pi f_T C)$

图 5.62 电源谐波电流的等效电路

由图 5.62 所示的等效电路可得电源的谐波电流，即

$$I_{i(n)} = \frac{\dfrac{X_C}{n}}{(nX_L)-(X_C/n)} I_{T(n)} = \frac{1}{4\pi^2 n^2 f_T^2 LC - 1} I_{T(n)} = \frac{1}{\left(n\dfrac{f_T}{f}\right)^2 - 1} I_{T(n)} \quad (5.60)$$

式中，f_T 为斩波器的工作频率；f 为 L、C 的谐振频率。

对于一个斩波器来说，它的 f_T 和 f 两个频率不应相等，否则会发生谐振，引起电源电压很大的振荡。为了避免这种谐振现象，通常情况下，f_T 应是 f 的 2～3 倍。于是电源谐波电流可近似地按下式计算

$$I_{i(n)} \approx \left(\frac{f}{nf_T}\right)^2 I_{T(n)} \quad (5.61)$$

由上式可看出，减小电源谐波电流的方法有以下 3 种：

① 在滤波元件不变时，提高斩波器频率。

② 在斩波器频率不变时，降低 f（即增加 L 或 C 的数值）。

③ 降低斩波器电流的脉动幅度，即减小 $I_{T(n)}$。

对于图 5.54 所示的斩波器电路，当斩波器断开时，储存在 L 中的能量全部交换给电容 C，使得电容 C 的电压升高。电容 C 上的最大电压可按下式计算

$$\frac{1}{2}LI_{imax}^2 = \frac{1}{2}CU_{Cmax}^2 - \frac{1}{2}CU_{C0}^2$$

$$U_{Cmax}^2 = U_{C0}^2 + \frac{L}{C}I_{imax}^2 \quad (5.62)$$

式中，U_{Cmax} 为 C 上的最大电压；U_{C0} 为 C 上的初始电压；I_{imax} 为 T 断开前流经 L 的电流。

在确定滤波元件 L 和 C 的参数时，应考虑下面几个条件：

① 避免谐振，$f/f_T = 1/2 \sim 1/3$。

② 流经电源的谐波电流应小于规定值，一般要求基波 I_1 不超过直流 I_0 的 10%，即 $I_1 \leqslant 0.1 I_o$。

③ C 上的最大电压 $U_{C\max}$ 应小于 $(1.2\sim1.5)U_i$。

5.4.3 再生斩波器的稳定性

再生斩波器属于第二象限斩波器,其原理已在前面论述。

1. 再生状态时的能量关系

再生斩波器电路参见图 5.56(a),在 $0<t<t_\mathrm{on}$ 时,T 闭合,电动机的电动势为

$$E = C_e n \Phi = L_\Sigma \frac{di_o}{dt} \tag{5.63}$$

对上式两边同乘以 i_o 并整理得

$$C_e n \Phi i_o dt = \frac{1}{2} L_\Sigma d i_o^2 \tag{5.64}$$

即　　　　　　　　　　　[机械能 $W]_0^{t_\mathrm{on}}$ = [电磁能 $W]_0^{t_\mathrm{on}}$

在 $t_\mathrm{on}<t<T_S$ 时,T 关断,这时的电路方程为

$$C_e n \Phi + L_\Sigma \frac{di_o}{dt} = U_C \tag{5.65}$$

上式两边同乘以 i_o,并整理得

$$C_e n \Phi i_o dt + \frac{1}{2} L_\Sigma d i_o^2 = U_C i_o dt \tag{5.66}$$

即　　　　　　　[机械能 $W]_{t_\mathrm{on}}^{T_S}$ + [电磁能 $W]_{t_\mathrm{on}}^{T_S}$ = [再生能量 $W]_{t_\mathrm{on}}^{T_S}$

2. 再生制动时的稳定性

串励发电机的外特性 $E=f(i_o)$ 和电网的负载特性 $U_i=f(i_o)$ 如图 5.63 所示。图中两条曲线的交点,如 a 点就是电路的工作点。当斩波器工作在再生状态时,能够稳定工作的条件是发电机电压对电流的导数应小于外部电压对电流的导数,即

$$\frac{dE}{di_o} < \frac{dU_i}{di_o} \tag{5.67}$$

对于图中的 a 点,因为 $dE/di_o\big|_{I_a} > dU_i/di_o\big|_{I_a}$,所以是不稳定的,也就是说,电机直接接电网是不能稳定进行再生制动的。

为了能够进行稳定的再生制动,就需改变电网的负载

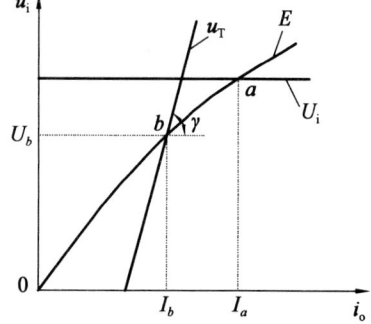

图 5.63 再生制动的稳定条件

特性。如果在电机与电网之间加一个斩波器,通过控制斩波器的接通和断开,就可得到如图 5.63 中所示的负载电压曲线 $u_T=f(i_o)$,这条曲线与 $E=f(i_o)$ 曲线交于点 b 处,且

$$dE/di_o\big|_{I_b} < du_T/di_o\big|_{I_b} \tag{5.68}$$

由上式可知，b 点满足稳定工作的条件，即 b 点是稳定工作点。

曲线 $u_T = f(i_o)$ 可表示为

$$u_T = U_b + h(i_o - I_b) \tag{5.69}$$

式中，h 为直线的斜率，$h = \tan\gamma$。

斩波器 T 的电压 u_T 的值为

$$u_T = \begin{cases} 0, & \text{T 导通时} \quad (0 \leqslant t \leqslant t_{on}) \\ U_i, & \text{T 断开时} \quad (t_{on} \leqslant t \leqslant T_S) \end{cases}$$

u_T 在一个周期内的平均值为

$$U_T = \frac{1}{T_S} \int_{t_{on}}^{T_S} U_i dt = \frac{T_S - t_{on}}{T_S} U_i = (1-\alpha)U_i \tag{5.70}$$

令 $(1-\alpha)U_i = U_b + h(i_o - I_b)$，则

$$\alpha = \frac{U_i - U_b}{U_i} - \frac{h}{U_i}(i_o - I_b) \tag{5.71}$$

设 $\alpha = \alpha_b$ 时，$U_b = (1-\alpha)U_i$，即

$$\alpha_b = \frac{U_i - U_b}{U_i} \tag{5.72}$$

将上式代入式（5.71），得

$$\alpha = \alpha_b - \frac{h}{U_i}(i_o - I_b) \tag{5.73}$$

只要导通比按上式变化就可得到所需的 u_T 曲线，具体地说，α 的变化规律是：当电流增大时减小，而当电流减小时增大。

由上面的分析可看出，斩波器要想实现稳定的再生制动，需要进行电流的闭环控制。

5.4.4 多相多重斩波电路

采用斩波器供电时，负载电流和滤波电容 C 的端电压都是脉动的，它们的脉动量都是正比于 $1/f_T$。电源电流也是脉动的，其脉动量正比于 $1/f_T$。因此，在所要求的负载电流脉动系数已知的情况下，平波电抗器所需电感量正比于 $1/f_T$。提高 f_T 可以减小平波电抗器的体积与重量。在电源电流脉动系数已定的情况下，输入滤波器的电感量和电容量的乘积 LC 正比于 $1/f_T$，即输入滤波器的体积与重量正比于 $1/f_T$。由此可见，提高斩波器工作频率 f_T 是有利的。但 f_T 的提高受到晶闸管关断时间的限制，一般常采用多相多重的方式来提高斩波器的工作频率。

所谓"相"是指从电源端看，不同相位的斩波回路数。所谓"重"是指从负载端看，不同相位的斩波回路数。从这一定义出发，图 5.64（a）所示电路叫做二相二重斩波器，而图（b）则叫二相一重斩波器。

对于二相二重斩波器，有两个斩波电路在并联工作，但各斩波电路的斩波器 T_1 和 T_2 的电流 i_{T1} 和 i_{T2} 相互具有一定相位差。

当控制角 $\alpha < T_S/2$ 时，各电量波形如图 5.65 所示。两个斩波器 T_1 和 T_2 的输出电压在相位上相差 $T_S/2$，它们做差相运行，即两个斩波器 T_1 和 T_2 的导通时间 t_{on} 不重叠，这样，便出现两种运行模式：模式 1 是两个斩波器都不导通；模式 2 是其中只有一个斩波器 T_1 或 T_2 导通。各相斩波器回路的平波电抗器电流 $i_{L_{d1}}$、$i_{L_{d2}}$ 合成负载电流 i_o，i_o 的频率是 $i_{L_{d1}}$ 或 $i_{L_{d2}}$ 的 2 倍，各相斩波器输出电流 i_{T1}、i_{T2} 合成多相斩波器的总输入电流 i_T，i_T 的频率也为单个斩波器的 i_{T1}（或 i_{T2}）的 2 倍。由于频率增加了，使得电流脉动减小。

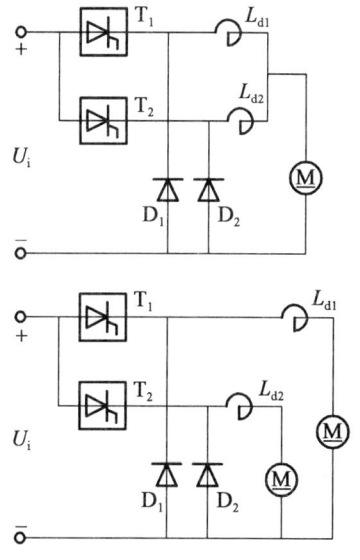

图 5.64 多相多重斩波器

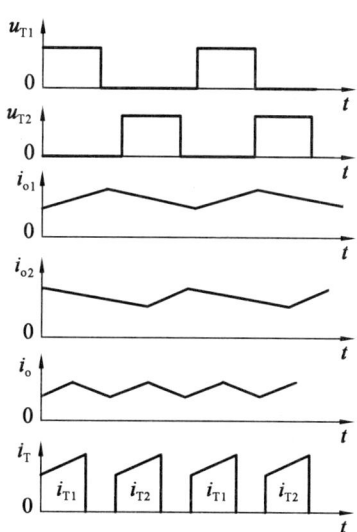

图 5.65 二相二重斩波器的电压、电流波形

当控制角 $\alpha > T_S/2$ 时，就出现了两个斩波器 T_1 和 T_2 同时导通的重叠现象，而且在任何时刻，至少有一个斩波器在导通，不存在两个斩波器都不导通的模式，因此没有斩波器输入电流 i_T 为零的时刻。

采用多相多重斩波电路的优点是：

① 电流脉动率下降，有利于牵引电机的运行。
② 平波电抗器的体积、重量会显著下降。
③ 有利于输入滤波器的设计。

习　题

5.1　脉冲宽度调制 PWM 和脉冲频率调制 PFM 的优缺点是什么？

5.2　降压型变换器中电感电流的脉动和输出电压的脉动与哪些因素有关，试从物理上给以解释。

5.3　降压型变换器电感电流断流工作状态下的变压比与哪些因素有关，试从物理上给以解释。

5.4 降压型变换器中电流临界连续是什么意思？当负载电压 U_o、负载电流 I_o 一定时，在什么条件下可以避免电感电流断流？

5.5 开关电路实现直流升压变换的基本原理是什么？

5.6 升压型变换器为什么不宜在占空比 D 接近 1 的情况下工作？

5.7 升压/降压变换器（Cuk 变换器）的工作原理及主要优点是什么？

5.8 有一升压变换器，其输入电压在 12 V～36 V 的较宽范围内变化，通过调整占空比使输出电压等于 48 V，最大输出功率为 120 W。为了满足稳定性要求，变换器总是工作在电流断续方式，并已知开关频率为 50 kHz。假定变换器中的所有元件为理想元件，并且输出端电容很大，试求可能使用的最大 L 值。

5.9 一台运行在 20 kHz 开关频率下的升降压变换器，其中 $L=0.05$ mH，输入电压 $U_i=15$ V，输出电压 $U_o=10$ V，可提供 10 W 输出功率，并且输出端电容足够大，试求其占空比 D。

5.10 有一个开关频率为 50 kHz 的 Cuk 变换器（参见图 5.24），其中 $L_1=L=1$ mH，$C_1=5$ μF。假设输出端电容足够大，使输出电压保持恒定，并且元件的功率损耗可忽略不计。若输入电压 $U_i=10$ V，输出电压 U_o 调节为 5 V 不变，输出功率等于 5 W，试求，电容器 C 两端电压 u_C 和电感电流 i_L、i_{L1} 为恒定值时的百分比误差。

5.11 对于题 5.11 图中所示的斩波器，分别可工作在第几象限？

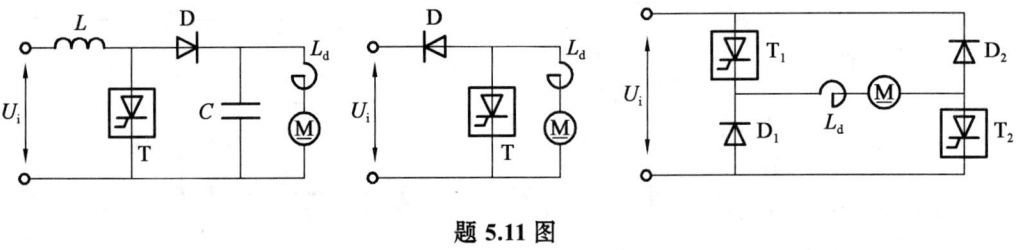

题 5.11 图

5.12 直流斩波器电阻负载如题 5.12 图所示，已知导通比 $\alpha=1/4$，$f_T=125$ Hz，$U_i=100$ V，$R=1$ Ω，试求电源输出的功率 P 和电阻消耗的功率 P_R。

5.13 他激直流电动机的转速由一台斩波器控制，如题 5.13 图所示。直流电源电压 U_i 为 120 V，电枢电阻 $R=0.5$ Ω，电动机常数 $C_e\Phi=0.05$ V/r/min。电动机拖动一个恒转矩负载，要求有 20 A 的平均电枢电流，假定电动机电流是连续的。试求：① 电动机的调速范围；② α 的变化范围。

5.14 电阻 R 与斩波器 T 并联为恒流源 I_i 的负载，如题 5.14 图所示。现在想无级调节负载的等值电阻值，设斩波器的导通比 t_{on}/T_S 为 α，求 α 与等值电阻 R 的关系。

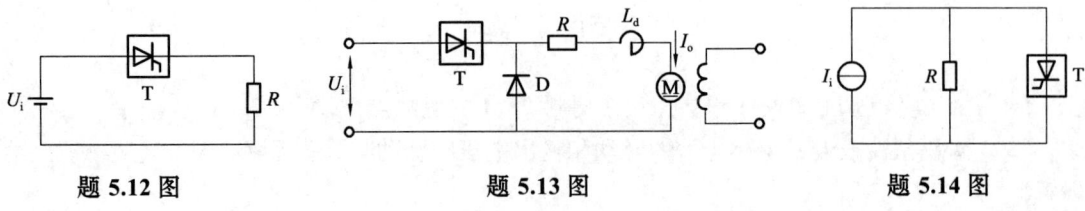

题 5.12 图　　　　　题 5.13 图　　　　　题 5.14 图

第6章 交流调压电路和相控交—交变频电路

6.1 单相交流调压电路

6.1.1 带电阻负载的单相交流调压电路

如图 6.1 所示为带电阻负载的单相交流调压电路及其电压、电流波形,图中晶闸管 T_1、T_2 也可以用一个双向晶闸管代替。在交流电源 u 的正、负半周,分别对 T_1 和 T_2 的控制角 α 进行控制就可以调节输出电压。u 的正、负半周 α 的起始时刻($\alpha=0°$)均为电压过零时刻。在稳态情况下,应使 u 的正、负半周的 α 相等。可以看出,负载电压波形是电源电压波形的一部分,负载电流和负载电压的波形相同。图 6.1 中 u_{g1} 和 u_{g2} 分别为 T_1、T_2 的触发脉冲。

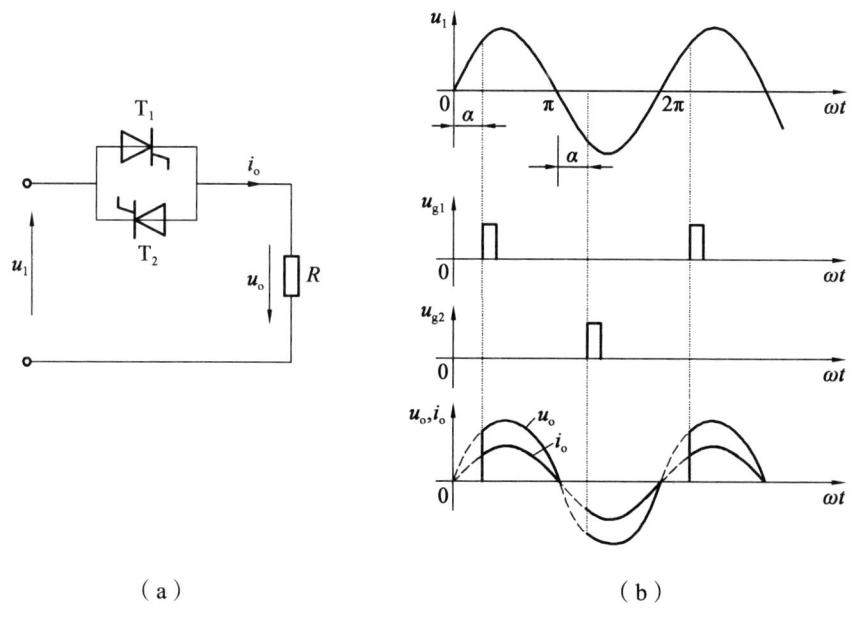

图 6.1 带电阻负载的单相交流调压电路及其工作波形

设 $u_1 = \sqrt{2}U_1 \sin\omega t$,则负载电压有效值 U_o 为

$$U_o = \sqrt{\frac{1}{\pi}\int_{\alpha}^{\pi} u_1^2 \mathrm{d}(\omega t)} = U_1 \sqrt{\frac{2(\pi-\alpha)+\sin 2\alpha}{2\pi}} \tag{6.1}$$

当 $\alpha = 0°$ 时,$U_o = U_1$;当 $\alpha = 180°$ 时,$U_o = 0$。

负载电流有效值 I_o 为

$$I_o = \frac{U_o}{R} = \frac{U_1}{R}\sqrt{\frac{2(\pi-\alpha)+\sin 2\alpha}{2\pi}} \tag{6.2}$$

当 $\alpha = 0°$ 时,负载电流有效值 $I_o = \dfrac{U_1}{R}$。

在调压过程中,电流的基波会后移,而且同时会出现一系列谐波,则电路的功率因数为

$$\lambda = \frac{P}{S} = \frac{U_o I_o}{U_1 I_o} = \frac{U_o}{U_1} = \sqrt{\frac{\sin 2\alpha + 2(\pi - \alpha)}{2\pi}} \tag{6.3}$$

带电阻负载时,晶闸管在一个周期内仅在 $\alpha \sim \pi$ 期间导通,故晶闸管的电流平均值为

$$I_{dT} = \frac{1}{R}\left[\frac{1}{2\pi}\int_\alpha^\pi u_1 \mathrm{d}(\omega t)\right] = \frac{\sqrt{2}U_1}{2\pi R}(1+\cos\alpha)$$

$$= \frac{\sqrt{2}}{2\pi}I_o(1+\cos\alpha) \tag{6.4}$$

晶闸管的电流有效值 I_T 为

$$I_T = \sqrt{\frac{1}{2\pi}\int_\alpha^\pi \left(\frac{u_1}{R}\right)^2 \mathrm{d}(\omega t)} = \frac{U_1}{R}\sqrt{\frac{2(\pi-\alpha)+\sin 2\alpha}{4\pi}}$$

$$= I_o\sqrt{\frac{2(\pi-\alpha)+\sin 2\alpha}{4\pi}} \tag{6.5}$$

当 $\alpha = 0°$ 时,晶闸管的最大电流有效值 $I_{T\max} = \dfrac{1}{\sqrt{2}}I_o$,则应选择的晶闸管通态平均电流 $I_{T(av)}$ 为

$$I_{T(av)} = \frac{I_{T\max}}{1.57} = 0.45 I_o = 0.45 \frac{U_1}{R}$$

6.1.2 带感性负载的单相交流调压电路

单相交流调压器在电感电阻负载(感性负载)下的电路和工作波形如图 6.2 所示。由于电感的作用,负载电流 i_o 在电源电压过零后还要延迟一段时间才能降到零,延迟时间与负载功率因数角 φ 有关。电流过零时晶闸管才能关断,所以晶闸管的导通角 θ 不仅与控制角 α 有关,而且还与负载功率因数角 φ 有关。

为了便于分析,取晶闸管开始导通的瞬间为时间坐标的原点,即有

$$u_1 = \sqrt{2}U_1 \sin(\omega t + \alpha) \tag{6.6}$$

在 T_1 导通时期内,即从 $\omega t = 0$ 到 $\omega t = \theta$ 内,有方程

$$L\frac{\mathrm{d}i_o}{\mathrm{d}t} + Ri_o = \sqrt{2}U_1 \sin(\omega t + \alpha) \tag{6.7}$$

初始条件为 $i_o(0) = 0$,解上述方程可得

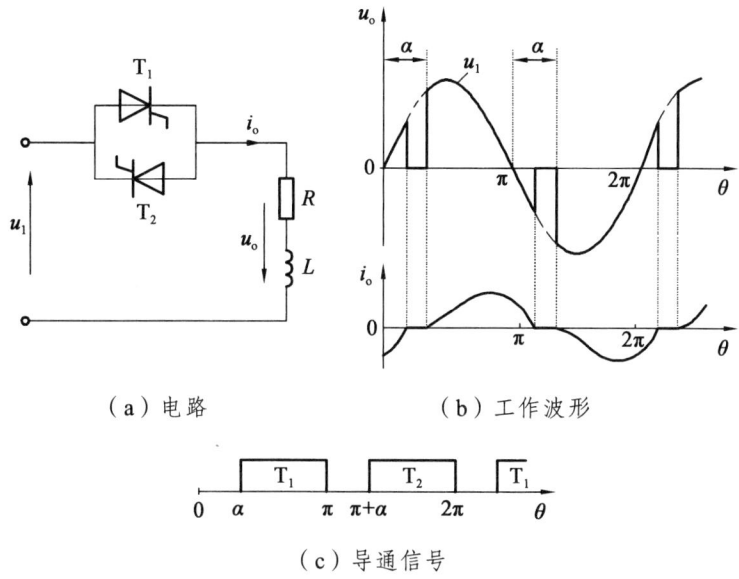

图 6.2 带感性负载的单相交流调压电路及其工作波形

$$i_o(t) = i_{o1}(t) + i_{o2}(t)$$
$$= \frac{\sqrt{2}U_1}{Z}\sin(\omega t + \alpha - \varphi) - \frac{\sqrt{2}U_1}{Z}e^{-(t/\tau)}\sin(\alpha - \varphi) \quad (6.8)$$

其中，负载阻抗 $Z = \sqrt{R^2 + (\omega L)^2}$；$\tau$ 为电路时间常数，$\tau = L/R$；φ 为负载功率因数角，$\varphi = \arctan\left(\dfrac{\omega L}{R}\right)$。

式（6.8）中，$i_{o1}(t)$ 为电流的稳态分量，它滞后于电压 φ 角；$i_{o2}(t)$ 是以时间常数 τ 衰减的电流自由分量。当 $\omega t = \theta$ 时，i_o 过零使 T_1 关断。把 $i_o(\theta) = 0$ 代入式（6.8）后可得有关 θ 的超越方程

$$\sin(\theta + \alpha - \varphi) = e^{-(\theta/\tan\varphi)}(\sin\alpha - \varphi) \quad (6.9)$$

式（6.9）表明导通角 $\theta = f(\alpha, \varphi)$ 的函数关系。对于确定的 α、φ 值，就有确定的 θ 与之对应。

（1）当 $\alpha = \varphi$ 时

$i_{o2} = 0$，即负载电流只有稳态分量 i_{o1}，而且可以解得导通角 $\theta = \pi$，故电流连续。电路一开通就进入稳态，调压器处于直通状态，不起调压作用，即 $u_o = u_1$。

（2）当 $\varphi < \alpha < \pi$ 时

由式（6.9）可以得到 $\theta = f(\alpha, \varphi)$ 的一组曲线，如图 6.3 所示。对于一个负载功率因数角 φ 确定的负载，当 $\alpha = \pi$ 时，$\theta = 0°$，$u_o = 0$；当 $\alpha = \varphi$ 时，$\theta = \pi$，$u_o = u_1$；当 α 从 π 变化到 φ 时，导通角 θ 从零到 π 逐渐增大，加在负载上的电压有效值也从 $0 \sim U_1$ 逐渐增大。这就是带感性负载的单相交流调压器的调压原理。

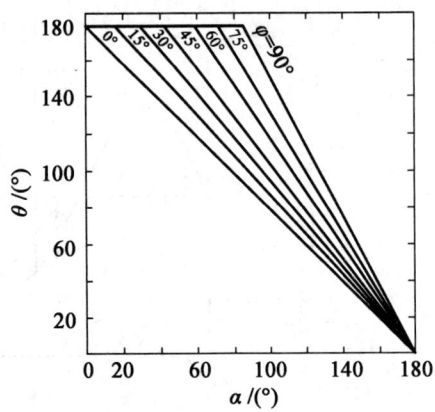

图 6.3 带感性负载的单相交流调压电路的 θ 和 α 的关系曲线

（3）当 $0<\alpha<\varphi$ 时

由式（6.9）可知 $\theta>\pi$。由于 T_1 和 T_2 的触发脉冲相位相差 π，故当 T_2 得到触发脉冲时，假设触发脉冲为单窄脉冲，则电路中的电流仍为正向，T_2 并不能开通。而当电路电流 u 过零，T_1 关断后，T_2 的触发单窄脉冲已经消失，因此 T_2 仍然不能开通。等到 T_1 的第二个触发脉冲到来时，重复上面的过程。由此可见，电路中只有 T_1 导通，而 T_2 始终无法导通，如图 6.4 所示。然而，当 $0<\alpha<\varphi$ 时，如果触发脉冲采用宽脉冲或窄脉冲列，则在 T_1 延迟关断后，T_2 仍能获得触发脉冲而导通，负载电流将是连续电流。但由于负载电流连续，$u_o=u_1$，即调压器直通，起不到调压作用。

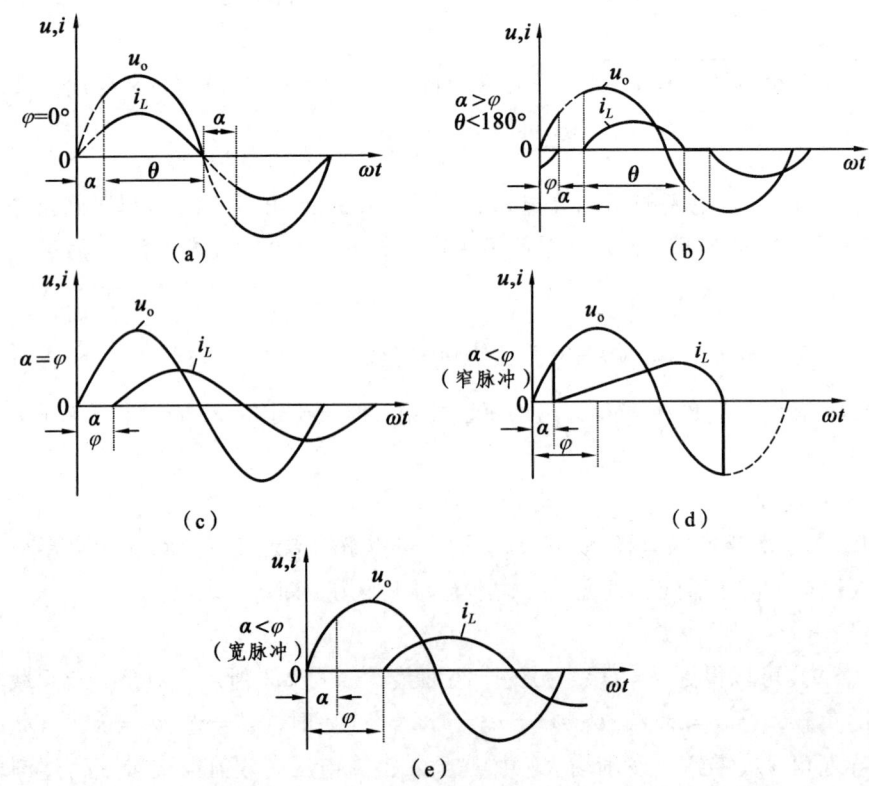

图 6.4 不同 α、φ 值的输出电压和电流波形

总之，带感性负载的交流调压器能起到调压作用的控制角 α 的变化范围是 $\varphi \sim \pi$，对应电压有效值变化范围为 $U_o \sim 0$。为了避免 $\alpha < \varphi$ 时出现不对称导通，触发脉冲宜采用宽脉冲或是窄脉冲列。

例 6.1 有一个带感性负载的单相调压电路，电源电压为 $u_1 = \sqrt{2}U_1\sin(2\pi f_1 t)$，其参数为 $U_1 = 220$ V，$f_1 = 50$ Hz，$L = 5.516$ mH，$R = 1$ Ω。试求：① 控制角 α 的移相范围；② 负载电流的最大有效值 I_{oM}；③ 最大输出功率 P_{oM} 和功率因数 $\cos\varphi$。

解

① 感性负载时，控制角 α 的移相范围为：$\varphi \leqslant \alpha \leqslant 180°$，而负载功率因数角

$$\varphi = \arctan\left(\frac{\omega L}{R}\right) = \arctan\left(\frac{2\pi \times 50 \times 5.516 \times 10^{-3}}{1}\right) = 60°$$

故控制角 α 的移相范围是：$60° \leqslant \alpha \leqslant 180°$。

② 当 $\alpha = \varphi$ 时，电流为连续状态，此时负载电流最大，由

$$i_o = \frac{\sqrt{2}U_1}{\sqrt{R^2 + (\omega L)^2}}\sin(\omega t - \varphi)$$

得负载电流最大有效值

$$I_{oM} = \frac{U_1}{\sqrt{R^2 + (\omega L)^2}} = \frac{220}{\sqrt{1^2 + 1.732^2}} = 110 \quad (\text{A})$$

③ 最大输出功率

$$\begin{aligned} P_{oM} &= U_1 I_{oM} \cos\varphi = U_1 I_{oM} \cos\alpha \\ &= 220 \times 110 \times \cos 60° = 12.1 \quad (\text{kW}) \end{aligned}$$

此时的功率因数为

$$\cos\varphi = \cos\alpha = \cos 60° = 0.5$$

6.2 三相交流调压电路

图 6.5 所示是三相交流调压电路的多种联结形式。图 6.5（a）所示为星形（Y 形）联结；图（b）所示为线路控制三角形联结；图（c）所示为支路控制三角形联结；图（d）所示为中点控制三角形联结，其中图（a）和图（c）是最常用的三相交流调压电路形式。

以图 6.5（a）所示的连接方式为例，并假设负载为三相对称电阻。为了保证三相交流调压电路的正常工作，其晶闸管触发系统应满足以下要求：

① 在三相交流调压电路中，至少有一相正向晶闸管与另一相反向晶闸管同时导通。这对于三角形联结和无中线的星形联结是最基本的要求，否则不能构成电流的通道。

② 为了保证电路在开始工作时两个晶闸管能同时导通，并且在感性负载和控制角较大时，也能使不同相的正、反两个晶闸管同时导通，要求采用宽脉冲（宽度大于 60°，因为相继导通的两个晶闸管的导通相位差为 60°）或者双窄脉冲触发。

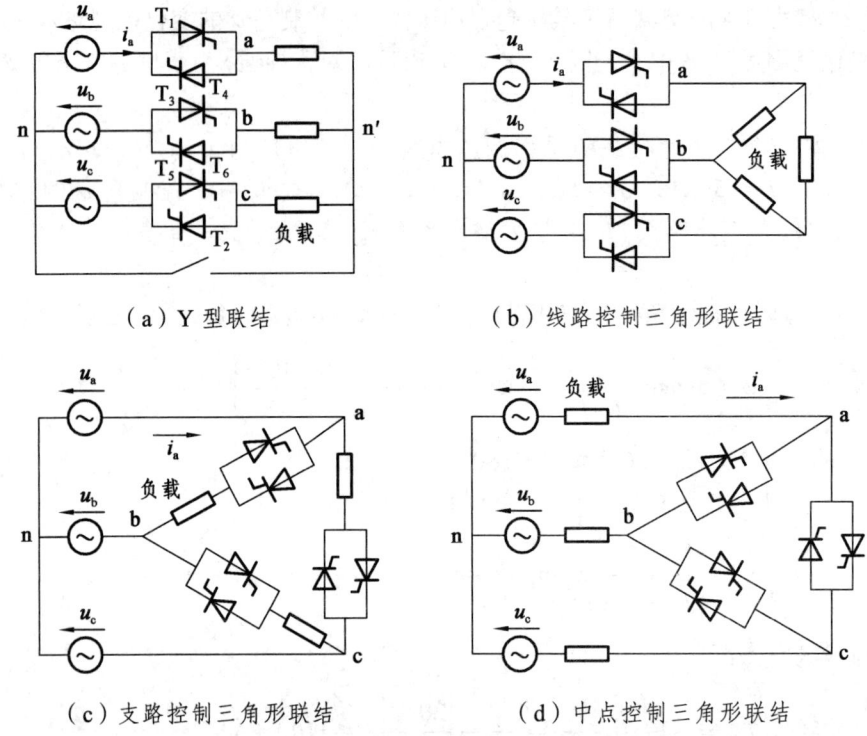

图 6.5 三相交流调压电路的几种联结形式

③ 各晶闸管的触发信号应与三相交流电源的电压相序一致,并与电源保持同步。三相交流调压电路的触发脉冲应依次相差 120°,三相交流调压电路的两个反并联晶闸管触发脉冲相差 180°。

6.2.1 带电阻负载的三相交流调压电路

以图 6.5(a)所示的星形联结无中线的电路为例进行分析。交流调压器是靠改变施加到负载上的电压波形来实现调压的,因此,分析负载电压波形是分析三相交流调压器的基础。对于星形联结的三相交流调压器中的一相来说,只要两个晶闸管之中有一个导通,则该支路是导通的。从三相来看,任何时候电路的工作情况可能是下列三种情况中的一种:

① 三相都不通,调压器开路,每相负载的电压都为零。
② 三相全导通,调压器直通,则每相负载的电压是该相的相电压。
③ 其中一相导通,这时导通相负载上的电压是该相线电压的 1/2,非导通相的负载电压为零。

因此,只要判别一个周期内的各阶段晶闸管的导通情况,就能判别负载电压的波形。

由于带电阻性负载,每相的相电流和相电压同相位,且相电压过零时,理论上晶闸管在触发信号的作用下即可导通,因此,把相电压过零点定为控制角 α 的起点。在三相三线制电路中,两相间导通时是靠线电压导通的,而线电压超前相电压 30°,因此 α 的移相范围是 0°~150°。

根据任一时刻导通晶闸管的个数以及半个周期内电流是否连续,可将 0°~150° 的移相范围分为如下三段：

（1）$0° \leq \alpha < 60°$

如图 6.6（a）所示，在该范围内，电路处于三个晶闸管（处于不同相，其中一个与另两个相反）同时导通或两个晶闸管（不同相的正、反向晶闸管）同时导通的交替状态，每个晶闸管导通角度为 $180° - \alpha$。但 $\alpha = 0°$ 时是一个例外，一直都有三个晶闸管同时导通。

（2）$60° \leq \alpha < 90°$

如图 6.6（b）所示，在该范围内，任一时刻都是来自不同相的正向和反向两个晶闸管导通，每个晶闸管导通角度为 $120°$。

（3）$90° \leq \alpha < 150°$

如图 6.6（c）所示，在此范围内，电路处于两个晶闸管导通与无晶闸管导通的交替状态，每个晶闸管导通角度为 $300° - 2\alpha$，而且这个导通角被分割为不连续的两部分，在半个周期内形成两个分离的区段，各占 $150° - \alpha$。

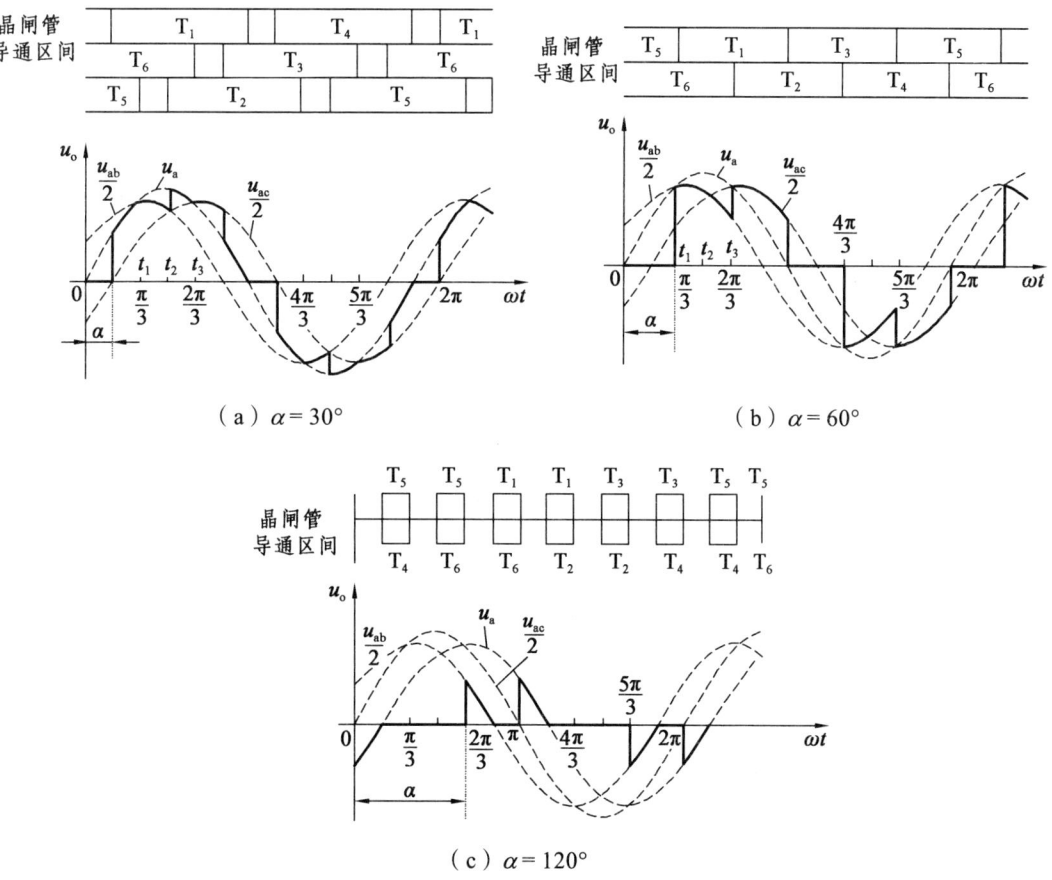

图 6.6 不同 α 角的三相交流调压电路的负载电压波形

6.2.2 带感性负载的三相交流调压电路

由于电感的作用，在电压过零时电流未过零，所以晶闸管的导通情况不但与 α 有关，还与负载的功率因数角 φ 有关，同时还需要考虑三相无中线的特点，所以分析情况比较复杂。但同单相的情况类似：当 $\alpha \leqslant \varphi$ 时，用宽脉冲触发，在负载上可以得到全电压；当 $\alpha > \varphi$ 时，输出电压随 α 角的增大而减小；当 $\alpha \geqslant 150°$ 时输出电压为零。控制角 α 的有效移相范围为 $\varphi \sim 150°$。

6.3 相控交—交变频电路概述

6.3.1 四象限变换装置

晶闸管变换装置可以用作正组变换装置（输出正直流电流），也可以用作负组变换装置（输出负直流电流）。如图 6.7 所示，在晶闸管变换装置带阻感性负载（电抗和电阻串联负载）时，正电压会使负载电流增加，而负电压会吸收存储在负载电感上的一部分能量，从而使负载电流减小，最后负载电流将降为零。在负载电流降到零后，负载电压如果仍然为负，则变换装置将不能继续工作，因为该变换装置不能通过负电流。

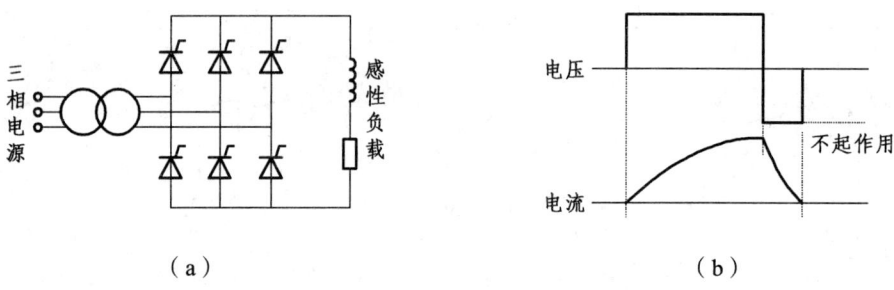

图 6.7 晶闸管变换装置输出正、负电压时的导电情况

在图 6.7 中反并联一台变换装置，如图 6.8 所示。即使在施加负电压时，负的负载电流将流过反并联变换装置并继续反向增加，直到负载电压变为正为止。

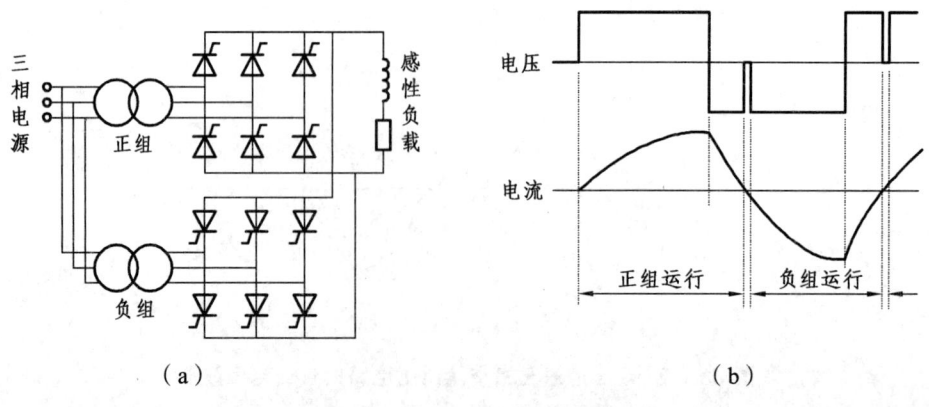

图 6.8 反并联一台变换器的电路

如果交替使用正组、负组变换装置，则负载电流、电压都能在正、负两个坐标区域内变化。将负载电流、电压用坐标表示时，则负载工作点可以处在坐标系四个象限中的任一象限中，因此，图 6.8 所示变换装置称为四象限变换装置。与之相比较，二极管整流装置由于输出电压、电流只能为正，所以称为一象限变换装置；而晶闸管变换装置能够输出正、负电压，然而电流只能为正，所以它是二象限变换装置（如图 6.7 所示）。

6.3.2 无环流型相控交—交变频电路

使用 2 台反并联连接的晶闸管变换装置，如果使输出电压波形正弦变化，就可以输出正弦交流电流，这是相控交—交变频电路的工作原理。

带感性负载的相控交—交变频电路的工作情况如图 6.9 所示。如果使输出电压正弦变化，则由输出频率和负载参数决定输出电流的相位，电流将滞后于电压（图中忽略了电流的脉动）。该相控交—交变频电路的运行状态如下：

状态 1：正电压、正电流，正组变换装置工作在整流状态。

状态 2：负电压、正电流，正组变换装置工作在逆变状态；电流降为零时正组变换装置停止工作。

状态 3：负电压、负电流，负组变换装置工作在整流状态。

状态 4：正电压、负电流，负组变换装置工作在逆变状态；电流变为零时负组变换装置停止工作。

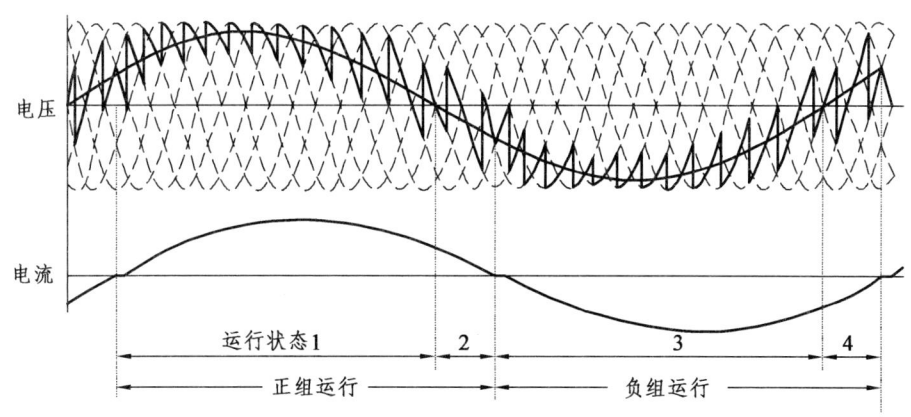

图 6.9 无环流型相控交—交变频电路的输出波形和运行状态

一方面，用正、负两组变换装置实现运行状态的转换；另一方面，使输出电压成正弦变化。根据上述的运行情况可知，可以产生低频率的交流电压。将这种直接变频电路准备 3 组，并使其输出电压互差 120°，就可以获得低频的三相交流电压。

如果根据电流的方向，交替使用正、负两组变换装置。使用正组时，负组不能导通；使用负组时，正组不能导通。将这种电路称为无环流型相控交—交变频电路，如图 6.10 所示。

当然，最好让变换装置共用一台变压器，以提高变压器的利用率，并避免变压器出现偏磁。注意：为达到上述目的，必须封锁不使用的一组变换装置的晶闸管门极开通信号（锁定门极）。如果两组变换装置的晶闸管上同时施加门极开通信号，从图中可明显看出，会造成相间短路。

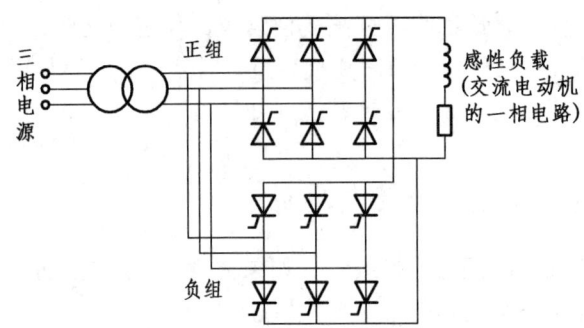

图 6.10 无环流型相控交—交变频电路

当两组变换装置交替工作时,为了确保晶闸管关断,必须保证交替时间在几毫秒(ms)左右。为此,当频率增高时,电流波形畸变将增大,一旦用于驱动电动机,则转矩脉动将较大。所以,无环流型相控交—交变频电路只能在比较低的频率范围内使用。

6.3.3 有环流型直接变频电路

如图 6.11 所示,将正、负组变换装置通过电抗器反并联连接,负载连接到电抗器的中点上,则一方面在两组变换装置之间会形成环流;另一方面如图 6.11(b)所示,可以实现正、负输出电流的平滑、连续转换。这就是有环流型直接变频电路,即使比较高的输出频率,也可以得到小畸变率的交流电压。另外,这里使用的电抗器一般称为扼流电抗器。

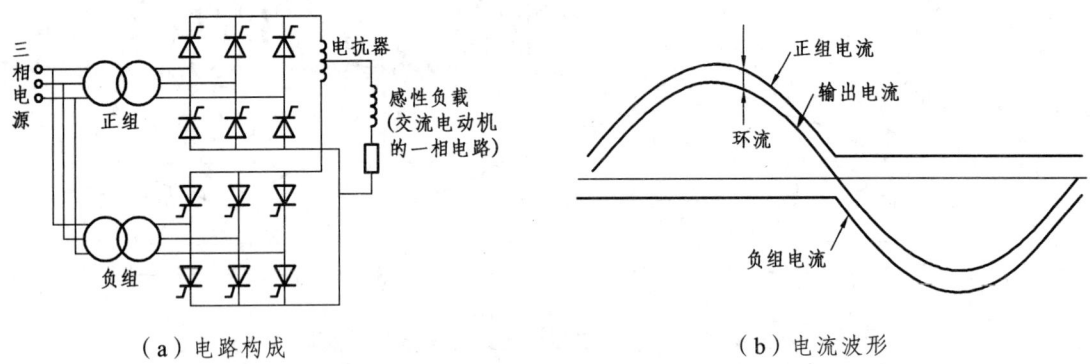

(a)电路构成　　　　　　　　　　(b)电流波形

图 6.11 有环流型直接变频电路及其输出电流波形

6.3.4 相控交—交变频电路的特点

相控交—交变频电路相对于整流器加逆变器的方案有如下优点:
① 省去中间直流环节,能量转换简便,所以其效率一般比整流器加逆变器方案略高。
② 相控交—交变频电路的电源为交流,因而可利用电源实现换流,从而省去主开关管的强迫换流电路;又由于相控交—交变频电路常用于大功率(几千千瓦~几万千瓦)、高电压、低速的交流传动,因而通常其主开关管采用晶闸管。
③ 直接变频电路可以实现功率在电源与负载间的双向传输,因此能够在整个交流调速范

围内实现再生制动。这对于需要快速正、反转的大功率交流可逆传动装置特别有利，例如大型轧机等。

④ 直接变频电路在输出低频交流电压时波形较好，因为它是由大量的电源波组成的。

直接变频电路有如下缺点：

① 相控交—交变频电路的输出最高频率必须小于输入频率的 1/3，否则将会出现较大的谐波分量，从而降低系统的效率和功率因数。因此，若有高、中频电源，更能发挥该系统的优势。

② 相控交—交变频电路换流失败时，会造成交流电源的短路。

③ 相控交—交变频电路需要更多的晶闸管，其控制电路往往也较复杂，因而小功率交流传动装置采用相控交—交变频电路通常是不经济的。

④ 相对于二极管整流桥来说，直接变频电路的输入功率因数较低；尤其在输出电压较低时，由于各触发延迟角处于相对较大的状态，其功率因数更低。因此，往往需要对输入端的功率因数进行补偿，并对谐波进行滤波。

6.4 单相相控交—交变频电路

6.4.1 基本工作原理

图 6.12 是单相直接变频电路的电路示意图。它由正组（即 P 组）和负组（即 N 组）两个反并联的晶闸管变流桥构成，是一个四象限变流电路。正组和负组变频器都是相控整流电路，正组工作时，负载电流 i_o 为正，负组工作时 i_o 为负。使两组变流器按一定频率交替工作，负载就能得到该控制频率下的交流电压和交流电流。改变两组变流器的切换频率，就可以改变输出频率 f_o。改变变流电路工作时的控制角 α，就可以改变负载电压的幅值。

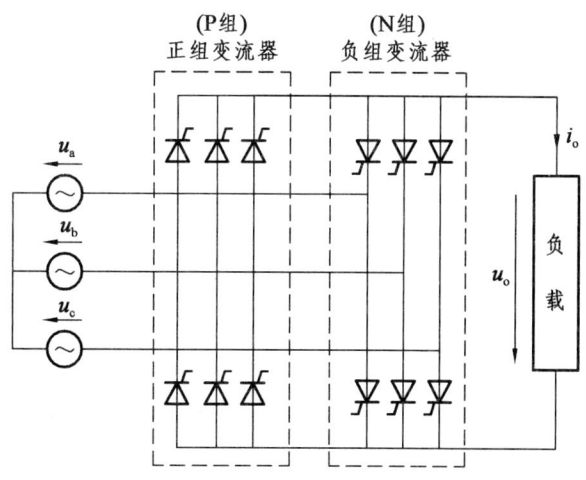

图 6.12 单相直接变频电路

为了使输出电压 u_o 的波形接近正弦,可以按正弦规律对 α 进行控制。可以在半个周期内让正组变流器的 α 角按正弦规律从 90° 逐渐减小到 0° 或某个设定值,然后再逐渐增大到 90°,这样,每个控制间隔内的平均输出电压就按正弦规律从零到最大,再由最大减到零。另外半个周期内负组也按相同规律进行控制,如图 6.13 所示。

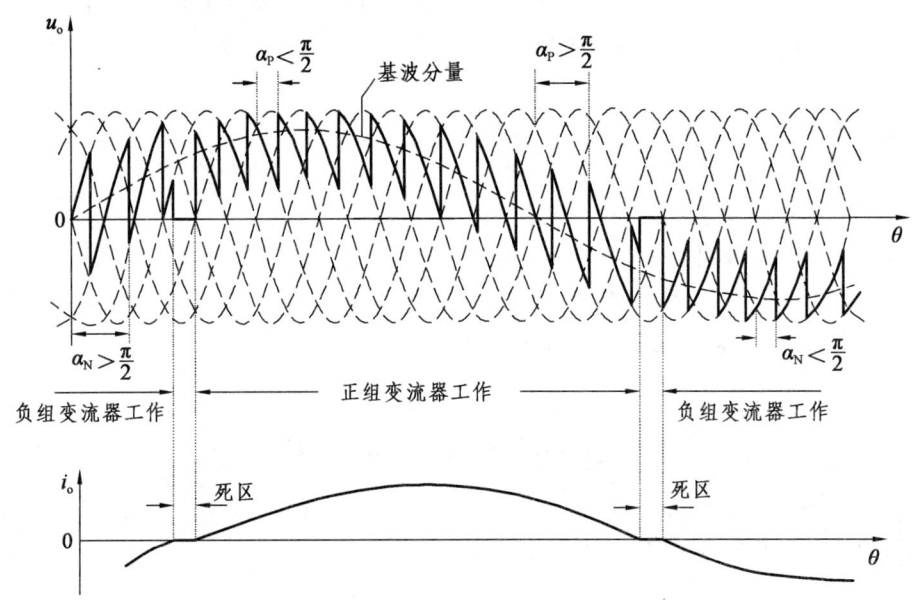

图 6.13 单相相控交—交变频电路的输出波形

由图 6.13 可知,输出电压 u_o 并不是理想的正弦波,而是由若干的电源电压组合而成。所以,单相输出的相控交—交变频电路的输出电压中含有较多的谐波成分。因此,广泛应用于大功率交流电动机调速系统的相控交—交变频电路主要是指三相输出的相控交—交变频电路。

6.4.2 整流工作状态与逆变工作状态

相控交—交变频电路的负载可能是电阻负载,也可能是感性负载或容性负载。下面以感性负载为例来说明单相直接变频电路的整流工作状态和逆变工作状态。

假设忽略输出电压 u_o 的脉动,相控交—交变频电路主要用于大功率、低速的交流电机调速系统,可以简化为如图 6.14(a)所示的等效电路,其中 u_P、u_N 分别是正组变流器和负组变流器的输出单相电压。图中二极管体现了变流器电路的电流单向性。设负载功率因数角为 φ,即输出电流滞后于输出电压 φ 角,并且对正组、负组变流器的无环流工作方式进行控制,即一组工作时,另一组封锁触发脉冲。

在图 6.14(b)中给出了负载正组和负组变流器的电压、电流波形。由图可见,在 $t_1 \sim t_3$ 时段内,由于 $i_o > 0$,故只能是正组变流器工作,负组变流器脉冲被封锁。在 $t_3 \sim t_5$ 时段内,由于 $i_o < 0$,故负组变流器投入运行,向负载提供反向电流,而同时正组变流器因触发信号被封锁,处于阻断装态。

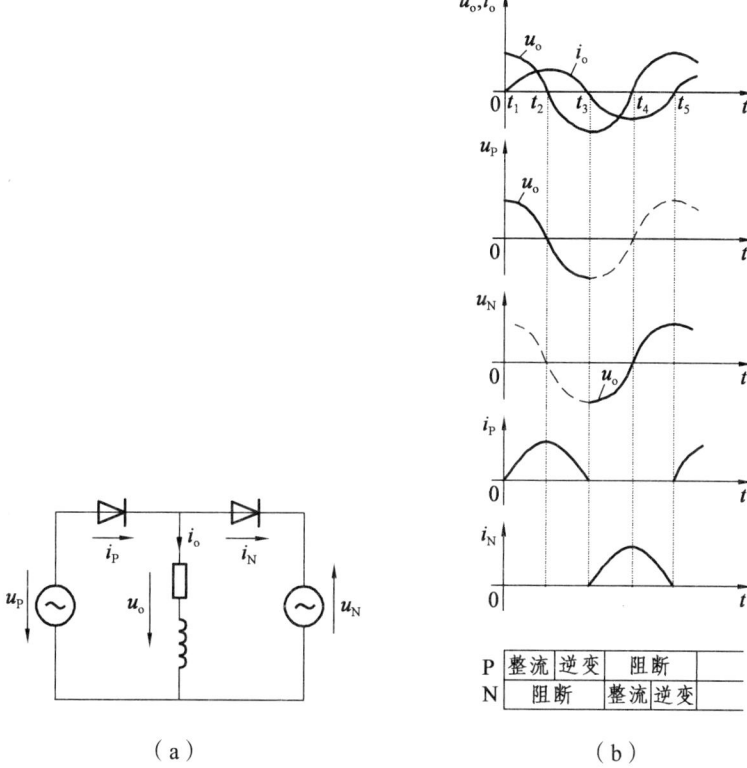

图 6.14 单相直接变频电路的整流和逆变工作状态

由于负载是感性负载,所以负载电流 i_o 与变流器输出电压(负载电压)u_o 间有相位差,故在一个工作周期内,有四个不同的工作时段:在 $t_1 \sim t_2$ 时段内,因 $u_o > 0$、$i_o > 0$,故正组变流器工作在整流状态;在 $t_2 \sim t_3$ 时段内,因 $u_o < 0$、$i_o > 0$,故正组变流器工作在逆变状态;在 $t_3 \sim t_4$ 时段内,因 $u_o < 0$、$i_o < 0$,故负组变流器工作在整流状态;在 $t_4 \sim t_5$ 时段内,则因 $u_o > 0$、$i_o < 0$,故负组变流器工作在逆变状态。

由此可见,在感性负载条件下,相控交—交变频电路主要用于大功率、低速的交流电机调速系统,有 4 种工作状态,由负载电流的正、负决定哪组变流器进入工作状态;而变流器工作在整流还是逆变状态,则决定于负载电流方向是否与其电压方向一致。

另外,对于无环流的控制方式,每个周期内,还有两个电流过零的死区时段,参见图 6.13。

6.5 三相相控交—交变频电路

三相相控交—交变频电路是由三组输出电压相位互差 120° 的单相相控交—交变频电路组成,如图 6.15 所示。

由图可知,三组单相相控交—交变频电路的输出端是 Y 形连接,电动机的三相绕组也是 Y 形连接,而且电动机绕组中点没有引出。因为三组相控交—交变频电路的输出连接在一起,故其电源进线就必须隔离,即三组单相直接变频电路采用三台三相变压器分别供电。

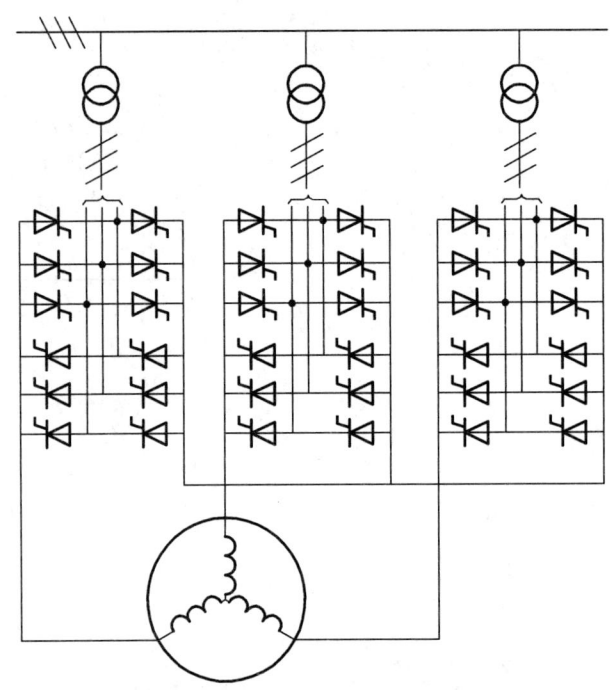

图 6.15 三相相控交—交变频电路

由于变频器输出中点没有与电动机的绕组中点连接，所以构成三相变频电路的六组桥式变流电路中，至少要有分属不同输出相的两组桥各自的两个晶闸管（共四个）同时导通才能构成回路，而同一组桥内的两个晶闸管靠双触发脉冲保证同时导通。两组桥之间，各自的触发脉冲要有足够的宽度，以保证同时导通。

习 题

6.1 交流调压电路与相控交—交变频电路有什么区别？各适用于什么样的负载？

6.2 电源为 220 V 的单相反并联交流调压电路对 1.5 Ω 的电阻负载进行调压，求在控制角为 30° 时，负载上的电压有效值 U_o、电流有效值 I_o 和功率因数 λ。

6.3 一调光台灯由单相交流调压电路供电，设该台灯可看成电阻负载，在 $\alpha = 0°$ 时输出功率为最大值，试求功率为最大输出功率的 80%、50%时的控制角 α。

6.4 一单相交流调压器，电源为工频 220 V，电阻与电感串联作为负载，其中 $R = 0.5$ Ω，$L = 2$ mH。试求：① 控制角 α 的变化范围；② 负载电流的最大有效值；③ 最大输出功率及此时电源侧的功率因数。

6.5 相控交—交变频电路的最高输出频率是多少？制约输出频率提高的因数是什么？

6.6 相控交—交变频电路的主要特点和不足之处是什么？其主要用途是什么？

第 7 章　无源逆变电路

7.1　概　述

逆变，即直流电到交流电的变换，是与整流相反的过程。在前面介绍的有源逆变（相控直—交变换）电路中，逆变电路的交流输出端接在相对较大的交流电网上，逆变产生的交流电能被反馈回交流电网。所以，这些电路产生的交流电的频率均被强制为电网频率。如果直流电通过逆向变换所得到的交流电不是反馈回交流电网，而是直接供给负载，即其输出的交流侧没有交流电源，直流电逆变为某一频率或可调频率的交流电供给负载，这种逆变称为无源逆变。为此，无源逆变电路应采用电网换流方式以外的方法来实现开关器件的导通与关断，例如采用全控型的开关器件或采用辅助换流电路来强迫晶闸管换流。随负载的要求不同，无源逆变电路输出的频率与电压既可以是恒定的，也可以是可变的，这与有源逆变有很大的差别。在本章，无源逆变电路也称为直—交变频电路。

无源逆变（直—交变频）电路的主要用途之一是交流电机的变频调速，基于这种原理的变频装置，称为变频器。变频器的特点是性能可靠、动态性能好、节电、效率高。恒频直—交变频电路主要应用于感应加热、计算机不间断电源等领域。随着技术的进步，变频器的容量越来越大，性能指标越来越优良，价格也越来越低，在工农业生产、家电、医用设备、军事装备上得到了广泛的应用。

7.1.1　无源逆变电路的基本原理

图 7.1 是一个单相桥式无源逆变电路（直—交逆变电路）的原理示意图。图中，$T_1 \sim T_4$ 为理想开关，R 为电阻。当 T_1、T_3 接通，T_2、T_4 断开时，负载电压 u_o 为正；当 T_2、T_4 接通，T_1、T_3 断开时，u_o 为负。如果每组开关都接通所需输出电压的半个周期，在负载电阻上就得到了交流电压 u_o，其幅值为直流电压源 U_d，频率取决于两组开关的切换频率。这样就把直流电变成了交流电。

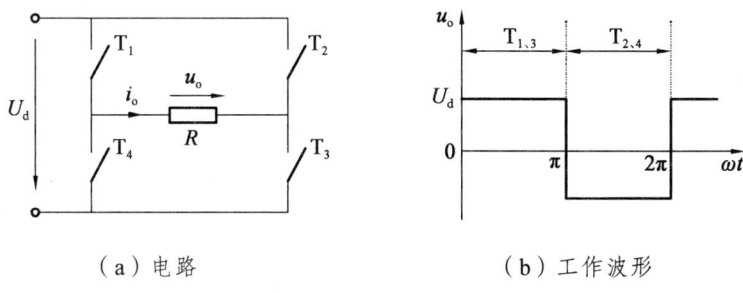

图 7.1　单相桥式直—交逆变电路的原理示意图

当负载为电阻时，负载电流 i_o 与电压 u_o 的波形相同，相位也相同。但在实际中，纯电阻负载是很少的。当负载为电阻+电感时，图 7.1 所示的变换电路将不可能工作，因为在一组开关断开、另一组开关接通时，除非在电感两端施加无穷大的电压，否则无法迫使电感电流在瞬间反向，强迫断开这一感性电流的通路，必然产生过电压，造成开关器件的损坏。为使电感电流能在原方向流动，必须增加与主开关并联的四个二极管 $D_1 \sim D_4$，以便给滞后的感性电流提供继续流动的通路。

在图 7.2 中，图 7.1 中的机械开关被自关断的电力半导体开关（图中是 IGBT）取代，这种自关断开关与无功反馈二极管并联构成的桥臂具有全控双向开关的效果。如果 T_1 导通，T_4 阻断，负载电流由 x 点流向 y 点，那么，x 点就通过 T_1 接到了直流电源 U_d 的正极；如果此时负载电流是反向流动的，即由 y 点流向 x 点，则二极管 D_1 必然导通（T_1 实际上不能导通），x 点通过 D_1 也接到电源正极。所以，输出电压的极性只取决于主电路开关的状态，而与负载电流的性质无关，根据开关的状态可以直接确定电压型无源逆变电路的输出电压波形，这是

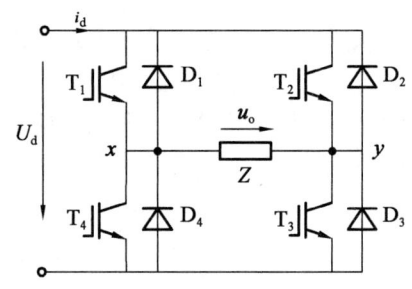

图 7.2 有无功反馈二极管的无源逆变电路

这类无源逆变电路的一个重要的特点。无功反馈二极管的加入实现了对无源逆变电路输出电压瞬时值的完全控制。

7.1.2 无源逆变电路的分类

1. 电压型逆变电路与电流型逆变电路

无源逆变电路根据直流电源的类型不同，分为电压型（源）逆变电路与电流型（源）逆变电路两大类。

电压型逆变电路与电流型逆变电路的组成框图如图 7.3 所示。

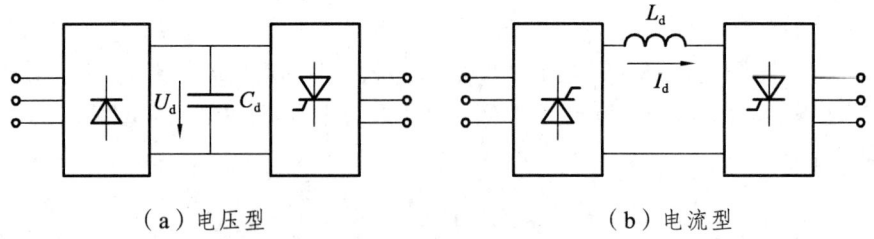

（a）电压型　　　　　　　　（b）电流型

图 7.3 电压型逆变电路与电流型逆变电路

电压型逆变电路因其直流侧电源为电压源，所以，直流电压无脉动，直流回路呈低阻抗。由于直流电压源的钳位作用，交流侧输出电压波形为矩形波，并且与负载阻抗角无关。交流侧输出电流波形则取决于负载的性质。为了给感性（滞后）的负载电流提供流通路径，逆变桥的各桥臂必须并联无功反馈二极管。

在实际工程中，电压器无源逆变电路的直流侧电压源由整流器与并联在直流侧的大电容构成。直流侧电容器起到缓冲无功能量的作用，它也称为支撑电容，因为它可以保持直流电压的恒定，使直流环节如同电压源，并且直流侧阻抗远小于逆变器的输出阻抗。

同时，直流侧电容将整流环节与逆变环节的交流量隔离开来。整流侧与逆变侧产生的谐波电流都经直流侧电容短路，不会流向对方。为使直流侧表现出电压源特性，直流侧电容应足够大。

电流型逆变电路的直流侧电源为电流源。所以，直流电流无脉动，直流回路呈高阻抗。交流侧输出电流的波形为矩形波，并且与负载阻抗角无关。交流侧输出电压波形则取决于负载的性质。由于电流源电流的单向性，逆变桥的各桥臂不必并联无功反馈二极管。换相时，为了给感性负载电流提供流动路径，往往要在交流负载侧并联电容器。在实际工程中，电流型无源逆变电路的直流侧电流源由可控整流器与串联在直流侧的大电感构成，因为足够大的直流侧电感中的电流波动很小，可以当作恒流源。

电压型逆变电路与电流型逆变电路有各自的特点、适应的负载和应用的领域。但在交流传动、不间断电源、有源无功补偿等应用领域，电压型逆变电路占主导地位。

2. 矩形波逆变电路与脉宽调制逆变电路

在图 7.1 所示的电路中，无源逆变电路的输出电压波形是矩形波。这种矩形波无源逆变电路的控制最简单，将直流变换成交流所需要的开关次数最少，直流电压的利用率最高。在三相逆变电路中，有 180° 导通与 120° 导通两种工作方式。在 180° 导通型逆变电路中，同一桥臂上、下两只开关互相换相，即上臂开关导通时下臂开关断开，反之下臂开关导通时上臂开关断开，称为"纵向换流"，每个开关在一个周期中均导通 180°；而 120° 导通型逆变器是在同一排（或称同一联结组）桥臂的左、右两管之间进行换相的，称为"横向换流"，每个开关在一个工作周期内导通 120°。在三相矩形波无源逆变电路中，电压型一般都采用 180° 导通型，电流型只采用 120° 导通型。

矩形波无源逆变电路的主要问题是输出电压（或电流）的大小不能通过逆变电路本身来调节，必须增加一个额外的电压（或电流）调节环节，这必然使系统复杂化并降低了系统的效率。此外，矩形波中谐波含量较大，往往会对负载造成不利的影响。

在电压型逆变电路的控制中，广泛采用了脉宽调制技术。脉宽调制无源逆变电路是将通信中的调制技术推广应用到直—交变频领域。它是通过控制逆变电路中各个开关的导通与关断时间的分配规律，从而达到控制输出电压中基波的幅值与频率大小的目的。通过改变脉冲列的宽度可以改变基波分量的幅值；通过改变调制周期可以改变输出基波的频率；当同时改变脉冲列的宽度与调制周期时，就实现了基波的幅值与频率的同时控制。由于只有一个功率环节，所以简化了结构，提高了效率；又由于是通过逆变器实现输出电压的基波与频率的控制，所以系统的响应与中间直流滤波参数无关，动态响应指标好；此外，这种方法可消除或抑制低次谐波，使负载在正弦的电压、电流下运行，从而提高了系统的性能。

脉宽调制逆变电路的主要缺点是需要较高的开关频率，所以，这种逆变电路必须使用具有自关断能力的高频大功率半导体开关，开关频率的提高将使开关损耗增大，高频电磁干扰增强。这种电路的另一个缺点是对直流电压的利用率差，为了得到与方波相同的基波值，脉宽调制逆变电路所需要的中间直流电压值将大幅度提高。

随着电力电子技术的发展，各种脉宽调制的理论与应用技术正不断发展，并在实际中得到了广泛的应用。目前几乎所有的直—交逆变器都采用脉宽调制技术。

7.2 单相电压型逆变电路

7.2.1 单相半桥逆变电路

单相半桥逆变电路由一对桥臂和一个带有中点的直流电源构成。负载连接在直流电源中点与两个桥臂连接点之间,如图 7.4(a)所示。T_1 与 T_2 两个开关在导通、关断控制上互补。设负载为感性,负载电流 i_o 为正弦波。在 $\omega t = \pi$ 时刻前,T_1 通、T_2 断,i_o 经 T_1 和直流电源(上)流动,输出电压 u_o 为正。在 $\omega t = \pi$ 时,关断 T_1 并给 T_2 导通信号,由于感性负载电流不能立刻改变方向,于是 D_2 导通,i_o 经 D_2 与直流电源(下)续流,直到 i_o 衰减到零 T_2 才真正导通,i_o 开始反向。在 $\pi \sim 2\pi$ 期间,无论是 D_2 导通还是 T_2 导通,输出电压 u_o 均为负。同理,在 $\omega t = 2\pi$ 时,关断 T_2 并给 T_1 导通信号,则 i_o 先经 D_1 续流,直到 i_o 变到零并改变方向后 T_1 才真正导通,在此期间 u_o 为正。电路的工作波形如图 7.4(b)所示。

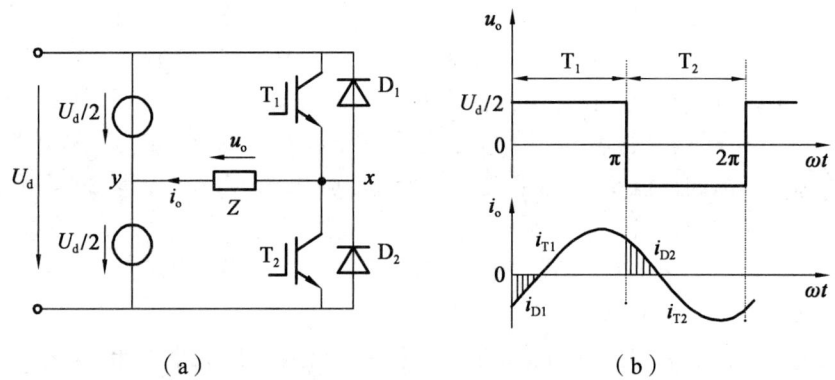

图 7.4 单相半桥逆变电路及其工作波形

由图 7.4(b)可知,负载电流 i_o 由流过开关 T_1、T_2 与二极管 D_1、D_2 的电流组成。当 D_1 导通或 D_2 导通时,负载向直流电源反馈能量。电路输出的电压波形 u_o 只与开关的状态有关而与负载电流无关。输出电压 u_o 为方波交流电,其幅值为 $U_d/2$。

将输出电压 u_o 展开成傅里叶级数,则

$$u_o = \frac{2U_d}{\pi}\left(\sin\omega t + \frac{1}{3}\sin 3\omega t + \frac{1}{5}\sin 5\omega t + \frac{1}{7}\sin 7\omega t + \cdots\right) \quad (7.1)$$

输出电压的基波有效值为

$$U_{o(1)} = \frac{2U_d}{\pi\sqrt{2}} = \frac{\sqrt{2}U_d}{\pi} \quad (7.2)$$

单相半桥逆变电路的优点是电路简单,使用的器件少;但输出电压的幅值仅为 $U_d/2$,且需要两个直流电源。在实际应用中常用一个直流电压源与两个容量足够大的电容器串联来代替带有中点的直流电压源。为保证电路的正常工作,必须确保两个电容电压的均衡与恒定。单相半桥逆变电路只适用于小功率场合。

7.2.2 单相桥式逆变电路

单相桥式逆变电路是两个单相半桥逆变电路的组合,其电路如图 7.2 所示。两个半桥在控制上相差半个周期,所以,电路中开关 T_1 与 T_3、T_2 与 T_4 的通、断控制信号相同并且互补,即 T_1、T_3 是导通信号时 T_2、T_4 为关断信号;T_2、T_4 是导通信号时 T_1、T_3 为关断信号。输出电压 u_o 为两个半桥输出的电压 u_x 与 u_y 之差,波形如图 7.5 所示。桥式电路的输出波形与半桥电路的输出波形相同,其谐波成分也完全相同,只是幅值增大了一倍。

下面讨论带不同性质负载时单相桥式逆变电路的工作特点。

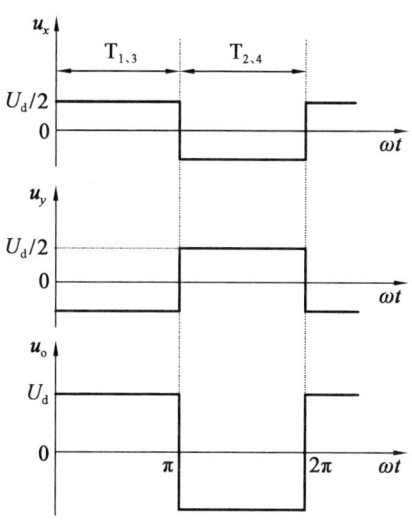

图 7.5 单相桥式逆变电路的工作波形

1. 滞后负载

图 7.6 是单相桥式逆变电路带滞后负载时的电压、电流波形。假定负载电流 i_o 是正弦波。在 $\omega t = \pi$ 时,T_1、T_3 关断并给出 T_2、T_4 的导通信号,此时,i_o 从 T_1、T_3 转移到 D_2、D_4 与直流电源 U_d 构成的续流回路中去。在滞后角 φ 内,i_o 继续保持原方向流动直到该电流为零,然后 i_o 才经 T_2、T_4 反向流动。同理,当关断 T_2、T_4,给出 T_1、T_3 导通信号后,负载电流 i_o 改经 D_1、D_3 及直流电源 U_d 续流。由图可知,负载电流 i_o 由开关电流 i_T 与二极管 i_D 构成。直流输入电流 i_d 由正方向的 i_T 与反方向的 i_D 组成,它可分解成为一个直流分量与一个交流分量,前者代表了负载吸收的有功功率。在二极管导通期间,感性负载向直流电源反馈能量。当滞后的角度越大,换流时开关要切断的电流幅值也越大。

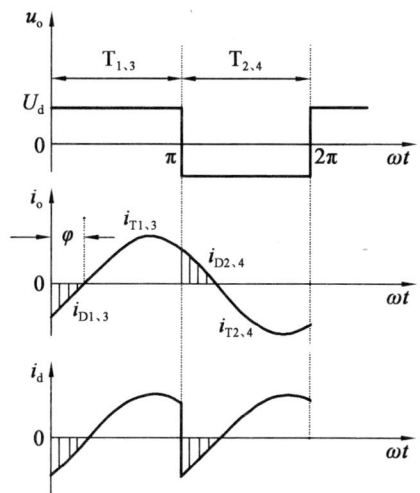

图 7.6 带滞后负载时单相桥式逆变电路的工作波形

2. 同相位负载

单相桥式逆变电路带同相位负载时的电流、电压波形如图 7.7 所示。设负载电流是正弦波,且负载电压与电流同相(例如串联谐振时)。由于负载电压与负载电流的零点一致,开关 T_1、T_3 与 T_2、T_4 将分别流过正弦半波电流,而二极管 $D_1 \sim D_4$ 则完全没有电流流过。开关 $T_1 \sim T_4$ 的导通与关断均发生在负载电流过零处,所以开关的开通与关断损耗为零。在这种情况下直流输入电流是单向、脉动的。

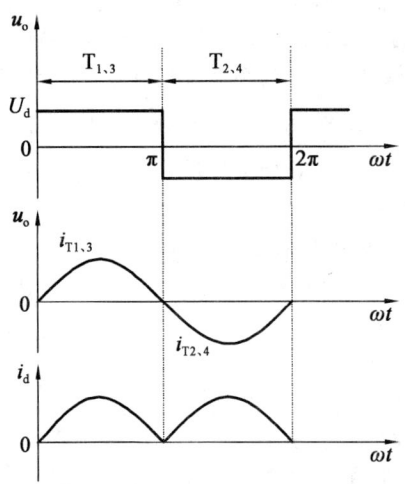

图 7.7 带同相位负载时单相桥式逆变电路的工作波形

3. 超前负载

带超前负载时单相桥式逆变电路的电流、电压波形如图 7.8 所示,设负载电流 i_o 为正弦波且超前负载电压 u_o 一个相角 φ。开关(例如 T_1、T_3)在导通 $\pi - \varphi$ 后,其中的电流会自然下降到零,在这个半周的其余部分它们承受与之并联的二极管(即 D_1、D_3)导通产生的反压,所以,开关 $T_1 \sim T_4$ 可以使用诸如晶闸管一类的半控开关而不必采用强迫换流措施。这种利用负载电流超前负载电压从而使开关电流下降到零并关断的过程称为"负载换流"。一般来说,超前性负载在实际应用中极为少见,并且很难保证超前角在负载变化与过渡过程中保持不变。与滞后负载类似,直流电源的电流也是双向的。二极管导通时 i_o 将经直流电源 U_d 续流,从而将负载的储能反馈回直流电源 U_d。

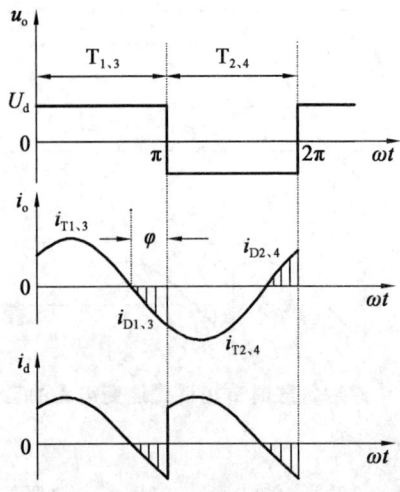

图 7.8 带超前负载时单相桥式逆变电路的工作波形

从上述分析可知，为使变频电路能输出预计的电流波形，例如滞后的正弦波电流，直流电源除了要提供直流电流外，还必须给逆变电路提供所需的纹波电流，这就要求直流电源的内阻必须足够小，在流过纹波电流时不应有显著的纹波电压产生，否则电压波形将发生变化。在一般情况下，在逆变电路的直流输入端并联一个足够大的电容器可以满足这一要求。

7.2.3 单相桥式逆变电路输出电压的控制

由式（7.2）知，无源逆变电路输出的交流电压 u_o 的基波有效值只与输入侧直流电压 U_d 有关。在变频时，u_o 的基波幅值为恒定值。但在实际应用中，例如异步电动机变频调速时，需要在变频的同时改变 u_o 的基波大小以保持电机内部的磁通为常值；在不间断电源（UPS）系统中则要求在输入侧直流电压变化时能够保持输出电压不变。这些都要求能够对逆变电路输出的交流电压进行控制。

输出电压的控制可通过改变直流侧电源电压的值来实现。但这种方法在许多场合是不现实或不经济的。本节要讨论另一种方法，即仅通过改变逆变电路本身开关的通、断时刻来实现输出电压的调节。

在图 7.2 所示的单相桥式逆变电路中，两个半桥上、下桥臂开关的导通、关断控制仍然是互补的；但开关 T_1 与 T_2 的控制信号并不相差 $180°$，而是滞后一个角度 θ，θ 可以在 $0\sim180°$ 间变化。两个半桥对假想的直流电源中点的输出电压波形 u_x、u_y 及负载上的电压波形 u_o 如图 7.9 所示。

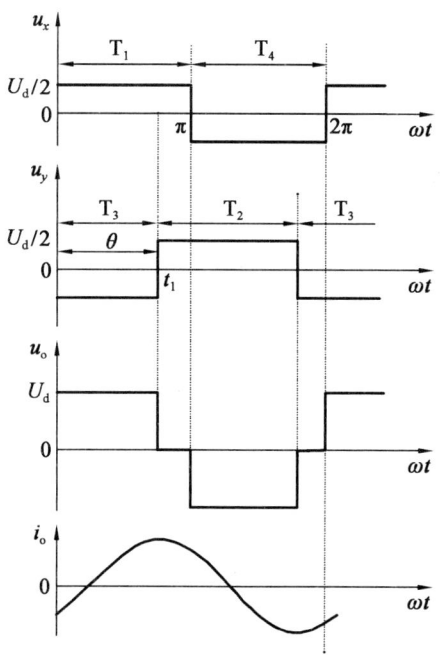

图 7.9 单相桥式逆变电路移相调压时的工作波形

设负载为感性，负载电流 i_o 为正弦波。在 $\omega t=t_1$ 时刻，T_3 关断、给出 T_2 的导通信号。由于感性的负载电流不能立刻改变方向，所以 D_2 导通。负载电流经 T_1、D_2 环流，输出电压

u_o 为零。到 $\omega t=\pi$ 时刻，T_1 关断、T_4 为导通信号，同样因 i_o 的方向未变的原因，T_2、T_4 不能导通，结果 i_o 经 D_2、D_4 及直流电源 U_d 续流，向 U_d 反馈能量，直到 i_o 衰减到零并改变方向后，T_2、T_4 才导通。

由图 7.9 可知，改变移相角 θ 就可以改变 u_o 的脉冲宽度，从而改变 u_o 基波的大小，这种方法称为移相调压。图 7.9 中 u_o 波形的脉冲宽度为 θ，将 u_o 适当移轴后进行傅里叶分解，得

$$u_o = \sum_{n=1,3,5\cdots}^{\infty} \frac{4U_d}{n\pi} \sin\frac{n\theta}{2} \sin n\omega t \tag{7.3}$$

输出电压的有效值为

$$U_o = \sqrt{\frac{\theta}{\pi}} U_d \tag{7.4}$$

输出电压基波的有效值为

$$U_{o(1)} = \frac{2\sqrt{2}\,U_d}{\pi} \sin\frac{\theta}{2} \tag{7.5}$$

由式（7.5）可知，当改变脉冲宽度 θ 时，基波有效值也相应发生变化，这样就实现了对输出电压的控制。但是，随着 θ 的变化，谐波幅值也发生变化，特别是当 θ 较小时，较低次的谐波幅值将与基波的幅值相当，所以，这种调压方式不适合大范围的调压。注意：移相调压方法不适用于单相半桥逆变电路。

例 7.1 单相桥式逆变电路采用移相调压，直流电压 $U_d=600\,\text{V}$。求当 $\theta=120°$ 时输出电压的有效值与输出电压基波的有效值。

解 输出电压的有效值为

$$U_o = \sqrt{\frac{\theta}{\pi}} U_d = \sqrt{\frac{120}{180}} \times 600 = 489.9 \quad (\text{V})$$

输出电压基波的有效值为

$$U_{o(1)} = \frac{2\sqrt{2}\times 600}{\pi} \sin\frac{120}{2} = 467.8 \quad (\text{V})$$

7.2.4 带中心抽头变压器的逆变电路

带中心抽头变压器的逆变电路也称为零式电路，如图 7.10 (a) 所示（图中可控开关为 GTO）。电路工作时，两个开关 T_1 与 T_2 对称、交替地导通与关断，将直流电压交替地加到变压器的两个原边，在副边合成一个与负载电流性质无关的方波交流电压，从而将直流电变换成了交流电。逆变电路输出电压的幅值为 U_d/k（k 为变压器的变比）。

当负载为感性时，若在 $\omega t=\pi$ 点关断 T_1，由于感性的负载电流不能立刻改变流动方向，电流将从变压器原边的上绕组转移到下绕组，于是电流经 D_2 和直流电源 U_d 续流，向直流电源

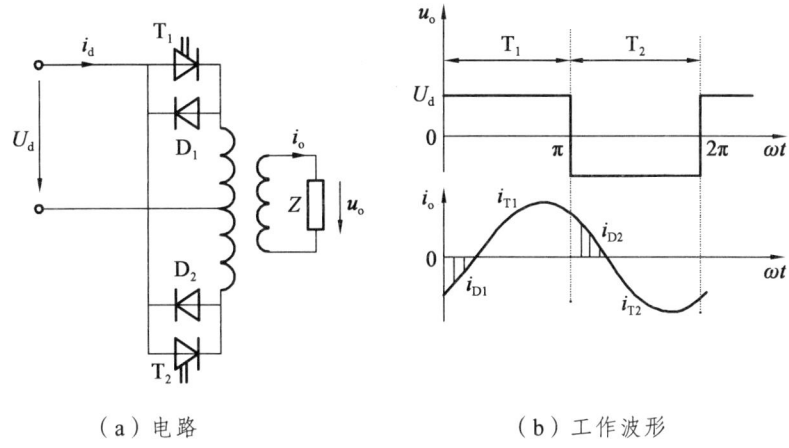

（a）电路　　　　　　　　（b）工作波形

图 7.10　带中心抽头变压器的逆变电路及其带滞后负载时的工作波形

反馈能量，直到该电流衰减到零后 T_2 才真正导通，负载电流反向。电路的工作波形如图 7.10（b）所示。

零式逆变电路有许多优点，如所需的电力电子器件数量较少，输入直流侧与输出交流侧无电的联系，变压器可以将输出电压变换到所需要的数值，从而降低了对直流侧电源的要求等。但是，该电路必须有输出变压器，并且其铁芯不能饱和；变压器的绕组必须紧耦合；每个原边绕组只在半个周期中工作，要求变压器有较大的容量。这使得变压器变得非常昂贵和笨重，所以，零式逆变电路只适合于小功率的应用领域。

7.3　三相电压型逆变电路

7.3.1　三相电压型逆变电路的结构与工作原理

三相逆变电路由 6 个带无功反馈二极管的全控开关构成，如图 7.11 所示，也可以认为该电路是由三个单相半桥逆变电路组合构成的。在控制上，三个半桥间依次相差 $2\pi/3$。三相负载接在三个半桥的输出端。虽然实际上只需要一个直流电压源，但为分析方便，可将该电源看成是两个电源的串联，并有一个假想的中点"o"。

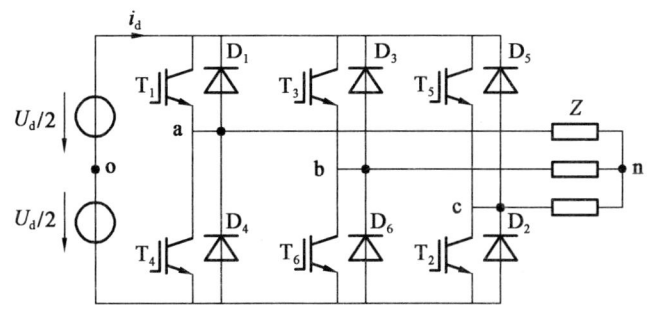

图 7.11　三相 180° 导通电压型逆变电路

电路的工作波形如图 7.12 所示。由于电压型逆变电路的输出电压波形只取决于其开关的状态而与负载的性质无关，所以，很容易得到各个半桥输出端 a、b、c 对假想的直流电压中点的电压波形图，见图 7.12 (a)、(b)、(c)，它们是 180°的方波交流电压，其幅值为 $U_d/2$，电路工作时开关 $T_1 \sim T_6$ 均导通 180°，故这种逆变电路被称为三相 180°导通电压型逆变电路。由半桥电路的特点及上述的控制规则可得到在该电路中各开关的导通控制顺序，它们依次是：T_1、T_2、$T_3 \rightarrow T_2$、T_3、$T_4 \rightarrow T_3$、T_4、$T_5 \rightarrow T_4$、T_5、$T_6 \rightarrow T_5$、T_6、$T_1 \rightarrow T_6$、T_1、T_2，每个状态持续 60°。

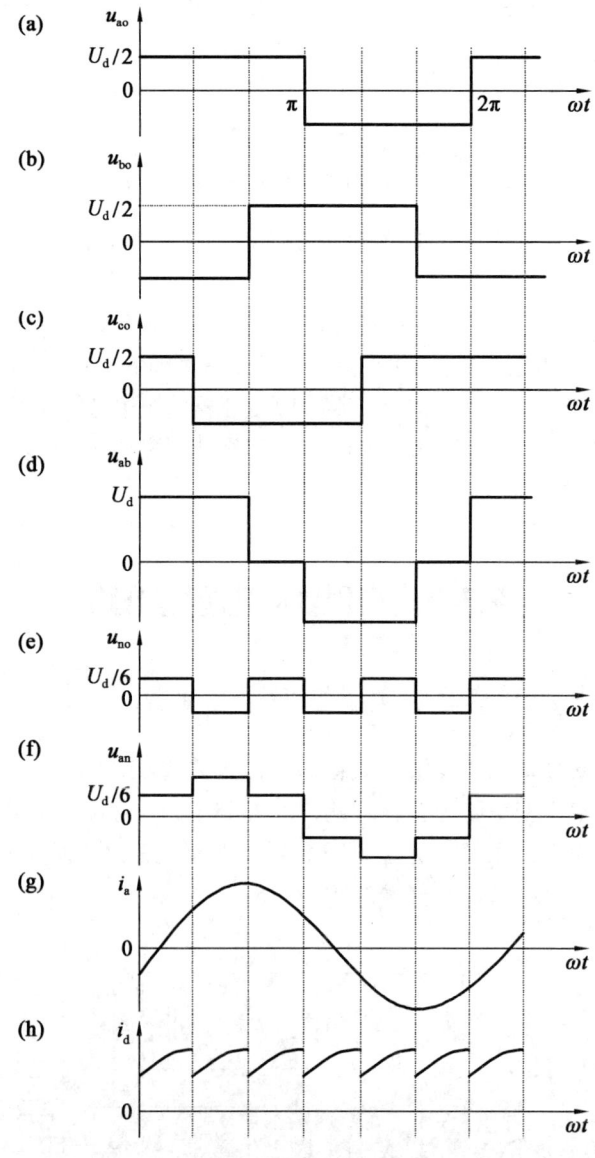

图 7.12　三相电压型逆变电路的工作波形

由于负载接在半桥输出之间，所以，逆变电路的输出线电压可由两个半桥间的电压差得到，即

$$\left.\begin{array}{l}u_{ab} = u_{ao} - u_{bo}\\ u_{bc} = u_{bo} - u_{co}\\ u_{ca} = u_{co} - u_{ao}\end{array}\right\} \tag{7.6}$$

图 7.12（d）给出了 u_{ab} 的波形。u_{bc}、u_{ca} 的波形与 u_{ab} 相同，只是相位各相差了 120°。若三相负载对称、星形连接，根据电路的结构，可得到负载相电压、桥臂输出电压、三相负载中点 n 与假想的直流电源中点 o 间的电压 u_{no} 三者间的电压平衡方程，即

$$\left.\begin{array}{l}u_{an} = u_{ao} - u_{no}\\ u_{bn} = u_{bo} - u_{no}\\ u_{cn} = u_{co} - u_{no}\end{array}\right\} \tag{7.7}$$

将方程组的左、右分别相加，由于三相对称，必然有

$$u_{an} + u_{bn} + u_{cn} = 0 \tag{7.8}$$

所以

$$u_{no} = \frac{1}{3}(u_{ao} + u_{bo} + u_{co}) \tag{7.9}$$

据此可以得到 u_{no} 的波形如图 7.12（e）所示。

负载的相电压波形可根据式（7.7）得到。在图 7.12（f）中给出了 a 相负载的相电压波形 u_{an}，其他两相的波形与它相同但相位依次相差 120°。

将输出线电压展开成傅里叶级数，得

$$u_{ab} = \frac{2\sqrt{3}U_d}{\pi}\left(\sin\omega t - \frac{1}{5}\sin 5\omega t - \frac{1}{7}\sin 7\omega t + \frac{1}{11}\sin 11\omega t + \frac{1}{13}\sin 13\omega t - \cdots\right) \tag{7.10}$$

输出线电压的有效值为

$$U_{ab} = \sqrt{\frac{2}{3}}\,U_d = 0.816 U_d \tag{7.11}$$

输出线电压的基波幅值为

$$U_{ab(1)M} = \frac{2\sqrt{3}U_d}{\pi} = 1.1 U_d \tag{7.12}$$

输出线电压的基波有效值为

$$U_{ab(1)} = \frac{2\sqrt{3}U_d}{\pi\sqrt{2}} = \frac{\sqrt{6}}{\pi}U_d = 0.78 U_d \tag{7.13}$$

将负载相电压展开成傅里叶级数，得

$$u_{an} = \frac{2U_d}{\pi}\left(\sin\omega t + \frac{1}{5}\sin 5\omega t + \frac{1}{7}\sin 7\omega t +$$

$$\left.\frac{1}{11}\sin 11\omega t+\frac{1}{13}\sin 13\omega t+\cdots\right) \tag{7.14}$$

输出相电压的有效值为

$$U_{\text{an}}=\frac{\sqrt{2}}{3}U_{\text{d}}=0.471U_{\text{d}} \tag{7.15}$$

输出相电压的基波幅值为

$$U_{\text{an(1)M}}=\frac{2U_{\text{d}}}{\pi}=0.637U_{\text{d}} \tag{7.16}$$

输出相电压的基波有效值为

$$U_{\text{an(1)}}=\frac{2U_{\text{d}}}{\pi\sqrt{2}}=0.45U_{\text{d}} \tag{7.17}$$

若电路的负载性质与参数已知，负载电流便可由负载电压与阻抗参数求出。现假定负载是感性，电流为正弦波，如图 7.12（g）所示。在逆变电路的上、下桥臂间换流时（例如由 T_1 向 T_4 换流），由于感性负载电流要维持原来的流动方向，结果 D_4（而不是 T_4）导通续流，只有当负载电流衰减到零，T_4 才开始导通，此后负载电流反向。负载阻抗角越大，D_4 导通续流的时间也越长。由此可知，由于负载的功率因数滞后，二极管的导电间隔必然大于零，开关的导电间隔一定会减小。只有当负载为纯电阻时，无功反馈二极管才不会导电。所以，"180°导通"应理解为一个桥臂而不是一个器件在一个工作周期中导通 180°。

由于直流侧电流为桥臂 1、3、5 的电流的叠加，据此可求出直流侧电流的波形。图 7.12（h）是 a 相电流滞后 a 相电压的角度小于 $\pi/3$ 时直流侧的电流波形，它由直流分量与周期为 60° 的交流分量组成。当负载阻抗角小于 $\pi/3$ 时，直流侧电流波形均为正值，这表示负载电流通过相绕组间环流，不经过直流侧电源；当负载阻抗角大于 $\pi/3$ 时，直流侧电流波形中既有正值也有负值，负值表示负载中的无功通过二极管反馈到了直流侧。

此外，由于直流侧电压为常数，而直流侧电流是脉动的，这表明逆变电路从直流侧传送到交流侧的瞬时功率是脉动的。

当三相负载为电阻和电感串联，则负载电流中各次谐波电流的有效值 $I_{(n)}$ 为

$$I_{(n)}=\frac{U_{(n)}}{Z_{(n)}}=\frac{U_{(1)}}{n\sqrt{R^2+(n\omega L)^2}} \tag{7.18}$$

式中，$U_{(n)}$、$U_{(1)}$、$Z_{(n)}$ 分别是 n 次谐波电压有效值、基波电压有效值与 n 次谐波阻抗。

由式（7.18）可知，当负载具有较大的电感时，谐波电流将会减小，负载电流就会更接近正弦，这对像交流电动机这样的负载来说是非常重要的，因为减小谐波电流可以使电机的运行更加平稳，减小损耗，提高效率。所以，电压型逆变电路适合于谐波电流阻抗大的负载。

例 7.2 图 7.11 所示的电路为一台三相 380 V、10 kW 交流电动机供电。设电机已工作在额定状态，求直流侧的电压与平均电流值。

解 由式 7.11 可知

$$U_{ab(1)} = \frac{2\sqrt{3}\,U_d}{\pi\sqrt{2}} = \frac{\sqrt{6}}{\pi}U_d = 0.78U_d = 380 \quad (V)$$

所以
$$U_d = \frac{\pi}{\sqrt{6}} \times 380 = 487.4 \quad (V)$$

由于逆变电路不损耗能量，输入的功率必然等于输出功率，于是

$$I_d = \frac{P}{U_d} = \frac{10\,000}{487.4} = 20.5 \quad (A)$$

7.3.2 三相电压型逆变电路输出电压的控制

与单相桥式逆变电路不同，三相 180° 导通电压型逆变电路不能用"移相调压"的方法来调节输出电压。因为要获得对称的三相交流电，三个桥臂的控制信号必须依次相差 120°。为了能够控制输出电压，必须采用新的控制方式。常用的控制方法是"脉冲宽度调制（PWM）控制"，这是一种通过改变逆变器输出电压的脉冲宽度，从而改变其输出电压中基波成分大小的控制方法。详细讨论见本章"脉冲宽度调制"一节。

7.4 电流型逆变电路

在前边讨论的电压型逆变电路中，直流侧电源是电压源，输出线电压的瞬时值在任何时刻都是直流电源电压，负载电流只与负载阻抗有关。在电流型逆变电路中，直流侧电源为电流源，输出电流的波形由逆变电路确定，输出电压的波形取决于负载的性质，这种逆变电路直流侧的电流源由可控整流电路在直流侧串联一个大电感构成，因为大电感中电流脉动小，直流侧的电流源可近似当作恒流源。

电流型逆变电路的突出特点是可以直接确定输出电流的波形。由于直流侧电源的差别，某些对电压型逆变电路合适的负载，例如对谐波电流表现出高阻抗或低功率因数的负载，对电流型逆变电路则不合适。

7.4.1 电流型逆变电路的结构和工作原理

图 7.13（a）是一个单相桥式电流型逆变电路。与电压型逆变电路相比，电流型逆变电路的可控开关上不需要反并联无功反馈二极管，这是由于电流源的强制作用，电流不可能反向流动之故。当开关 T_1、T_3 闭合，T_2、T_4 断开时，直流电流由 x 流向 y，负载电流 i_o 为正；当 T_2、T_4 闭合，T_1、T_3 断开时，直流电流由 y 流向 x，i_o 为负。所以，i_o 为 180° 导通角的方波交流电流。当负载为感性时，在交流输出端需要并联电容 C，以便在换流时为感性负载电流提供流通路径，吸收负载电感的储能，这是电流型逆变电路必不可少的组成部分。

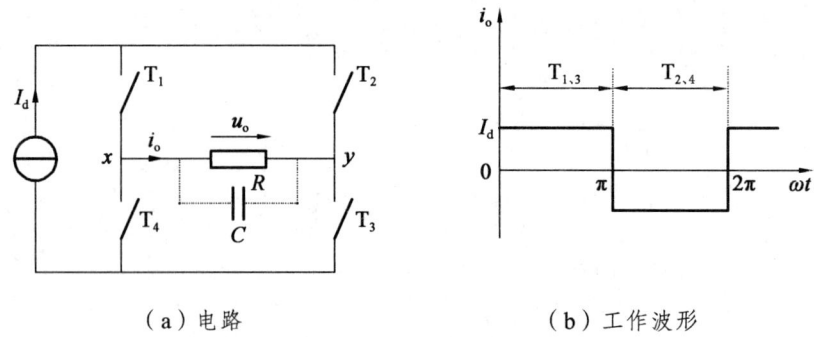

(a) 电路　　　　　　　　　　(b) 工作波形

图 7.13　电流型逆变电路及其工作波形

将输出负载电流 i_o 展开成傅里叶级数,得

$$i_o = \frac{2I_d}{\pi}\left(\sin\omega t + \frac{1}{3}\sin 3\omega t + \frac{1}{5}\sin 5\omega t + \frac{1}{7}\sin 7\omega t + \cdots\right) \tag{7.19}$$

可见,负载电流 i_o 含有基波及各种奇次谐波,谐波的幅值与其次数成反比。

负载电流 i_o 的基波有效值 $I_{o(1)}$ 为

$$I_{o(1)} = \frac{2I_d}{\pi\sqrt{2}} = \frac{\sqrt{2}I_d}{\pi} \tag{7.20}$$

电流型逆变电路的负载电压 u_o 与负载阻抗 Z 的性质有关,其 n 次谐波的有效值为

$$U_{(n)} = I_{(n)}Z_{(n)} \tag{7.21}$$

当负载的谐波阻抗小(例如负载为电容),u_o 中谐波电流分量产生的谐波电压很小,其主要是基频成分,u_o 基本上是正弦波。所以,电流型逆变电路适合于谐波阻抗低、功率因数高的负载。

电流型逆变电路的重要用途之一是高频感应加热。感应加热是使一个高频交流电流流过线圈,通过电磁感应在另一个导体中感生出一个电流,用该电流产生的损耗加热物体。

为了更加经济与高效率,电感线圈两端并联补偿电容并使电路工作于并联谐振状态,这样,负载电路的功率因数将接近 1 并有最小的谐波阻抗。下面讨论这类逆变电路。

7.4.2　单相并联谐振逆变电路

在图 7.14(a)所示的逆变电路中,L 是感应加热线圈的等效电感;C 是补偿电容器,它被用来补偿负载的感性无功功率,使负载在电路工作频率上产生并联谐振;R 代表感应线圈中的能耗。直流侧电流源用电压源与一个足够大的电感 L_d 串联来实现。开关 $T_1 \sim T_4$ 为具有自关断能力的器件(图中为 IGBT)。

电路的工作波形如图 7.14(b)所示。由于负载发生并联谐振,它对 i_o 中频率为谐振频率的分量(即 i_o 的基波频率)表现出高阻抗,而对其他频率分量呈现低阻抗,所以,负载电压

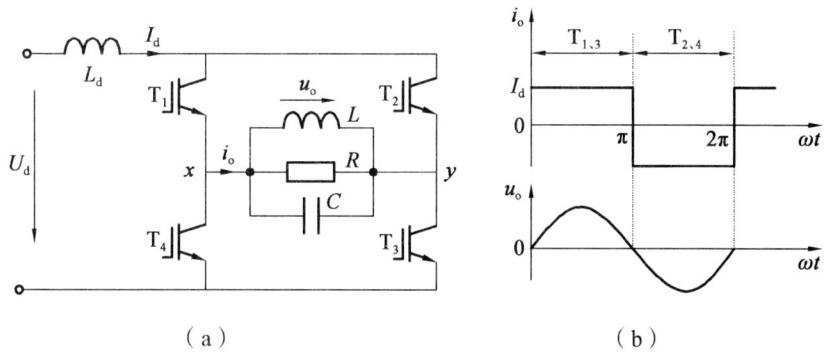

图 7.14 单相并联谐振逆变电路及其工作波形

波形基本上是正弦波。当负载的品质因数越高,电路的选频性能越好,负载电压的波形越接近正弦波。并联谐振时,u_o 与 i_o 是同相位的,开关 T_1、T_3 与 T_2、T_4 是在 u_o 的零电压点进行导通、关断转换的,所以,开关导通与关断时产生的损耗较小,显然,这对于提高装置的效率、减小体积、降低成本是有利的。

在感应加热中,电路中等效的 L、R 值都在不断变化。为使电路始终保持并联谐振,控制电路必须跟随主电路参数的变化调节逆变频率。当逆变频率不变时,通过调节直流侧电流可以调节逆变电路的输出功率。有时也通过调节逆变频率,使其略偏离谐振频率,从而实现其输出功率的调节。

例 7.3 在图 7.14(a)的电路中,实际的感应加热线圈可表示为电感 L 与电阻 R 串联。若要使负载并联谐振,应并入多大的电容 C?设逆变电路工作频率为 f。

解 感应线圈的导纳为

$$Y_L = \frac{1}{R + j\omega L} = \frac{R}{R^2 + (\omega L)^2} - j\frac{\omega L}{R^2 + (\omega L)^2}$$

电容的容纳为

$$Y_C = j\omega C$$

并联谐振时,负载的虚部为零,所需电容的值为

$$C = \frac{L}{R^2 + (\omega L)^2}$$

如果开关 $T_1 \sim T_4$ 是晶闸管,则逆变电路与图 7.14(a)中的电路略有不同。由于晶闸管无自关断能力,为使晶闸管顺利换流,必须增大电容 C 的值,使负载电流的相位超前负载电压一个适当的角度,这样,可以由负载提供换流电压完成晶闸管的换流,这种方式称为"负载换流"。为防止过大的 di/dt 损坏晶闸管,应当给每个晶闸管都串入一个电感 L_T,电路如图 7.15(a)所示。

设图 7.15(a)所示的电路已工作在稳态。在 ωt_1 前,T_1、T_3 稳定导通,负载电流 i_o 为电流源电流 I_d,电感 L_{T1}、L_{T3} 两端电压为零。到 ωt_1 时刻,由于负载电压 u_o 的极性为正,T_1、T_3 导通,所以晶闸管 T_2、T_4 承受正向电压,在此时触发 T_2、T_4,则 T_2、T_4 导通。由于

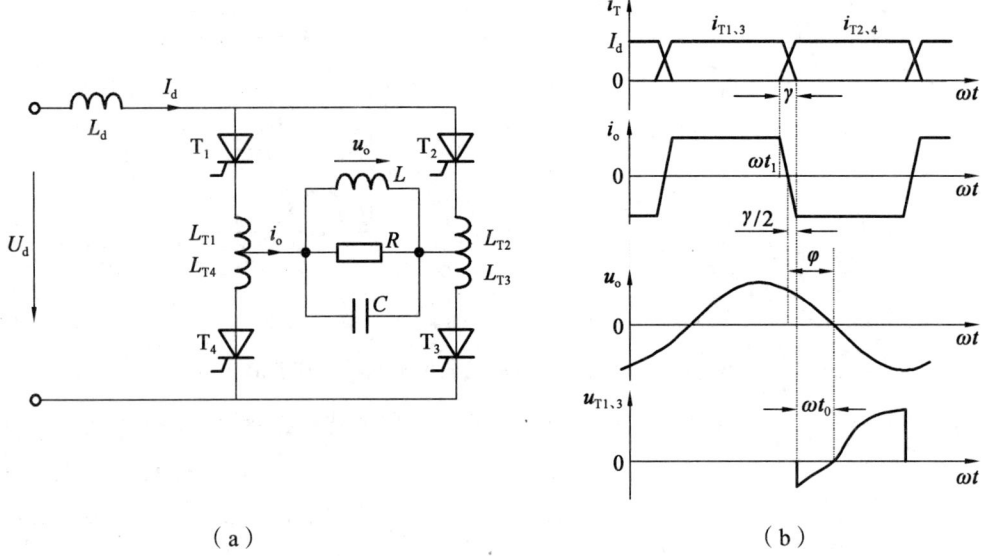

图 7.15 晶闸管并联谐振逆变电路及波形

电感 L_T 中的电流不能跳变，所以，T_1、T_3 中的电流将在 u_o 的作用下逐渐减小，T_2、T_4 中的电流逐渐增大；当 T_1、T_3 中电流下降为零时，T_1、T_3 关断，电流 I_d 经 T_2、负载、T_4 流动，电路完成换流过程。在换流期间，$T_1 \sim T_4$ 全部导通形成换流重叠角 γ。电路的工作波形见图 7.15（b）。

由于晶闸管有不能忽略的关断时间，电流下降到零后，必须再承受一段时间的反向电压才能恢复其正向阻断能力。因此，负载电流必须超前负载电压的角度为

$$\varphi = \omega t_0 + \frac{\gamma}{2} \tag{7.22}$$

换流重叠角 γ 可用与整流电路相同的方法推出

$$\gamma = \arccos(\cos \omega t_0 - \frac{2\omega L_T I_d}{U_{oM}}) - \omega t_0 \tag{7.23}$$

为了保证电路可靠换流，当电路参数发生变化时，必须调节工作频率，以保证负载电流超前负载电压的角度满足式（7.22）的关系。

7.4.3 三相电流型逆变电路

三相电流型逆变电路如图 7.16 所示。电路中开关 $T_1 \sim T_6$ 为 GTO。在一个周期内，各管均导通 120°，导通顺序是 T_1、$T_2 \rightarrow T_2$、$T_3 \rightarrow T_3$、$T_4 \rightarrow T_4$、$T_5 \rightarrow T_5$、$T_6 \rightarrow T_6$、T_1，每个状态持续 60°。电路工作时，任何瞬时都只有两个开关导通，一个在共阴组，另一个在共阳组。为使每相绕组在任何时刻都有电流，一般负载多采用三角形连接。在换流时，为给负载中的感性电流提供流通路径，吸收负载电感中储存的能量，必须在负载端并联三相电容器，否则将产生巨大的换流过电压，损坏电力半导体开关。

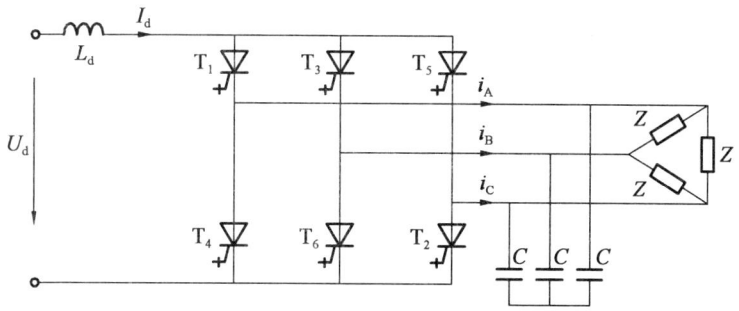

图 7.16 三相电流型逆变电路

在分析电路的工作过程时,忽略换流过程,假定 $T_1 \sim T_6$ 为理想开关。为确定逆变电路的输出线电流及负载的相电流波形,可以首先分别作出在不同工作状态时的等值电路,再利用电路的分流公式,求出各个线电流与负载相电流。例如,当 T_1、T_2 导通时,从等值电路可得到 $i_A = I_d$、$i_B = 0$、$i_C = -I_d$;$i_{AB} = i_{BC} = I_d/3$、$i_{CA} = 2I_d/3$。图 7.17 给出了各电流的波形,将此波形图与三相电压型逆变电路的工作波形(见图 7.12)比较可知,二者的波形完全相同,只不过前者是电流,后者是电压。

将线电流 i_A 和相电流 i_{AB} 展开成傅里叶级数,得

$$i_A = \frac{2\sqrt{3}I_d}{\pi}\left(\sin\omega t - \frac{1}{5}\sin 5\omega t - \frac{1}{7}\sin 7\omega t + \frac{1}{11}\sin 11\omega t + \frac{1}{13}\sin 13\omega t - \cdots\right) \quad (7.24)$$

$$i_{AB} = \frac{2I_d}{\pi}\left(\sin\omega t + \frac{1}{5}\sin 5\omega t + \frac{1}{7}\sin 7\omega t + \frac{1}{11}\sin 11\omega t + \frac{1}{13}\sin 13\omega t + \cdots\right) \quad (7.25)$$

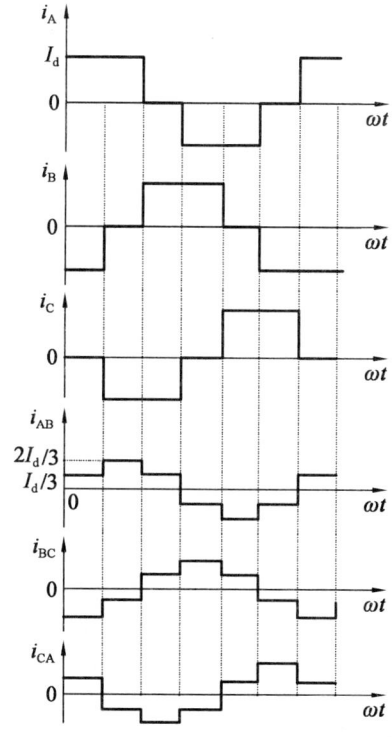

图 7.17 三相电流型逆变电路的工作波形

线电流有效值为

$$I_A = \sqrt{\frac{2}{3}}I_d = 0.816 I_d \quad (7.26)$$

线电流基波幅值为

$$I_{A(1)M} = \frac{2\sqrt{3}}{\pi}I_d = 1.1 I_d \quad (7.27)$$

线电流基波有效值为

$$I_{A(1)} = \frac{\sqrt{6}}{\pi} I_d = 0.78 I_d \tag{7.28}$$

三相电流型逆变电路的相电流与线电流间满足$\sqrt{3}$倍的关系，逆变电路的输出电压与负载的阻抗性质及参数有关，如果已知负载的阻抗参数，逆变电路的输出电压可由输出电流与阻抗求出，显然，为了使三相电流型逆变电路的输出电压波形接近正弦波，负载的电抗越小越好。

7.5 逆变电路的多重化和三电平逆变电路

工作在方波方式的逆变电路的输出波形含有一些特定的谐波成分，这些谐波会对负载产生不利的影响。例如，会使旋转电机产生力矩的波动，在变压器铁芯中产生额外的损耗，引起谐波振荡和产生电磁噪声，等等。所以必须采用一些特殊的措施来减少输出波形中的谐波。要将逆变电路产生的方波变换成正弦波，需要在输出电路中加入谐波滤波器。然而，由于基波频率与最低次谐波频率（3次或5次）相差不大，在变频的条件下，用传统滤波电路来消除谐波将是很困难和不现实的。采用多重化技术可以消除对系统影响最大、幅值最大、最难用传统滤波器消除的低次谐波。

此外，逆变电路的多重化还能实现对方波方式工作的逆变电路的输出电压（或电流）进行调节。应当指出，随着电力半导体开关的发展，高速自关断的开关器件（如IGBT）在逆变电路中得到了广泛应用，采用脉宽调制技术来抑制或消除谐波、调节输出电压中的基波分量的大小已经被普遍应用。但是，对于一些特殊的应用场合，如高电压、超大容量的变频，晶闸管（或GTO）仍然是唯一的选择，由于这类器件的开关频率低，由它构成的逆变器往往在方波方式下工作，这就需要利用逆变电路的多重化来改善输出波形。即使采用了PWM技术，逆变电路的多重化仍能消除输出波形中的若干谐波，使波形更正弦化。

7.5.1 低次谐波的消除

采用多重化技术的基本思路是用阶梯波去逼近正弦波。阶梯次数越多，接近正弦波的程度越高，谐波就越小，这与整流电路通过多重化以增加脉波数从而消除输入电流中谐波的道理是相同的。

图7.18是多重化技术应用的一个实例。图中，两个三相电流型逆变器的控制信号相差$\pi/6$弧度，它们的输出电流波形也相差$\pi/6$弧度。两台逆变器通过一个三相变压器的两个原边绕组在副边将输出电流叠加起来。变压器的一个原边绕组为三角形连接，另一个绕组为星形连接。两台逆变器各自输出的线电流（例如A相）分别为i_{A1}、i_{A2}，见图7.18中波形图（a）、（c）。三角形连接的原边相绕组中的电流波形是六阶梯波，见图（b）。六阶梯波［见图（b）］与120°方波［见图（c）］的傅里叶级数分别是

$$i_{A2} = \frac{2\sqrt{3}I_d}{\pi}\left(\sin\omega t - \frac{1}{5}\sin 5\omega t - \frac{1}{7}\sin 7\omega t + \frac{1}{11}\sin 11\omega t + \frac{1}{13}\sin 13\omega t - \cdots\right)$$

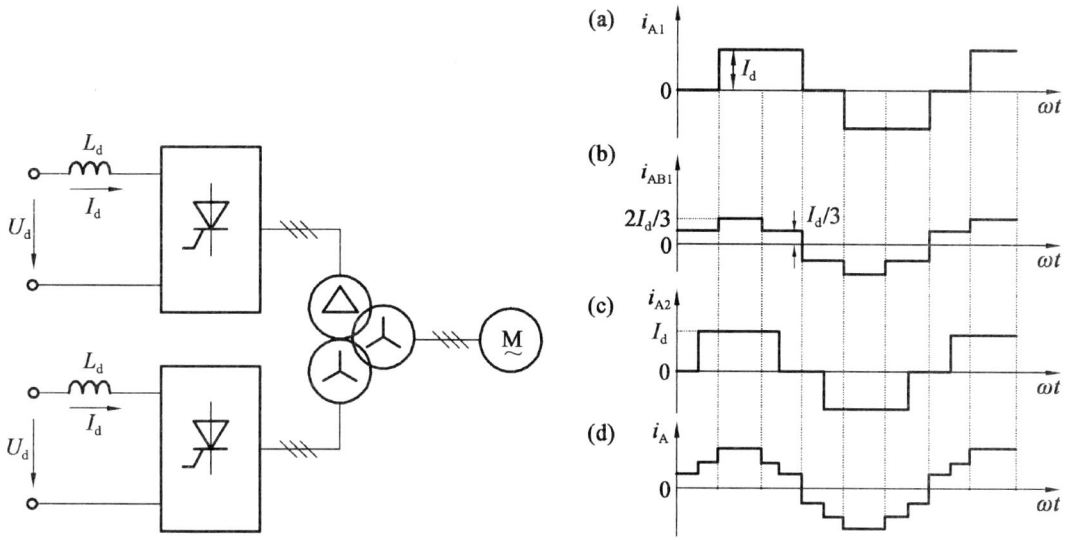

图 7.18 变压器耦合两重化电流型逆变电路及其工作波形

$$i_{AB1} = \frac{2I_d}{\pi}\left(\sin\omega t + \frac{1}{5}\sin 5\omega t + \frac{1}{7}\sin 7\omega t + \frac{1}{11}\sin 11\omega t + \frac{1}{13}\sin 13\omega t + \cdots\right)$$

如果利用变压器将 i_{AB1} 扩大 $\sqrt{3}$ 倍，则在变压器副边的合成输出波形中就将完全消除 5、7 次谐波。输出电流的波形如图（d）所示，其傅里叶级数为

$$i_A = \frac{4\sqrt{3}I_d}{\pi}\left(\sin\omega t + \frac{1}{11}\sin 11\omega t + \frac{1}{13}\sin 13\omega t + \right.$$
$$\left.\frac{1}{23}\sin 23\omega t + \frac{1}{25}\sin 25\omega t + \cdots\right) \tag{7.29}$$

所以，若两个星形连接绕组的变比为 1:1 时，为满足上述要求，三角形连接的原边绕组与星形连接的副边绕组的变比应为 $1:(1/\sqrt{3})$。

变压器耦合型多重化逆变器技术可以完全消除较低次的谐波，但需要加入变压器，因此系统复杂且造价会提高。电流型逆变器也可以不用变压器，而将两台逆变器的输出直接并联，输出电流为两台逆变器各自电流的叠加，若它们在控制上仍相差 $\pi/6$ 弧度时，输出电流中的 5、7 次谐波虽然不能完全消除，但会大大减小。

电压型逆变器也可以采用多重化技术，通常以串联方式进行多重化为主。图 7.19 是一个三相电压型逆变器两重化的电路图。图中，两台逆变器的输出各自接有变压器 B_1 与 B_2。其中变压器 B_2 有两个副边绕组，将 B_2 的两个副边绕组按"曲折星形法"连接，然后与星形连接的 B_1 的副边绕组串联。逆变器 T_2 的控制滞后逆变器 T_1 30°，其输出电压波形也就滞后 30°。由于变压器 B_1 的原边绕组为三角形连接，其相绕组上的电压为逆变器输出的线电压，即 120° 的方波交流电压，所以 B_1 副边绕组 a_{B1} 上也是 120° 的方波交流电压，其波形与图 7.18（c）相同；B_2 的副边为两相的串联，等效的电压波形是六阶梯波，其波形与图 7.18（b）相同，但基波幅值为单个副边绕组电压的 $\sqrt{3}$ 倍。若 B_1 的变比为 1:1，为完全消除低次谐波，B_2

的变比必须为 1：(1/$\sqrt{3}$)，从电压波形图上看，两重化电压型逆变器的电流波形与两重化电流型逆变器的电流波形完全相同，所以，它们消除高次谐波的效果完全一样。

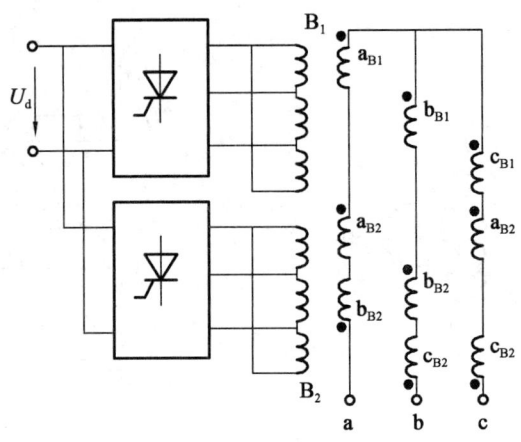

图 7.19 两重化的三相电压型逆变器电路

7.5.2 多重化移相调压

在大功率传动系统中，逆变器的多重化技术也被用来实现逆变器输出电压的调节。由上一节可知，将各个逆变器的不同相位的输出波形叠加起来后，就可以改变总的输出波形，即可以调节输出电压（或电流）基波值的大小。在这种情况下，各个逆变器间控制信号的相位角 φ 用来调节电压输出值，输出电压基波值的大小是调节的目标。

为了实现调压，需要加入输出变压器。现以两重化三相电压型逆变器为例。其电路如 7.20（a）所示。电路中两个完全相同的电压型逆变器接到各自的输出变压器原边。原边绕组星形连接，两个副边绕组串联。这两台逆变器在控制上完全一样，只是相位上相差一个相角 φ，并且 φ 可以通过控制改变。

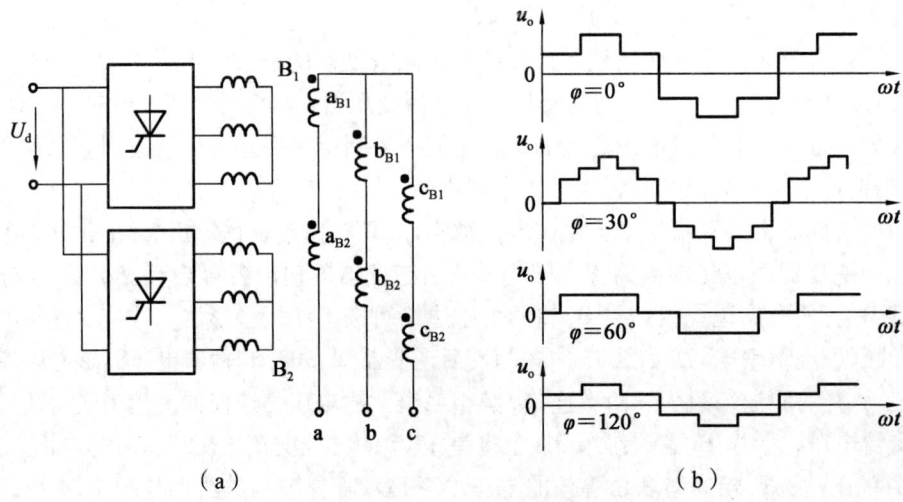

图 7.20 两重化三相电压型逆变器移相调压电路及其波形

当 $\varphi=0°$ 时，输出电压仍为六阶梯波，其幅值为一台逆变器输出电压的 2 倍。当 φ 增大时，输出电压变小，例如 $\varphi=120°$ 时，输出电压的大小与一台逆变器输出的电压相同。当 $\varphi=180°$ 时，由于两个变压器的输出电压反相，合成后的输出电压为零。当 φ 连续、平滑变化时，输出电压也连续、平滑变化。由于是通过变压器实现电压波形的合成，所以系统响应快。图 7.20（b）给出了在不同 φ 值时的输出电压波形。

7.5.3 三电平逆变电路

在以上讨论的各种电压型逆变电路中，逆变器的一个桥臂的输出端对假想的直流侧电源中点间的电压只有两种：$u_d/2$ 或 $-u_d/2$，所以，这种逆变器称为两电平逆变器，它的结构与控制简单，得到了广泛使用。

与两电平逆变器不同，三电平逆变器桥臂输出对直流电源中点的电压有三种：$u_d/2$、0、$-u_d/2$。三电平逆变电路有一系列优点，例如，当逆变器方波运行时，电机的相电压有 12 个阶梯，这可以使逆变器的输出电压波形更接近正弦波；当进行 PWM 控制时，它的开关次数少于二电平逆变器；如果采用主管串联方式，则主管的耐压可以降低一半，这可用耐压值较低的元件来构成高压、大型逆变器，使系统的成本不致过大。所以，它特别适合做成高电压、大容量的逆变器。这种逆变电路在国内外得到了高度的重视。

三电平逆变电路有两种主要的结构，分别称为 Holtz 电路和 Nabae 电路。图 7.21 是 Holtz 电路中一相的结构图，其特点是除一对主开关管 T_1、T_4 外，在电源的中点与半桥中点间还接有一对反并联的开关管 T_7、T_8。电路工作时，如果 T_7、T_8 均不导通，则电路与二电平逆变器相同：当 T_1 导通时，无论负载电流方向如何，输出电平为 $+U_d/2$；当 T_4 导通时，输出电平为 $-U_d/2$；当 T_7、T_8 导通时，输出电平为 0。

图 7.22 是 Nabae 电路中一相的结构图。该电路的主要特点是每个逆变半桥由四个可控开关串联组成。电源的中点由两只二极管引出，分别接到上、下桥臂的中间。两个相邻的器件一起工作，其开关动作与输出电压的关系是：T_1、T_2 导通或 D_1、D_2 导通时，输出电压 $u_{AO}=$

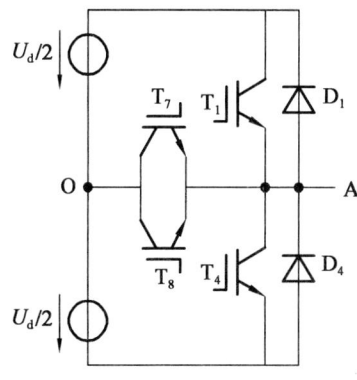

图 7.21 三电平逆变器（Holtz 电路）的 a 相电路

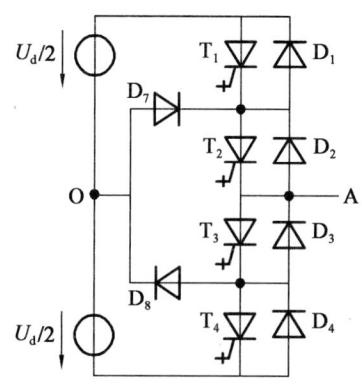

图 7.22 三电平逆变器（Nabae 电路）的一相电路

$U_d/2$;T_3、T_4导通或D_3、D_4导通时,输出电压$u_{AO}=-U_d/2$;D_7、T_2导通或T_3、D_8导通时,输出电压$u_{AO}=0$。

由于Nabae电路的主电路开关管采用串联方式,其耐压可以降低一半,这对IGBT之类的器件在高电压、大功率逆变器中的应用是十分有利的。所以,这种电路的应用最多,但电路比较复杂。下边主要讨论这种电路。

三电平逆变电路既可在方波方式下工作,也可在SPWM(正弦脉宽调制)方式下工作。与二电平逆变电路不同的是:当三电平逆变电路工作于方波方式时,组成逆变器的各个半桥对直流电源中点的输出电压都是可以改变的,如图7.23所示,改变控制角α就能够改变其波形,也就改变了其输出电压基波的大小;半桥A、B、C的控制信号相同(输出波形也就相同),但相位依次滞后120°;输出线电压波形可由两个半桥输出电压波形的差得到。

图7.24给出了不同控制角α时逆变器的输出线电压波形,从图中看出,随着α的增大,输出线电压变小。

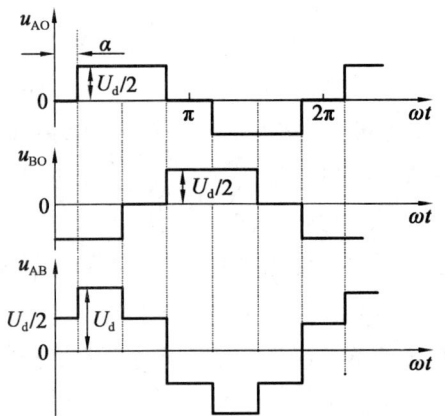 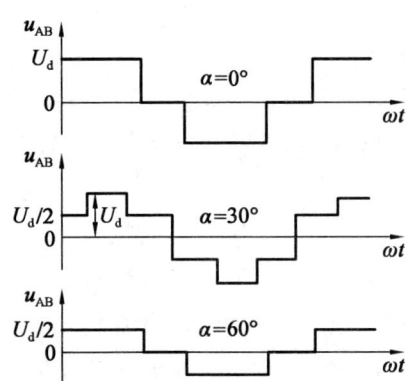

图7.23 三电平逆变电路的工作波形　　图7.24 不同控制角下的输出线电压波形

三电平逆变电路也可采用PWM(脉冲宽度调制)控制方式(下一节将介绍这方面内容)。由于组成逆变器的各个半桥输出三种电平,所以,必须采用单极性SPWM调制技术。三电平逆变电路是采用两条等腰恒幅三角波与三相正弦信号相比较,从而获得各开关的通断时刻的。图7.25是这种PWM控制下的电路工作波形示意图,图中正极性的三角波、负极性的三角波分别与正弦控制信号的正、负半周相比较,其规则是当正弦信号大于三角信号时,比较器输出为"正";否则输出为"零"电平。正弦波的正半周与正极性三角波的比较结果作为T_1的控制信号;正弦波的负半周与负极性的三角波比较结果作为T_4的控制信号。T_3的控制信号是T_1控制信号的反相;T_2控制信号是T_4控制信号的反相。半桥B与半桥C的控制信号的产生规则与半桥A相同,只不过所用的正弦控制信号依次相差了120°。

逆变器的输出线电压是两个半桥的输出电压之差。从图7.25中看出,其线电压是具有5个电平的波形,其波形更接近正弦,谐波含量比二电平逆变器更小。

用与三电平逆变器电路类似的方法,可以构成更多电平的电路。

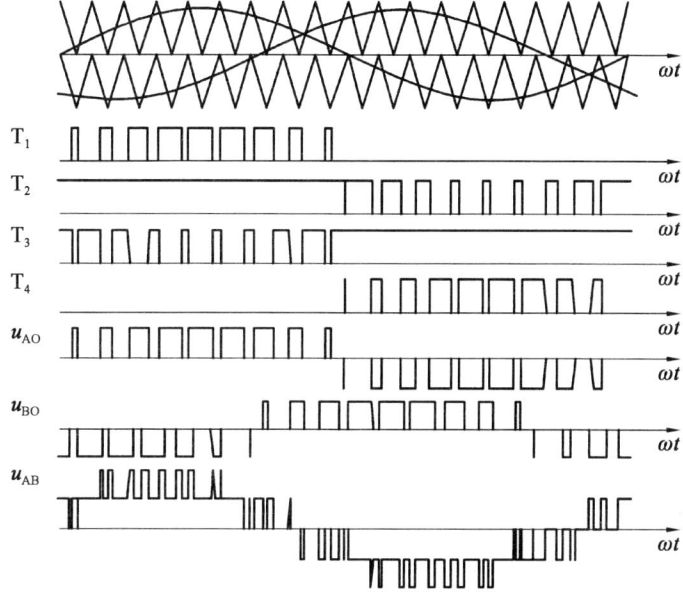

图 7.25 三电平逆变器（PWM 控制）电路的工作波形

7.6 脉冲宽度调制（PWM 控制）

在许多应用领域中，都要求逆变器的输出电压与频率能够同时、连续、平滑地调节。例如，在感应电机变频调速系统中，需要逆变器在变频的同时调节输出电压，以保持电机内部的磁通基本不变。过去由于受电力半导体开关的限制，逆变器主要为方波逆变器。电压控制多采用脉冲幅值调制（PAM）控制方式，即电压控制与频率控制分开进行，通过调节直流侧电源电压来改变逆变器的输出电压的大小。PAM 控制的主要问题：一是输出电压是方波，其谐波成分大；二是由于是通过改变直流侧电压（或电流）来改变输出的交流电压（或电流）的大小，而中间直流电路中有大的电容（或电感），其电压（电流）的改变需要较长的时间，故动态响应特性差；三是由于有两个功率调节环节，所以系统的结构与控制比较复杂，效率低。

脉冲宽度调制（PWM 控制）完全不同于 PAM，它将电压控制与频率控制集中在逆变器上同时完成。其特点是：通过对逆变器开关器件的通、断控制，使逆变器输出一系列幅值相等而宽度不同的脉冲，用它来代替正弦波；利用一定的规则控制各脉冲的宽度，可实现逆变器输出电压与频率的同时调节；系统简单，动态响应好。在脉冲宽度调制技术中，正弦脉宽调制（SPWM）的谐波分量最少，应用最广。

7.6.1 正弦脉宽调制（SPWM）的基本原理

脉宽调制是用脉冲宽度不等的一系列矩形脉冲去逼近一个所需要的电压或电流波形。为了用恒幅不等宽的脉冲来代替一个正弦半波，应当先将一个正弦半波 N 等分，将正弦曲线每等分所包围的面积都用一个与其面积相等的等幅矩形脉冲代替，并使矩形脉冲的中心线与对应的正弦等分的中点重合，这样得到一串脉冲高度不变但宽度按正弦规律变化的脉冲列，这一过程称为正弦脉宽调制（SPWM），见图7.26。另一个半波也用同样的方法来等效。

设矩形波的高为 H，正弦半波每个等分的宽度为 $\Delta x = \pi/N$，N 为等分数且 N 较大；第 i 个等分正弦波的中点值或平均高为 y_i，该等分正弦波所围的面积为 $y_i \Delta x$；而同一等分对应的矩形脉冲的宽度是 ϕ_i，面积是 $H\phi_i$。根据面积相等原则有

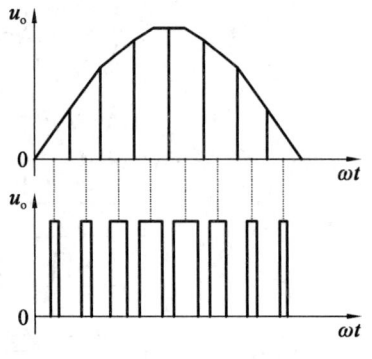

图 7.26 用 SPWM 代替正弦半波

$$\frac{\phi_i}{y_i} = \frac{\pi}{NH} = \text{const} \quad (\text{常数}) \tag{7.30}$$

上式表明，当等分数 N 较大时，SPWM 将正弦波的函数值变换成了恒幅脉冲的宽度值。显然，当改变正弦函数值时，各个脉冲的宽度必然发生相应变化。

7.6.2 正弦脉宽调制的实现

1. 单极性调制与双极性调制

根据调制脉冲的极性，SPWM 分为单极性调制与双极性调制两大类。单极性脉宽调制是用一条正弦控制波与一条在正弦波正半周的极性为正、在正弦波负半周的极性为负的等腰恒幅三角波进行比较，从而得到 SPWM 波的调制方式，如图 7.27 所示。在这种调制方式中，当正弦波为正半周时，如果正弦信号的幅值大于三角信号的幅值，则比较器的输出取正电平；如果正弦信号小于三角信号时，比较器的输出取 0 电平。而在正弦波的负半周，当正弦信号的幅值大于三角信号的幅值时，比较器的输出取负电平；当正弦信号的幅值小于三角信号时，比较器的输出取 0 电平。因此，所得到的 SPWM 信号有正、负和 0 三种电平。像这样在控制信号的半个周期内三角波只在一种极性内变化，所产生的 SPWM 波形也只在一种极性内变化的控制方式，称为单极性调制。

与单极性调制对应的是双极性调制。为了得到 SPWM 波形，可以利用一个控制信号（通常是正弦波，也称为调制波）与一个较高频率的等腰三角波（或称载波）相比较，以产生开关的通断控制信号。规则是：当正弦信号幅值大于三角波幅值时，比较器输出 $+U_d/2$，反之输出 $-U_d/2$，这样得到双极性的脉冲列，脉冲宽度与控制信号的高度（幅值）成正比。在图 7.28 中，正、负交变的双极性三角波与控制正弦波相比较，当正弦信号的幅值大于三角信号的幅值，则比较器的输出取 $+U_d/2$；反之则取 $-U_d/2$，于是得到只有正、负两种电平的 SPWM 信号，这一过程称为双极性脉宽调制。将此脉冲列作傅里叶级数分解，可知其成分是放大了的控制信号与一系列的高次谐波。若去除谐波，就得到了被放大了的控制信号。

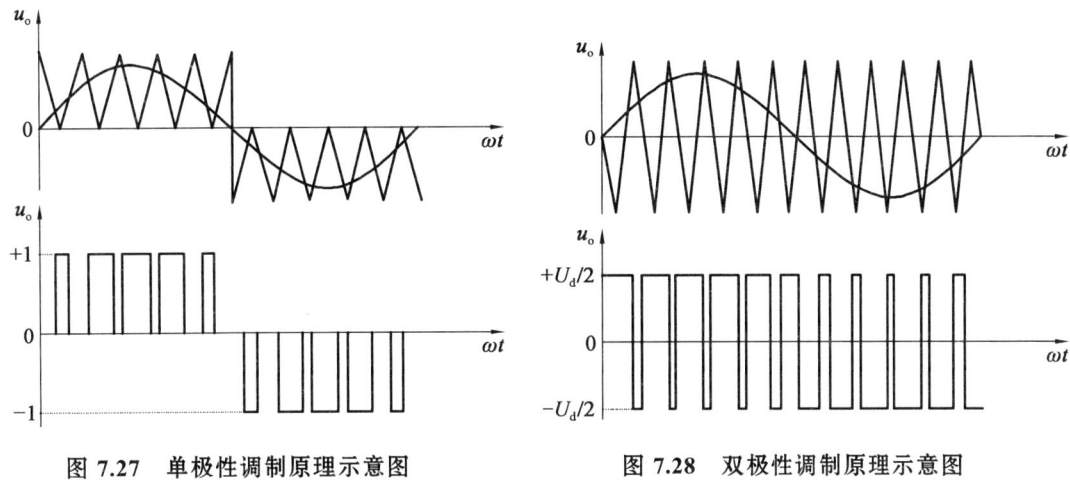

图 7.27 单极性调制原理示意图　　图 7.28 双极性调制原理示意图

通常三角波的频率与幅值固定，正弦波的幅值与频率是调节量。正弦信号的幅值与三角波信号的幅值之比称为幅值调制比，用 m_a 表示，它也称为调制度。当 m_a 在 0～1 之间变化时，逆变器输出电压的基波分量与 m_a 呈线性关系。当 $m_a>1$ 后，脉冲宽度按正弦规律变化的性质将被破坏，这种情况称为过调制。三角波信号的频率与正弦控制信号的频率之比称为频率调制比，用 m_f 表示，m_f 也称为载波比。当改变正弦控制信号的幅值时，就改变了输出电压中基波分量的幅值；当改变正弦控制信号的频率时，就改变了输出电压中基波分量的频率；当按一定的关系同时改变正弦控制信号的幅值和频率时，就实现了输出电压中基波幅值与频率的同时调节。

一个逆变电路是采用单极性 SPWM 调制还是双极性 SPWM 调制方式，完全取决于主电路本身的结构。某些电路，如单相桥式逆变电路，既可用单极性 SPWM 调制方案，也可用双极性 SPWM 调制方案。而三相桥式逆变电路则采用双极性 SPWM 调制信号去控制。在同等情况下，单极性 SPWM 调制波比双极性 SPWM 调制波的谐波分量要小些。

2. 异步调制与同步调制

等腰三角波与正弦控制信号之间没有确定的频率调制比，两个信号间不保持同步的调制方式，称为异步调制。在异步调制中，通常三角波信号的频率与幅值保持不变，所以，当正弦控制信号的频率变化时，频率调制比 m_f 是变化的，并且可能不是整数，这样，在 SPWM 波的正、负半周内，脉冲的个数与相位不固定，波形将出现不对称。当正弦控制信号的频率很低时，m_f 较大，波形的不对称度的影响相对较小；相反，当正弦控制信号的频率高、m_f 小时，波形的不对称度将变坏到难以容忍的程度。所以，异步调制时的频率调制比 m_f 都很大。由于异步调制的输出波形没有严格的周期性，故其频谱将是连续的，这样就不会在电动机中产生固定的谐波力矩。因此，在调速系统中的低频段常常采用这种方式。

如果频率调制比为常数，等腰三角波与正弦控制信号之间在变频过程中保持严格的同步关系的调制方式，称为同步调制。同步调制时在一个周期内输出的脉冲个数与相位是不变的。由于频率调制比不变，在调频的过程中，三角波的频率必须与正弦控制信号的频率同步变化。在三相系统中，为了使波形对称，频率调制比应为 3 的倍数，同时它应是奇数，以便使波形正负对称与镜像对称。

同步调制时，由于半周期内输出脉冲的个数与相位固定，将在输出波形的频率谱中产生固定的谐波谱。当逆变器输出频率低时，由于谐波频率低，不易消除，从而会在电动机中产生力矩振荡与电磁噪声。当逆变器输出频率高时，三角波的频率也很高，即开关频率也很高，这将使开关难以承受。为了克服上述缺点，一般多采用分段同步调制方案。

分段同步调制是将逆变器的工作频率范围划分为若干个频率段，在每个频率段都保持频率调制比为常数。在不同频率段，根据开关的频率限制频率调制比取不同的值。图 7.29 是一个分段同步调制的例子。为了防止频率调制比在某个频率点来回跳动，需要设置频率滞回带。

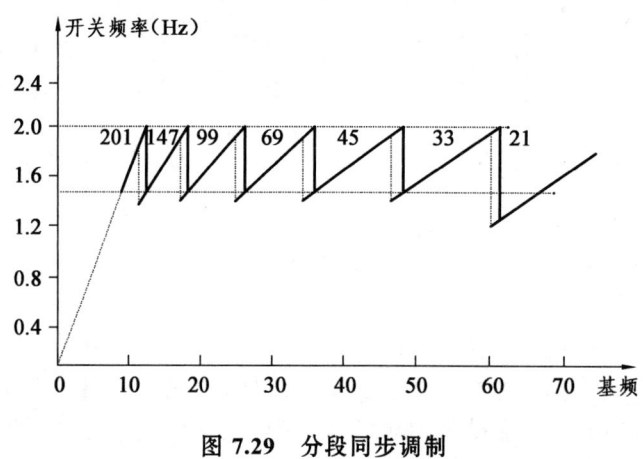

图 7.29 分段同步调制

例 7.4 某变频电路要求输出的频率范围是 10 Hz～65 Hz，使用 IGBT 作功率开关，最大开关频率为 3 kHz，最小开关频率为最大开关频率的 2/3，求载波比与频率分区值。

解 第一段载波比为

$$m_{f1} = \frac{f_{Tmax}}{f_{omax}} = \frac{3000}{65} = 46.15$$

取 m_{f1} 为 3 的整倍数，则 $m_{f1} = 45$。

此区段实际最大开关频率为

$$f_{Tmax} = m_{f1} f_{omax} = 45 \times 65 = 2925 \text{ (Hz)}$$

最小开关频率为最大开关频率的 2/3，即

$$f_{Tmin} = \frac{2}{3} f_{Tmax} = \frac{2}{3} \times 3000 = 2000 \text{ (Hz)}$$

输出频率的最小值为

$$f_{omin} = \frac{f_{Tmin}}{m_{f1}} = \frac{2000}{45} = 44.44 \text{ (Hz)}$$

取 $f_{omin} = 45$，则实际最小开关频率为

$$f_{Tmin} = m_{f1} f_{omin} = 45 \times 45 = 2025 \text{ (Hz)}$$

其他区段的计算相同，结果如下：

输出频率	频率调制比	开关频率
45～65	45	2 025～2 925
31～45	66	2 046～2 970
21～31	96	2 016～2 976
14.2～21	141	2 002～2 961
9.6～14.2	210	2 016～2 982

3. 脉宽调制波形的生成方法

产生脉宽调制波形的控制电路主要有三种：模拟电路（包括模拟/数字混合电路）、专用集成电路、微型计算机（包括单片机、数字信号处理器等）。

用模拟电路来产生 SPWM 波形是按照 SPWM 实现的原理，用电路来构成三角波发生器、三相正弦波发生器，通过比较器来确定三角波与正弦波的交点，从而得到各个开关导通与关断的时刻。其中，三角信号、正弦信号可以由单片机用 D/A 变换器产生，也可以由 EPROM 存储波形数据，经时钟电路读出后送 D/A 变换器产生。采用硬件电路产生 SPWM 波形，主要缺点是不灵活，难以优化波形，同时，电路复杂，可靠性不高。目前，该方法经不断改进（主要是将其全部改为数字电路），仍在应用。

用于产生 SPWM 信号的集成电路较多，单相、三相均有，其专用集成电路有很好的性能价格比，构成的系统简单、可靠。这些集成电路可与单片机接口，也可单独使用，既有同步调制电路也有异步调制电路，可以用于工业领域，也可商用或家用。用于产生 SPWM 的专用集成电路的使用一般都极为方便。以三相 SPWM 调制专用集成电路 HEF4752 为例，只需要提供 4 路时钟信号，电路就能工作。通过改变相关时钟的频率，可以独立地调节输出电压、输出频率；可以调节上、下桥臂的互锁时间；也可在固定的电压频率比下调节频率；通过控制相序，可实现电机的正、反转控制。该电路是同步调制电路，应用较广。专用集成电路的缺点是不灵活，工作模式单一，不能优化波形；有的电路还要求与单片机接口，在软件支持下才能工作。

近年来单片机发展迅速。许多厂商开发了电机控制专用单片机或数字信号处理器（DSP）。这些单片机中有专用的输出口，可在软件支持下产生 SPWM 波形。一般能够用于 SPWM 控制的微控制器都有 6 个高速输出口（HSO，如 INTEL 公司的 80196KC/KD）或三相波形发生器 WFG（如 80196MC/MD/MH），这使得用软件的方法实时产生 SPWM 波形成为可能。用单片机产生 SPWM 波形的方法主要有表格法与实时计算法两种。

表格法是将正弦波一个周期中的数据预先制成正弦表，存入计算机内存。工作时再按顺序输出，从而得到 SPWM 的波形。以单片机 80196MC 为例，系统工作时，单片机将从正弦表的 0°、120° 和 240° 处取出相应的正弦值并送到波形发生器 WFG，波形发生器能自动将正弦数据的大小转变成输出脉冲的宽度。然后，三个指针同时按相同增量移动，指向下一个数据。当规定的间隔时间到后，计算机再向波形发生器填入下一组数据，这样就实现了 SPWM 波形的产生。在这种方法中，基波频率的幅值控制由查表数据乘以幅值调制比实现，频率控制由改变从原始正弦表中抽出的正弦子表的数据个数来实现。

表格法的优点是简单，特别是在定频（恒频率）或只在几个频率点运行时更为简单。缺点是占的内存较大，在连续高分辨率调频时，由于不可能存储所有的模式，难以实现波形的优化。

实时计算法是根据数学模型实时计算出开关的转换时刻，以控制逆变电路主开关的导通与关断。它分为自然采样法和规则采样法两类。

自然采样法是按照 SPWM 控制的基本原理,在正弦波与三角波的自然交点控制功率开关的通断。自然采样法是最基本的方法,它可以准确地得到各功率开关的通断时刻,所得到的 SPWM 波形很接近正弦,但这种方法要解很复杂的超越方程,在实时控制中难以实现,工程上很少使用。

规则采样法是一种广泛应用的工程实用方法。在规则采样中,采样点与三角波的中点(负峰值点)重合,这样简化了计算。规则采样法中有使用锯齿波作载波和使用等腰三角波作载波两种方法,见图 7.30。当用锯齿波作载波时,由于锯齿波的一条边是垂直的,它与正弦波的交点固定,只需要计算另一个交点即可,所以计算量小;其缺点是波形中有偶谐波,并且谐波的幅值大。由于只有一个边可调,故这种调制方法又称为"单边调制"。采用等腰三角波作载波实际上是用正弦函数的中点值代替函数值(用直线代替曲线),图形是对称的,这样可用简单的比例关系计算出脉冲宽度,实际系统中一般多采用这种方法。

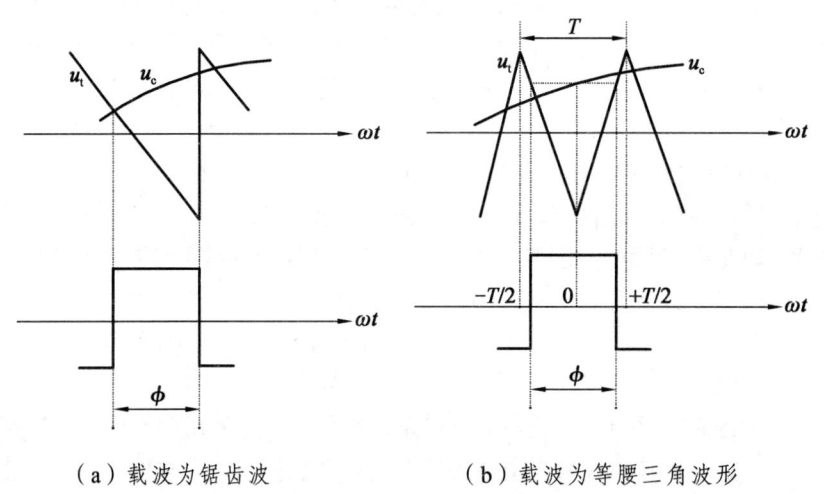

(a) 载波为锯齿波　　　　　(b) 载波为等腰三角波形

图 7.30　SPWM 的规则采样法

设正弦函数值在三角波负峰值处的函数值是 $m_a \sin \omega_c t_0$,其中 m_a 为幅值调制比,ω_c 是正弦波的角频率,t_0 是采样点时刻。三角波的周期是 T,由三角波公式可知

$$\frac{1+m_a \sin \omega_c t_0}{\phi/2} = \frac{2}{T/2} \tag{7.31}$$

这里设三角波的幅值为 1,其峰-峰值为 2,于是 A 相的脉冲宽度

$$\phi_A = \frac{T}{2}(1+m_a \sin \omega_c t_0) \tag{7.32}$$

在三角波的一个周期中,脉冲两边的间隙是

$$\phi'_A = \frac{1}{2}(T-\phi_A) = \frac{T}{4}(1-m_a \sin \omega_c t_0) \tag{7.33}$$

产生三相 SPWM 波形时共用一条三角波,由于三相之间的相差为 120°,同一时刻三相电压之和为零,于是 B 相与 C 相的脉冲宽度分别为

$$\phi_B = \frac{T}{2}[1 + m_a \sin(\omega_c t_0 - 120°)] \tag{7.34}$$

$$\phi'_B = \frac{1}{2}(T - \phi_B) = \frac{T}{4}[1 - m_a \sin(\omega_c t_0 - 120°)] \tag{7.35}$$

$$\phi_C = \frac{T}{2}(1 + m_a \sin(\omega_c t_0 - 240°)) \tag{7.36}$$

$$\phi'_C = \frac{1}{2}(T - \phi_C) = \frac{T}{4}[1 - m_a \sin(\omega_c t_0 - 240°)] \tag{7.37}$$

根据式（7.32）~式（7.37）计算出的持续时间值可产生 SPWM 波形。为减小计算量，一般预先将所需的正弦值列表存放。由图 7.30（b）看出，当正弦值变化时，脉冲由两边向中心收缩，所以这种调制也称为双边调制。

4. 选择性的谐波消除

如果在逆变器输出的波形上做一些修改，例如在波形上增加一些台阶，就可以消除掉一定数目的低次谐波。现以图 7.4 所示的单相半桥逆变电路为例，为消除 3、5 次谐波，可以通过在每个半波适当的位置上开两个适当宽度的"缺口"来实现，一个缺口只可消除一种谐波。由于该电路的输出电压瞬时波形中只有 $+U_d/2$ 与 $-U_d/2$ 两种电平，要修改波形，就必须在原有波形上增加缺口或反向的脉冲。在图 7.31 所示的电压波形中，在 $0 \sim \pi$ 期间有两个负的脉冲，与之对称，在 $\pi \sim 2\pi$ 分布有两个正的脉冲，根据傅里叶级数有

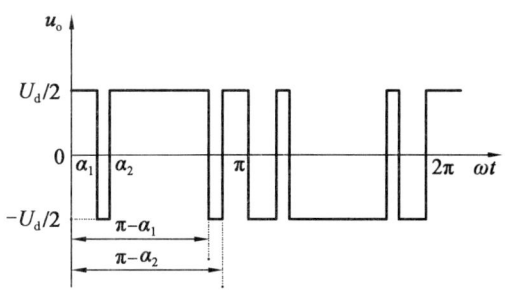

图 7.31 选择性的谐波消除

$$u(\omega t) = \sum_n^\infty U_{M(n)} \sin n\omega t \tag{7.38}$$

式中，$U_{M(n)} = \frac{2}{\pi}(U_d/2)\int_0^\pi \sin n\omega t \, d(\omega t)$

$$= \frac{U_d}{\pi}\left[\int_0^{\alpha_1} \sin n\omega t \, d(\omega t) + \int_{\alpha_1}^{\alpha_2} \sin n\omega t \, d(\omega t) + \int_{\alpha_2}^{\pi-\alpha_2} \sin n\omega t \, d(\omega t) + \right.$$

$$\left. \int_{\pi-\alpha_2}^{\pi-\alpha_1} \sin n\omega t \, d(\omega t) + \int_{\pi-\alpha_1}^{\pi} \sin n\omega t \, d(\omega t) \right]$$

$$= \frac{2}{\pi}U_d\left[\frac{1 - 2\cos n\alpha_1 + 2\cos n\alpha_2}{n}\right] \tag{7.39}$$

为消除 3、5 次谐波，令 $U_{M(3)}=0$ 和 $U_{M(5)}=0$，则

$$\left.\begin{array}{l} 1 - 2\cos 3\alpha_1 + 2\cos 3\alpha_2 = 0 \\ 1 - 2\cos 5\alpha_1 + 2\cos 5\alpha_2 = 0 \end{array}\right\} \tag{7.40}$$

联立方程组（7.40），可得到特定的角度值 $\alpha_1 = 23.52°$ 和 $\alpha_2 = 33.3°$。

采用上述方法可以用较低的开关频率去掉不希望存在的低次谐波，高次谐波可以通过一

个小的无源滤波器滤去。

例 7.5 如例 7.5 图所示，在单相半桥方波逆变电路的输出波形中含有各奇次谐波。如果只消除其中的某一次，应如何做？

解 在原始波形图（a）上叠加一个交流脉冲如图（b），其幅值为原波形的 2 倍，极性与原波形相反，由于图（b）中的交流脉冲中有与要消除的谐波幅值相同、相位相反的频率成分，叠加后即消除了该次谐波，这也被形象地称为在原波形上"开口"，如图（c）所示。

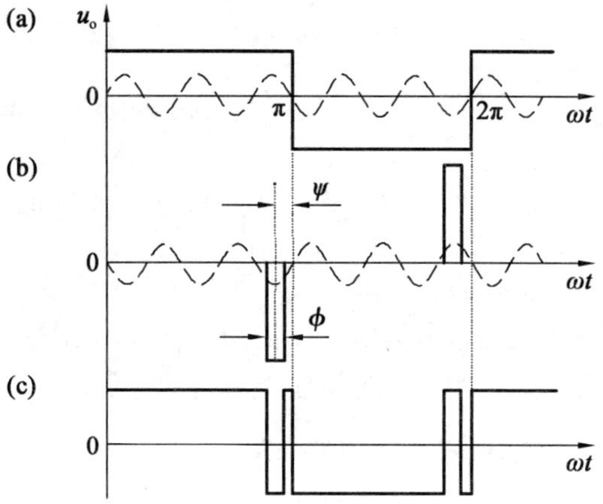

设交流脉冲的宽度为 ϕ，脉冲中心距方波的边缘为 ψ。根据傅里叶级数分析，图（b）中谐波的幅值是 $\frac{4}{n\pi}U_d \cdot \sin\frac{n\phi}{2}$，而方波中谐波的幅值是 $\frac{2}{n\pi}U_d$。如果

$$\frac{2}{n\pi}U_d = \frac{4}{n\pi}U_d \cdot \sin\frac{n\phi}{2}$$

或

$$\sin\frac{n\phi}{2} = 0.5 \tag{7.41}$$

则对应的 n 次谐波将被消除，由此可计算出脉冲的宽度 ϕ。

从例 7.5 图中可以看出，并由傅里叶级数分析可以证明，交流脉冲的中心必须放在距方波过零点起算的、所需消除的谐波的 1/4 周期处，即

$$\psi = \frac{\pi}{2n} \tag{7.42}$$

在本例中，为消除 3 次谐波，$\phi = 20°$，$\psi = 30°$。

例 7.5 图

7.7 电压型脉宽调制逆变电路的控制

7.7.1 单相半桥 SPWM 逆变电路的控制

单相半桥 SPWM 逆变电路与图 7.4 所示电路相同。电路中主开关 T_1 与 T_2 在控制上互补。T_1、T_2 的通、断控制信号由一条正弦波与一条三角波的交点来确定。SPWM 控制信号的产生原理如图 7.32（a）所示。图中 u_c 为正弦波信号，u_t 为三角波信号，COMP 为比较器，INV 为反相器。当正弦信号的幅值大于三角波信号的幅值时，比较器输出为高电平，T_1 为导通信号，T_2 信号为 T_1 取反，所以 T_2 是零电平，即关断信号；反之 T_2 为导通信号时，T_1 为关断信号。

由于电压型逆变电路的输出电压只取决于其开关的状态，所以，该电路的输出电压可直接由开关控制信号得到。当 T_1 为导通信号时，u_o 为 $U_d/2$；当 T_1 为关断信号时，u_o 为 $-U_d/2$。图 7.32（b）是产生开关通断控制信号的正弦波与三角波，图（c）是输出电压 u_o 的波形。

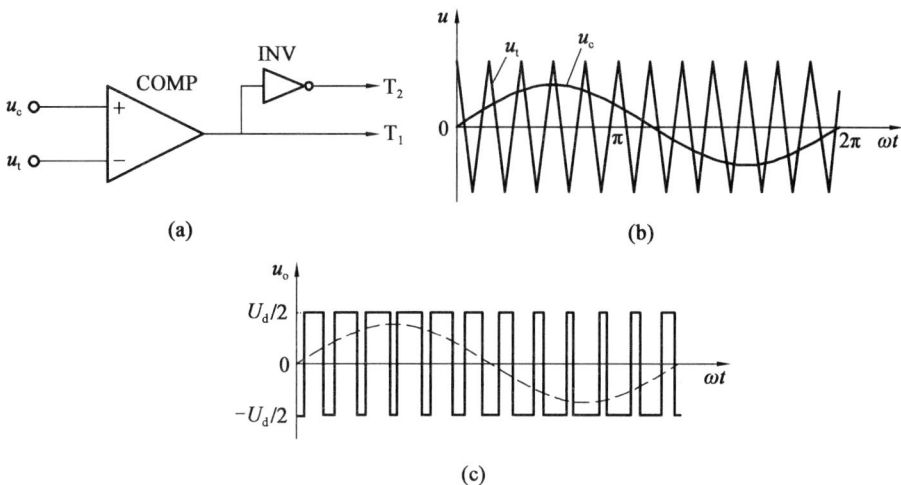

图 7.32 单相半桥 SPWM 逆变电路的控制及其工作波形

设控制正弦波信号、三角波信号的幅值分别是 U_{cM} 与 U_{tM}，令

$$u_c = U_{cM} \sin \omega_c t \tag{7.43}$$

输出电压 u_o 的基波分量为

$$u_{o(1)} = \frac{U_d}{2} \cdot \frac{U_{cM}}{U_{tM}} \sin \omega_c t = \frac{U_d}{2} m_a \sin \omega_c t \tag{7.44}$$

输出电压的基波幅值为

$$U_{oM(1)} = \frac{U_d}{2} m_a \tag{7.45}$$

当幅值调制比 $m_a \leqslant 1$ 时，上式成立。

对式（7.44）的解释是：当频率调制比足够大时，在一个三角波周期中，正弦值可认为不变。根据脉宽调制的"面积等效"原则，正弦信号在一个三角波周期内与时间坐标轴所围的面积应等于该周期中脉冲的平均值，而这个平均值就等于正弦信号的幅值，如图 7.33 所示。

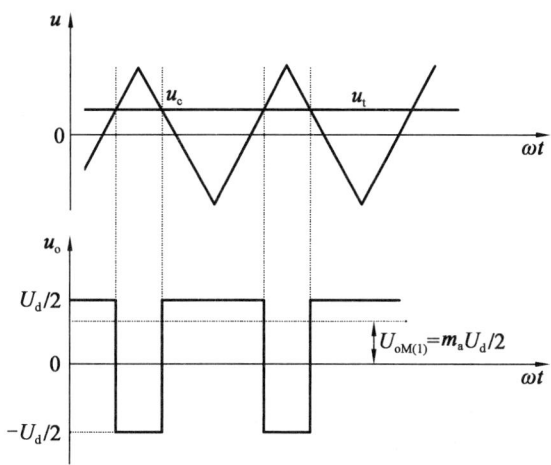

图 7.33 用 SPWM 原理解释式（7.44）

脉宽调制逆变电路的主要优点之一是可以消除输出电压波形中的谐波。为此对输出电压的谐波成分与分布规律进行讨论。假定电路中所有开关器件是理想开关，导通、关断时间均为零，U_d 是理想直流电压源，只考虑同步调制情况，频率调制比较大。将 u_o 进行傅里叶级数分解后可得到主要的谐波频率值大小。

表 7.1 列出了在不同的幅值调制比下主要的谐波幅值，其中基波、谐波均用标么值 $(U_{oM(n)})/(U_d/2)$ 表示。

表 7.1 单相半桥 SPWM 逆变电路输出电压中的谐波幅值 $(U_{oM(n)})/(U_d/2)$

幅值调制比 m_a	0.2	0.4	0.6	0.8	1.0
基波	0.2	0.4	0.6	0.8	1.0
m_f	1.242	1.150	1.006	0.818	0.601
$m_f \pm 2$	0.016	0.061	0.131	0.220	0.318
$m_f \pm 4$					0.018
$2m_f \pm 1$	0.190	0.326	0.370	0.314	0.181
$2m_f \pm 3$		0.024	0.071	0.139	0.212
$2m_f \pm 5$				0.013	0.033
$3m_f$	0.335	0.123	0.083	0.171	0.113
$3m_f \pm 2$	0.044	0.139	0.203	0.176	0.062
$3m_f \pm 4$		0.012	0.047	0.104	0.157
$3m_f \pm 5$				0.016	0.044
$4m_f \pm 1$	0.163	0.157	0.008	0.105	0.068
$4m_f \pm 3$	0.012	0.070	0.132	0.115	0.009
$4m_f \pm 5$			0.034	0.084	0.119
$4m_f \pm 7$				0.017	0.050

经理论分析，逆变器输出电压的谐波分量总是以三角波频率（即逆变器的开关频率）及其倍数 m_f、$2m_f$、$3m_f$ 为中心频率，形成边带。m_a 的变化范围是 0～1。当频率调制 $m_f > 9$，谐波电压幅值几乎与 m_f 无关。谐波电压的分布规律是

$$\text{谐波频率} f_n: \quad f_n = (jm_f \pm k)f_1 \tag{7.46}$$

$$\text{谐波次数} n: \quad n = jm_f \pm k \tag{7.47}$$

式中，$n = 1$ 为基波。j 为奇数时 k 取偶数；j 为偶数时 k 取奇数。图 7.34 是在 $m_a = 0.8$、$m_f = 15$ 时的实际频谱图，其数据如表 7.1 所示。

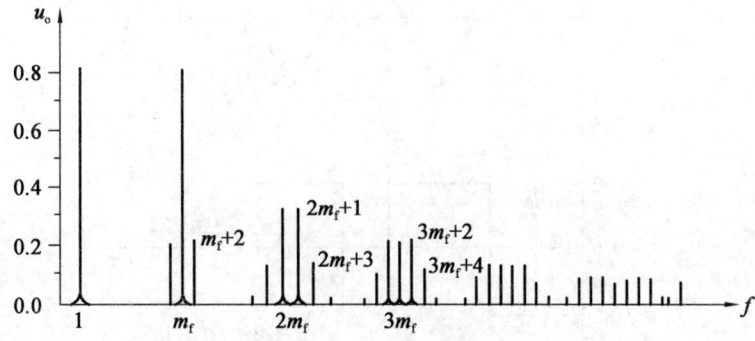

图 7.34 单相半桥 SPWM 逆变电路输出电压的谐波频谱图

为使 SPWM 波形具有奇对称性与半波对称性，m_f 应该是奇数，这样，输出电压中将只有奇次谐波出现而无偶次谐波，在傅里叶级数中只有正弦项而无余弦项。

7.7.2 单相桥式 SPWM 逆变电路的控制

单相桥式逆变电路与图 7.2 所示的电路相同。单相桥式 SPWM 逆变电路由两个单相半桥 SPWM 逆变电路构成。开关 T_1、T_4 与 T_2、T_3 在控制上仍然互补。该电路有两种控制方式：双极性控制与单极性控制。

1. 双极性控制

在双极性控制方式中，开关 T_1、T_3 与 T_2、T_4 总是成对互补的，即 T_1、T_3 为导通信号时 T_2、T_4 是关断信号。控制信号的产生与单相半桥完全相同：一条等腰三角波与一条正弦波进行比较，当正弦信号大于三角信号时，T_1、T_3 为"通"，T_2、T_4 为"断"；反之 T_2、T_4 为"通"，T_1、T_3 为"断"。电路的输出电压波形与单相半桥完全相同，所以基波、谐波的幅值与表 7.1 完全相同，只是幅值增大了一倍。由于输出电压 u_o 在其半个周期内，电压极性在两个极性间变化，所以又称为"双极性控制"。

2. 单极性控制

单极性控制是用一条等腰三角波与两条幅值及频率相同但相位相差 180° 的正弦波进行比较，分别得到两个桥臂开关的通断时刻。两个桥臂是分开控制的，同一桥臂上的两个开关在控制上仍然互补，但 T_1 与 T_3、T_2 与 T_4 不一定是成对同时动作的。在图 7.35（a）中，u_{c+}、u_{c-} 分别表示两个相位相反的正弦波信号，u_t 是三角波信号，COMP 是比较器，INV 是反相器。图 7.35（b）是电路各桥臂的输出波形与负载上的电压波形。

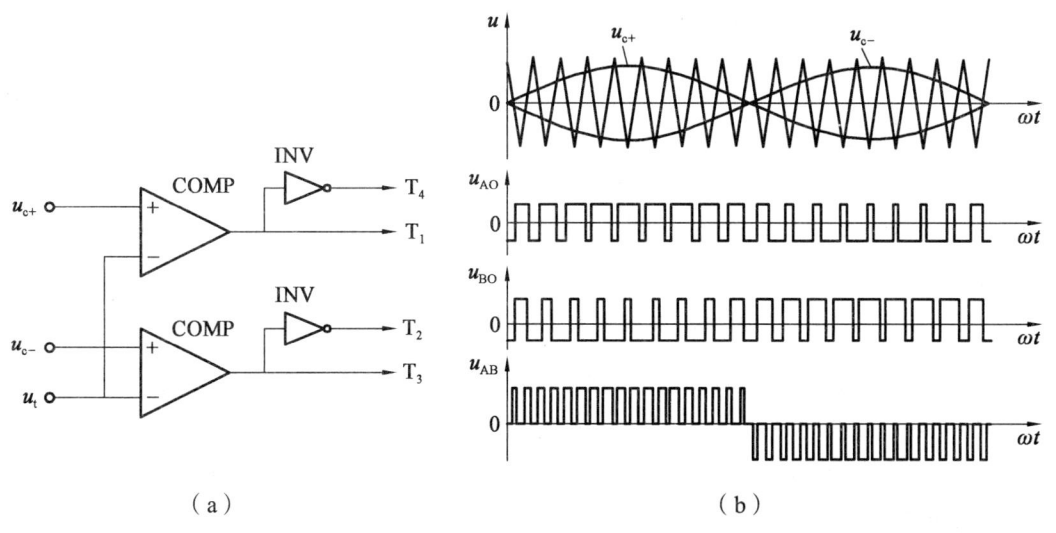

图 7.35 单相桥式 SPWM 逆变器电路的控制与波形

设桥臂 A 对假想的直流中点 O 的输出电压的基波值为 $U_{AO(1)}$，桥臂 B 的输出基波值为 $U_{BO(1)}$，负载上的电压基波值是 $U_{AB(1)}$，则

$$U_{\text{AO}(1)} = \frac{U_\text{d}}{2} \cdot \frac{U_\text{cM}}{U_\text{tM}} \sin\omega_\text{c}t = \frac{U_\text{d}}{2} m_\text{a} \sin\omega_\text{c}t \tag{7.48}$$

$$U_{\text{BO}(1)} = \frac{U_\text{d}}{2} \cdot \frac{U_\text{cM}}{U_\text{tM}} \sin\omega_\text{c}t = \frac{U_\text{d}}{2} m_\text{a} \sin(\omega_\text{c}t - \pi) \tag{7.49}$$

$$U_{\text{AB}(1)} = \frac{U_\text{d}}{2} \cdot \frac{U_\text{cM}}{U_\text{tM}} [\sin\omega_\text{c}t - \sin(\omega_\text{c}t - \pi)] = U_\text{d} m_\text{a} \sin\omega_\text{c}t \tag{7.50}$$

输出电压的基波幅值

$$U_{\text{ABM}(1)} = U_\text{d} m_\text{a} \tag{7.51}$$

与半桥相比，这种控制方式输出电压的幅值增大了一倍，输出电压的基波幅值为幅值调制比与直流电压之积。由于在输出电压的半个周期内，电压极性只在一个极性方向变化，故称为单极性控制。

与双极性控制方式相比，单极性控制的优点在于，u_o只在$+U_\text{d}\sim 0$或$0\sim -U_\text{d}$间变化，从输出电压波形上看，其通、断频率等效地增加了一倍，而电压跳动量减小了一倍。结果，在输出电压的频率谱上，最低次谐波以两倍于开关频率（即三角波频率）的边带出现。

谐波电压的分布规律是

$$f_n = (2jm_\text{f} \pm k)f_1 \tag{7.52}$$

或

$$n = 2jm_\text{f} \pm k \tag{7.53}$$

输出电压的频谱见图7.36。

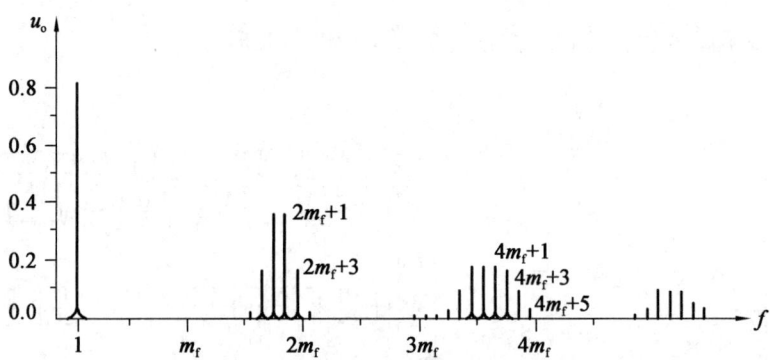

图7.36 单相桥式SPWM逆变器单极性控制时输出电压的频谱图

利用表7.1可以计算不同幅值调制比下输出电压波形中的谐波。例如可计算电压波形中的$2m_\text{f}\pm 1$、3、5…和$4m_\text{f}\pm 1$、3、5…次谐波的值。

由于单极性控制的优点突出，它成为了单相桥式逆变电路主要的控制方式。

3. 单相桥式SPWM逆变电路直流侧的电流

若假定在逆变电路的交流输出端接有虚设的滤波器，开关频率极高，滤波器滤去了输出电压中的高频谐波，所以负载侧的电流是正弦波，负载上的交流电压也是正弦波，再假定L、C值极小，滤波器的储能小到可以忽略不计，负载电流滞后电压一个相角φ，令

$$u_{o(1)} = u_o = \sqrt{2}U_o \sin\omega_c t \tag{7.54}$$

$$i_{o(1)} = i_o = \sqrt{2}I_o \sin(\omega_c t - \varphi) \tag{7.55}$$

由于滤波器无储能，直流输入功率的瞬时值应与交流功率的瞬时值相等

$$u_d i_d(t) = u_o(t)i_o(t) = \sqrt{2}U_o \sin\omega_c t \cdot \sqrt{2}I_o \sin(\omega_c t - \varphi)$$

所以，直流侧电流 $i_d(t)$ 为

$$i_d(t) = \frac{u_o(t)i_o(t)}{u_d} = \frac{2U_o I_o}{U_d}\sin\omega_c t \cdot \sin(\omega_c t - \varphi)$$

$$= \frac{U_o I_o}{U_d}\cos\varphi - \frac{U_o I_o}{U_d}\cos(2\omega_c t - \varphi) = I_d - i_{d\sim} \tag{7.56}$$

式（7.56）表明，直流测电流由一个直流电流分量 I_d 与一个交流电流分量 $i_{d\sim}$ 构成。直流分量对应于从直流侧传送到交流侧的有功功率；交流分量是一个两倍于交流侧输出基波频率的正弦量，一般称为"二次谐波"。采用 SPWM 调制技术可以抑制与消除高次谐波，但逆变器从直流侧吸取的电流必然包含一个二次电流分量，这个电流流经直流侧支撑电容时产生的电压脉动是不容忽视的。

7.7.3 三相桥式 SPWM 逆变电路的控制

1. 三相桥式 SPWM 逆变电路的结构与控制

三相桥式 SPWM 逆变电路与图 7.11 电路相同，它由三个基本的单相半桥 SPWM 逆变电路组成。

三相桥式 SPWM 逆变电路的控制是用一条等腰三角波与三条幅值及频率相同但相位各相差 $2\pi/3$（120°）的正弦波进行比较，从而得到三个桥臂的控制信号，即控制信号 u_A 与三角波比较得到半桥 A 的开关 T_1 的控制信号；u_B 与 u_C 同三角波比较得到 T_3 和 T_5 的通断控制信号。因为同一桥臂的上、下两个开关在控制上互补，下部开关的通断信号由上部开关的通断信号经反相器取反后获得。图 7.37 是这种控制方法的示意图。图中，u_A、u_B、u_C 是三个大小相同、相位各自相差 120° 的三个正弦控制信号；u_t 为三角波信号，u_c 为正弦波信号；COMP、INV 分别代表比较器与反相器。

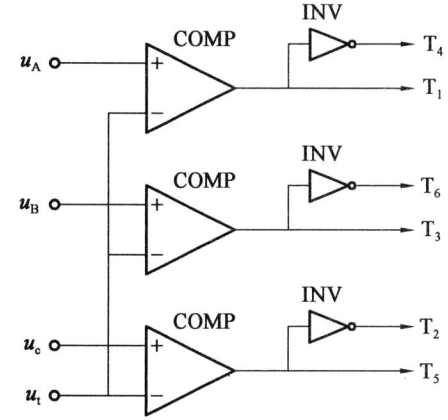

图 7.37 三相桥式 SPWM 逆变电路的控制

图 7.38 是控制信号产生的波形示意图与输出线电压的波形图。

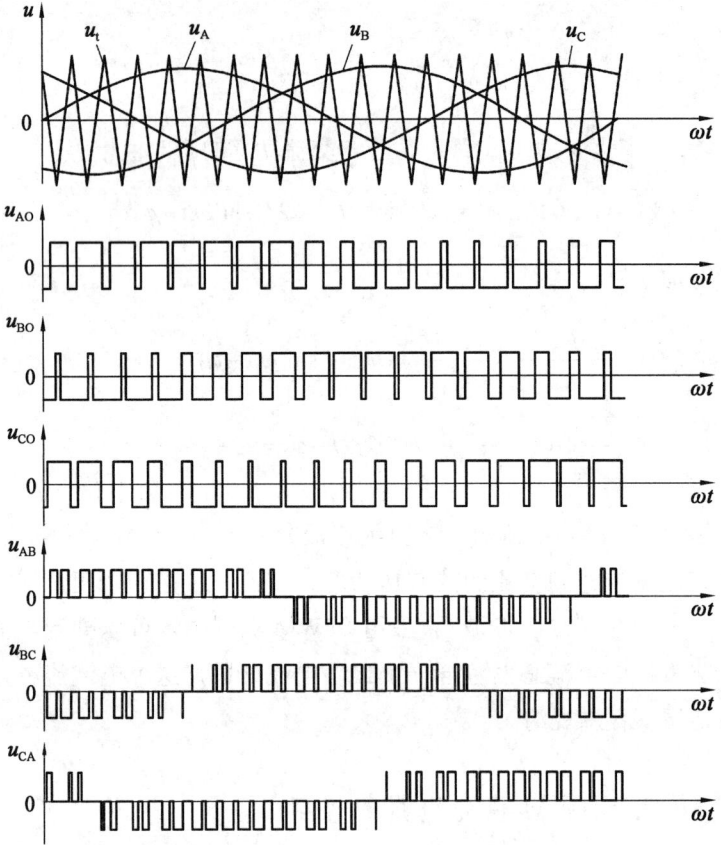

图 7.38 三相桥式 SPWM 逆变电路的工作波形

由于三个桥臂输出电压相差 120°，线电压基波分量是

$$U_{AB(1)} = \frac{U_d}{2} \cdot \frac{U_{cM}}{U_{tM}} \sin \omega_c t - \frac{U_d}{2} \cdot \frac{U_{cM}}{U_{tM}} \sin\left(\omega_c t - \frac{2\pi}{3}\right)$$

$$= \frac{U_d}{2} m_a \left[\sin \omega_c t - \sin\left(\omega_c t - \frac{2\pi}{3}\right)\right]$$

$$= \frac{U_d}{2} m_a \sqrt{3} \cos\left(\omega_c t - \frac{\pi}{3}\right) \quad (7.57)$$

线电压基波幅值：

$$U_{ABM(1)} = \frac{\sqrt{3}}{2} m_a U_d \quad (7.58)$$

线电压基波有效值：

$$U_{AB(1)} = \frac{\sqrt{3}}{2\sqrt{2}} m_a U_d = 0.612 m_a U_d \quad (7.59)$$

2. 三相桥式 SPWM 逆变器输出电压波形中的谐波分析

当幅值调制比 $m_a \leq 1$，频率调制 m_f 比较大时，三相桥式 SPWM 逆变器输出线电压中的谐波有效值与直流电压 U_d 之比如表 7.2 所示。谐波频谱图见图 7.39。

表 7.2 三相桥式 SPWM 逆变电路输出线电压中的谐波有效值
（即线电压有效值 U_l）与直流电压 U_d 之比

幅值调制比 m_a	0.2	0.4	0.6	0.8	1.0
基波	0.122	0.245	0.367	0.490	0.612
$m_f \pm 2$	0.010	0.037	0.080	0.135	0.195
$m_f \pm 4$				0.005	0.011
$2m_f \pm 1$	0.116	0.200	0.227	0.192	0.111
$2m_f \pm 5$				0.008	0.020
$3m_f \pm 2$	0.027	0.085	0.124	0.108	0.038
$3m_f \pm 4$		0.007	0.029	0.064	0.096
$4m_f \pm 1$	0.100	0.096	0.005	0.064	0.042
$4m_f \pm 5$			0.021	0.051	0.073
$4m_f \pm 7$				0.010	0.030

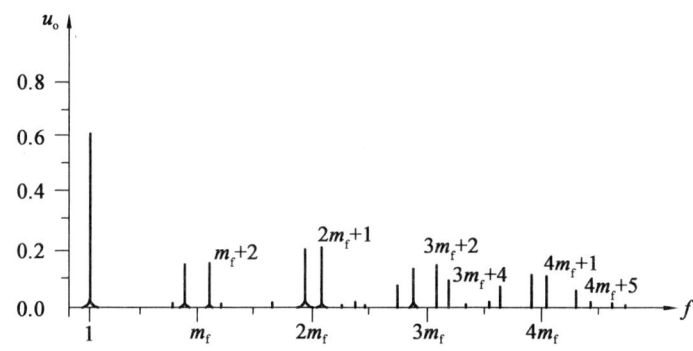

图 7.39 三相桥式 SPWM 逆变器输出电压的谐波频谱图

下面对 SPWM 技术中的一些要点作一个总结：

① 当频率调制比 m_f 较小时，为保证输出电压的四分之一周期对称与正、负半波对称，必须采用同步 SPWM 调制，除采用单极性 SPWM 控制的单相桥外，m_f 必须是奇整数，对三相系统，它还应当是 3 的倍数，正弦波控制信号与三角波控制信号在共同的过零点处极性应当相反；当 m_f 很大时，这些限制可以取消，或者采用异步调制方式。

② 一般情况下，增大 m_f 可以抑制或消除频率更高的谐波，这样，很小的滤波器就能将高频谐波滤除干净；但增大 m_f 就意味着开关频率的增高，由于逆变器的损耗与开关频率成正比，在大多数情况下，不应将它设计得过高，例如在电力机车这样的系统中，当使用 IGBT 时，开关频率远低于 1 000 Hz。

③ 当幅值调制比 $m_a \leqslant 1$ 时，输出电压的基波分量随着 m_a 的增大而增大，称为线性调制。当 $m_a > 1$ 后，基波电压与 m_a 间失去线性关系，称为过调制，此时，输出电压中将出现更多的边带谐波。随着 m_a 的增大，输出电压波形逐渐向方波演变，最终完全成为方波，电路由 PWM 工作模式变成方波模式。三相桥式 SPWM 逆变器的输出电压与调制比的关系如图 7.40 所示。由于方波模式时逆变器输出的基波电压（有效值为 $0.78U_d$）高于 SPWM 模式时的输出电压，

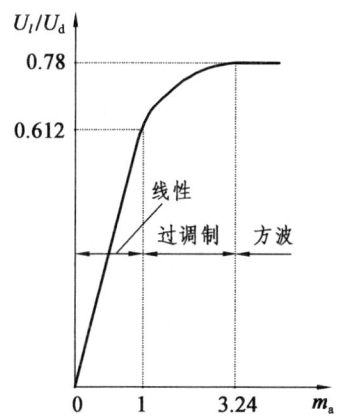

图 7.40 三相桥式 SPWM 逆变器的输出电压与调制比的关系

在许多大功率的交流传动系统（如电力牵引）中，在高速区往往采用这种模式。在由 SPWM 方式向方波方式过渡时，必须采用同步调制。

④ 在对输出电压畸变率要求较高的应用中，如 UPS，一般都要避免进入过调制区。

例 7.6 三相 380 V 感应电机由三相 SPWM 逆变器供电。设幅值调制比 $m_a \leq 1$。为使电机在额定电压下运行，直流电压应为多少？当 $m_a = 0.8$，$m_f = 21$ 时，求输出线电压中最显著的谐波电压的有效值。

解 $$U_{l(1)} = 0.612 m_a U_d = 380 \text{ (V)}, \quad U_d = \frac{380}{0.612 m_a} = 620.9 \text{ (V)}$$

从表 7.2 知，$m_f \pm 2$、$2m_f \pm 1$ 和 $3m_f \pm 2$ 次谐波幅值最大，即

19、23 次谐波的有效值：$0.135 \times 620 = 83.7$（V）

41、43 次谐波的有效值：$0.192 \times 620 = 119.04$（V）

61、65 次谐波的有效值：$0.108 \times 620 = 66.96$（V）

由此可见，SPWM 逆变电路对直流电压的利用是很差的。与方波方式相比，为了得到同样的交流输出，其直流电压要高得多，这表明所使用的半导体开关与其他器件（如滤波电容）的电压级别也要相应提高，这样一来成本将会大幅度增加。

3. 三相桥式 SPWM 逆变器直流侧电流

假定直流侧电压为常值。三相逆变电路的输出线电流经滤波电路滤波后成为正弦波，负载有滞后的功率因数，相电压与相电流的滞后相角为 φ。由于开关频率足够高，滤波电容 C 与电感 L 很小，其储能可以忽略，于是直流侧瞬时输出功率必然等于交流侧的瞬时输出功率

$$u_d(t)i_d(t) = u_{An(1)}(t)i_A(t) + u_{Bn(1)}(t)i_B(t) + u_{Cn(1)}(t)i_C(t) \tag{7.60}$$

若三相负载平衡，电路处于稳态，输出的三相交流电压、电流的幅值分别为 $\sqrt{2}U_o$ 与 $\sqrt{2}I_o$，于是

$$i_d = \frac{2U_o I_o}{U_d}[\cos\omega_c t \cdot \cos(\omega_c t - \varphi) + \cos(\omega_c t - 120°)\cos(\omega_c t - 120° - \varphi) +$$

$$\cos(\omega_c t - 240°)\cos(\omega_c t - 240° - \varphi)] = \frac{3U_o I_o}{U_d}\cos\varphi = I_d \tag{7.61}$$

上式表明，与单相 SPWM 逆变电路不同，在三相 SPWM 逆变电路中，直流侧电压源提供的电流是一个直流电流，实际中这个电流中还有一些高频谐波电流成分，但因其频率高，对中间直流电压的影响可以忽略不计。

7.7.4 桥臂互锁时间对 SPWM 逆变器特性的影响

在以前的分析中，假定开关是理想的，其导通与关断所需的时间为零。所以，允许一个开关的导通与另一个开关的关断同时进行。但实际的电力电子半导体开关都有一个固有的导通、关断时间。所以，如果同一桥臂的两只开关同时导通与关断，则必然形成桥臂的直通短路。为避免发生这种情况，必须使原先导通的开关可靠关断后，再使应导通的开关导通，即另一个开关的导通时间将延后 Δt，如图 7.41（a）、(b) 所示。

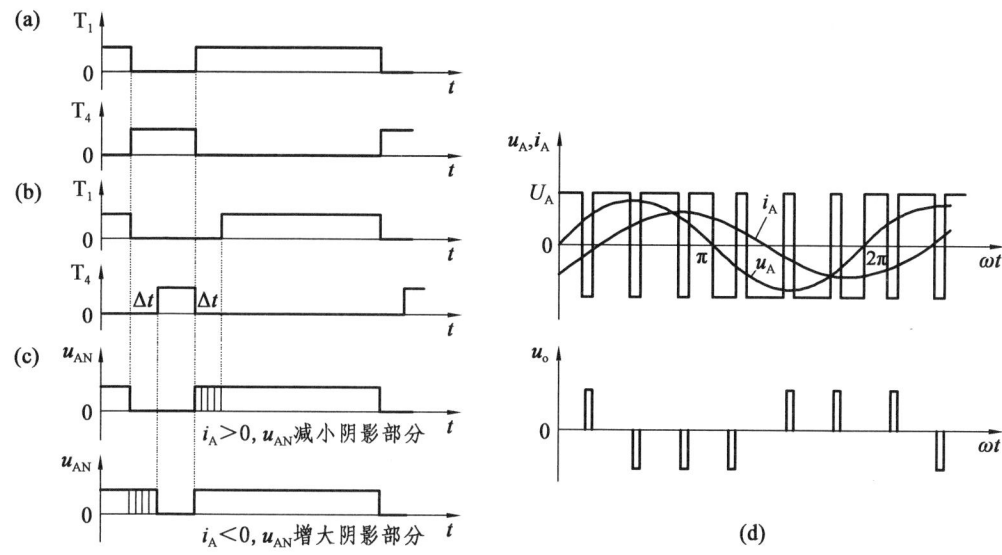

图 7.41 桥臂互锁时间对 SPWM 逆变器的影响

以三相桥式 SPWM 逆变器的桥臂 A 为例。设原先 T_1 导通，在 Δt 内，由于两个开关 T_1、T_4 都断开，此时桥臂 A 输出电压 u_{AN} 的值将取决于负载电流 i_A 的方向。如果负载电流大于零（从该桥臂流向负载），则 D_4 导通续流，所以不产生输出电压的损失；如果电流小于零（从负载流向该桥臂），D_1 必然导通，该桥臂的输出电压将增加。相反，若原先 T_4 导通，在 Δt 内，当负载电流大于零时，D_4 导通，产生输出电压损失；当负载电流小于零时 D_1 必然导通，结果不会产生电压损失，如图 7.41（c）所示。

从上面的分析可知，当负载电流大于零时，它使桥臂输出的脉冲变窄；负载电流小于零时，它使桥臂输出的脉冲变宽。桥臂互锁时间 Δt 对输出电压的影响可以用在理想的输出波形上叠加一个与电流极性有关但宽度不变的脉冲列来表示，如图 7.41（d）所示，结果是输出电压将会下降。由于高速自关断的开、关时间很短，当载波频率不高时，损失的电压很小；但当采用 GTO 一类的低速开关，并且载波频率较高时，就应考虑 Δt 对输出电压的影响。

桥臂互锁时间对 SPWM 逆变器的另一种影响是"交越失真"。由于在 Δt 期间，桥臂输出的脉冲变化，脉冲列已经不是严格的 SPWM 波形，所以，输出电压波形的频谱图中将会出现一些次数低的奇次谐波，特别是 5、7、11、13 等低次谐波将可能使电流产生失真，造成系统振荡。

7.8 其他脉宽调制方法

7.8.1 SPWM 的改进

正弦脉宽调制有许多优点，但也有许多的缺点。主要的缺点是：直流电压利用率低，开关频率高，控制波形的生成比较难。直流电压利用率是指逆变电路输出的基波电压的幅值与直流电源电压之比。提高直流电压利用率可以提高逆变电路的输出能力。在输出电压一定的前提下,直流电压利用率越高,所需要的直流电压越低,系统经济指标越好。开关频率直接与开关损耗相联系。在系统技术指标不变的前提下,开关频率越低,开关损耗越小,整机的效率也越高。

在正弦调制的三相桥式逆变器中,输出的线电压基波幅值最大为 $0.866U_d$,即直流侧电压利用率为 0.866。这是因为在正弦脉宽调制时,正弦波的幅值不能超过三角波的幅值,即 $m_a \leq 1$ 的原因。如果用梯形波代替正弦波,即调制信号是梯形波,就能够有效地提高直流电压利用率,见图 7.42。这是因为梯形波中的正弦基波的幅值比正弦波的要大得多,通过适当选取梯形波的上底,可使其中的 5 次、7 次谐波分量较小,从而将谐波的影响降低到最小。采用此方法,直流侧电压利用率可超过 1,而谐波畸变率很小。这种方法的缺点是输出线电压波形中有 5 次、7 次谐波分量。随着梯形波形的变化,低次谐波的含量、谐波畸变率可能会加大。

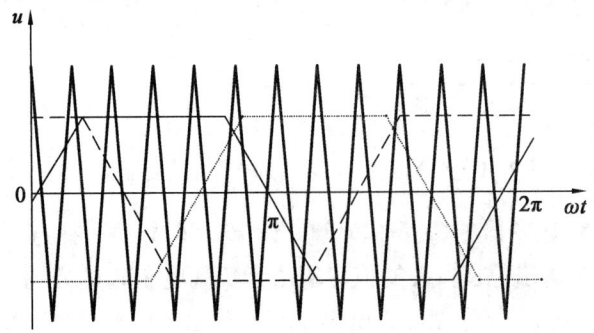

图 7.42 调制信号是梯形波的 SPWM 调制

另一种提高直流侧电压利用率的方法是采用三次谐波注入法。它是在正弦波上叠加三次谐波作为调制波,当叠加三次谐波后,调制波成为"马鞍形",这样,可以再增大调制波的幅值而不会出现"过调制",虽然桥臂输出电压中含有三次谐波,但在逆变器输出的线电压波形中,三次谐波被抵消,这样可使输出电压的基波幅值增大,从而提高了直流侧电压的利用率,如图 7.43 所示。

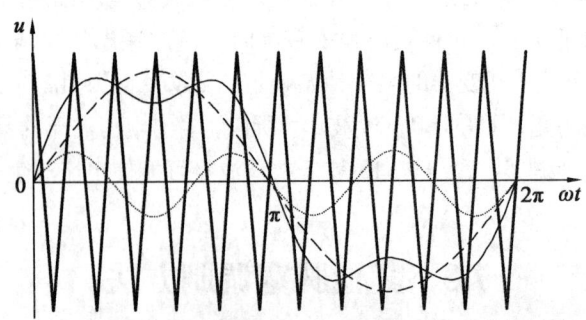

图 7.43 基波叠加三次谐波的 SPWM 控制

为减少开关频率,一种称为"60°调制"的脉宽调制方法已在大功率逆变器中应用。60°调制法是只对正弦波的中间 60°进行调制。这种调制方法的基波含量比传统的 SPWM 调制高,无偶谐波,开关频率低。图 7.44 是这种调制方式的示意图。其缺点是输出波形中有 5、7、11 等次谐波,因只调制中间 60°,载波比不可能太大。此法多用于同步调制的后期。

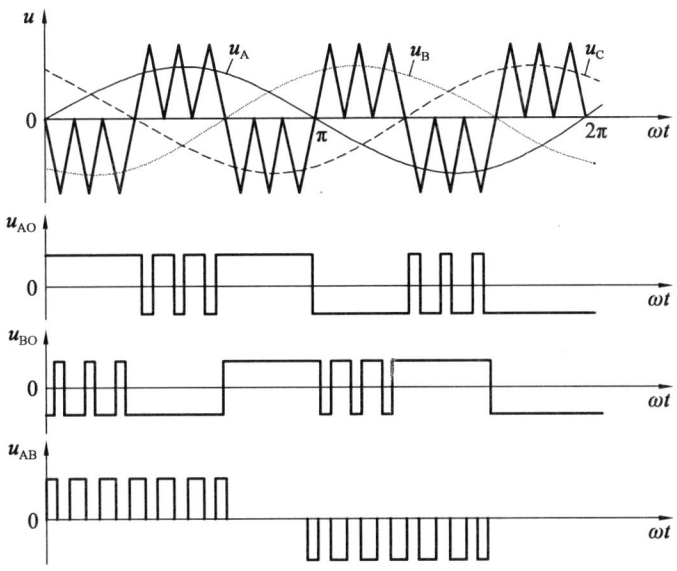

图 7.44 60°调制法的工作波形

用软件实时产生 PWM 波形时,主要的问题是计算的速度与精度之间的矛盾。除采用运算速度更快、处理能力更强的微处理器外,在 PWM 的算法上也有一些改进,例如用三角波代替正弦波,即控制信号是三角波,这样可使计算简化。为减小误差,将三角波与正弦波间的调制差值预先算出存入计算机,在计算中进行补偿,这称为二次插值法。

7.8.2 电流跟踪 SPWM

电流跟踪 SPWM 的原理如图 7.45 所示。图中负载是电阻与电感串联,i_a^* 是给定参考电流,i_a 是实际负载电流的反馈信号。当开关 T_1 导通时,作用在负载上的电压源使电流沿正方向变化(如果电流有负的初值,则该电流迅速衰减到零再正向增大);当开关 T_4 导通时,电压源反向作用在负载上,这将使电流迅速衰减到零再反向增大。如果使电流跟踪正弦指令变化,则作用在负载上的电压是脉冲列,它按 SPWM 方式变化。

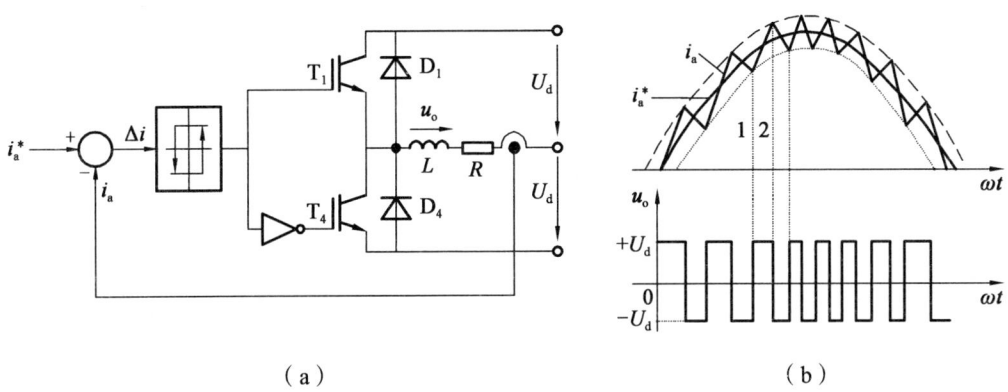

(a)   (b)

图 7.45 电流跟踪 SPWM 的原理示意图及工作波形

在图 7.45(a)中,指令电流与实际电流相减得到电流误差信号。若它为正值且大于上边带值，表示实际电流小于给定参考值，应使负载电流增大，即 T_1 导通、T_4 关断；同样，若误差信号为负且小于下边带值，表示应减小负载电流，则 T_1 关断、T_4 导通。为使开关频率在适当的范围内变化，应设定一个滞回值（给定一个允许的误差范围，即上下边带值）。只有超过滞回值开关才动作，否则开关保持原来的状态不变。

三相电流跟踪 SPWM 的原理与单相完全相同，这时电路由与图 7.45（a）完全相同的三个闭环控制器构成，只不过三个电流给定信号为对称三相正弦指令。

电流跟踪 SPWM 的主要特点是：电路中产生与控制指令完全相同的电流波形，其响应快，是一种典型的电压源逆变器的电流控制；从负载上看，它相当于电流源逆变器，因为它可直接控制负载电流的大小。其缺点是：开关频率与电流脉动量之间的矛盾，与其他 SPWM 不同，电流跟踪 SPWM 电流总是波动的，其谐波成分大于其他 SPWM 方式，如果要减小脉动，则滞回环要减小，开关频率就会增高，损耗就会加剧；另外，这种调制方式波形不具有周期性，属于异步调制。

7.8.3 磁链跟踪（磁通轨迹）脉宽调制

在三相电机中，如果气隙磁场是圆形旋转磁场，则电机有优异的性能。传统的 SPWM 技术就是要产生三相对称的正弦电压和正弦电流，从而在电机中产生圆形旋转磁场。如果磁场是圆形的，逆变器的开关元件应该如何控制，这是磁链跟踪（磁通轨迹）脉宽调制要解决的问题。

在图 7.46 所示的三相逆变电路中，如果将 T_1、T_3、T_5 的导通规定为 1，关断规定为 0，并补充 T_1、T_3、T_5 全部导通与全部关断两种状态，则该电路的工作状态可用二进制编码表示，见表 7.3。

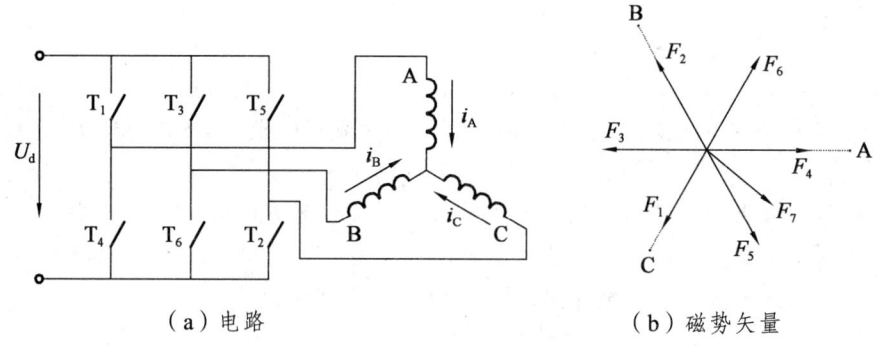

（a）电路　　　　　　　　（b）磁势矢量

图 7.46　逆变器等效主电路与磁势矢量

表 7.3　逆变器的工作状态表

状态	$S_A S_B S_C$	开关状态	$F_i(S_A S_B S_C)$	$u_i(S_A S_B S_C)$
S_1	001	546	$F_1(001)$	$u_1(001)$
S_2	010	342	$F_2(010)$	$u_2(010)$
S_3	011	354	$F_3(011)$	$u_3(011)$
S_4	100	162	$F_4(100)$	$u_4(100)$
S_5	101	165	$F_5(101)$	$u_5(101)$
S_6	110	132	$F_6(110)$	$u_6(110)$
S_0	000	000	$F_0(000)$	$u_0(000)$
S_7	111	111	$F_7(111)$	$u_7(111)$

当逆变电路工作时,从各状态的等效电路上看,电机绕组总是"二并一串"后与直流电源相连。但从电机的某相绕组上看,其绕组上的电压又是随时间变化的。随着开关状态的改变,定子各相绕组中的电流和它们产生的气隙磁通的大小以及空间位置随之发生相应变化。以状态 1 为例,当 T_4、T_5、T_6 闭合时,直流电压 U_d 在三相绕组中产生 i_a、i_b、i_c,三相定子电流产生一个空间合成磁势,其作用方向在距 A 轴 240° 的方向上;相应地,在状态 2 时,T_2、T_3、T_4 闭合,三相电流产生的合成的空间磁势在距 A 轴 120° 的方向上。当 S_0 与 S_7 作用时,电机的端电压为零,它们不产生空间磁势。与各个开关状态对应的磁势如图 7.46(b)所示。各磁势大小相等,产生的磁链大小也相等,仅在空间的相位不同。据此,将与这些状态相对应的电压 $u_i(S_A S_B S_C) = 0, 1, 2 \cdots 7$ 称为空间电压矢量。

将电机与逆变器当作一个整体,若不计定子绕组电阻,由于

$$u_i(S_A S_B S_C) = \frac{d\Psi}{dt} = \frac{\Delta\Psi}{\Delta t} \tag{7.62}$$

式中,$u_i(S_A S_B S_C)$ 为第 i 个开关状态时加在电机上的电压;Ψ 为电机内的总磁链。根据电压与磁链的上述关系,可用定子电压来表达空间磁链矢量。如将相平面的实轴与 A 相绕组重合,电压 $u_i(S_A S_B S_C)$ 可写成如下矢量形式

$$u_i(S_A S_B S_C) = U_d(S_A + S_B e^{j120°} + S_C e^{j240°}), \quad i = 0, 1, \cdots 7 \tag{7.63}$$

例如,当 $i=1$,$u_1(001) = U_d e^{j240}$,在相平面是大小为 U_d、角度为 240° 的矢量;当 $i=5$,$u_5(101) = U_d(1+e^{j240})$,在相(复)平面是大小为 U_d、角度为 300° 的矢量。8 个电压矢量如图 7.47 所示(零矢量在中心)。由图知,空间电压矢量在相平面上的位置与它产生的磁通矢量一致。

必须指出,因为电机中的磁链矢量是作用在其上的电压矢量的积分,磁链矢量增量的方向一定与电压矢量的方向相同。如果电机中有磁链矢量初始值,则总磁链是这两个矢量的矢量和。

式(7.62)可改写为

$$\Psi = \int u_i(S_A S_B S_C) dt = \Psi_0 + \Delta\Psi = \Psi_0 + u_i(S_A S_B S_C) \Delta t \tag{7.64}$$

按图 7.47 的次序将 8 个电压矢量代入上式,并认为作用时间为单位时间,则电机中磁链的运动轨迹为正六边形,如图 7.48 所示(零矢量作用时磁链矢量不移动)。磁通轨迹 SPWM 是利用这 8 个矢量(6 个非零矢量、2 个零矢量)进行合理组合,并调控选用矢量的作用时间使磁链轨迹尽可能地逼近圆形。

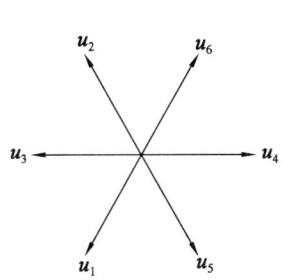

图 7.47 空间电压矢量

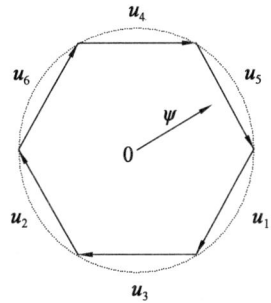

图 7.48 空间电压矢量与磁链矢量的关系

逼近圆形的方法很多，现以折线逼近法为例，说明磁通轨迹 SPWM 的基本方法。

将图 7.48 所示圆周 6 等分，得到 6 个区域，每个区域有两个矢量相交。按顺时针方向，第一个为主矢量，第二个为辅助矢量，见图 7.49（a）。每个区域仅选择主、辅和零矢量作用。用折线来逼近圆弧。当折线边数越多，逼近效果越好。图 7.49（b）是用 18 边形逼近圆的一个例子。

各矢量的作用时间可用几何法求解。详细过程与计算请参考有关文献。

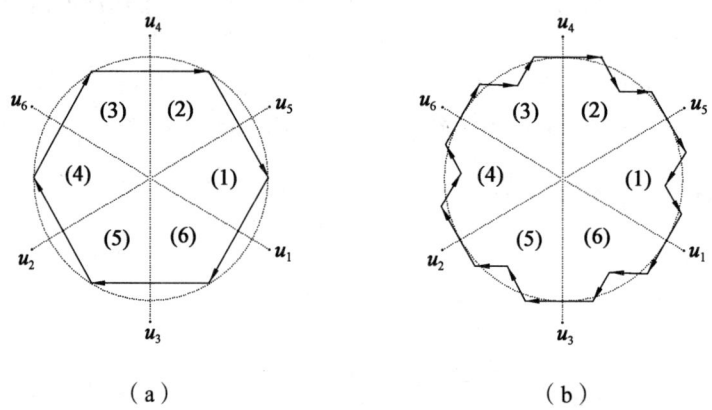

（a） （b）

图 7.49 空间电压相平面的分区与折线逼近法

一般来说，非零矢量作用时间都小于磁链扫过该区域的时间。为使定子磁链的平均速度与设定值相同，多余的时间应由零矢量承担。因为零矢量作用时定子磁链静止不动。选择零电压矢量状态 S_0 或 S_7 的根据是空间电压矢量一次只能移动一个数字位的距离，即可以从 100 变到 000，而不可从 110 变到 000。当空间电压矢量每次移动两位或三位数字距离时，逆变器的输出电压脉冲中就会出现反极性脉冲，导致反向转矩。为防止转矩与转速的过分波动，零矢量要分散施加。所以在图 7.49（b）的区间（1）中，当加入零电压矢量后，各矢量的作用顺序是：101→111→101→001→000→001。各矢量作用的时间要通过计算得到。

磁通轨迹法脉宽调制的优点是：直流电压利用率高、转矩脉动小、噪声小、损耗小；与传统 PWM 方式相比，计算工作量小，易于实现。

习　题

7.1　无源逆变与有源逆变有何不同？

7.2　什么是电压型逆变电路？什么是电流型逆变电路？从电路及工作波形上看二者各有何特点？

7.3　三相桥式 180° 电压型逆变电路直流电压为 600 V，为三相对称星接负载供电。① 绘出逆变电路的输出线电压波形和三相负载的相电压波形；② 求线电压基波幅值、基波有效值、5 次谐波有效值。

7.4　逆变电路多重化的目的是什么？如何实现？

7.5　单相电压型逆变电路采用移相调压法调压。在什么角度下，可消除三次谐波？此时的基波电压幅值是多少?

7.6 电流型逆变电路为什么不需要反馈二极管?当负载为感性时,为什么要在负载端并电容?

7.7 在图 7.14 中,设主开关是晶闸管,关断时间为 t_q,电路工作频率为 f,负载是感应加热线圈(电阻与电感串联)。为使电路正常工作,必须并联多大的电容 C?

7.8 单极性 SPWM 与双极性 SPWM 有什么差别?单相桥式电路的单极性 SPWM 控制与双极性 SPWM 控制是指的什么?

7.9 什么是同步调制?什么是异步调制?什么是分段同步调制?各有什么特点?

7.10 如何消除特定的谐波?

7.11 什么是自然采样?什么是规则采样?

7.12 绘出幅值调制比为 0.8、频率调制比为 5 时,单相桥式逆变电路的两个桥臂的控制信号波形与输出电压的波形。

7.13 单相与三相 SPWM 逆变电路中,主要的谐波频率是多少?

7.14 直流电压为 500 V 的三相 SPWM 逆变电路,为三相感性对称负载供电。求基波电压的有效值与主要谐波的有效值。

7.15 简述电流跟踪 SPWM 技术的原理及特点。

7.16 简述磁链跟踪 SPWM 技术的原理及特点。

7.17 绘出三电平逆变电路控制角 $\alpha=15°$ 时各桥臂的输出电压波形与线电压波形。

7.18 利用计算机软件,分析三相、二电平与三电平逆变电路在不同的频率调制比与幅值调制比时的频谱图。

7.19 设计一个基于专用 PWM 集成电路的三相逆变电路的控制电路。

第 8 章　电力电子器件的门（栅）极控制电路

8.1　晶闸管的门极触发电路

8.1.1　对晶闸管门极触发电路的要求

要使晶闸管按电路的设计要求导通，则晶闸管的门极触发电路应能提供一个符合一定要求的触发脉冲，比如触发脉冲的相角可以改变，相序应与主电路同步，等等。一般来说，对晶闸管门极触发电路有如下要求。

1. 触发脉冲的参数应符合要求

触发脉冲的主要参数有脉冲幅值、宽度和前沿陡度。

（1）触发脉冲的幅值

晶闸管是电流控制型器件，在门极里应注入一定值的电流才能触发。由于晶闸管伏安特性的分散性，以及触发电压和触发电流随温度变化的特性，所以触发电路所提供的触发电压和触发电流应大于产品目录所提供的可触发电压值和可触发电流值，但不得超过产品目录中规定的门极最大允许峰值电压和最大允许峰值电流。实际触发电流可整定为 3~5 倍的额定触发电流。

（2）触发脉冲的宽度

晶闸管的开通过程虽然只需几微秒，但并不意味着几微秒后它已能维持导通。若在触发脉冲消失时，阳极电流仍小于擎住电流，晶闸管将不能维持导通而关断。因此，对触发脉冲的宽度应有一定要求，脉冲宽度与变流装置的负载性质及主电路的形式有关，详见表 8.1。

表 8.1　触发脉冲宽度与电路负载的性质及主电路的形式之间的关系

整流电路形式	单相整流电路		三相桥式全控整流电路		三相桥式半控整流电路
	阻性负载	感性负载	单脉冲触发	双脉冲触发	
脉冲宽度 ϕ	$\phi>10°$	$\phi>10°$	$60°<\phi<120°$	$\phi>10°$	$10°<\phi<120°$

（3）触发脉冲的前沿陡度

触发脉冲前沿越陡，越有利于并联或串联的晶闸管同时触发导通。因此，有并联或串联的晶闸管时，要求脉冲前沿陡度大于或等于 10 V/μs。如晶闸管没有串、并联，则无严格要求。

（4）触发脉冲的输出功率

触发脉冲要有足够的输出功率（电压、电流），并能方便地获得多个输出脉冲，每相中多个脉冲的前沿陡度不要相差太大。

2. 触发脉冲与主电路电源电压必须同步

在可控整流、有源逆变及交流调压的触发电路中，为了使晶闸管在每一周期中能重复地在相同的相位上触发，触发脉冲必须与上述变流装置的电源电压同步，即触发信号应该与变流装置主电路的电源电压保持固定的相位关系，否则负载上的电压会忽大忽小，甚至触发脉冲出现在电源电压的负半周，使主电路不能正常工作。触发脉冲与主电路电源电压保持的这种固定关系，称为同步。

3. 触发脉冲的移相范围应满足变流装置的要求

触发脉冲的移相范围与主电路的形式、负载的性质及变流装置的用途有关。例如，单相桥式全控整流电路带阻性负载时，触发脉冲的移相范围为 $0°\sim180°$；大电感负载整流时为 $0°\sim90°$；电动机负载要求再生制动时为 $0°\sim150°$。又如，三相半波整流电路带阻性负载时触发脉冲的移相范围为 $0°\sim150°$；带大电感负载时为 $0°\sim90°$。

4. 触发脉冲的频率有可调性

整流电路的触发脉冲频率是固定的，但在变频电路和斩波电路中，触发脉冲的频率应有可调性。特别是在变频电路中，其触发电路的特点是触发电路的同步电压本身是一个频率可变的电压，它直接控制触发电路产生脉冲，再用此脉冲去触发晶闸管，从而使变频器输出的交流电压与同步电压有相同的频率，因此，要调节变频器输出电压的频率，只需改变同步电压的频率，而触发脉冲不必移相。

5. 防止干扰与误触发

晶闸管的误导通往往是由于干扰信号进入门极触发电路而引起的，因此，需要在门极触发电路中采取屏蔽等抗干扰措施。

8.1.2 晶体管移相触发电路

1. 垂直移相的概念

在晶体管移相触发电路中，一般都通过同步变压器从主电路中取得与主电路电源电压同步的电压，这称为同步电压。把同步电压与直流控制电压叠加起来，用改变直流控制电压的大小来改变晶体管翻转的时刻，以达到触发电路移相的目的，这种移相方法称为垂直移相。采用垂直移相时，其信号叠加的方法可分为串联与并联两种，如图 8.1 (a)、(b) 所示。串联方法是各信号的电压综合，各输入信号相互影响较小，但要求各信号源的内阻要小，且各种信号源必须是独立的，不能有公共接地点，实现起来比较麻烦。并联方法是各信号的电流综合，实现比较简便，但为了在调整时互不影响，信号源必须具有较大的内阻，因此要求输入信号有一定功率，以保证综合的精度。目前用得较普遍的是并联综合方式。

（1）串联垂直移相的原理

图 8.1 (a) 中，晶体管的基极信号电压 u_{be} 由同步电压 u_B 和直流控制信号电压 U_k 串联而成，$u_{be} = u_B + U_k$，当 u_{be} 由零变正时，T 由截止转为导通，这一瞬间就是产生脉冲的时刻。例如，当 U_k 为正时，在 u_B 的负半波经过最大值 U_{BM} 后，在 $|u_B| = U_k$ 时，过零变正，如图 8.1 (c) 中交点 1 所示。同理，U_k 为负时，交点 2 为导通点。图中相应的 u_{be} 过零变正的时刻为 ωt_1

和 ωt_2。极限情况是 $U_k = \pm U_{BM}$，即 U_k 从 U_{BM} 变到 $-U_{BM}$ 时，U_k 与 u_B 的交点由 a 点移到 c 点，T 输出的同步脉冲移相了 180°。由此可见，串联垂直移相时，同步电压为正弦波的触发电路，它的最大移相范围可达 180°，其截止点在正弦波的下降段上，如图 8.1（c）中的 3、4 点所示。

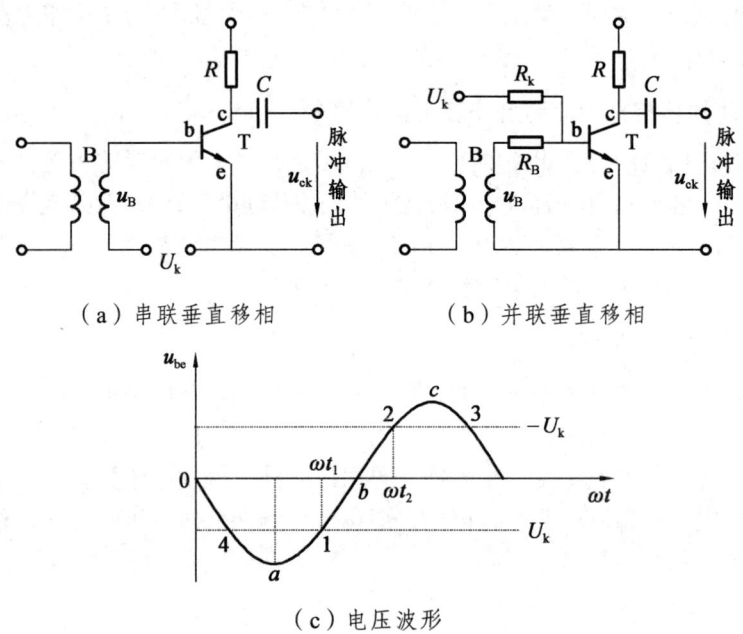

(a) 串联垂直移相　　(b) 并联垂直移相

(c) 电压波形

图 8.1　垂直移相控制

（2）并联垂直移相的原理

并联垂直移相是用电流信号并联叠加实现，为了减少各信号间的相互影响，要求同步信号电压 u_B 与直流控制信号 U_k 提供的电流呈恒流特性，故在 u_B 与 U_k 回路中分别串入阻值较大的隔离电阻 R_B 与 R_k，如图 8.1（b）所示。为了用串联垂直移相的原理来说明并联垂直移相的原理，采用恒流源与恒压源的等值转换。把图 8.1（b）等效为图 8.2（a），图中恒流源电流分别为：$i_B = u_B/R_B$；$I_k = U_k/R_k$。图 8.2（a）进一步等效为图 8.2（b），图（b）中的等效电阻及等效电流分别为

$$R = \frac{R_B R_k}{R_B + R_k}, \qquad I = i_B + I_k = \frac{u_B}{R_B} + \frac{U_k}{R_k}$$

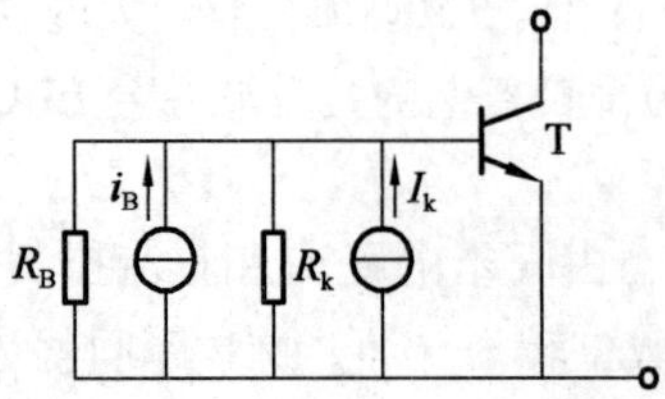

(a) 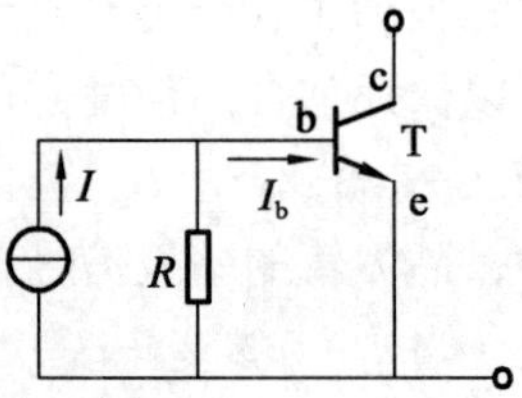　　(b)

图 8.2　并联垂直移相的等效电路

适当选择 R_B 与 R_k，满足 $R \gg R_{be}$（晶体管的 b-e 极电阻），则可忽略 R 对 I 的分流作用，可近似认为

$$I_b = I = \frac{u_B}{R_B} + \frac{U_k}{R_k}$$

因为 $I_b > 0$ 时晶体管导通，$I_b = 0$ 时晶体管截止，因此 T 的导通或截止仍取决于 u_B 与 U_k 两个信号的叠加结果，这与垂直移相的原理是一样的，其移相的电压波形也与图 8.1（c）相同。不同之处是同步交流信号电压 u_B 与直流控制信号电压 U_k 需分别乘以一个远小于 1 的系数 $1/R_B$ 和 $1/R_k$。

2. 同步电压为锯齿波的晶体管移相触发电路

图 8.3 所示是同步电压为锯齿波的晶体管移相触发电路，它产生带强触发的双脉冲，适用于三相桥式全控整流电路。该触发电路包括锯齿波形成、脉冲移相放大、强触发环节、脉冲封锁 5 个环节。

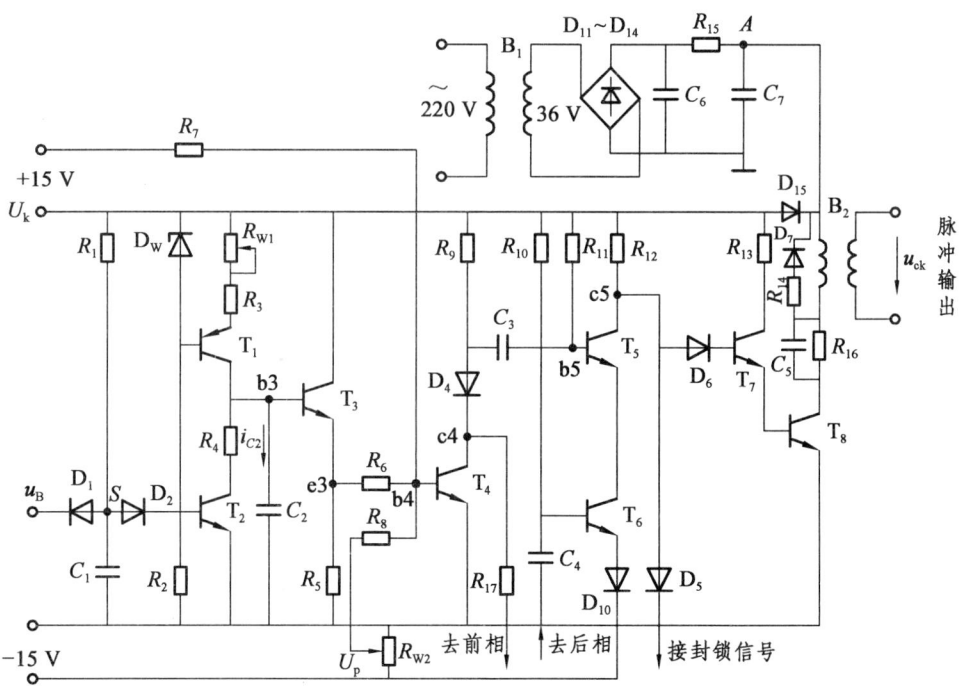

图 8.3 同步电压为锯齿波的晶体管移相触发电路

（1）锯齿波同步电压的形成

锯齿波同步电压形成环节由 T_1、T_2、T_3、稳压管 D_W 及阻容元件等组成，其中 T_1、R_3、调节电阻 R_{W1} 和 D_W 为一恒流源电路，用以对 C_2 恒流充电，形成锯齿波。

当同步电压 u_B 由正变负时，D_1 导通，S 点电位变负，D_2 和 T_2 截止，此后 S 点电位 u_S 随 u_B 变化，当 u_B 经过负的峰值点到达电压上升段时，若 $u_B > u_S$，则 D_1 截止，+15 V 电源经 R_1 向 C_1 充电，S 点电位慢慢上升，当 u_S 上升到 1.4 V 左右时，D_2 及 T_2 开始导通，u_S 被钳位在 1.4 V，直到 u_B 在下一周期由正变负时，又重复上述过程。因此，T_2 的开关频率和 u_B 的频率相同，

改变 R_1 或 C_1 可以改变 T_2 的截止时间。

T_2 截止时，恒流源向 C_2 充电，充电电流为 i_{C1}，所以 C_2 的端电压为

$$u_{C2} = \frac{1}{C_2} \int i_{C1} \, dt = \frac{1}{C_2} I_{C1} t$$

故 u_{C2} 随时间线性增长，形成锯齿波电压的上升沿。调节电位器 R_{W1} 可以改变 i_{C2}，即可改变上升沿的斜率。锯齿波上升沿的宽度由 T_2 管的截止时间决定。T_2 导通时，C_2 经 R_4、T_2 放电。因 R_4 阻值很小，T_2 又饱和导通，导致 u_{b3} 迅速降到 0 V 附近，形成陡的锯齿波下降沿。由于 T_2 的开关频率与 u_B 的频率相同，所以锯齿波也和 u_B 同频率。射极跟随器 T_3 的作用是减小控制回路电流对 u_{b3} 的影响。电路中各点的电压波形如图 8.4 所示。

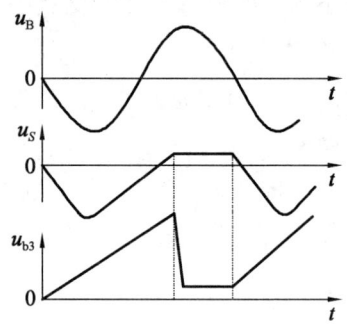

图 8.4 锯齿波形成环节的各点电压波形

（2）脉冲移相环节

脉冲移相环节由 T_4、D_4、C_3 等元件组成。锯齿波电压 u_{b3}、偏移电压 U_p 和控制电压 U_k 分别经 R_6、R_7 和 R_8 加到 T_4 管的基极。在 T_4 截止时，它的 b-e 间可看成开路，根据叠加原理，可把 u_{b4} 看成 u_{b3}、U_p、U_k 三者单独作用的叠加。因此，在 T_4 的 e 极开路时，这三者分别作用于 b4 点时的等值电路如图 8.5（a）、(b)、(c) 所示。锯齿波 u_{b3} 单独作用在 b4 点上时 b4 点的电压为

$$u_{b4(b3)} = \frac{R_7 // R_8}{R_6 + (R_7 // R_8)} \cdot u_{b3}$$

此式表示 $u_{b4(b3)}$ 的波形仍为锯齿形，其斜率与幅值都比 u_{b3} 小而且频率相同。同理，偏移电压 U_p 单独作用于 b4 点时，b4 点的电压 $u_{b4(p)}$ 为

$$u_{b4(p)} = \frac{R_6 // R_7}{R_8 + (R_6 // R_7)} \cdot U_p$$

上式表明，U_p 与 $u_{b4(p)}$ 是两条相互平行的直线，且 $u_{b4(p)}$ 比 U_p 小。

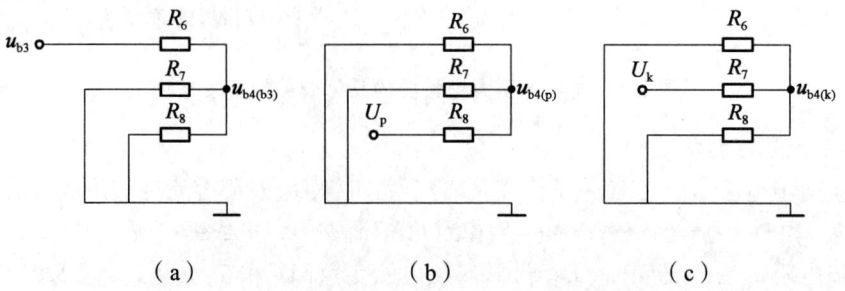

图 8.5 脉冲移相环节中 b4 点的三种等值电路

当 U_k 单独作用于 b4 点时，b4 的电压 $u_{b4(k)}$ 为

$$u_{b4(k)} = \frac{R_6 /\!/ R_8}{R_7 + (R_6 /\!/ R_8)} \cdot U_k$$

同样，U_k 与 $u_{b4(k)}$ 也是两条相互平行的直线，且 $u_{b4(k)}$ 比 U_k 小。

当 $U_k = 0$、$U_p < 0$ 时，$u_{b4} = u_{b4(b3)} + u_{b4(p)}$，其波形如图 8.6（a）所示。当 $U_k>0$、$U_p<0$ 时，$u_{b4} = u_{b4(b3)} + u_{b4(p)} + u_{b4(k)}$，其波形如图 8.6（b）所示。当 T_4 管的三个电极均接入时，b4 点的电压波形如图 8.6（c）所示。图中 M 点是 T_4 由截止转为导通的转折点，即输出脉冲的起点。若 U_p 不变，改变直流控制电压 U_k，可以使脉冲移相。加 U_p 的目的是当 $U_k = 0$ 时，主电路的整流电压 $U_d = 0$。

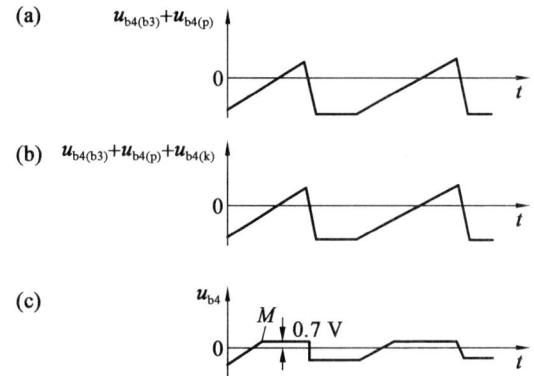

图 8.6　T_4 基极 b4 点的三种电压波形

（3）脉冲形成与放大

图 8.3 中的 C_3、R_{11}、R_{12} 及 T_5 组成脉冲形成环节。在 T_4 截止时期，T_5 饱和导通，其集电极电位 $u_{c5} \approx -15\text{ V}$，所以 C_3 的端电压为 30 V，极性左正、右负。当 T_4 由截止转为导通时，它的集电极电位突降为零，由于 C_3 的端电压不能突变，T_5 的基极电位 u_{b5} 迅速降至 -30 V，T_5 因受反向偏压而截止，其集电极电位很快上升到 2.1 V（D_6、T_7、T_8 三个 PN 结的压降之和），于是 T_7、T_8 导通，脉冲经放大后从脉冲变压器 B_2 次级输出，C_3 与此同时经 +15 V、R_{11}、D_4 及 T_4 放电并反向充电，u_{b5} 逐渐升高。当 $u_{b5} \approx -15\text{ V}$ 时，T_5 又恢复导通，u_{c5} 降到 -15 V，T_7、T_8 截止，输出脉冲结束。因此，脉冲宽度等于 T_5 的截止时间，它由 C_3 的反向充电时间常数 $R_{11}C_3$ 决定。

（4）强触发脉冲形成环节

强触发脉冲由图 8.3 中的变压器 B_1、$D_{11}\sim D_{14}$、R_{15}、C_6、C_7 等组成。36 V 的交流电源整流后，在 C_6 上获得 50 V 的直流电压。在 T_8 截止期间，C_7 的端电压 u_{C7} 也等于 50 V。T_8 导通时，C_7 经脉冲变压器 B_2 原绕组、$R_{16}(C_5)$、T_8 迅速放电，由于放电回路的电阻很小，u_{C7} 迅速下降，当 $u_{C7} < 15\text{ V}$ 时，D_{15} 导通，形成脉冲的平顶部分，A 点电位被钳位在 15 V。

（5）脉冲的封锁

在发生事故的情况下，要求封锁触发脉冲。在图 8.3 所示电路中，由 T_5 的集电极经 D_5 接地来实现脉冲封锁。

由于本触发电路的锯齿波是采用恒流源向 C_2 充电获得的，因此它不受直流电源和电网电压波动的影响，故主触发电路的抗干扰能力强，脉冲移相范围宽，且控制电压 U_k 与控制角 α 呈线性关系。

3. 集成触发器移相触发电路

电力电子器件门控电路的集成化（模块化）是当前电力电子技术发展的主流。集成化（模块化）的优点是器件体积小、功耗低、调试方便、性能稳定可靠。我国于 1997 年研制成功用于晶闸管门控的集成电路，是一种 KC 型单片集成移相触发电路，近年来已形成 KC 系列，有 10 余个品种，适用于晶闸管拖动系统、整流供电装置、交流无触点开关以及交流和直流的调压、调速、调光等场合。其中 KC04 型集成移相触发电路是应用比较广泛的一种。下面介绍 KC04 型集成移相触发电路的原理。

图 8.7 是 KC04 电路的原理图，其中虚线框内为集成电路。由图可知，它与分立元件的锯齿波移相触发电路类似，可分为同步、锯齿波形成，移相、脉冲形成、脉冲分选及功率放大等几个环节。

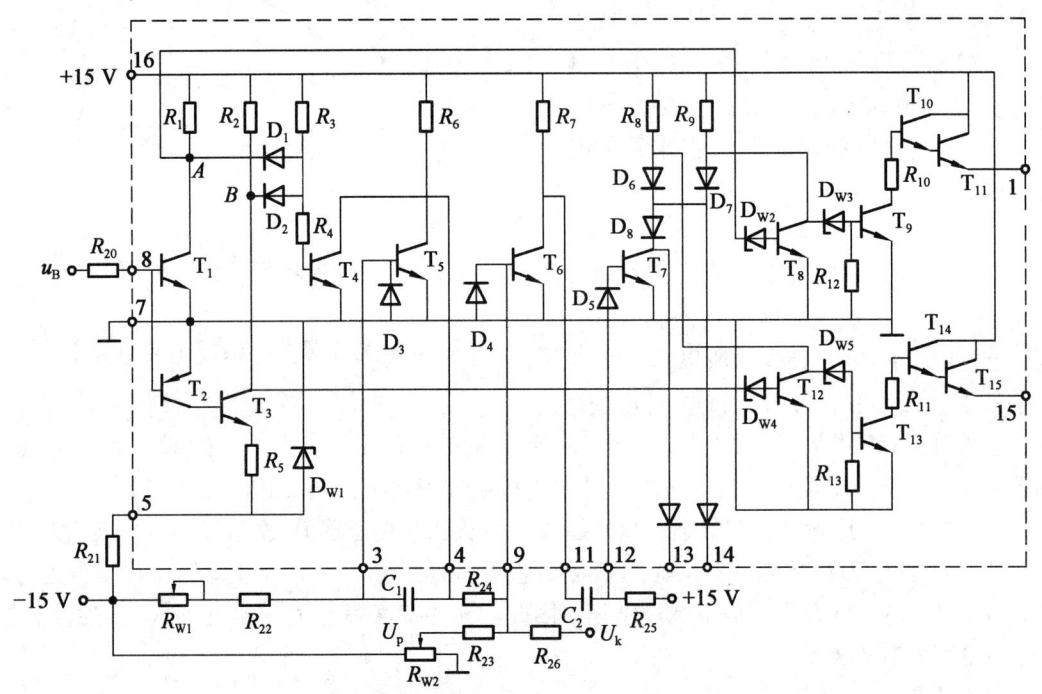

图 8.7 集成触发电路 KC04 的原理图

（1）同步环节

T_1、T_4 晶体管等元件构成同步环节，同步电压 u_B 经限流电阻 R_{20} 加到 T_1、T_2 基极。在 u_B 的正半波，T_1 导通，电流从 +15 V 经 R_3、D_1、T_1 到地；在 u_B 的负半波，T_2、T_3 导通，电流从 +15 V 经 R_3、D_2、T_3、R_5、R_{21} 到 -15 V，因此，在 u_B 的正、负半周期间，T_4 基本上处于截止状态；只有当同步电压 $|u_B|$ < 0.7 V 时，$T_1 \sim T_3$ 截止，T_4 从电源 +15 V 经 R_3、R_4 取得基极电流后才能导通。

（2）锯齿波发生器

电容 C_1 接在 T_5 的基极和集电极之间，组成负反馈的锯齿波发生器，又称为密勒积分电路。在 T_4 导通期间，C_1 经 T_4、D_3 迅速放电。当 T_4 截止时，电流经 +15 V、R_6、C_1、R_{22}、R_{W1}、-15 V 对 C_1 充电，因此在 4 号端子上形成线性增长的锯齿波，该锯齿波的斜率取决于流过 R_{22}、R_{W1} 的充电电流和 C_1 的大小。根据 T_4 导通的情况可知，在同步电压 u_B 的正、负半周期内均有相同的锯齿波产生，并且两者有固定的频率关系，因此，图 8.7 中的此环节是把正弦波的同步电压变换成锯齿波的同步电压。

（3）移相环节

T_6 及外接元件形成移相环节，由端子 4 引出的锯齿波电压 u_{c5}（在 T_5 的集电极上）、偏移电压 U_p、移相控制电压 U_k，分别经 R_{24}、R_{23}、R_{26} 在 T_6 的基极上叠加。当 T_6 的 b-e 间电压 $u_{be6} > +0.7\text{ V}$ 时，T_6 导通。设 u_{c5}、U_p 为定值，如改变 U_k，就可以改变 T_6 的导通时间，因此脉冲移相，脉冲由端子（管脚）1 和 15 输出。其他各端子的电压波形如图 8.8 所示。

（4）脉冲形成

平时 T_7 经电阻 R_{25} 获得基极电流得以导通，而电容 C_2 由电源 $+15\text{ V}$ 经电阻 R_7、D_5、T_7 的基极和发射极充电。当 T_6 由截止转为导通时，C_2 所充电压通过 T_6 成为 T_7 基极的反向偏压，使 T_7 截止。此后，C_2 经 $+15\text{ V}$、R_{25}、T_6 及地反向充电，当其充电电压 u_{C2}（即 12 号端子电压）大于或等于 1.4 V 时，T_7 又重新导通，这样在 T_7 的集电极就得到固定宽度的移相脉冲，其脉冲宽度取决于充电时间常数 $R_{25}C_2$ 的大小。

（5）脉冲分选环节

T_8、T_{12} 为脉冲分选环节，在同步电压的一个周期内，T_7 集电极输出两个脉冲，这两个脉冲相位差 180°。需要区分并检出这两个脉冲，使它们分别去触发要求导通相位差 180°的两个晶闸管，为此要利用正、负半周同步电压来分选脉冲。例

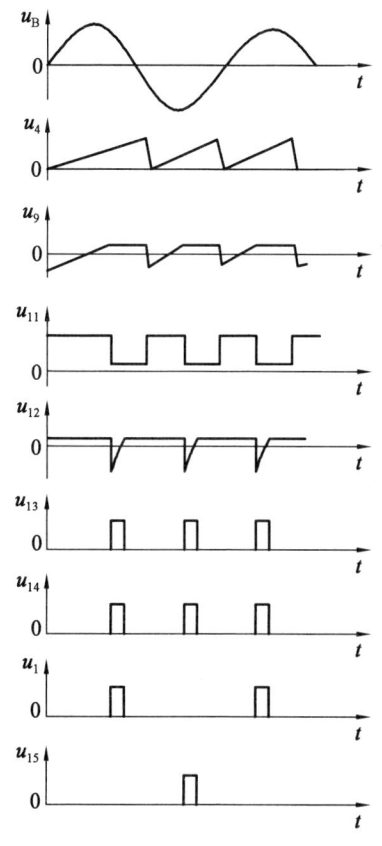

图 8.8 KC04 的各端子（管脚）电压波形

如，在 u_B 的正半周 T_1 导通时，图 8.7 中同步环节里的 A 点为低电位，而 B 点为高电位，于是 T_8 截止而 T_{12} 导通，T_{12} 把来自 T_7 的正脉冲钳位在零电位，另一方面，T_7 正脉冲又通过二极管 D_7，再经过由 $T_9 \sim T_{11}$ 组成的功率放大级放大，最后由端子 1 输出；在同步电压的负半周，情况相反，T_8 导通，T_{12} 截止，T_7 的正脉冲经 $T_{13} \sim T_{15}$ 组成的功放级放大，由端子 15 输出负相脉冲。

KC04 中的稳压管 $D_{W2} \sim D_{W5}$ 可提高使 T_8、T_9、T_{12}、T_{13} 导通的门坎电压，从而增强电路的抗干扰能力。二极管 D_1、D_2、$D_6 \sim D_8$ 是隔离二极管。

（6）用 KC04 集成电路构成的移相触发器实例

用 KC04 构成的单相触发脉冲电路如图 8.9 所示。KC04 各端子（管脚）的输出波形均已知（见图 8.8），从脉冲输出端子 1 和 15 分别接 $5.1\text{ k}\Omega$ 电阻，再接到外接晶体管 T_1 和 T_2 及脉冲变压器 B_1 和 B_2，分别触发正、负相的晶闸管。端子 9 上接有电阻 $R_{24} = 10\text{ k}\Omega$、$R_{23} = 20\text{ k}\Omega$、$R_{26} = 10\text{ k}\Omega$。调节电位器 R_{W1} 可以改变 U_p 的大小，调节脉冲的初始位置。

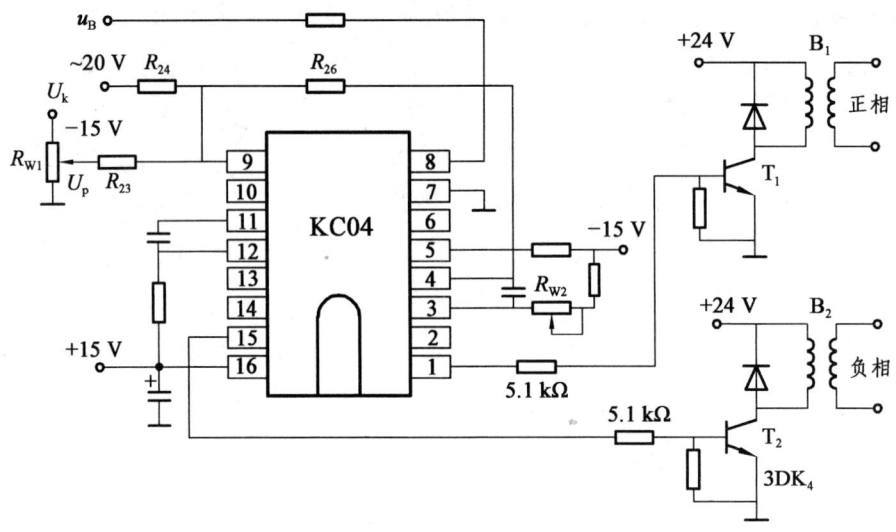

图 8.9 用 KC04 构成的单相触发脉冲电路

8.1.3 触发电路产生双脉冲的原理

根据三相桥式全控整流电路的特殊要求，触发电路应输出两个间隔为 60° 的双脉冲。为实现这一要求有两种办法：其一是每个触发单元在一个周期内产生一个脉冲，而其输出则同时触发两个相邻桥臂的晶闸管，这种双脉冲触发方式的触发电路称为"外双脉冲触发电路"，因为该触发电路的负载是两个桥臂的晶闸管，故触发器和脉冲变压器的功率都相应增大；其二是每个触发单元在一个周期内产生两个间隔为 60° 的双脉冲，只供给一个桥臂的晶闸管，这种电路虽较复杂，但输出功率可以减少，称为"内双脉冲触发电路"。

图 8.3 为内双脉冲触发电路，其中 T_5、T_6 构成"或"门，T_5、T_6 都导通时，u_{c5} 为 -15 V，T_8 截止，无脉冲输出。只要 T_5、T_6 中任何一个截止，T_7、T_8 就导通输出脉冲。所以，选用适当的信号来控制 T_5、T_6，使它们间隔 60° 截止，就可以产生符合要求的双脉冲。其中，第一个脉冲是本相触发电路中 T_4 由截止转为导通时，使 T_5 截止、T_8 导通输出的脉冲；隔 60° 的第二个脉冲是滞后 60° 相角的相邻相触发电路中的 T_4 由截止转为导通时，将其信号引至本相触发单元 T_6 的基极，使 T_6 截止、T_8 导通得到的脉冲。触发电路中各点的电压波形如图 8.10 所示。

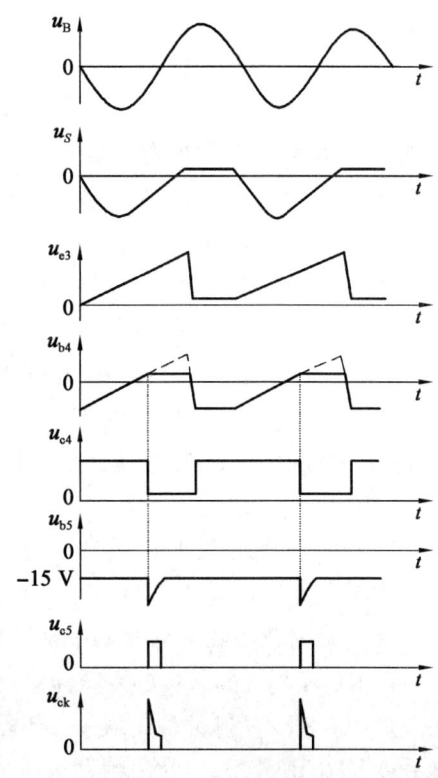

图 8.10 同步电压为锯齿波的内双脉冲触发电路的电压波形

8.1.4 触发电路同步电压的选择

在三相可控整流电路中，选择触发电路的同步电压十分重要，只有正确地选择了同步电压，才能使各晶闸管在指定的时刻及时地依照顺序触发导通。同步电压的选择与 3 个因素有关：

① 整流电路的形式及整流变压器绕组的接法。
② 同步变压器绕组的接法。
③ 触发电路中同步电压的相位与触发脉冲的相位之间的关系。

下面以三相桥式全控整流电路为例，阐述同步电压选择的方法。

1. 同步电压选择

如图 8.11（a）所示的三相桥式全控整流电路，当相控角 $\alpha=0°$ 时，6 只晶闸管 $T_1 \sim T_6$ 的触发脉冲相位必须按图 8.11（b）所示的顺序排列，才能使触发脉冲与主电路电源同步。触发脉冲与主电路电源同步是靠正确选择同步电压的相位来实现的（两者频率相同是先决条件）。由于触发电路不同，要求的同步电压相位也不同，下面以 8.1.2 中介绍的同步电压为锯齿波的触发脉冲电路（参见图 8.3）为例，说明同步电压的选择。

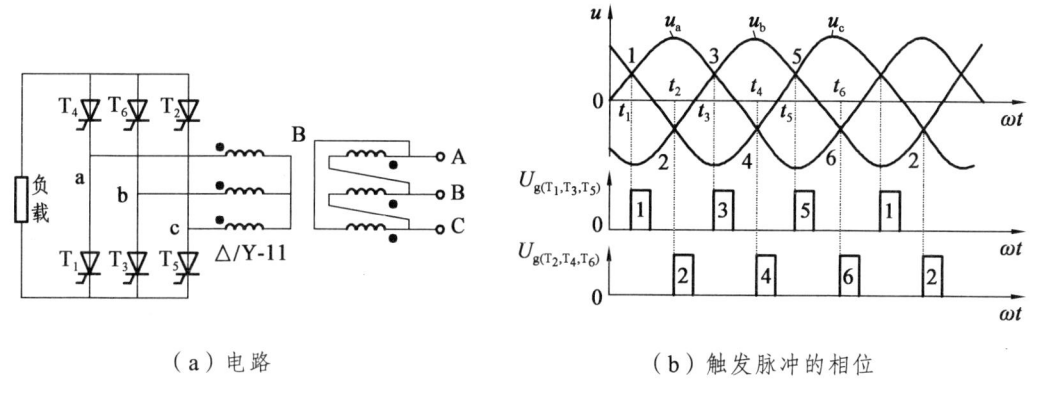

（a）电路　　　　　　　　　　　　（b）触发脉冲的相位

图 8.11　三相桥式全控整流电路

由图 8.3 可知，在同步电压 u_B 从正半周到负半周的过零时刻，T_2 由导通转为截止，电容 C_2 开始充电，此时即为锯齿波的起点。如果偏移电压 U_p 和控制电压 U_k 均为零，在忽略三极管压降时，锯齿波的起点就是触发电路产生的脉冲点，例如，加负的控制电压（$-U_k$）时，脉冲向右移动。为了使脉冲的移相范围落在晶闸管可触发导通的区域内，锯齿波的起点必须对准晶闸管控制角 $\alpha=0°$ 处，即同步电压 u_B 的相角 $\omega t=180°$ 点必须对准 $\alpha=0°$ 处，因此，接在主电路 a 相上晶闸管 T_1 的触发电路应选择超前 u_a 相位 $150°$ 的电压作为同步电压，这样 T_1 的触发脉冲可出现在 u_a 波形的 $30°$ 点上，即 $\alpha=0°$ 处。按这种关系，在主变压器的连接方式确定后，就可进一步选定同步变压器的接法和各相触发电路的同步电压。

若主变压器采用如图 8.11（a）所示的 △/Y-11 接法，其电压相量图如图 8.12（a）所示，其中 $\dot{U}_a$、$\dot{U}_b$、$\dot{U}_c$ 为加在整流桥上的副边相电压，其瞬时值即为 u_a、u_b、u_c。如果同步变压器采用 Y/Y-12/6 接法，如图 8.12（b）所示，它的电压相量图如图 8.12（c）所示。根据整流变压器与同步变压器的电压相量图，可以确定晶闸管 T_1 触发电路的同步电压为超前 u_a 150° 的 $-u_{Ta}$，T_3

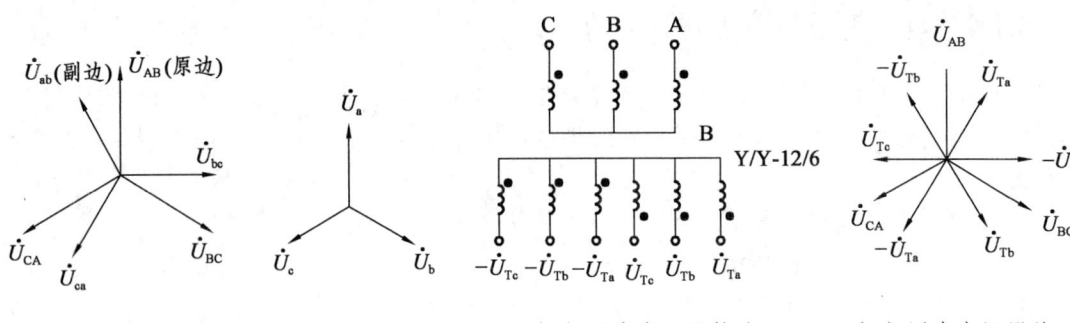

(a) 主变压器的电压相量图　　(b) 同步变压器接法　　(c) 同步变压器的电压相量图

图 8.12　主变压器电压相量图及同步变压器的接法与电压相量图

的触发电路的同步电压为滞后 $-u_{Ta}$ 120°的 $-u_{Tb}$，其余以此类推，如表 8.2 所示。

表 8.2　三相桥式全控整流电路中各晶闸管的触发电路的同步电压

被触发的晶闸管	T_1	T_2	T_3	T_4	T_5	T_6
主电路电源相电压	$+u_a$	$-u_c$	$+u_b$	$-u_a$	$+u_c$	$-u_b$
同步电压	$-u_{Ta}$	$+u_{Tc}$	$-u_{Tb}$	$+u_{Ta}$	$-u_{Tc}$	$+u_{Tb}$

若整流变压器的接法改变了或者触发电路改变了，则同步变压器的接法及各触发电路的同步电压也应做相应的改变，以保证触发电路在主电源相电压的自然换流点能开始产生脉冲。

2. 初始相位的确定

在生产实践中，一般要求拖动系统在主电路和控制电路接通电源后，当控制电压 $U_k=0$ 时，可控整流装置的输出电压 $U_d=0$。整流电压 $U_d=0$ 时的脉冲相位称为触发脉冲的初始相位（角），触发脉冲的初始相角与主电路的形式及负载的性质有关。例如，三相桥式半控整流电路，当 $\alpha=180°$ 时，整流电压 $U_d=0$。而三相桥式全控整流电路，电阻负载时 $\alpha=120°$，整流电压 $U_d=0$；大电感负载且电流连续的条件下，$\alpha=90°$，整流电压 $U_d=0$；若是感性负载但电感量不够大时，触发脉冲的初相角在 90°～120° 之间。

为了实现当控制电压 $U_k=0$ 时，触发脉冲处于初始相位的目的，故在触发电路中加偏移电压 U_p，用改变 U_p 的大小来调节触发脉冲的初始相位。偏移电压的极性总是和锯齿波电压的极性相反。

8.2　可关断晶闸管（GTO）的门控电路

8.2.1　对 GTO 门控电路的要求

GTO 的门控触发电流对 GTO 的导通与关断过程有以下影响：
① GTO 导通过程中的开通时间和开通损耗随着门极触发电流 I_G 的增加而减小。
② GTO 导通过程中的开通时间随着门极触发电流上升率 di_G/dt 的增加而减小。

③ GTO 关断过程中的关断时间随着门极关断时间与门极关断电流的上升率 di_{GR}/dt 的增大而缩短。

④ GTO 关断过程中的关断增益随着门极关断电流上升率 di_{GR}/dt 的增大而减小。

对 GTO 门控电路有以下要求：

① 能提供正向强触发电流 I_{GM}，一般 I_{GM} 为门极最小可触发电流 I_{GT} 的 6～10 倍。

② 触发电流的脉冲宽度应大于 2～3 倍的 GTO 导通时间 t_{on}。

③ 触发电流上升率 di_G/dt 应能满足不同容量 GTO 导通的要求。

④ 能提供（2～3）I_{GT} 的正向偏置电流。

⑤ 能提供关断 GTO 所需的门极反向电流，门极反向电流的幅值 I_{GR} 为其可关断阳极峰值电流 I_{TGQM} 的 0.2～0.33 倍。门极反向电流上升率 di_{GR}/dt，对于较小容量的 GTO 为 −(10～30) A/ms，对于较大容量的 GTO 为 −(40～60) A/μs。

⑥ 提供的门极反向电压 U_{GR}，对于较小容量的 GTO 为（13～15）V，对于较大容量的 GTO 为（15～20）V。

⑦ 关断脉冲的宽度应大于（2～3）倍的 [$t_{off}+t_t$（拖尾时间）]。

⑧ 关断脉冲的后沿应较为缓和。

8.2.2 GTO 门控电路的种类

GTO 门控电路的种类很多，有几种不同的分类方法，例如，以门控电路电源的数量及形式来区分；也可以按门控电路输入或输出信号的耦合方式来区分；而按门控电路最后一个环节——输出级所采用的功率元件的性质来区分，这样更能反映门控电路的结构特点。

1. 用 SCR 关断 GTO 的门控电路

图 8.13 是用 SCR 关断 GTO 的一种门控电路。输入信号为正脉冲时（on），光电管 T_1 导通，

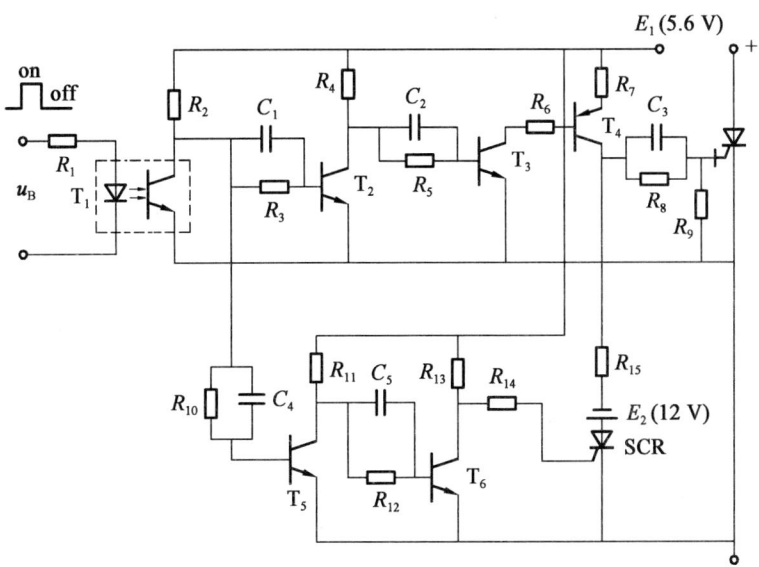

图 8.13 用 SCR 关断 GTO 的门控电路原理图

T_2 截止,T_3 和 T_4 导通,从 E_1(5.6 V)电源经 R_7、T_4 及 $C_3(R_8)$ 使 GTO 触发。$C_1 \sim C_3$ 为加速电容。当 GTO 的关断信号为零脉冲(off)时,T_3、T_4 截止,而关断电路中的 T_5 导通,T_6 截止,因此,SCR 经 R_{13} 和 R_{14} 获得触发信号并导通,关门电源 E_2(12 V)经 SCR、R_7、R_8、R_{15} 形成门极负电流,使 GTO 关断。

利用 SCR 关断 GTO,可以取得较大的负电流,有利于大功率 GTO 的关断,但频率受限制,电路也较为复杂,目前已被电力 MOSFET 及 IGBT 等新器件所取代。

2. 用 GTR 关断 GTO 的门控电路

图 8.14 是用 GTR(电力晶体管)关断 GTO 的一种门控电路,较用 SCR 的电路简单,输入正脉冲 on 信号使 T_1 导通,电源 E_1 经 T_1、$R_1(C_1)$、R_2 使 GTO 导通,同时 E_1 经 L_1、D_1、L_2,使储能电容 C_2 振荡充电,为关断 GTO 做好准备。当 T_2 的基极加以关断信号 off 时,T_2 导通,C_2 经 L_2、T_2 门极放电,使 GTO 关断,与门极并联的稳压管支路用来改善关断脉冲的波形,关断时导通的 T_3 构成 T_3、D_4 支路,使 GTO 加上负偏置电压,以增加关断的可靠性。

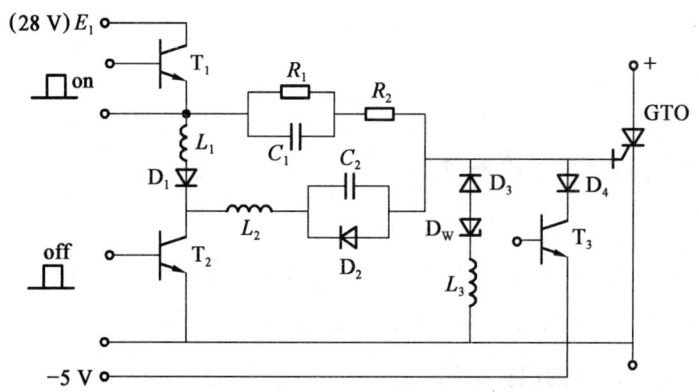

图 8.14 用 GTR 关断 GTO 的门控电路原理图

3. 用电力 MOSFET 关断 GTO 的门控电路

图 8.15 是用电力 MOSFET 关断 GTO 的门控电路,此门控电路的功率小、工作频率高,

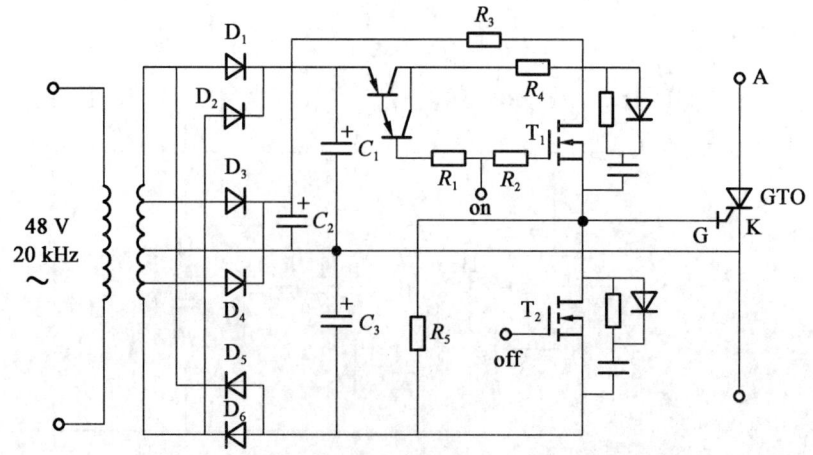

图 8.15 用电力 MOSFET 关断 GTO 的门控电路原理图

电路结构也简单。触发环节由电容 C_1、电力 MOSFET 管 T_1、复合管 T_3 等构成。20 kHz 的脉冲电源经 D_1、D_2、D_5、D_6 整流后，使触发电容 C_1 储能（15 V）。在触发信号 on 加到 T_1 基极上时，T_1 导通，GTO 被触发导通，同时，已充电的 C_2（电压为 5 V），经 R_3、电力 MOSFET 管 T_1 为 GTO 提供稳定导通的正偏置。门极关断电路由电力 MOSFET 管 T_2 及 C_3、R_5 等构成。当 T_2 基极有关断信号 off（正脉冲信号）时，T_2 导通，C_3 为 GTO 提供负的脉冲电流，使 GTO 关断。C_3 的充电电压为 15 V，C_3 的电容量较大，如 2 000 μF，可以关断 300 A/1 200 V 的 GTO。目前，针对 GTO 已有模块化的门控电路产品，应用方便可靠，但较贵。

8.3 GTR 的基极驱动电路

8.3.1 对 GTR 基极驱动电路的要求

GTR 基极驱动电路性能的好坏，不仅与 GTR 本身的性能和工作可靠性有直接关系，而且与整个系统的性能和工作可靠性有直接关系。

一个良好的 GTR 基极驱动电路应具有下列条件：

① 在遵守 GTR 基-射结电流、电压的极限参数前提下，为保证 GTR 快速导通，要求触发 GTR 的基极电流的前沿要陡，以减少开通时的开通损耗。为此，在触发时，基极电流幅值可以达到基极饱和电流幅值的 2 倍，即 $2I_{b(sat)}$，其时间控制在 1 μs～3 μs。

② 在 GTR 导通期间，要有恰当的基极电流，使它刚好达到饱和状态，以维持低的通态损耗，但又不过饱和。因为，如果驱动电流偏小，管压降 $U_{ce(sat)}$ 偏高，管子易发热烧坏；如果驱动电流偏大，管压降虽小，但从深饱和状态关断需要清除的载流子量较多，关断就慢，关断损耗增加，也易使 GTR 损坏。因此，GTR 的驱动电路中常有抗饱和环节，使过大的基极电流分流，避免 GTR 达到深度饱和。

③ 在设计 GTR 的关断电路时，应向 GTR 提供一个足够大的反向基极电流，以清除基区的剩余载流子，使 GTR 迅速由饱和导通状态进入截止状态，以尽量缩短 GTR 工作在放大区的时间。但是，在关断 GTR 时控制信号的变化不要太激烈，因为很大的 $-di_b/dt$ 虽能很快排出基极的载流子，使基-射结很快截止，但集电极里的少数载流子（空穴）来不及复合，于是集电极电流下降时间 t_f 反而延长，结果管子的损耗加大，也可能导致 GTR 损坏。

此外，在 GTR 关断后，应给基-射结提供一个 4 V～6 V 的反向偏置电压，以提高 GTR 关断时集电极的正向阻断能力。

④ 驱动电路的保护功能对提高系统的可靠性具有重要的意义。驱动电路的应具有如下保护功能：在过载、短路、失电以及器件导通过程中，其电压超过预先设置的极限值时，驱动电路能迅速对 GTR 完成截止保护；在桥式 GTR 逆变器中应能有效地防止上、下两桥臂的贯穿短路；当 GTR 因某种原因损坏时，驱动电路应具有自保护的功能。

8.3.2 GTR 基极驱动电路的组成

GTR 的基极驱动电路由电位隔离部分（如光电耦合电路）、驱动器（信号脉冲整形和放大）、输出级以及保护电路和防止过饱和等环节组成。

图 8.16 是用分立元件构成的一个实用的 GTR 基极驱动电路。其控制电源为 +12 V，电路的输入端 A 点若为高电平时，光电耦合器中有电流流过，使 T_1 导通，T_2 截止，T_3 导通，T_4 截止。因此，GTR 由 R_4、T_3 以及加速电容 C 和 R_5 获得基极电流而导通。当输入端 A 为低电平时，光耦管和 T_1 都截止，T_2 导通，T_3 截止，T_4 导通，充有电压的电容器 C 放电，GTR 截止。C 放电的主要途径是经 T_4 和 GTR 的发射极和基极形成一个较大的反向电流，使 GTR 很快截止；C 的另一放电通路是经 T_4、稳压管 D_W 和 D_4，使 GTR 获得负偏置，保证它的可靠关断。由 $D_1 \sim D_4$ 组成的基极电路是防止 GTR 过饱和的环节，其原理是 GTR 过饱和时，u_{ce} 明显降低，使 D_2、D_3 及 GTR 的 b-e 间压降之和大于过饱和时的 u_{ce}，因此，GTR 的基极电流经 D_1 分流而减小，使 GTR 退出过饱和状态。例如，QM100HY-H 型 GTR 的过饱和压降约为 1.4 V，而三个管压降 u_{D2}、u_{D3}、u_{D4} 之和约为 2.8 V，故 D_1 承受正偏而导通，直到 GTR 回到临界饱和状态，u_{ce} 升高，使 D_1 截止，这时 GTR 的 u_{ce} 不低于 2.1 V。

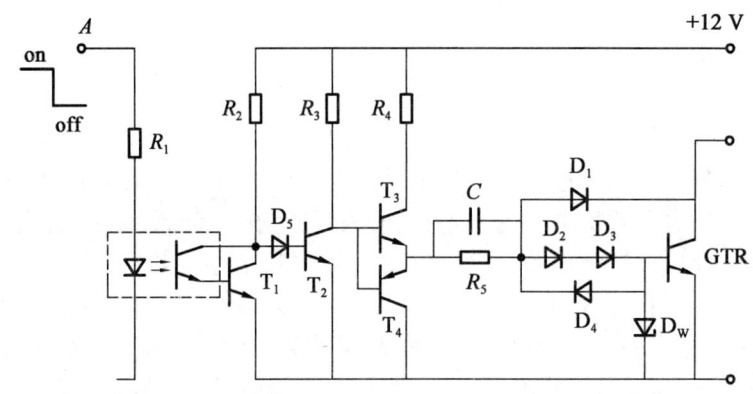

图 8.16 具有负偏压、防止过饱和的 GTR 基极驱动电路

图 8.16 所示电路的优点是简单实用，但没有短路保护的功能。目前常用的效果较好的过载检测和保护方法是用非饱和检测器检测过载电流，经驱动电路关断 GTR，其原理是：利用 GTR 过电流或者驱动电流不足时导致 GTR 退饱和，结果集电极电压 u_{ce} 上升，故可用保护电路测得过流时的 u_{ce}，再与预先设定的基准电压 u_{ref} 比较，u_{ce} 超出 u_{ref} 使 GTR 关断。

图 8.17 (a) 是 MJ10044 型 GTR 的 u_{ce} 随 i_c 变化的曲线。由图可见，当 i_c 超过一定值（约 14 A），u_{ce} 明显上升。图 8.17 (b) 是检测和保护电路，它由运算放大器等构成，当非饱和监测器测出 GTR 的 u_{ce} 超出 u_{ref} 时，驱动管 T 的基极电位上升，T 和 GTR 立即截止。

除上述办法外，由于 GTR 的基-射极电压 u_{be} 是 i_b 和 i_c 的函数，当 i_b 恒定时，u_{be} 随着 i_c 的上升而相应加大，短路时，u_{be} 明显大于正常值，因此可利用测得的过大 u_{be} 使 GTR 关断。据试验，u_{be} 受温度的影响小于 u_{ce}，可以较快、较准确地实现过电流保护。因此，有些 GTR 驱动电路的过电流保护同时利用了 u_{ce} 和 u_{be} 这两种办法。

图 8.18 是由电流源驱动的快速驱动电路。电路的工作原理是 T_1 基极有开通信号时，T_1、T_2 相继导通。由于 T_2 的基极有 3.9 V 的恒电压，故 T_2 向 GTR 提供恒定的基极驱动电流，有利于 GTR 的快速开通，而且在 T_2 导通之初，经 RC 并联电路获得电流，所以使 GTR 在开通之初的基极电流幅值升高，使 GTR 具有强触发功能。此外，在 GTR 基极电路里的退饱和二

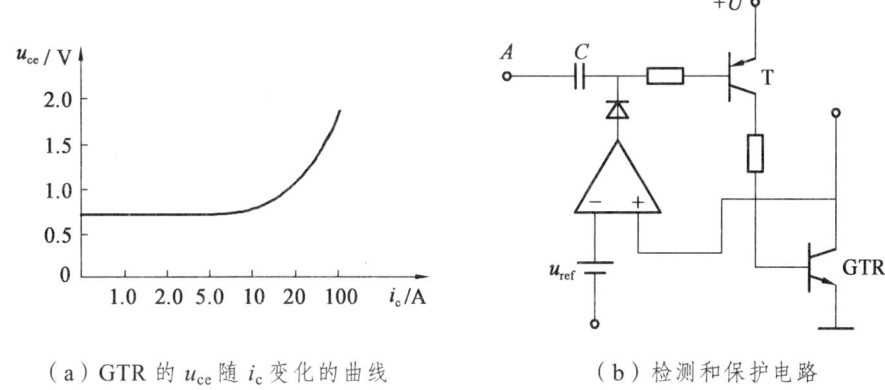

(a) GTR 的 u_{ce} 随 i_c 变化的曲线　　(b) 检测和保护电路

图 8.17　GTR 的过电流信号和检测保护电路

极管 D_2 和 D_3 是速度很高的肖特基二极管（BY735 型），有利于 GTR 的快速开通，进一步提高了驱动电路的工作速度。

当图 8.18 中电路的输入信号为低电平时，T_1、T_2 截止，T_3 导通，GTR 获得反偏电流而关断，并在 GTR 关断后通过 D_4 获得反偏电压，使 GTR 提高耐压性能。关断电路中的扼流电感 L 用于限制反偏电流的 $-di_b/dt$。

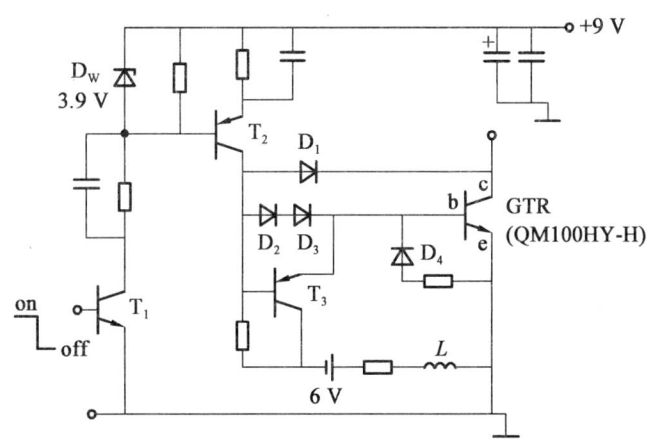

图 8.18　频率较高、工作可靠的 GTR 基极驱动电路

图 8.18 所示电路是一种工作频率较高、性能可靠的 GTR 基极驱动电路。

8.3.3　GTR 基极驱动电路模块 UAA4002

UAA4002 是法国汤姆逊公司推出的智能型 GTR 基极驱动模块中的一种，它是 16 只引脚的塑封大规模集成电路，这种驱动模块具有以下特点：

① 它能接受电平形式或正、负脉冲形式的信号，并将信号放大为 0.5 A 的正向驱动电流或 3 A 的反向关断电流，使 GTR 导通或截止。

② 驱动电流可以自动调节，保证 GTR 工作在临界饱和状态。

③ 可以通过调节外接电阻、电容的大小，以确定 GTR 的最小、最大导通时间，还可调

节为预防 GTR 逆变器上、下桥臂贯穿短路所必需的时间间隙。

④ 可用外接电阻设定 GTR 的退饱和电压值，并实现对 GTR 退饱和保护，若 GTR 的集-射极电压 u_{ce} 一旦超过设定的饱和电压值，此模块会立即关断 GTR，以免 GTR 损坏。

⑤ 能限制 GTR 的集电极电流，一旦发生过流，则使 GTR 截止。

⑥ 具有控制电源失压保护。在控制电压小于 7 V 时，使 GTR 截止，以免 GTR 在过低的驱动电压下退出饱和而造成损坏。

图 8.19 是使用 UAA4002 模块驱动 GTR 的原理图。其中，模块主要管脚的功能如下：E 脚为控制信号的输入端；16 脚输出正向驱动电流；1 脚输出反向关断电流；U_{CE} 脚防止 GTR 过饱和以及检测 GTR 的退饱和；R_T 脚的外接电阻可以确定 GTR 的最小导通时间；R_{SD} 脚的外接电阻可以确定 GTR 退饱和电压的设定值，若没有外接电阻，则模块自动设立退饱和电压为 5.5 V；R 脚为控制电源的失压保护端，若 R 接地时，一旦控制电源电压由 10 V 下跌到 7 V，模块使 GTR 立即截止。

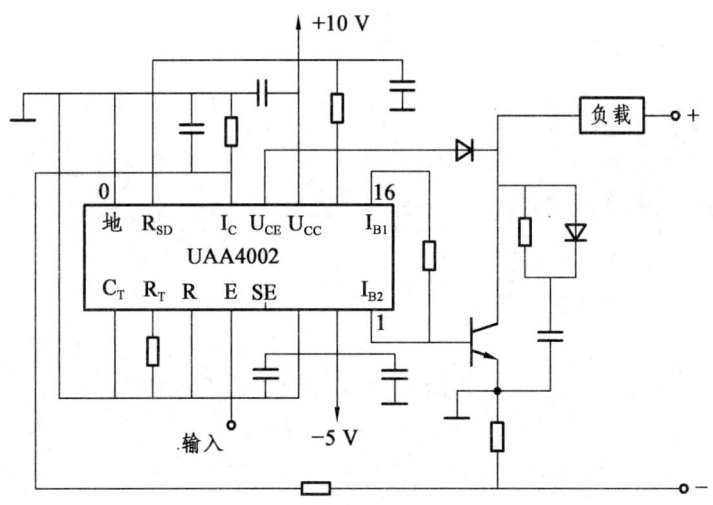

图 8.19 使用 UAA4002 模块驱动 GTR 的原理图

8.4 电力 MOSFET 的栅极驱动电路

8.4.1 对电力 MOSFET 栅极驱动电路的要求

1. 栅极电压的限制

如果栅源电压超过 20 V，即使电流被限制到很小值，栅源间的氧化层也很容易被击穿。由于该氧化层的击穿是器件失效的最常见原因之一，应该注意使栅源电压不超过最大额定电压。另外还应注意，即使所加栅极电压保持低于栅源间最大额定电压，与栅极连线的寄生电感和栅极电容耦合也会产生使该氧化层毁坏的振荡电压；通过漏栅自身电容，还能把漏极电路瞬变造成的过电压耦合过来。鉴于上述原因，应在栅源间连接一个稳压管，以便给栅极电压提供可靠的钳位保护；另外，还常采用一个小电阻或铁氧体来抑制不希望的振荡。

栅源电压不能过高的另一个原因是：随着栅源电压的升高，电力 MOSFET 开通、关断的充/放电的时间就会加长，开关速度会降低。

但是，栅源电压也不能太低，过低的栅源电压会带来两个问题：一是电力 MOSFET 的通态电阻是栅源电压的函数，它随着栅源电压的下降而增大，通态电阻的增大带来通态损耗增大；二是栅源电压过低，则使电力 MOSFET 抗干扰能力差，容易误关断。综合考虑，一般选择栅源电压为 10 V～18 V。

2. 栅极电路的内阻抗应尽量小

栅极驱动电路的等效内阻抗会影响到器件的性能，这个阻抗越低，驱动过程中的"密勒"效应就越弱，开关速度就越快。另外，减小驱动电路的内阻抗，可以减小电力 MOSFET 器件误导通和误关断的危险。

3. 具有对"地"可浮动的直流电源

栅极驱动电压是对电力 MOSFET 源极的电压，而不是对"地"的电压。在电力 MOSFET 的应用中，电力 MOSFET 经常连接成桥臂的形式。上桥臂的电力 MOSFET 的源极是连在下桥臂的电力 MOSFET 的漏极上，这样上桥臂的电力 MOSFET 的驱动电路的"地"就不能连在下桥臂的"地"上，这就需要一个独立的直流电源给上桥臂的驱动电路供电。可以用脉冲变压器隔离驱动，也可以用快速光耦合器件隔离，都能达到驱动电路对"地"电位可浮动的独立电源的目的。

8.4.2 电力 MOSFET 栅极驱动电路的分类和工作原理

1. 直接驱动电路

栅极直接驱动是最简单的一种栅极驱动电路形式，由于电力 MOSFET 的输入阻抗很高，所以可以用 TTL 器件或 CMOS 器件直接驱动。图 8.20 所示为两个直接驱动的栅控电路。

图 8.20(a)中，当输入信号为高电平时，晶体管 T 导通，15 V 的栅控电源经过 T 给 MOSFET 本身的输入电容充电，建立栅控电场，使 MOSFET 快速导通。在输入信号变为低电平时，

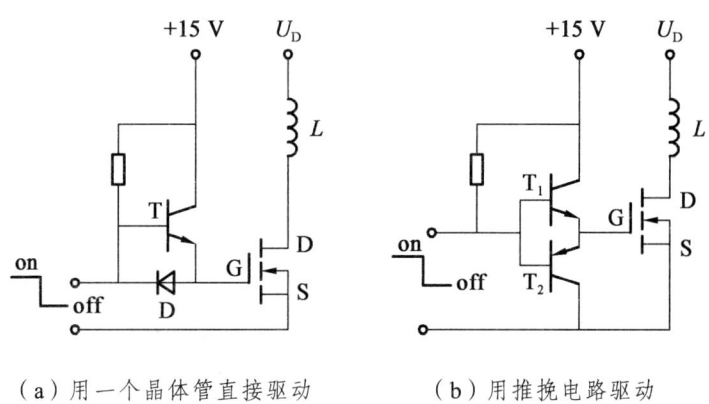

（a）用一个晶体管直接驱动　　（b）用推挽电路驱动

图 8.20　栅极直接驱动的电路原理图

T 截止，MOSFET 的输入电容通过二极管 D 接地，保证 MOSFET 处于关断状态。由于晶体管 T 的放大作用，使充电电流放大，加快了电场的建立，提高了 MOSFET 的导通速度。

图 8.20（b）所示是推挽式直接驱动电路。当信号为高电平时，T_1 导通，MOSFET 快速导通。当信号为低电平时，T_2 导通，输入电容放电，栅极接地，MOSFET 快速关断。两个晶体管 T_1 和 T_2 都使信号放大，提高了电路的工作速度，同时它们是作为射极输出器工作的，所以它们不会出现饱和状态，因此信号的传输无延迟。

2. 脉冲变压器隔离的驱动电路

栅极隔离方式分电磁式隔离和光电式隔离，由此构成两类不同的栅极驱动电路，图 8.21 所示为用脉冲变压器隔离的栅极驱动电路。

图 8.21 中，当输入信号为高电平（on）时，T_1 导通，脉冲变压器的次边输出正脉冲，使 T_2 导通，T_3 也立刻导通。T_3 的导通又保证 T_2 在输入正脉冲时继续保持导通，所以 T_4 也导通，从而 MOSFET 被可靠开通。当输入信号变为低电平（off）时，T_1 截止，脉冲变压器输出负脉冲，所以 T_2、T_3、T_4 都相继截止，这时因 T_5 的发射极上有 MOSFET 的输入电容电压，而 T_5 的基极经 R_4 加有负脉冲，所以 T_5 立即导通，从而使 MOSFET 关断。

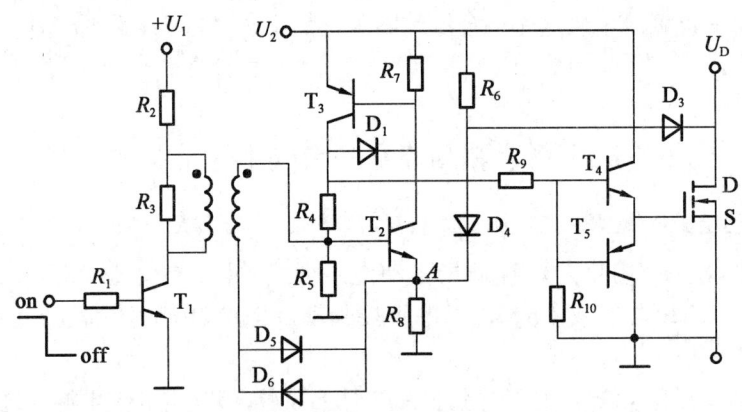

图 8.21 用脉冲变压器隔离的栅极驱动电路

图 8.21 是实用电路，故图中还包括了 MOSFET 的过载保护部分，它由 R_6、D_3、D_4 构成。其原理简介如下：当 MOSFET 正常导通时，漏极 D 的电位低于 D_4 阴极 A 点的电位，即 $u_A > U_D$，此时电阻 R_6 中的电流经 D_3 流入漏极。当发生短路和过载时，MOSFET 的漏极电压会自动升高（即管压降加大），使 $U_D > u_A$，R_6 中的电流流向 D_4 和 R_8，使 A 点电位随之升高，以致 T_2 截止，T_3、T_4 也随之截止，迫使 MOSFET 关断。

3. 光耦器件隔离的驱动电路

图 8.22 所示为用光电耦合的驱动电路，当光电管导通时，T_1 导通，T_3 导通，T_2 截止，MOSFET 导通。当光电管截止时，T_1 和 T_3 截止，T_2 导通，MOSFET 截止。由于此电路采用了光电管的射极输出、T_3 的贝克钳位和 T_2 的加速网络这三项措施，因而电路的开关速度相当高。

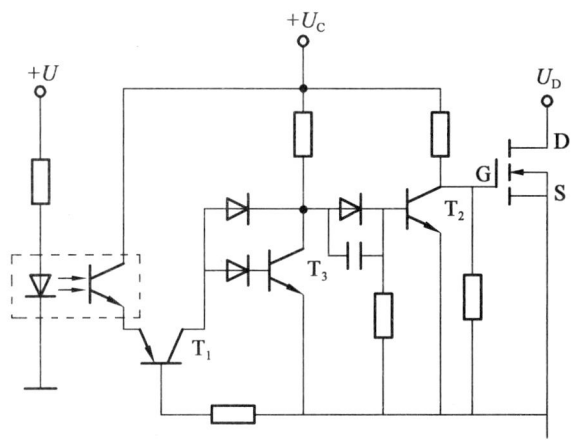

图 8.22 光电耦合的栅极驱动电路

8.5 IGBT 的栅控电路

8.5.1 对 IGBT 栅控电路的要求

对 IGBT 栅控电路有如下要求：
① 能提供适当的正向和反向输出电压。
② 尽可能小的输入、输出延迟时间。
③ 足够高的输入输出电气隔离性能。
④ 具有灵敏的过电流保护能力。

IGBT 和 MOSFET 相同，也是场控型器件，输入阻抗很高，但对于大功率 IGBT，由于有相当大的输入电容，在 IGBT 导通瞬间，栅极脉冲电流的峰值可能达到数安培，因此，栅控电路应有足够大的正向电压和输出能力。同时，IGBT 的栅极正向电压 u_{GE} 还与它的通态电压 u_{CE} 有关。当 u_{GE} 增加时，通态电压 u_{CE} 下降，只有当 u_{GE} 大到一定值时，u_{CE} 才能达到较低的饱和值，如图 8.23 所示。

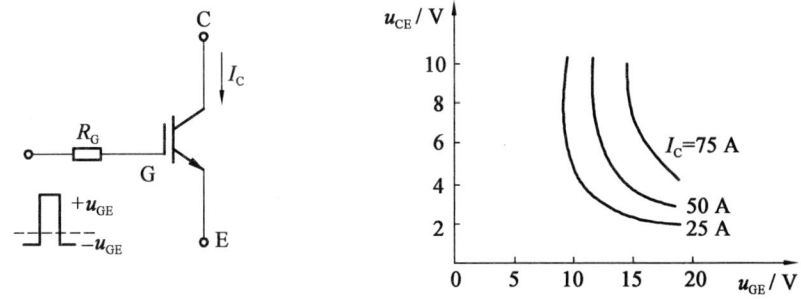

图 8.23 IGBT 的通态电压 u_{CE} 与栅极电压 u_{GE} 的关系

栅极加负偏压时，对 IGBT 的关断特性影响不大。对于驱动电动机的逆变器电路，为了使 IGBT 能稳定可靠地工作，需要给栅极加负偏压；另外，栅极负偏压还能够防止 IGBT 在过大的 du_{CE}/dt 下发生误触发，因此，IGBT 栅控电路中也引入栅极负偏压 $-u_{GE}$。负偏压通常取 $-5\,V$ 或者稍大一些。

IGBT 栅控电路中的栅极电阻 R_G 对它的工作性能影响较大。取较大的 R_G，对抑制 IGBT 的电流上升率 di_C/dt 及降低 IGBT 的电压上升率 du/dt 都有好处。但若 R_G 过大，就会过分延长 IGBT 的开关时间，使它的开关损耗加大，这对高频的应用场合是很不利的。而过小的 R_G 可使 di_C/dt 太大而引起 IGBT 的不正常或损坏，所以，正确选择 R_G 的原则是：在开关损耗不太大的情况下，选择略大的 R_G。R_G 的具体数值还与栅控电路的具体结构形式及 IGBT 的电压、电流大小有关，大致在数欧姆左右。小容量的 IGBT，其 R_G 值较大，可超过 $100\,\Omega$。具体数值可参考元件厂的推荐值。

为了使栅极驱动电路与信号电路隔离，应采用抗干扰能力强、信号传输时间短的光耦器件。

IGBT 门极与发射极的引线应尽量短，并且这两根引线应该绞合后使用，以减少栅极电感和干扰信号的进入。

图 8.24 是采用光耦器件隔离信号的电路。栅控电路由 MOSFET 及晶体管推挽电路构成，具有正、负偏置。当输入信号为高电平时，MOSFET 截止，T_1 导通，使 IGBT 迅速开通。当输入信号为低电平时，MOSFET 及 T_2 都导通，IGBT 截止。

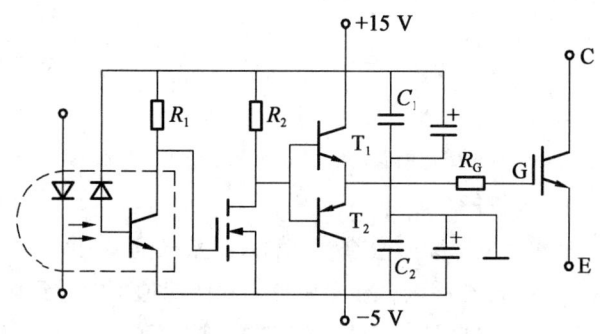

图 8.24 IGBT 的栅控电路原理图

8.5.2 用于 IGBT 栅极驱动的厚膜集成电路

日本富士公司生产的 EXB 系列厚膜集成驱动电路有 840、841、850 及 851 四个品种，它们的引脚排列和外形尺寸完全一样。

1. EXB 系列厚模集成驱动电路

（1）内部结构

EXB 系列厚膜集成驱动电路的内部结构框图如图 8.25 所示，由图可知，该集成电路由隔离环节、放大环节、过流保护环节及 5 V 基准电压环节几部分组成。

① 隔离环节。由控制电路过来的驱动信号，经光电耦合器传递到放大电路。光电耦合器使控制电路与主电路在电路上没有电的联系。

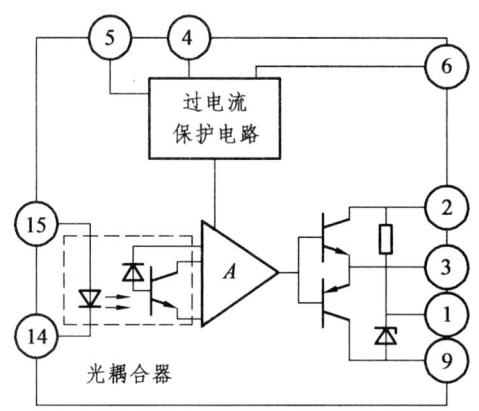

图 8.25 EXB 系列驱动器内部结构框图

② 放大环节。控制电路产生的驱动信号，往往不能满足驱动 IGBT 导通的要求。因此需采用放大电路，将这个弱的驱动信号进行放大后，再去驱动 IGBT。

③ 过流保护环节。这个环节通过检测 IGBT 的 C 极电压来判别是否过流，一旦出现过流，则封锁驱动信号，同时送出一个故障信号。

④ 5 V 基准电压环节。这个环节为驱动 IGBT 提供 −5 V 反偏压，同时也为输入光电耦合器提供二次侧电源。

（2）工作原理

EXB 系列厚膜集成驱动电路的内部原理电路如图 8.26 所示，该图所标参数为 EXB841 的参数。由图可知，光电耦合器 OC1 组成隔离环节；T_2、T_4、T_5 和 R_1、C_1、R_2、R_9 组成放大环节；T_1、T_3、D_1、D_{W1} 和 C_2、R_3、R_4、R_5、R_6、C_3、R_7、R_8、C_4 组成过流保护环节；5 V 基准电压环节由 R_{10}、D_{W2} 和 C_5 组成。

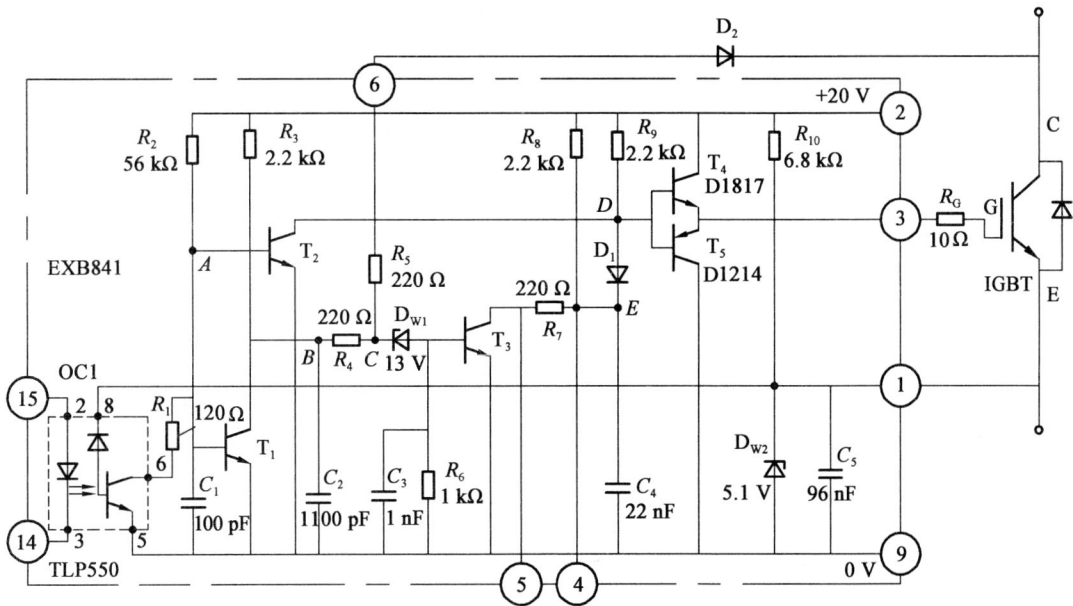

图 8.26 EXB841 的内部电路原理图

电路的工作原理如下：

① 开通过程。控制电路产生的开通信号使光电耦合器 OC1 导通，A 点电位降到 0 V，使 T_1 和 T_2 截止。T_2 截止使 D 点电位上升到 20 V，T_4 导通，T_5 截止。T_4 通过栅极电阻 R_G 向 IGBT 的栅极提供一个驱动电流使其导通，u_{CE} 下降到 3 V，同时 T_1 截止，使 +20 V 电源通过 R_3 向电容 C_2 充电，B 点电位上升，上升的速度由充电电路的时间常数决定。然而，由于 IGBT 约 1 μs 后导通，u_{CE} 下降至 3 V，从而将 EXB841 引脚 6 的电位钳制在 8 V 左右（u_{CE} + 基准电压），因此，B 点和 C 点电位只能到 8 V 左右。电路中稳压管 D_{W1} 的稳压值为 13 V，这样，当 IGBT 正常开通时，D_{W1} 不会被击穿，T_3 不导通，D 点电位仍为 20 V，不影响 T_4 和 T_5 的正常工作。

② 关断过程。开通信号取消后，光电耦合器 OC1 截止，A 点电位上升，使 T_1 和 T_2 导通，而 T_2 的导通又使 T_4 截止、T_5 导通，IGBT 的栅极电荷通过 T_5 迅速放电，EXB841 引脚 3 的电位迅速下降至 0 V，使 IGBT 可靠关断，u_{CE} 迅速上升使 EXB841 的引脚 6 "悬空"，同时 T_1 导通，使 C_2 通过 T_1 放电，将 B 点和 C 点电位钳制在 0 V，D_{W1} 仍不导通，后面电路不会动作，IGBT 正常关断。

③ 保护动作过程。当发生短路，IGBT 承受大电流而退饱和时，u_{CE} 上升很快，二极管 D_2 截止，B 点和 C 点电位开始由 8 V 上升，当上升到 13 V 时，D_{W1} 被击穿，T_3 导通，C_4 通过 R_7 和 T_3 放电，E 点电位逐步下降，二极管 D_1 导通使 D 点电位也逐步下降，从而使 EXB841 引脚 3 的电位也逐步下降，慢慢关断 IGBT。

（3）电特性参数

EXB 系列厚膜集成驱动电路的电特性参数见表 8.3。

表 8.3　EXB 系列厚膜集成驱动电路的电特性参数（$T = 25°C$）

项目	符号	条件	额定参数						单位
			EXB840、EXB841（高速）			EXB850、EXB851（中速）			
			最小	典型	最大	最小	典型	最大	
导通时间 1	t_{on1}	$U_{CC} = 20$ V, $I_F = 5$ mA		1.5			2.0		μs
导通时间 2	t_{on2}	$U_{CC} = 20$ V, $I_F = 5$ mA		1.5			4.0		μs
过电流保护电压	U_{ocp}	$U_{CC} = 20$ V, $I_F = 5$ mA	7.5			7.5			V
过电流保护延迟时间	t_{ocd}	$U_{CC} = 20$ V, $I_F = 5$ mA		10			10		μs
报警延迟时间	t_{ALM}	$U_{CC} = 20$ V, $I_F = 5$ mA		1			1		μs
反向偏置电源电压	U_{RB}	$U_{CC} = 20$ V	5			5			V

4. EXB 系列厚膜集成驱动电路的应用

EXB 系列厚膜集成驱动电路尽管引脚排列和外形完全相同，但 EXB850、EXB851 用于

10 kHz 以内频率的开关操作，分别用来驱动 150 A/600 V、400 A/600 V 或 75 A/1 200 V、300 A/1 200 V 以下的 IGBT；而 EXB840、EXB841 用于开关频率为 40 kHz 以下的开关操作，用来驱动 150 A/600 V、400 A/600 V 或 75 A/1 200 V、300 A/1 200 V 以下的 IGBT。

EXB 系列厚膜集成驱动电路的典型应用线路如图 8.27 所示。

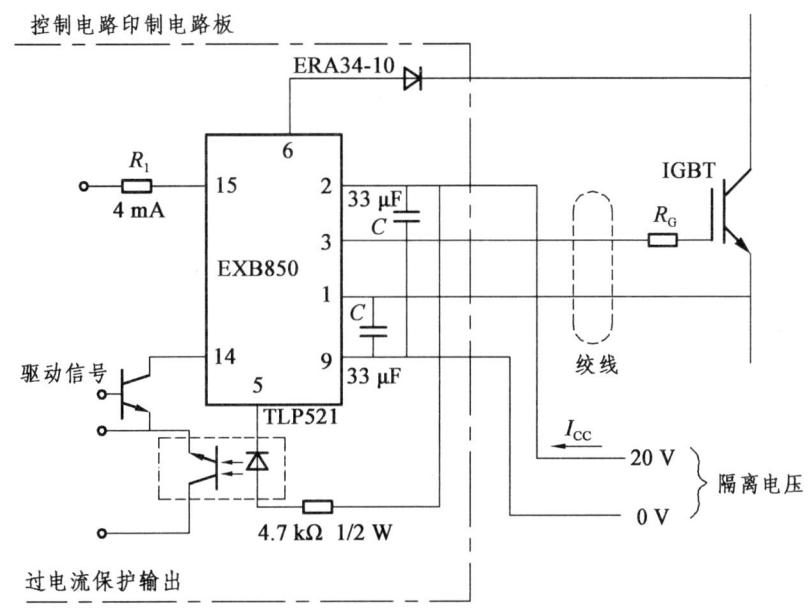

图 8.27　EXB 系列厚膜集成驱动电路的典型应用电路

ERA34-10—快速恢复二极管；TLP521—光耦合器

该电路在使用时应注意以下几个方面：

① 被驱动的 IGBT 栅-射极驱动回路往返接线必须小于 1 m，且栅-射极接线应采用绞线。

② 如在 IGBT 集电极产生较大的电压尖脉冲，那么可增大 IGBT 栅极串联电阻 R_G。

③ 图中电容 C 用来吸收由电源接线阻抗引起的供电电压变化，它不是电源滤波电容器。电容 C 的选取对于 EXB840、EXB850 为 33 μF，而对于 EXB841、EXB851 则为 47 μF。

④ 图中 R_1 的选取应满足 EXB840、EXB841 输入电流为 10 mA 的要求，而 EXB850、EXB851 为 4 mA。

2. HR065 IGBT 厚膜集成驱动电路

HR065 是日本英达公司生产的 IGBT 厚膜驱动器。它能输出适当的正、反驱动电压，具有满足被驱动的 IGBT 可靠导通和关断的瞬时功率或瞬时电流输出能力，且输入、输出间完全隔离，能对被驱动的 IGBT 进行可靠的短路保护及过电流保护，是一种性能很好的 IGBT 驱动器。

（1）内部结构和工作原理

HR065 的内部结构框图如图 8.28 所示。输入脉冲信号经高速光耦合器隔离后，通过传输级即可送到输出级，产生正、负偏压加到 IGBT 栅极。然而，这还不能满足要求，特别是对付过电流故障，必须增设相应的检测和保护电路。检测过电流故障有很多方法，其中比较好的方法是利用 IGBT 通态压降与集电极电流成正比的特性,通过监视通态压降来判断是否发生过电流。

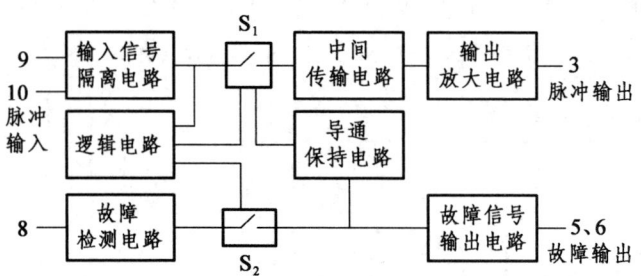

图 8.28 HR065 的原理框图

一旦通态压降超过设定值(具体值视 IGBT 的特性而异),故障电路动作,经开关 S_2 向故障信号输出电路及导通保持电路发出动作信号,故障信号输出电路驱动外接光耦合器,将故障信号传递给上级控制电路;导通保持电路的作用是实现所谓的"软关断",即过电流发生后不立即关断 IGBT,而是继续保持一小段适当的开通时间,此时的正向驱动电压必须下降(一般要小于 10 V),而后再输出负向偏压,真正关断 IGBT。软关断的好处是可延长 IGBT 承受短路的时间,同时能有效地抑制 C、E 端的关断尖峰电压,避免器件因过电压而击穿。逻辑电路的作用是保证只有在输出正向偏压期间,故障检测电路才起作用,其余时间不起作用。HR065 的内部电路原理图如图 8.29 所示。

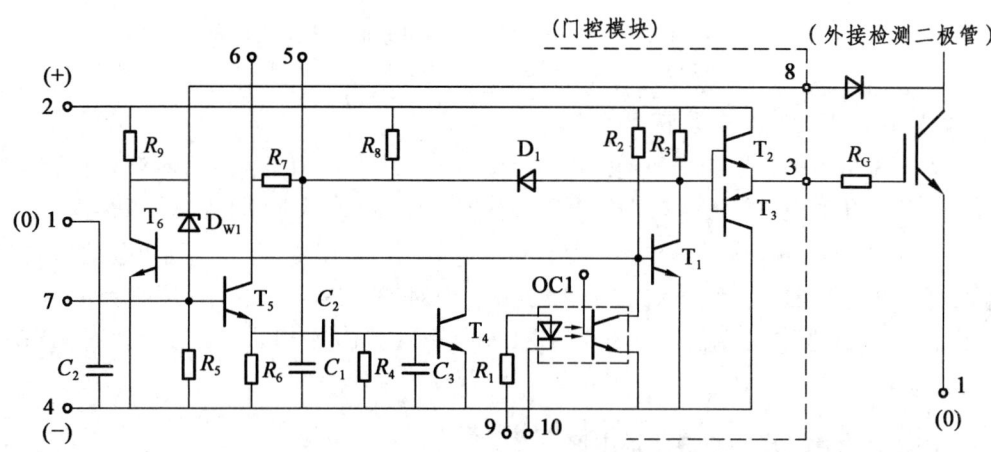

图 8.29 HR065 的内部电路原理图

具体工作原理如下:光耦合器 OC1、晶体管 T_1、T_2、T_3 及电阻 R_1、R_2、R_3 构成了驱动器的基本电路。其中 T_2、T_3 为一对互补推挽输出管,T_2 导通时 T_3 必须截止,驱动器向 IGBT 栅极输出正电压,反之输出负电压。T_1 为信号中间推动管。光耦合器 OC1 起传递输入信号和实现输入、输出隔离的双重作用。T_4、T_5、D_1 及 $R_4 \sim R_8$、$C_1 \sim C_3$ 构成了过电流检测、故障信号输出电路及导通保持电路。当 IGBT 正常导通时,引脚 8 和引脚 1 之间的电压(为 IGBT 饱和压降与外接检测二极管正向压降之和)较低,故 D_{W1} 中无电流通过,T_5 基极没有正向偏置而处于截止状态,故障输出端 5、6 之间无电流输出。当发生过电流时,IGBT 的饱和

压降 u_{CEO} 随着短路电流的增大而升高,当增大到超过某一设定值时(第二代 IGBT 一般选为 7 V 左右),D_{W1} 反向导通,为 T_5 提供基极电流,T_5 由截止转为导通,故障输出端有电流输出,此时 D_1 导通,强行将 T_2、T_3 的基极电流减小,使 T_2 从饱和区退回到放大区,造成输出正向驱动电压下降,以实现软关断;另一方面,T_5 导通时,产生正向脉冲信号经 C_2 耦合到导通保持电路,由于 C_3 的作用,可使 T_4 保持约 30 μs~45 μs 的导通状态,保证了 T_1 在这段时间内可靠截止,不受输入端信号的影响。如果在这段时间内,过电流故障撤销,则 D_1 截止,正向驱动电压恢复正常,IGBT 照常工作;如在此段时间以后,过电流故障仍然存在,在输入封锁信号作用下,光耦合器 OC1 中的晶体管截止,使 T_1 导通,立即在 IGBT 栅极上形成负偏电压而关断器件,同时 T_6 导通,故障检测电路不起作用。T_6 起着一个逻辑电路的作用,即只在驱动器输出正向电压时才开放过电流检测电路,其他情况下均使其无效,这样才能可靠地防止"假过电流"。

(2) HR065 电路与 EXB 系列厚膜集成电路的比较

电气特性的比较见表 8.4;保护特性的比较见表 8.5。

表 8.4 HR065 与 EXB 的主要电气特性比较

比 较 内 容	HR065	EXB841	EXB840
电源电压(V)	25	20	20
输入电压(V)	−0.5~5.5		
正向偏置输出电流(A)	2.5	4.0	1.5
反向偏置输出电流(A)	−2.5	−4.0	−1.5
最大报警输出电流(mA)	100		
最大工作频率(kHz)	20	40	40
最大输出绝缘电压(kV)	2.5	2.5	2.5
输入高电平(V)	4		
输入低电平(V)	0.5		
输入正向电流(mA)	10	10	10
输出高电平电压(V)	16	14.5	14.5
输出低电平电压(V)	−8	−4.5	−4.5
供电电压(V)	25	20	20
开通延迟时间(μs)	0.4~0.8	1.5	1.5
开通上升时间(μs)	0.06	1.5	1.5
关断延迟时间(μs)	0.07~0.4	1.5	1.5
关断下降时间(μs)	0.01	1.5	1.5

表 8.5　HR065 与 EXB 的保护性能比较

比　较　内　容	HR065	EXB840/841
过流保护时间（μs）	5.8	10
过流保护输出电压（V）	4.0	
报警信号延迟时间（μs）	1.4	1.0
报警信号上升时间（μs）	1.9	1.0
报警信号保持时间（μs）	45	
过电流检测电压（V）	10	7.5

习　题

8.1　门控电路中的同步电源起什么作用？哪些变流装置的门控电路需要同步电源？

8.2　电阻负载和感性负载、零式整流电路和桥式整流电路对触发电路的要求有无不同？为什么？

8.3　用晶体管等分立元件构成触发电路时应有哪些基本环节？各基本环节的功能是什么？

8.4　KC04 集成电路有哪些基本环节？如何使用 KC04？

8.5　试述 GTO 门控电路的特点，画出 GTO 门控电路部分的几种原理图。

8.6　对 GTR 的门控电路有哪些要求？如何防止 GTR 的过饱和及过电流？

8.7　参照 N 沟道电力 MOSFET 的栅控电路，试为 P 沟道电力 MOSFET 设计一个栅控电路。

8.8　试为图 8.24 中 100 A 的 IGBT 栅控电路选择主要元件的参数。

8.9　分析图 8.29 中 IGBT 过电流保护部分(过电流保护环节)的电路原理,其中有关 IGBT "软关断"的保护起什么作用？

第 9 章　电力变换电路参数的计算与设计

9.1　相控整流器主电路参数的计算与设计

9.1.1　整流变压器额定参数的计算

整流变压器额定参数的计算主要是确定给整流电路供电的变压器二次侧相电压 U_2、相电流 I_2 和变压器平均计算容量 S。

下面以带有大电感的电动机作为相控整流器的负载，讨论整流变压器各额定参数的计算。

1. 二次侧相电压 U_2

在相控整流器主电路的接线方式和负载性质一定的条件下，给整流电路供电的变压器二次侧相电压 U_2 的选择是很重要的。选择过高，则晶闸管运行时控制角 α 过大，造成功率因数变坏、无功功率增大，并在电源回路的电感上产生较大的电压降；选择过低，则有可能在最不利的情况下，即电源电压偏低、负载最大时，即使晶闸管的控制角退到最小，仍然不能得到负载要求的额定输出直流电压。要精确地计算变压器二次侧相电压，应该考虑以下几个因素。

（1）整流输出电压平均值 U_d

主电路接线方式不同，整流输出直流平均电压 U_d 与变压器二次侧相电压 U_2 及控制角 α 的关系是不一样的。

根据整流电路不同的接线方式和负载性质，并考虑到电网电压的波动，可得出：

$$U_d = \varepsilon U_2 \frac{U_{d0}}{U_2} \cdot \frac{U_{d\alpha}}{U_{d0}} = \varepsilon U_2 AB \tag{9.1}$$

式中，A 为控制角 $\alpha=0°$ 时整流输出电压平均值 U_{d0} 与变压器二次侧相电压有效值 U_2 之比，$A=U_{d0}/U_2$，A 可根据主回路的接线方式从表 9.1 中选取；B 为控制角 $\alpha>0°$ 时和 $\alpha=0°$ 时整流输出电压平均值之比，$B=U_{d\alpha}/U_{d0}$，B 可根据主电路的接线方式从表 9.1 中选取，注意，数值 B 是控制角 α 的函数，为了在额定负载时仍能进行控制，所以在实际计算中不能按控制角 $\alpha=0°$ 进行计算，而应取规定的最小控制角 α_{min}；ε 为电网电压的波动系数，应保证在电网电压最低时仍能输出额定的整流电压和整流电流，根据规定，允许电压波动为 $+5\% \sim -10\%$，即 $\varepsilon=1.05 \sim 0.9$，$\varepsilon$ 应视具体条件而定，在电网状况不好，即负载相对容量较大且变化剧烈时，可取到 $+10\% \sim -15\%$。

（2）最小控制角 α_{min}

对于要求直流输出电压保持恒定或要求电机转速恒定的整流装置，α 需留有能自动调节运行补偿的余量，一般可逆传动系统 α_{min} 取 $15° \sim 30°$，不可逆传动系统 α_{min} 取 $10° \sim 15°$。

表 9.1 整流变压器的计算系数

整流主电路形式		单相双半波	单相半控桥	单相全控桥	三相半波	三相半控桥	三相全控桥	带平衡电抗器的双反星形
$A = \dfrac{U_{d0}}{U_2}$		0.90	0.90	0.90	1.17	2.34	2.34	1.17
$B = \dfrac{U_{d\alpha}}{U_{d0}}$	电阻负载或电感负载带续流二极管	$\dfrac{1+\cos\alpha}{2}$	$\dfrac{1+\cos\alpha}{2}$	$\dfrac{1+\cos\alpha}{2}$	$\cos\alpha$ ($\alpha=0°\sim30°$) $0.577[1+\cos(\alpha+30°)]$ ($\alpha=30°\sim150°$)	$\dfrac{1+\cos\alpha}{2}$	$\cos\alpha$ ($\alpha=0°\sim60°$) $1+\cos(\alpha+60°)$ ($\alpha=60°\sim120°$)	$\cos\alpha$ ($\alpha=0°\sim60°$) $1+\cos(\alpha+60°)$ ($\alpha=60°\sim120°$)
	电感负载不带续流二极管	$\cos\alpha$	$\dfrac{1+\cos\alpha}{2}$	$\cos\alpha$	$\cos\alpha$	$\dfrac{1+\cos\alpha}{2}$	$\cos\alpha$	$\cos\alpha$
c		$\dfrac{1}{\sqrt{2}}=0.707$	$\dfrac{1}{\sqrt{2}}=0.707$	$\dfrac{1}{\sqrt{2}}=0.707$	$\dfrac{\sqrt{3}}{2}=0.866$	$\dfrac{1}{2}=0.5$	$\dfrac{1}{2}=0.5$	$\dfrac{1}{2}=0.5$
$k_{I2}=\dfrac{I_2}{I_d}$	电阻负载	0.785	1.11	1.11	0.587	0.816	0.816	0.294
	电感负载	0.707	1	1	0.577	0.816	0.816	0.289
$k_{I1}=\dfrac{kI_1}{I_d}$	电阻负载	1.11	1.11	1.11	0.480	0.816	0.816	0.415
	电感负载	1	1	1	0.471	0.816	0.816	0.408
m_2		2	1	1	3	3	3	6
m_1		1	1	1	3	3	3	3
S_1/S_2		0.707	1	1	0.816	1	1	0.707
S_2/P_d	电阻负载	1.75	1.23	1.23	1.51	1.05	1.05	1.51
	电感负载	1.57	1.11	1.11	1.48	1.05	1.05	1.48
S_1/P_d	电阻负载	1.23	1.23	1.23	1.23	1.05	1.05	1.05
	电感负载	1.11	1.11	1.11	1.21	1.05	1.05	1.05
S/P_d	电阻负载	1.49	1.23	1.23	1.37	1.05	1.05	1.28
	电感负载	1.34	1.11	1.11	1.34	1.05	1.05	1.26

(3) 在直流侧流过最大过载电流 I_{dmax} 时，变压器漏抗引起的换向压降 ΔU_{dmax}

在直流侧流过最大过载电流 I_{dmax} 时，变压器漏抗引起的换向压降 ΔU_{dmax} 为

$$\Delta U_{dmax} = \frac{mX_B}{2\pi} I_{dmax}$$

式中，m 为一个周期内的换向次数或整流电压在一个周期内的波头数，对于三相半波整流电路，$m=3$；对于三相桥式全控整流电路，$m=6$。X_B 相当于漏感为 L_B 的变压器折算到二次侧的每相漏抗，$X_B = \omega L_B$，ω 为电源角频率，$\omega = 2\pi f$。

通过变换，变压器漏抗引起的换向压降为

$$\Delta U_{dmax} = AcU_2 \frac{u_k\%}{100} \cdot \frac{I_{dmax}}{I_d} \tag{9.2}$$

式中，A 可从表 9.1 中选取；c 可从表 9.1 中选取 $\left(c = \frac{m}{2\pi} \cdot \frac{1}{k_{I2}} \cdot \frac{1}{A}$，其中 k_{I2} 为电流系数$\right)$；$u_k\%$ 为变压器的短路比，100 kV·A 以下的变压器取 $u_k\%=5$，100~1 000 kV·A 的变压器 $u_k\%=5$~8；I_{dmax}/I_d 为负载的电流过载倍数，即最大过载电流和额定负载电流之比，其值根据运行要求而定。

（4）晶闸管上正向压降 nU_T

U_T 为每一只整流元件的正向压降，一般取 1 V~2 V，较大值对应较大的（数百安培）额定输出电流的情况。n 为主电路中电流经过的整流元件（如晶闸管、二极管）数，例如，三相桥式整流电路中同时导通的有两只晶闸管，则取 $n=2$。

（5）电动机流过最大过载电流 I_{Dmax} 时，电动机的端电压 U_{Dmax}

恒速电动机过载时的端电压 U_{Dmax} 应等于电动机额定电压 U_D 加上超载电流 $(I_{Dmax} - I_D)$ 在电动机电阻 R_D 上的压降。如果整流器仅对电动机供电，则整流器的输出电流等于电动机的电枢电流，所以最大电流时 $I_{dmax} = I_{Dmax}$，额定负载电流时 $I_d = I_D$，因此，电动机的端电压为

$$U_{Dmax} = U_D + (I_{Dmax} - I_D)R_D = U_D + (I_{Dmax} - I_d)\gamma_D \frac{U_D}{I_D}$$

$$= U_D\left[1 + \gamma_D\left(\frac{I_{dmax}}{I_d} - 1\right)\right] \tag{9.3}$$

式中，$\gamma_D = \frac{I_D R_D}{U_D}$ 为电动机总电阻的相对值，对于容量为 15 kW~150 kW 的电动机，通常 $\gamma_D = 0.08$~0.04。

（6）最大过载电流 I_{dmax} 在其他所有电阻 R_p 上产生的压降 U_{pmax}

$$U_{pmax} = I_{dmax} \cdot R_p = I_{dmax}\gamma_p \frac{U_D}{I_D} = U_D \cdot \gamma_p \frac{I_{dmax}}{I_d} \tag{9.4}$$

式中，$\gamma_p = \frac{I_D R_p}{U_D}$。

现在，可以比较精确地写出整流器主电路中的电压平衡方程式

$$U_{\mathrm{d}} = \Delta U_{\mathrm{dmax}} + nU_{\mathrm{T}} + U_{\mathrm{Dmax}} + U_{\mathrm{pmax}}$$

将式（9.1）~式（9.4）代入上式并整理，得出 U_2 的精确计算式

$$U_2 = \frac{U_{\mathrm{D}}\left[1+(\gamma_{\mathrm{D}}+\gamma_{\mathrm{p}})\dfrac{I_{\mathrm{dmax}}}{I_{\mathrm{d}}} - \gamma_{\mathrm{D}}\right] + nU_{\mathrm{T}}}{A\left[\varepsilon B - c\dfrac{u_{\mathrm{k}}\%}{100}\cdot\dfrac{I_{\mathrm{dmax}}}{I_{\mathrm{d}}}\right]} \tag{9.5}$$

在要求不太精确的情况下，U_2 可由如下的简化式进行计算，即

$$U_2 = (1\sim 1.2)\frac{U_{\mathrm{D}}}{A\varepsilon B} \tag{9.6}$$

或

$$U_2 = (1.2\sim 1.5)\frac{U_{\mathrm{D}}}{A} \tag{9.7}$$

式中，U_{D} 是负载电动机的额定电压；系数（1~1.2）或（1.2~1.5）是考虑了各种因素的安全裕量，在 I_{d} 较小（例如 100 A 以下）、负载功率也较小时，取小值，否则取得较大，例如，对负载功率达 1 000 kV·A 容量的变压器可取到 1.2；A 和 B 的值可从表 9.1 中查得；ε 是电网电压的波动系数。

例 9.1 某晶闸管直流调速系统采用型号 ZZ-91 型的直流电动机，其额定值为 $U_{\mathrm{D}}=220$ V，$I_{\mathrm{D}}=287$ A，$P_{\mathrm{D}}=55$ kW；晶闸管接线方式为三相全控桥；负载的短时电流过载倍数为 1.5；电网电压波动系数为 0.9，晶闸管通态平均压降为 1 V；变压器的短路比 $u_{\mathrm{k}}\%=5$；电动机电枢总电阻的相对值 $\gamma_{\mathrm{D}}=0.06$，求变压器二次侧相电压值 U_2。

解 由表 9.1 查得，对于三相全控桥，$A=2.34$，$c=0.5$；取最小控制角 $\alpha_{\min}=30°$，不带续流二极管时，$B=\cos\alpha=\cos 30°=0.866$；忽略电阻 R_{p}，即 $\gamma_{\mathrm{p}}=0$。

用精确法计算变压器次级相电压，由式（9.5）得

$$U_2 = \frac{220\times[1+(0.06+0)\times 1.5 - 0.06]+2\times 1}{2.34\times\left[0.9\times 0.866 - 0.5\times\dfrac{5}{100}\times 1.5\right]} = 132 \quad (\mathrm{V})$$

用近似法计算，由式（9.6）得

$$U_2 = (1\sim 1.2)\times\frac{220}{2.34\times 0.9\times 0.866} = 121\sim 145 \quad (\mathrm{V})$$

由式（9.7）得

$$U_2 = (1.2\sim 1.5)\times\frac{220}{2.34} = 113\sim 141 \quad (\mathrm{V})$$

2. 二次侧相电流 I_2 和一次侧相电流 I_1

整流变压器的一次侧、二次侧相电流波形通常都不会是正弦波，根据整流电路的不同接线形式与负载性质，可计算变压器一次侧和二次侧相电流的有效值 I_1 和 I_2。

I_2 和 I_1 可根据电流 i_2 的波形及整流变压器的变比进行计算。如果忽略变压器的激磁电流，

根据磁势平衡方程式写出如下关系式：

$$I_1 w_1 = I_2 w_2$$

$$I_1 = I_2 \frac{w_2}{w_1} = I_2 \frac{1}{k}$$

式中，k 为整流变压器的变比，$k = w_1/w_2$，w_1 和 w_2 分别为变压器一次侧和二次侧的绕组匝数。

如负载电流为 I_d，则对于不同接线形式的整流电路，变压器二次侧、一级侧的电流有效值 I_2 和 I_1 与负载电流 I_d 的关系有所不同，但可统一用下式表示：

$$I_2 = k_{I2} I_d \tag{9.8}$$

$$I_1 = k_{I1} I_d \tag{9.9}$$

式中，电流系数 k_{I2} 和 k_{I1} 由表 9.1 中选取。

3. 二次侧容量 S_2、一次侧容量 S_1 和平均计算容量 S

$$\left. \begin{array}{ll} \text{二次侧容量} & S_2 = m_2 U_2 I_2 \\ \text{一次侧容量} & S_1 = m_1 U_1 I_1 \end{array} \right\} \tag{9.10}$$

$$\text{平均计算容量} \quad S = \frac{1}{2}(S_1 + S_2) \tag{9.11}$$

式中，m_2 和 m_1 是变压器二次侧和一次侧绕组的相数。对于不同的接线方式，m_1 和 m_2 可从表 9.1 中查得；U_2 和 U_1 是变压器二次侧和一次侧绕组的相电压有效值。

由于各种不同形式的整流电路和负载性质的影响，整流变压器的电流、电压波形往往带有谐波和直流分量，从而导致 S_1、S_2 以及负载功率 P_d 的不相同，它们之间的比值列于表 9.1 中，二次侧电流的直流分量愈小，则容量比值 S_1/S_2 愈接近于 1，即整流变压器的利用率愈高，其中以桥式整流时变压器利用率最高。可以推导出

$$\frac{S_1}{S_2} = \frac{m_1 U_1 I_1}{m_2 U_2 I_2} = \frac{m_1}{m_2} \cdot n \cdot \frac{k_{I1} \dfrac{I_d}{n}}{k_{I2} \cdot I_d} = \frac{m_1 k_{I1}}{m_2 k_{I2}} \tag{9.12}$$

$$S_2 = m_2 U_2 I_2 = m_2 \frac{U_d}{A} \cdot k_{I2} \cdot I_d = m_2 \frac{k_{I2}}{A} \cdot P_d \tag{9.13}$$

$$S_1 = m_1 U_1 I_1 = m_1 \cdot \frac{n U_d}{A} \cdot \frac{k_{I1}}{n} \cdot I_d = m_1 \frac{k_{I1}}{A} \cdot P_d \tag{9.14}$$

$$S = \frac{1}{2}(S_1 + S_2) = \frac{1}{2A}(m_1 k_{I1} + m_2 k_{I2}) \cdot P_d \tag{9.15}$$

这些比值表明，在任何情况下整流变压器的平均计算容量都大于整流输出功率 P_d。在已知负载要求的整流功率 P_d 的情况下，也可根据运行要求和条件，考虑一定的安全裕量，应用表 9.1 内的容量比值，对整流变压器进行简单计算，以确定各额定参数。

在计算变压器的物理参数时，变压器铁芯的截面积 S_B 可参考下式确定（大于 10 kV·A 的三相变压器）

$$S_B(\text{cm}^2) = 18\sqrt{S(\text{kV}\cdot\text{A})} \tag{9.16}$$

9.1.2 整流元件的选择

整流元件的选择主要是指合理地选择晶闸管和整流二极管的额定电压和额定电流（通态平均电流），以在确保安全工作的前提下尽量降低成本。由于整流电路形式、晶闸管控制角 α 的大小、负载性质、整流输出电压和电流的波形及平均值大小等均会影响到整流元件的安全工作，要进行精确计算比较困难，因此往往用查表再加上安全系数的方法来进行选择，同时加上必要的保护措施。

1. 整流元件的额定电压 U_{TN}

整流元件的额定电压 U_{TN} 为

$$U_{TN} = (2 \sim 3)U_{TM} \tag{9.17}$$

式中，U_{TM} 为整流元件在电路中实际承受的峰值电压，表 9.2 列出了不同接线形式的整流电路的 U_{TM}；系数（2~3）是考虑了操作过电压、运行过电压等因素的安全裕量，可靠性要求高的装置应取较大的数值。

表 7.2 整流元件在电路中实际承受的峰值电压 U_{TM} 和通态平均电流的计算系数 k_{fb}

整流主电路		单相半波	单相双半波	单相桥式	三相半波	三相桥式	带平衡电抗器的双反星形
U_{TM}		$\sqrt{2}U_2$	$2\sqrt{2}U_2$	$\sqrt{2}U_2$	$\sqrt{6}U_2$	$\sqrt{6}U_2$	$\sqrt{6}U_2$
k_{fb} ($\alpha=0°$)	电阻负载	1	0.5	0.5	0.374	0.368	0.185
	电感负载	0.45①	0.45	0.45	0.367	0.367	0.183

注：① 指带有续流二极管的电路。

2. 整流元件的额定电流 $I_{T(av)}$（通态平均电流）

整流元件的额定电流 $I_{T(av)}$（通态平均电流）是正弦半波电流的平均值，此时流过元件的电流有效值 $I_T = 1.57 I_{T(av)}$。因为整流元件的电流定额主要是受发热的限制，即主要由电流的有效值来决定，因此，整流元件的额定电流的选择应以实际流过元件的电流的有效值再乘以安全裕量来决定。

在额定情况下，流过整流元件的电流有效值 I_T 和额定电流（通态平均电流）$I_{T(av)}$ 的关系为

$$I_T = 1.57 I_{T(av)}$$

为使元件不因过热而损坏，在实际计算中要考虑安全裕量（1.5~2）。另外，如果通过整流元件的电流波形不同，其有效值 I_T 与平均值 $I_{T(av)}$ 的比值即波形系数 k_f 也不同。若负载电流为 I_d，根据热量等效原则可写出

$$1.57 I_{T(av)} = (1.5 \sim 2) k_f \frac{I_d}{k_b}$$

则元件额定电流

$$I_{T(av)} = (1.5 \sim 2)\frac{k_f}{1.57k_b}I_d = (1.5 \sim 2)k_{fb}I_d \quad (9.18)$$

式中，k_f 为电流波形系数，它是流过整流元件的电流有效值 I_T 与通态平均电流 $I_{T(av)}$ 之比；k_b 为整流元件的支路数，如单相桥式 $k_b=2$，三相桥式 $k_b=3$；k_{fb} 为晶闸管的通态平均电流计算系数，示于表 9.2 内，$k_{fb} = \dfrac{k_f}{1.57k_b}$。

例 9.2 根据例 9.1 所给的数据，确定晶闸管的额定电压和额定电流。

解 由例 9.1 知，变压器次级相电压 $U_2 = 132$ V，又根据表 9.2，对于三相桥式全控整流电路，晶闸管承受的最大峰值电压 $U_{TM} = \sqrt{6}U_2 = \sqrt{6} \times 132$ (V)，因此

$$U_{TN} = (2 \sim 3)U_{TM} = (2 \sim 3) \times \sqrt{6} \times 132 = 647 \sim 970 \quad (V)$$

取 $U_{TN} = 800$ V。

由例 1 数据可知，负载电流为 287 A，负载电流过载倍数为 1.5。根据表 9.2，电流计算系数 $k_{fb} = 0.367$，因此晶闸管额定电流为

$$I_{T(av)} = (1.5 \sim 2)k_{fb}I_d = (1.5 \sim 2) \times 0.367 \times (287 \times 1.5) = 237 \sim 316 \quad (A)$$

取 $I_{T(av)} = 300$ A，可选择 KP300-8 型晶闸管，共六个。

9.1.3 电抗器参数的计算

为了提高晶闸管装置对负载供电的质量和提高设备运行的可靠性，常常在直流侧串入带有气隙的铁芯电抗器。电抗器的作用是使整流输出电流连续，限制整流输出电流脉动及抑制环流、电流上升率等。

电抗器的主要参数是它的电感量和流过它的电流大小。后者往往是给定的，不需计算。下面分别给出不同情况下电抗器电感量的计算方法。

1. 保证输出电流连续的电感量 L_l

当晶闸管的控制角 α 较大、负载电流很小或滤波电抗器电感不够大时，负载电流 I_d 会出现不连续的现象，这时对电动机负载是很不利的。要使电流在整个工作区保持连续，必须接入足够大的电感，这个大电感 L_l 的计算式为

$$L_l = k_l \frac{U_2}{I_{dmin}} \quad (mH) \quad (9.19)$$

式中，U_2 为整流器主电路交流侧电源相电压有效值(V)；I_{dmin} 为要求连续的最小负载电流(A)；k_l 是与整流电路有关的系数，由表 9.3 查得。

L_l 也称为维持输出电流连续时电抗器的临界电感量。

表 9.3 计算电抗器电感量时的有关数值

电感量的有关数值		单相全控桥	三相半波	三相全控桥	带平衡电抗器的双反星形
L_m	f_d	100	150	300	300
	最大脉动时的 α	90°	90°	90°	90°
	U_{dM}/U_2	1.2	0.88	0.8	0.4
L_l, L_j	$k_l = k_j$	2.85	1.46	0.693	0.348
L_B	k_B	3.18	6.75	3.9	7.8

2. 限制输出电流脉动的电感量 L_m

晶闸管整流装置的输出电压是脉动波,在它作用下的电流波形可以分解为一个恒定直流分量与一个交流分量。一般负载需要的仅是直流分量,而交流分量是无用而有害的。例如,对于直流电动机负载,交流分量会使电机换向条件恶化且因铁耗的增加而导致电机过热。因此,在整流装置的输出端串联电抗器,使输出电压中的交流分量基本上降落在电抗器上,输出电流中的交流分量减小,因而负载能够得到比较恒定的电压和电流。

输出电压 U_d 用傅里叶级数展开后,可求得最低频率交流电压分量,即交流电压基波分量幅值。以三相半波整流电路为例,最低频率交流分量为三次谐波,其电压幅值为

$$U_{dM} = \frac{3\sqrt{6}}{8\pi} \cdot U_2\sqrt{8(\sin\alpha)^2 + 1} \tag{9.20}$$

由此可见,最低频率的交流电压分量幅值与控制角 α 有关,当 $\alpha = 90°$ 时,U_{dM} 幅值最大。

当带大电感负载 L_m 时,最低频率的交流电流分量的幅值 I_{dM} 为

$$I_{dM} = \frac{U_{dM}}{2\pi f_d L_m} \tag{9.21}$$

可用电流脉动系数 S_I 来衡量交流分量的大小,输出电流的脉动系数为

$$S_I = \frac{I_{dM}}{I_d}$$

代入式(9.21),得到满足负载运行要求的限制输出电流脉动的电感量 L_m 为

$$L_m = \frac{\frac{U_{dM}}{U_2}}{2\pi f_d} \cdot \frac{U_2}{S_I I_d} \times 10^3 \quad (\text{mH}) \tag{9.22}$$

式中,f_d 为输出电流的最低次谐波的频率,见表 9.3;S_I 为满足负载运行要求的允许的电流脉动系数,通常在三相整流电路中 $S_I < 5\% \sim 10\%$,单相整流电路中 $S_I < 25\%$;I_d 为输出脉动电流的平均值;U_{dM}/U_2 值由整流电路的形式决定,可由表 9.3 中选取。

3. 在可逆电路中限制环流的电感量 L_j

L_j 的计算式与 L_l 的计算式完全相同,即

$$L_{\mathrm{j}} = k_{\mathrm{j}} \frac{U_2}{I_{\mathrm{j}}} \quad (\mathrm{mH}) \tag{9.23}$$

式中，I_{j} 是环流，通常取额定负载电流 I_{d} 的 3%～10%；k_{j} 是与主电路的形式有关的系数，$k_{\mathrm{j}} = k_l$，可由表 9.3 查出。

4. 电动机电感量 L_{D} 和变压器漏电感量 L_{B}

电动机的电感量按下式计算：

$$L_{\mathrm{D}} = k_{\mathrm{D}} \frac{U_{\mathrm{D}}}{2pnI_{\mathrm{D}}} \times 10^3 \quad (\mathrm{mH}) \tag{9.24}$$

式中，U_{D} 和 I_{D} 分别为电动机的额定电压和额定电流；n 和 p 分别为电动机的额定转速和磁极对数；k_{D} 为计算系数，对于一般无补偿电动机 $k_{\mathrm{D}} = 8 \sim 12$，对于快速无补偿电机 $k_{\mathrm{D}} = 6 \sim 8$；对于有补偿电机 $k_{\mathrm{D}} = 5 \sim 6$。

变压器二次侧的每相漏电感量 L_{B} 按下式计算：

$$L_{\mathrm{B}} = k_{\mathrm{B}} \frac{u_{\mathrm{k}}\%}{100} \cdot \frac{U_2}{I_{\mathrm{d}}} \quad (\mathrm{mH}) \tag{9.25}$$

式中，$u_{\mathrm{k}}\%$ 为变压器的短路比；k_{B} 是与整流电路有关的系数，由表 9.3 查得；U_2 是变压器二次侧相电压有效值；I_{d} 是额定负载电流。

因此，与负载串联限制电流脉动的实际电感量 L_{ma} 应从公式（9.22）所得的 L_{m} 中减去 $(L_{\mathrm{D}} + L_{\mathrm{B}})$，即

$$L_{\mathrm{ma}} = L_{\mathrm{m}} - (L_{\mathrm{D}} + L_{\mathrm{B}}) \tag{9.26}$$

维持输出电流连续时电抗器的实际临界电感量 $L_{l\mathrm{a}}$ 也应从公式（9.19）中减去 $(L_{\mathrm{D}} + L_{\mathrm{B}})$，即

$$L_{l\mathrm{a}} = L_l - (L_{\mathrm{D}} + L_{\mathrm{B}}) \tag{9.27}$$

实际的限制环流的电感量 L_{ja} 应从公式（9.23）中减去 L_{B}，即

$$L_{\mathrm{ja}} = L_{\mathrm{j}} - L_{\mathrm{B}} \tag{9.28}$$

在计算时还应注意，式（9.26）～式（9.28）中，如均衡电流经过两相变压器绕组，计算时应取 $2L_{\mathrm{B}}$。例如，三相桥式整流系统，由于变压器有两相串联参与导电，计算时应取 $2L_{\mathrm{B}}$ 代入；对于双反星形带平衡电抗器电路则应以 $L_{\mathrm{B}}/2$ 代入。

电抗器 L_{ma} 和 $L_{l\mathrm{a}}$ 可以根据要求合并为一个电抗器 L_{a}，L_{a} 的数值取其中大者。至于限制环流电抗器和限制电流脉动的电抗器，可以有合并与分设两种方案，一般来说限制环流电抗器 L_{ja} 和电抗器 L_{a} 分设的方案比较经济，故采用较多。因限制环流电抗器在流过环流时不应饱和，流过工作电流时允许饱和，因此限制环流电抗器体积可以减小很多。

在不可逆整流电路中，串接一个滤波电抗器，该滤波电抗器应满足：在最大负载电流时，电感量不小于 L_{ma}；而在最小负载电流时，电感量不小于 $L_{l\mathrm{a}}$，满足电流连续的要求。通常总是 $L_{l\mathrm{a}} > L_{\mathrm{ma}}$，这种电感量随负载电流的增大而减小的电抗器，称为摆动电抗器。如果设计出

来的电抗器无法同时满足上述两种情况的要求,可调节电抗器的气隙大小。气隙大,大电流时电抗器不易饱和,对满足脉动有利;气隙小,小电流时电感量大,对维持电流连续有利。如果根据计算,L_{ma} 和 L_{la} 相差不多,即电感量不随负载电流变化而变化,称为线性电抗器。L_{ma} 和 L_{la} 统称为平波电抗器。平波电抗器工作时,有直流电流流过,设计、测量时还必须考虑直流励磁的问题。

例 9.3 某直流有环流可逆系统,直流电动机型号为 ZZK-32,额定功率 $P_D=6$ kW,额定电压 $U_D=220$ V,额定电流 $I_D=32$ A,额定转速 $n_D=1\ 350$ r/min,极对数 $p=2$。变压器二次侧相电压 U_2 为 127 V,短路比 $u_k\%=5$。采用三相桥式反并联供电,晶闸管装置的额定输出电流 I_d 为 35.5 A。要求额定电流时限制电流脉动率在 5% 以下,而在 5% 额定电流时能保证电流连续,试计算各电抗器的参数。

解

① 对于快速无补偿电机取 $k_D=8$,电动机电感量按式(9.24)进行计算:

$$L_D = k_D \frac{U_D}{2pnI_D} \times 10^3 = 8 \times \frac{220 \times 10^3}{4 \times 1\ 350 \times 32} = 10.2 \quad (\text{mH})$$

② 变压器漏感按式(9.25)进行计算:

$$L_B = k_B \frac{u_k\%}{100} \cdot \frac{U_2}{I_d} = 3.9 \times \frac{5}{100} \times \frac{127}{35.5} = 0.7 \quad (\text{mH})$$

③ 限制电流脉动的电感量 L_{ma} 按式(9.26)进行计算:

$$L_{ma} = L_m - (L_D + 2L_B) = \frac{\left(\frac{U_{dM}}{U_2}\right) \times 10^3}{2\pi f_d} \times \frac{U_2}{S_I I_d} - (L_D + 2L_B)$$

$$= \frac{0.8 \times 10^3}{2\pi \times 300} \times \frac{127}{0.05 \times 35.5} - (10.2 + 2 \times 0.7) = 30.4 - 11.6 = 18.8 \quad (\text{mH})$$

④ 保证电流连续的电感量,按式(9.27)进行计算:

$$L_{la} = L_l - (L_D + 2L_B) = k_l \frac{U_2}{I_{d\min}} - (L_D + 2L_B)$$

$$= 0.693 \times \frac{127}{0.05 \times 35.5} - (10.2 + 2 \times 0.7) = 49.6 - 11.6 = 38 \quad (\text{mH})$$

⑤ 限制环流的电感量,按式(9.28)进行计算:

$$L_{ja} = L_j - 2L_B = k_j \frac{U_2}{I_j} - 2L_B = 0.693 \times \frac{127}{0.1 \times 35.5} - 2 \times 0.7$$

$$= 24.8 - 1.4 = 23.4 \quad (\text{mH})$$

⑥ 电抗器选择:

设置限制环流电抗器 L_{ja} 四台,每台额定电流 $1.1 \times 35.5 = 39.1$ A。在 L_{ja} 内流过环流和最小负载电流,即流过电流为 $(0.1+0.05) \times 35.5 = 5.4$ A 的情况下,L_{ja} 允许饱和;在只流过环流

$0.1\times35.5=3.55$ A 的情况下，L_{ja} 应具有的电感量约 24 mH。

将限制电流脉动及保证电流连续的电抗器合并为一台 L_a，L_a 的额定电流为 35.5 A。当电流在 35.5 A 和最小负载电流 $0.05\times35.5=1.8$ A 之间变化时，电感量 L_a 应在 18.8 mH～38 mH 之间变化。

9.1.4 晶闸管保护元件参数的计算

在晶闸管工作电路中应接入过电压保护电路，即在晶闸管工作电路中接入吸收能量的器件，目的是使多余能量得以消散。

下面介绍电阻和电容保护电路。

一般过电压波都有较高的频率，用电容吸收能量是恰当的，为防止振荡，常加阻尼电阻。

1. 单相小功率装置交流侧的过电压保护

单相小功率装置交流侧的过电压保护电路如图 9.1（a）所示。由图中电路得：

$$C_2 = k_s \frac{S}{U_{\text{RRM}}^2} \quad (\mu\text{F}) \tag{9.29}$$

$$R_2 = 100\sqrt{\frac{R_L}{C_2\sqrt{f}}} \quad (\Omega) \tag{9.30}$$

$$P_{R_2} = 2R_2\left(\frac{U_2}{X_{C_2}}\right)^2 \quad (\text{W}) \tag{9.31}$$

式中，S 为变压器容量（V·A）；U_{RRM} 为晶闸管反向重复峰值电压（V）；f 为交流侧电源的频率；k_s 为系数，见表 9.4；R_L 为等效负载电阻，它等于额定电压除以额定电流（Ω）；X_{C_2} 为 C_2 的容抗。

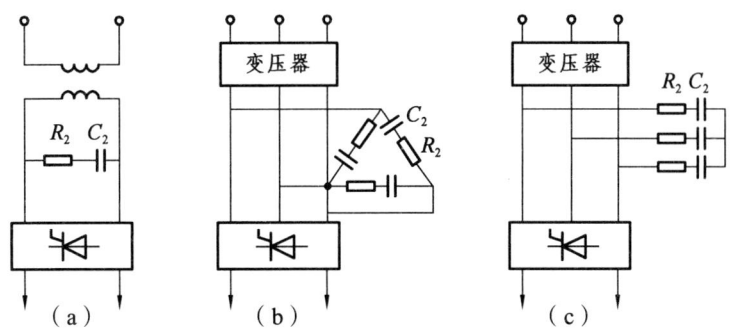

图 9.1 交流侧的 RC 保护装置

表 9.4 保护电路的 k_s 系数

电路接线方式	单 相		三 相 （5 kV·A 以下）					
	200 V·A 以下	200 V·A～500 V·A	Y/Y 接法（原边中点不接地）		Y/△ 接法（原边中点不接地）		所有其他接法	
	图 9.1（a）	图 9.1（a）	图 9.1（b）	图 9.1（c）	图 9.1（b）	图 9.1（c）	图 9.1（b）	图 9.1（c）
k_s	700	400	150	450	300	900	900	2 700

2. 三相大功率装置交流侧的过电压保护

三相大功率装置交流侧的过电压保护电路如图 9.1（b）所示。由图中电路得：

$$C_2 = k_c \frac{I_{20}}{f U_{2l}} \quad (\mu F) \tag{9.32}$$

$$R_2 = k_R \frac{U_{2l}}{I_{20}} \quad (\Omega) \tag{9.33}$$

$$P_{R_2} = (2 \sim 3)(k_p I_{20})^2 R_2 \quad (W) \tag{9.34}$$

式中，I_{20} 为折算到变压器二次侧的空载电流（A）；U_{2l} 为整流变压器二次侧线电压；f 为交流侧电源的频率；k_c、k_R、k_p 为系数，见表 9.5。

图 9.1（b）所示的保护电路亦可接为星形，如图 9.1（c）所示。

表 9.6 保护电路的 k_c、k_R、k_p 系数

电路接线方式	单相桥式	三相半波	三相桥式	带平衡电抗器双反星形
k_c	29 000	8 000	10 000	7 000
k_R	0.3	0.36	0.3	0.42
k_p	0.25	0.25	0.25	0.2

3. 带辅助整流器的 RC 保护装置

带辅助整流器的 RC 保护装置电路如图 9.2 所示。由图中电路得：

$$C_2 = 70 \frac{S}{U_{2l}^2} \quad (\mu F) \tag{9.35}$$

$$R_2 = 5 R_L \quad (\Omega) \tag{9.36}$$

式中，S 为整流变压器容量（V·A）；R_L 为等效负载电阻，它等于额定电压除以额定电流（Ω）。

对于图 9.2 中 R_1 的计算，考虑到最短过电压时间为电源电压的一个周期，所以

$$R_1 = \frac{20 \times 10^{-3}}{C_2} \quad (\Omega) \tag{9.37}$$

$$P_{R_1} = \frac{(1.35 U_{2l})^2}{R_1} \quad (W) \tag{9.38}$$

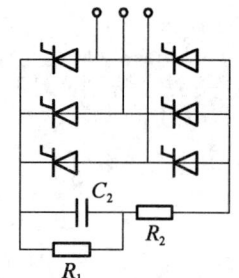

图 9.2 带辅助整流器的 RC 保护装置

式中符号与前面相同。电容器的耐压大于 $3.68 U_2$ 为宜，可采用电解电容。

4. 直流侧的 RC 保护电路

直流侧的 RC 保护电路如图 9.3 所示。由图中电路得：

$$C_1 = k_{cd} \left(\frac{I_{20}}{f U_{2l}} \right) \quad (\mu F) \tag{9.39}$$

$$R_1 = k_{Rd} \left(\frac{U_{2l}}{I_{20}} \right) \quad (\Omega) \tag{9.40}$$

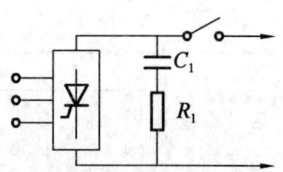

图 9.3 直流侧的 RC 保护电路

式中，f 为输出电压的最低次谐波的频率，k_{cd}、k_{Rd} 为系数，列于表 9.6 中；I_{20} 为折算至变压器二次侧的空载电流（A）。

表 9.6 保护电路的 k_{cd}、k_{Rd} 系数

电路接线形式	单相桥式	三相桥式	三相零式
k_{cd}	120 000	$70\ 000\sqrt{3}$	$70\ 000\sqrt{3}$
k_{Rd}	0.25	$0.1\sqrt{3}$	$0.1\sqrt{3}$

5. 换流过电压的 RC 保护装置

换流过电压的 RC 保护装置电路如图 9.4 所示。由图中电路得：

$$C = (2.5 \sim 5)I_T \times 10^{-3} \quad (\mu F) \quad (9.41)$$

$$R = (2 \sim 4)\frac{U_d}{I_T} \quad (\Omega) \quad (9.42)$$

$$P_R \approx fCU_{2l}^2 \times 10^{-6} \quad (W) \quad (9.43)$$

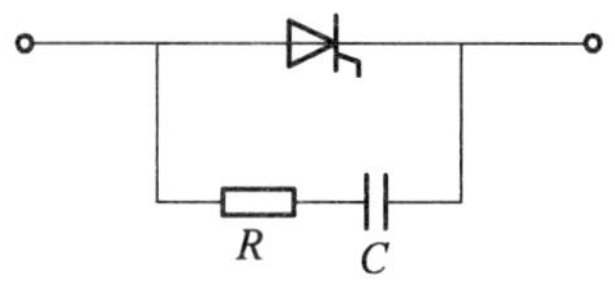

图 9.4 换流过电压的 RC 保护装置

式中，I_T 为晶闸管通态平均电流（A）；U_d 为晶闸管装置输出直流平均电压（V）；f 为交流侧电源电压的频率。

此电路中电容器 C 的耐压应大于 $3.2U_{2l}$。一般可根据经验，按表 9.7 所示选定 R、C 值。

表 9.7 换向过电压 RC 保护电路中的 R、C

I_T	20 A	50 A	100 A	200 A	500 A	1 000 A
C（μF）	0.1	0.2	0.25	0.5	1.0	2.0
R（Ω）	100	40	20	10	10	10

9.2 直直变换器主电路参数的计算与设计

直直变换器的主电路具有不同形式的拓扑结构，其计算方法也有很大差别，下面以隔离型正激变换器、隔离型推挽变换器、隔离型半桥变换器和全桥变换器为对象讨论直直变换器主电路的参数计算和设计。

9.2.1 变压器的计算与设计

变压器是隔离型直直变换器中的核心元件，许多主电路其他元器件的参数设计都依赖于变压器的参数。

直直变换器中的变压器工作时，其电压、电流都不是正弦波，因此它的工作状况与工频变压器是很不一样的，设计公式也有所不同。对于直直变换器中的变压器，需要设计的参数是电压比、铁芯的形式和尺寸、各绕组匝数、导体截面积和绕组结构等，所依据的参数是工作电压、工作电流和工作频率等。

1. 电压比 k_U 的计算

电压比计算的原则是：电路在最大占空比和最低输入电压的条件下，输出电压能达到要求的上限。考虑到电路中的压降，输出电压应留有裕量，即

$$k_U \leqslant \frac{U_{i\min}D_{\max}}{U_{o\max}+\Delta U} \tag{9.44}$$

式中，k_U 为电压比；$U_{i\min}$ 为输入直流电压最小值，应选取输入电压下限并注意考虑电压的纹波；$D_{\max}$ 为最大占空比；$U_{o\max}$ 为最高输出电压；ΔU 为电路中的压降，应包含整流二极管压降和电路中的线路压降等。

2. 铁芯的选取

计算出电压比后，可根据以下公式选取合适的铁芯：

$$A_e A_w \geqslant \frac{P_B}{f_S \Delta B J k_c} \tag{9.45}$$

式中，A_e 为铁芯磁路截面积；A_w 为铁芯窗口面积；P_B 为变压器传输的功率；f_S 为开关频率；ΔB 为铁芯材料所允许的最大磁通密度的变化范围；J 为变压器绕组导体的电流密度；k_c 为绕组在铁芯窗口中的填充因数。

根据以上公式计算出铁芯应具备的截面积和窗口面积（$A_e A_w$）后，可以在生产厂家提供的产品手册中查找合适的铁芯，使其形状和尺寸满足要求。

3. 绕组匝数的计算

变压器二次侧绕组的匝数 w_2 可按下式计算：
对于正激型电路

$$w_2 = \frac{U_{o\max}T_S}{\Delta B A_e} \tag{9.46}$$

对于全桥型、半桥型、推挽型电路

$$w_2 = \frac{U_{o\max}T_S}{2\Delta B A_e} \tag{9.47}$$

式中，T_S 为开关周期。

变压器一次侧绕组的匝数可根据二次侧绕组的匝数和电压比计算出来。

4. 绕组导体截面积的计算

根据流过每个绕组的电流值和预先选定的电流密度，即可计算出二次侧绕组导体截面积为

$$A_c = \frac{I}{J} \tag{9.48}$$

例 9.4 一台隔离型全桥变换器，$U_{i\min}=440\text{ V}$，$U_{o\max}=280\text{ V}$，$D_{\max}=0.9$，$I_{o\max}=10\text{ A}$，$\Delta U = 2\text{ V}$，工作频率 $f_S = 50\text{ kHz}$，试设计变压器各参数。

解

① 计算电压比 k_U。将已知的 U_{imin}、$D_{\max}$、U_{omax} 和 ΔU 代入式（9.44），可得

$$k_U = \frac{U_{\text{imin}} D_{\max}}{U_{\text{omax}} + \Delta U} = \frac{440 \times 0.9}{280 + 2} = 1.4$$

② 选取铁芯。按式（9.45）计算铁芯磁路截面积和铁芯窗口面积的积，其中变压器传输的功率 $P_B = 280 \times 10 = 2\,800\,(\text{W})$，开关频率 $f_S = 50\,\text{kHz}$，铁芯材料选为铁氧体，其 ΔB 取 0.2 T，导体电流密度 J 选取 4 A/mm², 即 4×10^6 A/m²，铁芯窗口中的填充因数 k_c 选取 0.5。将这些数据代入式（9.45），得

$$A_e A_w \geqslant \frac{P_B}{f_S \Delta B J k_c} \geqslant \frac{2\,800}{50 \times 10^3 \times 0.2 \times 4 \times 0.5} \geqslant 1.4 \times 10^{-7} \quad (\text{m}^4)$$

按照铁氧体铁芯生产厂家提供的手册，可以选择铁芯型号为 EE65，其铁芯磁路截面积为 3.8×10^{-4}（m²），铁芯磁路截面积×铁芯窗口面积为 1.86×10^{-7}（m⁴），可以满足要求。

③ 计算绕组匝数。选定铁芯后，便可以根据式（9.47）计算绕组匝数：

$$w_2 = \frac{U_{\text{omax}} T_S}{2 \Delta B A_e} = \frac{280 \times 20 \times 10^{-6}}{2 \times 0.2 \times 3.8 \times 10^{-4}} = 37 \quad (\text{匝})$$

一次侧绕组匝数可由二次侧绕组匝数和电压比推算得到：

$$w_1 = w_2 \times k_U = 37 \times 1.4 = 52 \quad (\text{匝})$$

④ 计算绕组导体截面积。根据式（9.48）可得二次侧绕组和一次侧绕组的导体截面积为

$$A_{c2} = \frac{I}{J} = \frac{10}{4} = 2.5 \times 10^{-6}\,(\text{m}^2) = 2.5 \quad (\text{mm}^2)$$

$$A_{c1} = \frac{A_{c2}}{k_U} = \frac{2.5}{1.4} = 1.8 \quad (\text{mm}^2)$$

9.2.2 输出滤波电路的计算与设计

输出滤波电路的作用是滤除变压器二次侧整流电路输出的脉动直流中的交流成分，得到平滑的直流输出。在开关电源中，通常采用一级 LC 滤波电路；当要求输出纹波很小时，可采用二级 LC 滤波电路，如图 9.5 所示。

滤波器的设计应首先进行电感的设计，然后再进行电容的设计。

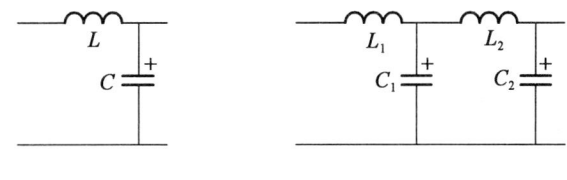

（a）一级 LC 滤波电路　　（b）二级 LC 滤波电路

图 9.5　输出滤波电路

1. 滤波器电感的设计

设计滤波器的电感，应首先选定允许的电感电流最大纹波值，再根据输出电压、输出电

流和开关频率,按如下公式计算电感值:

对于正激电路

$$L = \frac{U_{i\max}}{2k_U f_S I_{L x M}} \tag{9.49}$$

对于全桥、半桥、推挽电路

$$L = \frac{U_{i\max}}{4k_U f_S I_{L x M}} \tag{9.50}$$

式中,L 为滤波电感的值;$U_{i\max}$ 为输入电压最大值;f_S 为开关频率;I_{LxM} 为允许的电感电流最大纹波峰值。

计算出电感值后,根据电感值和流过电感的电流,按如下公式选定电感铁芯:

$$A_e A_w \geqslant \frac{L I_{L\max} I_{LM}}{B_{\max} k_c J} \tag{9.51}$$

式中,A_e 为铁芯磁路截面积;A_w 为铁芯窗口面积;L 为电感值;$I_{L\max}$ 为电感电流最大有效值;I_{LM} 为电感电流最大峰值;$B_{\max}$ 为磁路磁通密度最大值;J 为电感绕组导体的电流密度;k_c 为绕组在铁芯窗口中的填充因数。

按如下公式计算绕组匝数:

$$w_L = \frac{L I_{LM}}{B_{\max} A_e} \tag{9.52}$$

按如下公式计算气隙 σ:

$$\sigma = \frac{\mu_0 A_e N_L^2}{L} \tag{9.53}$$

然后根据电感电流和预先选定的电流密度,可以计算出电感绕组的导体截面积,式中,μ_0 为真空磁导率。

2. 滤波电容的确定

由于已知电感电流最大纹波值,可以假设电感电流最大纹波有效值为 $I_{LxM}/(2\sqrt{2})$,而滤波电容的容抗为

$$X_C = \sqrt{R_C^2 + \left(\omega L_C - \frac{1}{\omega C}\right)^2} \tag{9.54}$$

式中,R_C 为滤波电容等效串联电阻;L_C 为滤波电容等效串联电感;C 为滤波电容值;ω 为电容的工作频率。

根据预先选定的输出电压最大纹波有效值,可以按下式计算出滤波电容的容抗为

$$X_C \leqslant \frac{2\sqrt{2}\Delta U}{I_{LxM}} \tag{9.55}$$

然后根据电解电容的手册选择合适的电容。

由于直直变换器中输出滤波器处理的功率很大,因此,滤波电感的电流容量应留有足够的裕量,以免在输出大电流时饱和;滤波电容必须采用高频电解电容,以提高滤波效果、减少发热,往往采用多个小电容并联,以降低等效串联电感和等效串联电阻。

9.2.3 开关器件及二极管的计算与设计

开关器件及二极管的设计应遵循以下两个原则:

① 器件工作时的电压和电流都不应超出其安全工作区(SOA)。IGBT、MOSFET 以及各种二极管,都有相应的安全工作区,这也是其产品手册的重要内容。值得注意的是,开关器件在实际电路中承受的电压和电流都是脉冲波,因此,脉冲安全工作区是最有指导意义的。

② 器件工作时的结温不能超过器件的最大结温。由于半导体在较高的温度条件下会变成导体,从而失去电压阻断能力,因此,器件在工作时,其管芯的结温不能超过允许值,这一上限与管芯材料和制作工艺有关。对于采用目前普遍使用的硅材料制造的各种高频开关器件,如 IGBT、MOSFET 和 GTR 而言,其结温上限为 125℃~175℃。

在实际设计中,应该计算出器件工作时的电压峰值和电流峰值,并根据安全工作区(SOA)来初步选择器件的电压容量和电流容量,然后根据估算的器件发热功率、最高环境温度和热阻等参数来估算工作时的结温,并应留有裕量。

1. 变压器二次侧整流二极管的设计

流过二极管的峰值电流为

$$I_{D\max} = I_{o\max} + \frac{1}{2}I_{LxM} \tag{9.56}$$

流过二极管的最大平均电流为

$$\left.\begin{array}{l}\overline{I}_{D\max} = \begin{cases} D_{\max}I_o & \text{(正激型电路整流二极管)} \\ (1-D_{\max})I_o & \text{(正激型电路续流二极管)} \end{cases} \\ \overline{I}_{D\max} = \frac{1}{2}I_{o\max} \text{(半桥型、全桥型、推挽型电路)} \end{array}\right\} \tag{9.57}$$

所选取的二极管允许的峰值电流应大于式(9.56)中的 $I_{D\max}$,平均电流应大于式(9.57)中的 $\overline{I}_{D\max}$。

2. 变压器一次侧开关器件的设计

流过开关器件的峰值电流为

$$I_{S\max} = \left(I_{o\max} + \frac{1}{2}I_{LxM}\right)/k_U \tag{9.58}$$

流过开关器件的最大平均电流为

$$\left.\begin{array}{l}\bar{I}_{\text{Smax}} = D_{\max}I_{o\max}/k_U \text{(正激电路)} \\ \bar{I}_{\text{Smax}} = \dfrac{1}{2}D_{\max}I_{o\max}/k_U \text{(半桥型、全桥型、推挽型电路)}\end{array}\right\} \qquad (9.59)$$

所选开关器件的允许峰值电流应大于式（9.58）中的 I_{Smax}，平均电流应大于式（9.59）中的 $\bar{I}_{\text{Smax}}$。

9.3 无源逆变器主电路参数的计算与设计

9.3.1 整流二极管模块参数的计算

1. 额定电压的计算

整流二极管模块的额定电压可按下式计算

$$U_{\text{RRM}} \geqslant \sqrt{2}U_{2l}\varepsilon\alpha_U \qquad (9.60)$$

式中，U_{RRM} 为二极管反向重复峰值电压（V）；U_{2l} 为交流输入线电压有效值（V）；α_U 为电压安全系数，取 $\alpha_U = 2$；ε 为电源电压波动系数，取 $\varepsilon = 1.1$。

2. 额定电流的计算

整流二极管模块的额定电流可按下式计算

$$I_{\text{F(av)}} \geqslant \dfrac{\alpha_I P}{3B_I U_2} \qquad (9.61)$$

式中，α_I 为电流安全系数，取 $\alpha_I = 2$；P 为变频装置的容量（V·A）；B_I 为电流变换系数，取 $B_I = 2.45$；$I_{\text{F(av)}}$ 为二极管额定电流；U_2 为交流输入相电压有效值（V）。

9.3.2 IGBT 模块参数的计算

1. 额定电压的计算

IGBT 的额定电压可按下式计算

$$U_{\text{CES}} = (B_U U_d + U_e)\alpha_T \qquad (9.62)$$

式中，B_U 为过电压保护程度（115%）；U_e 为布线电感引起的 di/dt 尖峰电压，取 $U_e = 150$ V；α_T 为安全系数，正常取 $\alpha_T = 1.1$。

2. 额定电流的计算

变频调速装置的容量 P 和输出电压 U_o、输出电流 I_o 的关系为

$$P = \sqrt{3}U_o I_o \qquad (9.63)$$

IGBT 的额定电流为

$$I=(1.5\sim2)\sqrt{2}\,k_{\mathrm{G}}k_{\mathrm{t}}\frac{P}{\sqrt{3}U_{\mathrm{o}}}=(1.5\sim2)\sqrt{2}\,k_{\mathrm{G}}k_{\mathrm{t}}I_{\mathrm{o}} \tag{9.64}$$

式中，P 为变频调速装置的容量（V·A）；k_{G} 为过载系数（150%，1 min），取 $k_{\mathrm{G}}=1.5$；k_{t} 为 I_{o} 随温度变化的降额因子，取 $k_{\mathrm{t}}=1.4$；U_{o} 和 I_{o} 为输出电压和输出电流。

9.3.3 滤波电容的选取

滤波电容耐压应大于最大的整流输出电压，并要有一定的安全裕度。

滤波电容的电容量，从理论上讲越大越好，但考虑到体积成本等因素，不可能选得过大。事实上，中间直流滤波电容 C_{d} 是从限制电压波动的角度来选择的，其具体电容量的计算可采用下面的经验公式：

$$C_{\mathrm{d}}=\frac{0.2I_{\mathrm{D01}}}{\omega_{\mathrm{l}}U_{\mathrm{d}}\varepsilon}\times10^{6} \quad (\mu\mathrm{F}) \tag{9.65}$$

式中，I_{D01} 为电动机空载时定子电流基波分量的有效值；ω_{l} 为逆变器输出电压基波的角频率；U_{d} 为整流输出直流电压平均值（V）；ε 为允许的直流电压波动系数，取值为 0.01～0.1。

通常 $I_{\mathrm{D01}}=20\%I_{\mathrm{D}}$（$I_{\mathrm{D}}$ 为电动机额定电流），频率最小值可取 5 Hz，即 $\omega_{\mathrm{l}}=2\pi f_{\mathrm{min}}=10\pi$。

9.3.4 熔断器的选取

在功率单元电路中，采用熔断器进行过电流保护，保护时间不应短于 10 ms，因此要根据短路冲击电流值和器件特性，准确选择熔断器的规格。快速熔断器的额定电流 I_{RN} 可按下式计算：

$$I_{\mathrm{RN}}\geqslant k_{\mathrm{i}}k_{\mathrm{a}}I_{\mathrm{R}} \tag{9.66}$$

式中，k_{i} 为电流裕度系数，$k_{\mathrm{i}}=1.1\sim1.5$；$k_{\mathrm{a}}$ 为环境温度系数，$k_{\mathrm{a}}=1\sim12$；I_{R} 为快速熔断器实际流过电流有效值。

快速熔断器的额定电压 U_{RN} 为：

$$U_{\mathrm{RN}}=k_{\mathrm{u}}U_{2l} \tag{9.67}$$

式中，k_{u} 为电压裕度系数，$k_{\mathrm{u}}=1.05\sim1.3$；$U_{2l}$ 为变压器二次侧线电压。

快速熔断器 $I^{2}t$ 值的核算按下式进行：

$$I^{2}t\leqslant 0.9I_{\mathrm{TSM}}^{2}t \tag{9.68}$$

式中，I_{TSM} 为浪涌电流，可从器件手册中查出；t 为器件承受浪涌电流的半周期时间，在工频 50 Hz 的情况下，$t=1/100$ s。

$I^{2}t$ 值也可从产品说明书中直接查得。

9.3.5 缓冲电路参数的选取

1. 逆变电路的常用缓冲电路

在逆变电路中常用到的有三种典型的缓冲电路，分别适用于不同容量的 IGBT，如图 9.6 所示。

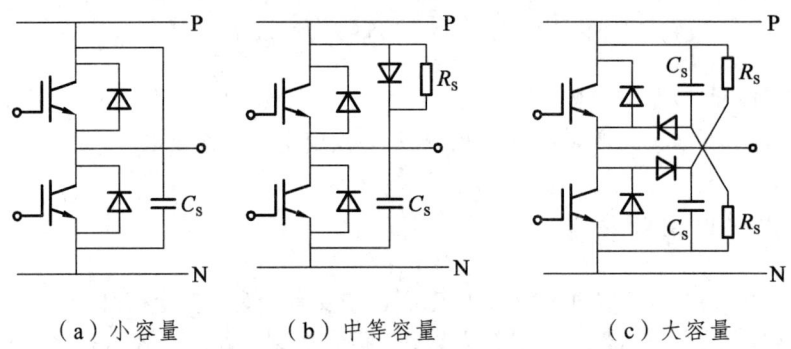

(a) 小容量　　　　(b) 中等容量　　　　(c) 大容量

图 9.6　IGBT 逆变器中的三种典型缓冲电路

表 9.8 为三菱公司针对 H 系列 IGBT 给出的相应的缓冲电路参数推荐数值。实践证明，它也适用于其他公司的 IGBT。

表 9.8　缓冲电路参数推荐数值

模块型号	推荐设计值				
	主母线电感 /nH	缓冲电路类型	缓冲电路回路电感 /nH	缓冲电容 /μF	缓冲二极管
10~50 A 六单元或七单元型	200	图 9.6(a)	20	0.1~0.47	
75~200 A 六单元或七单元型	100	图 9.6(a)	20	0.6~2.0	
50~200 A 双单元	100	图 9.6(b)	20	0.47~0.47	600 V：RM50HG-12S 1 200 V：RM25HG-24S
300~600 A 双单元	50	图 9.6(b)	20	3.0~6.0	600 V：RM50HG-12S 1 200 V：RM25HG-24S
200~300 A 一单元	50	图 9.6(c)	30~15	0.47	600 V：RM50HG-12S 1 200 V：RM25HG-24S
400 A 一单元	50	图 9.6(c)	12	1.0	600 V：RM50HG-12S（2 个并） 1 200 V：RM25HG-24S（2 个并）
600 A 一单元	50	图 9.6(c)	8	2.0	600 V：RM50HG-12S（2 个并） 1 200 V：RM25HG-24S（3 个并）

2. 缓冲电阻 R_s 的计算

图 9.6 中，缓冲电阻 R_s 是 C_s 的放电电阻，它的大小可按下式计算

$$R_s \leqslant \frac{1}{2.3 C_s f_s} \tag{9.69}$$

缓冲电阻 R_s 的功率由缓冲电路的损耗来确定，可以假定此功率全部消耗在 R_s 上，则 R_s 的功率为

$$P_{R_s} = \frac{C_s U_{CS}^2 f_s}{2} \tag{9.70}$$

式中，f_s 为开关器件 T 的开关频率（Hz），U_{CS} 为缓冲电容上的电压。

参 考 文 献

1. 叶慧贞, 杨兴洲. 新颖开关稳压电源. 北京: 国防工业出版社, 1999
2. 史平君. 实用电源技术手册——电源元器件分册. 沈阳: 辽宁科学出版社, 1999
3. 何稀才. 新型开关电源设计与应用. 北京: 科学出版社, 2001
4. 林忠岳. 电力电子变换技术. 重庆: 重庆大学出版社, 1991
5. 赵惠昌. 电力电子学. 北京: 兵器工业出版社, 1994
6. 杨威, 张金栋. 电力电子技术. 重庆: 重庆大学出版社, 1995
7. 黄俊, 王兆安. 电力电子变流技术. 北京: 机械工业出版社, 1994
8. 王兆安, 黄俊. 电力电子技术. 北京: 机械工业出版社, 2000
9. 赵良炳. 现代电力电子技术基础. 北京: 清华大学出版社, 1995
10. 王志良. 电力电子新器件及其应用技术. 北京: 国防工业出版社, 1995
11. [日]正田英介主编. 电力电子学. 耿连发, 耿晓兰译. 北京: 科学出版社, 2001
12. [日]掘孝正编著. 电力电子学. 李世兴, 程君实译. 北京: 科学出版社, 2001
13. 金如麟. 电力电子技术基础. 北京: 机械工业出版社, 1995
14. 邵丙衡. 电力电子技术. 北京: 中国铁道出版社, 1997
15. 张立, 黄两一. 电力电子场控器件及其应用. 北京: 机械工业出版社, 1995
16. 张立, 赵永健. 现代电力电子技术. 北京: 科学出版社, 1992
17. 刘宗富, 陈伯时等. 现代电力电子器件与交流传动. 天津: 电气传动研究所, 1990
18. 林渭勋等. 电力电子技术基础. 北京: 机械工业出版社, 1990
19. 叶家金. 现代电力电子器件——大功率晶体管的原理与应用. 北京: 中国铁道出版社, 1992
20. 赵惠昌. 电力电子学. 北京: 兵器工业出版社, 1994
21. 聂代祚. 新型电力电子器件. 北京: 兵器工业出版社, 1994
22. 刘志伟. IGBT 吸收电路的研究. 北京: 机械工业出版社, 1992
23. 吴守箴等. 电气传动的脉宽调制控制技术. 北京: 机械工业出版社, 1995
24. 吴茂杉. GTO 牵引变流器高效吸收电路分析. 株洲: 机车电传动, 1995 (6)
25. 李宏. 电力电子设备用器件与集成电路应用指南. 北京: 机械工业出版社, 2001
26. 何希才, 江云霞. 现代电力电子技术. 北京: 国防工业出版社, 1996
27. 张一工, 肖湘宁. 现代电力电子技术原理与应用. 北京: 科学出版社, 1999
28. 贾正春, 许锦兴. 电力电子学. 武汉: 华中理工大学出版社, 1993
29. 杨旭等. 开关电源技术. 北京: 机械工业出版社, 2004
30. 张崇巍, 张兴. PWM 整流器及其控制. 北京: 机械工业出版社, 2005
31. 刘志刚等. 电力电子学. 北京: 清华大学出版社、北京交通大学出版社, 2004
32. 张皓等. 高压大功率交流变频调速技术. 北京: 机械工业出版社, 2006